Christopher Oldstone-Moore
Von Männern und Bärten

Über den Autor:

Christopher Oldstone-Moore ließ sich als Studienanfänger zum ersten Mal einen Bart wachsen, um ein Renaissancemusik-Konzert zu geben. Die Aura von Bärten einst und heute hat ihn seit jeher fasziniert. Sein Forschungsgebiet ist moderne europäische Geschichte und Männlichkeit, und er lehrt an der Wright State University in Dayton, Ohio.

CHRISTOPHER OLDSTONE-MOORE

VON MÄNNERN UND BÄRTEN

Eine Geschichte der Gesichtsmode

Übersetzung aus dem amerikanischen Englisch
von Viola Krauß

Eichborn Verlag in der Bastei Lübbe AG

Titel der amerikanischen Originalausgabe:
»Of Beards and Men. The Revealing History of Facial Hair«

Für die Originalausgabe:
Copyright © 2016 by Christopher Oldstone-Moore
Licensed by The University of Chicago Press, Chicago, Illinois, U.S.A.

Für die deutschsprachige Ausgabe:
Copyright © 2017 by Bastei Lübbe AG, Köln
Textredaktion: Dr. Matthias Auer, Bod.-Ludwigshafen
Umschlaggestaltung: Massimo Peter unter Verwendung eines Motivs von
© shutterstock: RomanYa
Satz: Urban Satzkonzept, Düsseldorf
Gesetzt aus der: FF Quadraat und der FF Lancé
Druck und Einband: GGP Media GmbH, Pößneck

Printed in Germany
ISBN 978-3-8479-0631-5

2   4   5   3   1

Sie finden uns im Internet unter www.eichborn.de
Bitte beachten Sie auch www.luebbe.de

*Ein verlagsneues Buch kostet in Deutschland und Österreich jeweils überall dasselbe.
Damit die kulturelle Vielfalt erhalten und für die Leser bezahlbar bleibt,
gibt es die gesetzliche Buchpreisbindung. Ob im Internet, in der Großbuchhand-
lung, beim lokalen Buchhändler, im Dorf oder in der Großstadt – überall
bekommen Sie Ihre verlagsneuen Bücher zum selben Preis.*

Für Jennifer
sowie
Caroline, Aileen und Marilee,
in unsagbarer Liebe

INHALT

Einführung:
DIE GESCHICHTE HAT EINEN BART

Die heutige Welt hat einen stetig wachsenden Trend zu verzeichnen: Bärte. Der Konsumgüter-Riese Procter & Gamble berichtete 2014, dass eben jener Haarwuchs die Nachfrage nach Gillette-Rasierern und Rasierzubehör reduziert habe. Ein bei der Zeitschrift *Atlantic* mitwirkender Wissenschaftler erklärte das Jahr 2013 zum »Meilenstein für die Gesichtsbehaarung«[1]. Die bauernschlauen Langbärte der Reality-TV-Sendung *Duck Dynasty* und die schnauzbärtigen Baseballspieler der Boston Red Sox machten ebenso Schlagzeilen wie der Bartklau in einer Amischen-Gemeinde in Ohio, der Wirbel um die Gesichtsfusseln eines BBC-Nachrichtensprechers, die Kampagne der Sikhs gegen das Bartverbot in der US Army sowie das Wiederaufkommen des Schnauzbarts in Frankreich bzw. der Türkei, ganz zu schweigen vom wachsenden öffentlichen Interesse am »Movember« (»Moustache November«), dem jährlichen Fundraising-Event in Australien, während dem sich die Männer demonstrativ einen Bart wachsen lassen.

Ist dies der Beginn einer neuen Ära oder nur eine kleine Unwucht in der Kulturgeschichte? Es bleibt abzuwarten. Eines aber ist sicher: Veränderungen bei der Gesichtsbehaarung sind niemals nur eine Frage der Mode. Bärte und Schnurrbärte besitzen eine solche Macht, dass sie selbst im Land der unbegrenzten Möglichkeiten der Kontrolle von Verwaltung und Unternehmen unterliegen. US-Bürger besitzen keinen Rechtsanspruch auf das Tragen eines Barts oder Schnurrbarts, dies bestätigte eine Entscheidung des Obersten Gerichtshof im Fall Kelley gegen Johnson im Jahr 1976, welches die Befugnis des Arbeitgebers bekräftigte, über das äußere Erscheinungsbild seiner Angestellten zu bestimmen. Solcherlei Freiheitsbeschränkungen deuten stark darauf hin, dass es hier um mehr als einen modischen Stil geht. Tatsächlich weist die Geschichte des Barts keinerlei Modezyklen auf, sondern langsamere richtungsweisende Veränderungen, bedingt durch tiefer liegende gesellschaftliche Kräfte, welche unsere Vorstellung von Männlichkeit formen und wieder umformen. Bei jeder Neudefinition von Männlichkeit verändert sich der Stil der Gesichtsbehaarung entsprechend.

Judith Butler, die Koryphäe der Gender Studies, behauptet, dass unsere Worte, Handlungen und Körper nicht einfach Ausdruck unserer Persönlichkeit sind; mit ihnen setzten wir unser männliches oder weibliches Ich zusammen. Oder anders gesagt: Unsere Identität formt sich ständig neu anhand dessen, was wir tun und sagen.[2] So gesehen ist das Rasieren oder Modellieren unserer Gesichtsbehaarung seit jeher nicht nur wichtig gewesen, um Männlichkeit auszudrücken, sondern um Mann *sein* zu können. Die Gesellschaft wiederum setzt akzeptierte Männlichkeitstypen durch, indem sie die Gesichtsbehaarung reguliert. Womit wir beim ersten Grundsatz der Bartgeschichte angekommen wären: *Am Gesicht lassen sich die Spielarten dessen, was männlich ist, ablesen.* Religionen, Nationen und politische Bewegungen stellen eigene Normen und Werte auf und setzen die menschliche

Haartracht und andere Symbole ein, um diese Wertvorstellungen in der Welt zu propagieren. Sollte es Streitigkeiten wegen gegensätzlicher Leitbilder von Männlichkeit geben, kann der unterschiedliche Umgang mit Gesichtsbehaarung auf den eigenen Standpunkt hindeuten.

Die Vorstellung, unsere Gesichtsbehaarung sei eine rein persönliche Angelegenheit, hält sich indes hartnäckig, trotz zahlreicher Belege für das Gegenteil. In den heutigen USA zum Beispiel kann man wegen des Tragens eines Barts mit Schimpf und Schande aus dem Militär gejagt, von seinem Arbeitgeber gefeuert, in einem Boxkampf disqualifiziert werden, einen politischen Wettkampf verlieren oder sogar als Terrorist abgestempelt werden. Diese Realität hängt auch mit dem zweiten Grundsatz der Bartgeschichte zusammen: *Gesichtsbehaarung ist politisch.* Da das Bild von echter Männlichkeit eng mit gesellschaftlicher und politischer Autorität verknüpft ist, hat jedes Symbol von Männlichkeit eine gewisse politische und moralische Bedeutung. Was wiederum erklärt, weshalb Gesichtsbehaarung große Empörung hervorrufen kann und der sozialen Kontrolle unterliegt.

Ein weiterer Irrtum besteht darin, dass es eine Frage der Bequemlichkeit sei, ob man sich rasiere oder nicht, und dass die Vorherrschaft der glatten Wange den Fortschritten der Rasiertechnologie zu verdanken sei. Die Wahrheit liegt woanders. Das Rasieren ist so alt wie die menschliche Zivilisation selbst, und fehlende moderne Annehmlichkeiten haben die Gesellschaft nie davon abgehalten, sich der symbolischen Kraft der Haarentfernung zu bedienen. Womit wir beim dritten Grundsatz der Bartgeschichte angelangt wären: *Die Sprache der Gesichtsbehaarung beruht auf dem Gegensatz zwischen rasiert und unrasiert.* Auf dieser grundlegenden Unterscheidung und ihren zahlreichen Spielarten beruhend, haben die westlichen Gesellschaften ein visuelles Vokabular für Persönlichkeit und soziales Zugehörigkeitsgefühl geschaffen.

Die Geschichte lehrt uns, dass wir den derzeitigen Trend zum Bart nicht vorschnell als Beginn einer neuen Ära deklarieren sollten. Ungeachtet einiger Sportstars und Hollywood-Sternchen stellt ein glattes Gesicht noch immer die Norm dar. Das beweist die Beliebtheit von Bart-Klubs, denn ihr Erfolg beruht auf der Annahme, dass das Tragen eines Barts oder Schnurrbarts ein gewagtes Unterfangen sei. Tief greifende Veränderungen der Normen für Gesichtsbehaarung stellen sich äußerst selten ein, und wenn sie es tun, dann deuten sie auf einen echten Wandel der Geschichte hin. Deshalb gilt als vierter Grundsatz der Bartgeschichte: *Die das männliche Gesicht prägenden Kräfte bedürfen einer langfristigen Betrachtung.* Historiker, die sich auf einen bestimmten Ort und eine bestimmte Zeitspanne konzentrieren, laufen Gefahr, das große Ganze aus den Augen zu verlieren, das erst im Laufe der Jahrhunderte zum Vorschein kommt. Mit der Bartgeschichte verhält es sich nämlich wie mit einem Mosaik: Je weiter weg man sich befindet, desto schärfer erscheint einem das Bild.

Anhand des Beispiels von Alexander dem Großen lassen sich sämtliche dieser Dimensionen auffächern. Dieser Mann hat den Lauf der westlichen Zivilisation geändert und das Gesicht männlicher Ehrbarkeit genauso. Durch die Eroberung Ägyptens und Persiens machte er sich selbst und seine griechischsprachigen Kollegen zu den Herrschern der bis dato bekannten Welt. Und doch wählte er für sich ein Aussehen – Porträts, Statuen und Münzen zeigen ihn mit jugendlichem und sauber rasiertem Gesicht –, das in der Tradition Griechenlands weithin als unmännlich verschrien war. Wieso hat er das getan? Wichtiger noch, wieso ahmten ihn achtbare griechische und römische Männer die nächsten vierhundert Jahre lang nach? Die Antwort darauf lautet, dass er sich als Halbgott begriff und auch danach aussehen wollte. Da die mythischen Helden wie Achilles und Herakles von den damaligen Künstlern als ewig jung und bartlos dargestellt wurden, rasierte Alexander der Große sich und ermunterte seine Gefolgsleute dazu, es ihm gleichzutun. Er besaß große Überzeugungskraft. In der Antike imitierten die Männer der Elite – beziehungsweise Männer von geringerem Rang, die nach Höherem strebten – seine Aufmachung, um das Heroische auch in sich selbst anzudeuten. Dabei handelte es sich keineswegs um eine Marotte oder eine Modeerscheinung, sondern um machtvolle Symbolik. Erst nach vielen fetten Jahren für die Herrenfrisöre der Antike wandelte sich die Philosophie dessen, was männliche Ehre ausmacht, und zerstörte schließlich die Macht des rasierten Ideals.

Jedes Kapitel des vorliegenden Buchs behandelt eine bestimmte Ära der Bartgeschichte, vom Ursprung der großen Städte Mesopotamiens und Ägyptens bis zum Aufstieg des glatthäutigen »Metrosexuellen« in unserer Zeit.

In den dreiundzwanzig Jahrhunderten, nachdem Alexander der Große Schule gemacht hatte, war das Rasieren der Standardmodus männlicher Aufmachung gewesen und wurde von vier großen Bartbewegungen unterbrochen. Die erste dauerte etwa ein Jahrhundert und wurde durch den römischen Kaiser Hadrian im zweiten Jahrhundert angestoßen. Während der zweiten Phase, die im Hochmittelalter stattfand, ergänzten Könige, Adlige und Ritter ihre prunkvollen Rüstungen durch Vollbärte. Diese Strömung war jedoch nicht allumfassend. Männer der Kirche rasierten sich, insbesondere nach dem elften Jahrhundert, als ihnen dies vom Kirchenrecht regelrecht vorgeschrieben wurde. Das Rasieren war Teil der wohlüberlegten Bemühungen um eine ganz eigene Sorte von Männlichkeit, die wiederum ihren ganz eigenen Anspruch auf spirituelle und politische Autorität geltend machte. Dieser »Haar-Dualismus« hatte sich jedoch bis zum späten vierzehnten Jahrhundert aufgelöst, als die Laien den glatt rasierten Look der Geistlichen übernahmen. Die Renaissance brachte dann eine dritte Bartbewegung hervor, die größtenteils vom Widerstand gegen die kirchlichen Werte und Aufmachungen des Mittelalters inspiriert war. Der vierte und letzte Auswuchs von Bärten war vergleichsweise kurz und umfasste lediglich die zweite Hälfte des neunzehnten Jahrhunderts. In dieser schwatzhaften und ziemlich verklemmten Ära hielten die Männer nicht hinterm Berg mit ihrem Bestreben, eine neue Männlichkeit für die moderne Welt kreieren zu wollen.

Um die Trends der Gegenwart abschätzen zu können, müssen wir sie vor diesem Hintergrund betrachten, unter Einbeziehung der gesellschaftlichen Kräfte, die das Gestalten des Körpers beeinflussen und umgekehrt. Wer die Konferenztische der Großunternehmen, die Räume des Kapitols und die Speisesäle des Militärs absucht, wird keine Bartbewegung ausmachen können. Erst wenn Gesichtsbehaarung wünschenswert oder überhaupt zulässig ist für Soldaten, wirtschaftliche Führungskräfte und Abgeordnete, können wir sicher sein, dass ein neues Kapitel in der Geschichte der Männlichkeit begonnen hat.

Aufgrund der beschränkten räumlichen und quellentechnischen Möglichkeiten konzentriert sich diese erste Untersuchung der Bartgeschichte primär auf die männliche Elite von Westeuropa und Nordamerika, welche über genügend Zeit und Geld verfügte, um ihren Körper nach ihrem Geschmack zu gestalten, und deren Lebensführung die soziale Norm bestimmte. Die Männer außerhalb jener Machtzentren konnten den von der Elite etablierten Stil nicht einfach missachten, sondern mussten sich ihm entweder so gut es ging anpassen oder sich trotzig abseitsstellen. Dennoch bleibt es eine wichtige Aufgabe zukünftiger Autoren, die Geschichte der männlichen Haarpracht in anderen Teilen der Welt und die von Minderheiten und nicht der Elite zugehörigen Gruppen niederzuschreiben.

Unsere Zeitreise beginnt in der Urgeschichte, in der weit entfernten evolutionären Vergangenheit. Manche mögen behaupten, die Bedeutung des Barts sei von jeher von der natürlichen Auslese bestimmt gewesen. Im Sinne dieser Vorstellung waren Evolutionsbiologen und Psychologen eifrig bemüht, jenes Rätsel der Natur, den menschlichen Bart, zu entwirren.

Kapitel 1
WARUM TRAGEN MÄNNER BÄRTE?

Die menschliche Zivilisation befindet sich im ständigen Kampf mit der Natur. Das ist mindestens in Bezug auf die Gesichtsbehaarung richtig. Im Eifer dieses Jahrhunderte während Kampfs, für den jedes Jahr Milliarden Dollar ausgegeben werden, haben nur wenige einen Augenblick lang innegehalten und sich Gedanken darüber gemacht, wie dieser Kampf überhaupt begann. Wieso hat die Natur den Männern – sowie manchen Frauen – einen Bart geschenkt? Wie ist ein Streifen Haar auf ihren Wangen und ihrem Kinn gelandet, den sie gemäß gesellschaftlicher Regeln jeden Morgen abschaben sollen? Wer die Bedeutung von Bärten verstehen möchte, der sollte mit diesen grundlegenden Fragen beginnen. Und hierfür müssen sich die Nebel unserer evolutionären Vergangenheit lichten.

Es ist ein verführerischer Gedanke, dass Bärte ein Überbleibsel unserer sehr viel haarigeren Vorfahren sind, dass dieses Merkmal sich aus irgendeinem Grund gehalten hat, während wir uns gewissermaßen in den nackten Affen verwandelt haben. Der Bonobo allerdings, im Tierreich unser nächster Verwandter, hat keine Haare um den Mund herum – genau dort also, wo dem Menschen der

Bart wächst. Wenn, dann haben die Menschen ihrem Gesicht also Haar *hinzugefügt*, so scheint es, obwohl es ihnen in den meisten anderen Regionen abhandengekommen ist. Und selbst wenn unsere Affen-Vorfahren Gesichtshaare besessen hätten, eine Frage bliebe offen: Wieso ist Frauen dieses Haar abhandengekommen und Männern nicht? Wie es aussieht, besitzt lediglich die männliche Spezies Mensch Haare an Kinn und Oberlippe.

Neben Glatzköpfigkeit stellt der Bart außerdem eines der letzten Geschlechtsmerkmale in der Entwicklung des Mannes dar.

1.1 Männlicher Bonobo

Biologen haben herausgefunden, dass sowohl Bartwuchs als auch Haarausfall durch Androgene wie Testosteron hervorgerufen werden und die Wachstumsgeschwindigkeit ganz gewöhnlichen Hormonzyklen unterworfen ist. Die Fachzeitschrift Nature berichtete 1970 von den Untersuchungen eines Wissenschaftlers, der vermehrten Bartwuchs (durch das Wiegen des Verschnitts nach der Rasur) immer dann festgestellt hat, wenn er zu seiner weit entfernt wohnenden Geliebten gefahren ist.[1] Er schloss daraus, dass sein Androgenspiegel in froher Erwartung der sexuellen Aktivität in die Höhe geschossen sei, was wiederum den Bartwuchs beschleunigt habe. In späteren Studien hat man herausgefunden, dass die Androgenproduktion sowohl einen Fünf- oder Sechs-Tage-Rhythmus als auch einen Tageszyklus aufweist, wobei die Gesichtsbehaarung entsprechend unterschiedlich wächst. Ein kalifornischer Wissenschaftler berichtete 1986, dass Krankheiten und Jetlags die Geschwindigkeit seines Bartwuchses beeinflussten und somit die Hormonzyklen durchbrächen.[2] Kürzlich haben Biologen einige der Hormonwege aufgezeichnet, die Androgene mit den Haarfollikeln in Gesichts- und Kopfhaut verbinden. Männliche Hormone sind also beteiligt an den Mechanismen von Bartwuchs und Haarverlust, so viel steht fest. Das erklärt jedoch noch lange nicht, wieso die betreffenden Androgene diese Funktion erworben haben.

DIE EVOLUTION DES BARTS

Schon Charles Darwin höchstpersönlich hat als Evolutionstheoretiker über die Ursprünge des Barts gegrübelt. In *Die Abstammung des Menschen* (1871) beschreibt er einen Vorgang der sexuellen Selektion, die zusammen mit der natürlichen Selektion den Verlauf der

1.2 Charles Darwin

menschlichen Entwicklung forme. Die natürliche Selektion verändert eine Spezies dadurch, dass sie Individuen mit solchen Merkmalen bevorzugt, die ihre Überlebens- und Fortpflanzungschancen vergrößern. Wobei es in Sachen Fortpflanzung noch eine weitere Ebene der Selektion gibt: Individuen derselben Spezies befinden sich in Konkurrenz um die Gunst von Paarungspartnern. Darwin meinte, um dieser Konkurrenz willen entwickelten die Tiere viele sekundäre Geschlechtsmerkmale, welche entweder als Waffen gegen gleichgeschlechtliche Rivalen (wie etwa Hörner oder Stoßzähne) oder als Ornament zum Anlocken potenzieller Partner (wie etwa farbiges Haar oder Gefieder) eingesetzt würden. Diejenigen Individuen mit dem verlockenderen Ornament oder den stärkeren Waffen könnten sich erfolgreich fortpflanzen und ihre spezifischen Merkmale weitergeben. Darwin ordnete den männlichen Bart der Kategorie Ornament zu und vermutete, er besitze eine anziehende Wirkung auf Frauen.[3] Im Lauf der Jahrtausende, so die Theorie, konnten sich bärtige Männer erfolgreicher fortpflanzen als ihre glatten Rivalen, und so kam der menschliche Bart zu seiner derzeitigen Form. Kurz gesagt: Die Männer heutzutage trügen Bärte, weil sie unseren prähistorischen weiblichen Vorfahren gefallen hätten.

Darwin hatte allerdings ein Problem: Einige Anthropologen

berichteten seinerzeit, dass sich die menschlichen Populationen in der Fülle des Barts stark unterschieden. So ging man beispielsweise davon aus, dass die Ureinwohner Amerikas quasi nicht imstande wären, sich einen Bart wachsen zu lassen. Darwin mutmaßte, dass einige weibliche Vorfahren an einigen Orten keine Bärte gemocht hätten und deshalb eine fortwährende entgegengesetzte Selektion stattgefunden habe. Das hieße, der Bart erfüllt nur dort die Funktion eines Ornaments, wo er tatsächlich auch als Ornament angesehen wird. Um die schwierige Frage zu beantworten, ob dem wirklich so ist, führte Darwin noch einen weiteren evolutionären Prozess ins Feld: die Vererbung erworbener Merkmale. Vor Darwin hat bereits Jean Baptiste Lamarck behauptet, dass sich Spezies im Lauf der Zeit veränderten, indem sie neu erworbene Merkmale an ihren Nachwuchs weitergäben. Streckte eine Giraffe etwa ihr ganzes Leben lang ihren Hals, um an die Nahrung in den Baumgipfeln zu gelangen, so würden ihre Nachkommen mit längeren Hälsen zur Welt kommen. Der eine oder andere Lehrer oder Professor mag die Vererbung erworbener Merkmale als nichtdarwinistisch abtun – Darwin jedoch hat dieses Prinzip in *Die Abstammung der Arten* wiederholt ins Feld geführt. So auch beim Thema Bärte. In Kenntnis der anthropologischen Beobachtungen von Völkern, die ohne Unterlass ihre ungewollten Haare im Gesicht auszupften, sowie von (äußerst zweifelhaften) Tierversuchen, die angeblich zeigten, dass operative Abänderungen an die nächste Generation vererbt werden könnten, schlussfolgerte er: »Es ist auch möglich, dass der lange fortgesetzte Gebrauch, das Haar auszureißen, eine vererbte Wirkung hervorgebracht hat.«[4] Mit anderen Worten: Männer, die ihre Haare abschneiden oder auszupfen, zeugen Jungs, denen in der Pubertät weniger Haare wachsen. Die Vererbung erworbener Merkmale vervollständigt demzufolge einen Prozess, der mit der sexuellen Selektion einsetzte und manche Männergruppen mit großen dichten Bärten, andere hingegen mit praktisch gar keinen zurücklässt. Diese Analyse schrieb Frauen einen ganz schön großen Einfluss auf die Evolution des Barts zu: Je nach Geschmack suchten sie sich mehr oder weniger bärtige Männer aus, und Männer zupften sich die Haare aus, um diesem Geschmack zu entsprechen, was wiederum bleibende körperliche Veränderungen nach sich zog.

Indem er die Evolution des Barts zu einer Frage des Geschmacks und nicht etwa des Überlebens machte, lieferte Darwin keine wahrhaft darwinistische Erklärung, das heißt, einen auf dem Prozess der natürlichen Selektion fußenden Ansatz. Genau genommen warf seine Meinung mehr Fragen auf, als sie beantwortete. Was machte den Bart zum so verführerischen Ornament für manche Damen und zu einer Abscheulichkeit für andere? Wenn es dabei nur um eine Frage des Geschmacks gegangen wäre, wieso schlugen die Gefühle diesbezüglich dann solche Wellen, dass einige prähistorische Frauen potenzielle Partner verstießen? Ging es dabei nur um Eitelkeiten? In Anbetracht solcher Fragen lag die Arbeit für die Evolutionsbiologen nach Darwin bereits auf der Hand.

Nach neuestem Stand der Dinge schlagen die Theoretiker drei grundlegende Lösungen für das Bart-Rätsel vor. Die einfachste davon, die Darwin selbst in Betracht gezogen und verworfen hat: Bärte dienen gar keinem Zweck. Unfälle passieren immer und überall, so auch in der Evolution. Angenommen, ein Gen wird in der natürlichen Selektion bevorzugt, weil es die Haut widerstandsfähig macht. Dieses Gen könnte zusätzlich die sekundäre, an sich nicht wichtige Eigenschaft aufweisen, eben jener Haut eine gewisse Farbe zu verleihen. Da es schwierig ist, der Gesichtsbehaarung einen offensichtlichen Überlebenswert zuzuschreiben, könnte es sich bei ihr also um ein Beispiel für eben genanntes Phänomen handeln. Der Großteil der Wissenschaftler hat sich jedoch dagegen gesträubt, es dabei zu belassen. Zum einen ist Bedeutungslosigkeit eine Hypothese, die sich nicht beweisen lässt. Man kann nicht mit Gewissheit sagen, dass Bärte einfach aus Lust an der Freude existieren, wenigstens nicht, ehe nicht die Funktionen sämtlicher menschlicher Genome entschlüsselt worden sind. Wissenschaftler wollen den Dingen schließlich auf den Grund gehen, und die Annahme, dass Bärte einem Zweck dienen, ist eben weit interessanter, so nebulös dieser Zweck auch sein mag.

Der zweite Lösungsansatz fußt auf der Vorstellung Darwins, dass es sich bei Bärten um Ornamente handle, welche die prähistorische Damenwelt verzückt hätten – und vermutlich auch die heutige Damenwelt verzücken können. Die Anhänger dieser Gedankenfolge haben sich darangemacht, Darwins Vertrauen auf den unklaren Begriff von Geschmack durch konkretere psychologische und biologische Erklärungen für die Vorlieben von Frauen zu ersetzen.

Die dritte Theorie wiederum hat einen genau entgegengesetzten Ansatz, indem sie behauptet, dass Haar eine Drohwirkung besitze und dazu diene, männliche Rivalen abzuschrecken und Überlegenheit zu demonstrieren. Frauen wären demzufolge nicht vom Bart als solchem angezogen worden, sondern von der sozialen Überlegenheit, die beeindruckend bärtige Männer gegenüber anderen Männern genießen.

Die Herausforderung für Wissenschaftler besteht darin, diese miteinander konkurrierenden Theorien zu überprüfen. Wie lässt es sich mit Sicherheit sagen, ob Bärte in der evolutionären Vergan genheit eher als Lockmittel für Frauen oder als Drohmittel gegenüber Männern dienten? Eine Methode wäre das Beobachten der Rolle von analogen geschlechtsspezifischen Verzierungen von Tieren – Gefieder, Krausen, Geweihe und so weiter. Eine andere das Testen männlicher und weiblicher Reaktionen auf bärtige Gesichter, um herauszufinden, ob die urwüchsigen Triebe unserer Vorfahren vor Tausenden von Jahren heute noch nachklingen.

ORNAMENTE

Darwins Bart-als-Ornament-Theorie hat im Lauf der Jahre beachtliche wissenschaftliche Bestätigung erfahren. Eine ihrer Anhängerinnen ist die Evolutionspsychologin Nancy Etcoff. Sie argumentiert, dass das Streben nach einem gut aussehenden Partner »Teil der universellen menschlichen Erfahrung« sei und »Vergnügen bereitet, die Aufmerksamkeit fesselt und die Menschen zu Taten antreibt, die das Überleben unserer Gene sicherstellen«.[5] Etcoff und andere, die sich mit dem Phänomen der körperlichen Anziehungskraft befasst haben, konnten zahlreiche Belege dafür finden, dass Männer sich von bestimmten körperlichen Attributen bei Frauen angezogen fühlen. Das männliche Faible für Blondinen beispielsweise wurde im Rahmen von psychologischen Versuchen wieder und wieder erwiesen. Genau wie die Vorliebe für ein hohes Taille-Hüft-Verhältnis sowie hohe Wangenknochen und große Augen. Frauen hingegen scheinen ihr Urteil weniger aufgrund von körperlichen Qualitäten zu fällen, und sie stimmen weniger darin überein, wie ein Mann im Idealfall auszusehen hat – außer dass er groß (aber nicht zu groß) sein sollte. Evolutionstheoretiker erklären die weniger oberflächliche

Herangehensweise der Frauen bei der Partnerwahl, indem sie auf die evolutionäre Logik der weiblichen Fortpflanzungsmechanismen verweisen. Da die Gebärfähigkeit der Frau ihre Grenzen hat, der Aufwand der Kindererziehung hingegen ziemlich groß ist, entpuppt sich ein hilfsbereiter, zuverlässiger Mann für sie als eher von Nutzen als ein einfach nur hübscher Mann. Wobei das nicht bedeutet, dass Äußerlichkeiten keine Rolle spielen. Zahlreiche Studien belegen, dass Frauen das Aussehen sehr wohl berücksichtigen, und manchen ist die körperliche Attraktivität sogar sehr wichtig. Des Weiteren deuten Untersuchungen darauf hin, dass Frauen sich hauptsächlich auf das Gesicht konzentrieren, wenn das äußere Erscheinungsbild eine Rolle für sie spielt. All das weist auf Gründe hin, warum Frauen den Wert eines Barts zu schätzen wissen könnten.

Wenn sie das Gesicht eines Mannes betrachten, beurteilen Frauen womöglich unbewusst die genetische Güte eines potenziellen Partners. Das legen Verhaltensstudien von Tieren nahe. Einige Vogelarten wie etwa Pfauen bilden übermäßige Färbungen oder Schweife heraus, weil diese von Geschlechtspartnern gemocht werden. Die Pfauen mit dem längsten Schweif haben den größten Fortpflanzungserfolg, und im Laufe der Generationen wird der Schweif länger und länger. Warum interessieren sich die Weibchen aber so sehr für Größe und Farbe? Wird diesen Balzmerkmalen irgendeine Bedeutung beigemessen, oder ziehen die Männchen nur eine Show ab, um die weiblichen Vogelhirne zu beeindrucken? Der Evolutionsbiologe Amotz Zahavi behauptete 1975, dass es sich bei Balzmerkmalen wie langen Federn nicht einfach nur um eine schöne Lüge, sondern um die »ehrliche« Anpreisung besserer Gene handle. Gemäß Zahavis »Handicap-Prinzip« bringen Balzmerkmale wie übergroße Federn oder das breite Geweih eines Bocks erhebliche körperliche Kosten in Sachen Energie und Ernährung für den Eigentümer mit sich. Tiere, die eine beeindruckende Show hinlegen können, stellen den Geschlechtspartnern damit ihre Gesundheit ergo ihre Begehrtheit unter Beweis.[6] In den 1980ern schlugen einige Forscher noch einen weiteren Zweck der Balzmerkmale vor: das Signalisieren der eigenen Widerstandskraft gegenüber Krankheiten. Da Krankheiten die Qualität und Größe von Federn, Krausen, Geweihen etc. für gewöhnlich mindern, deute ein gutes Balzmerkmal darauf hin, dass das Männchen gesund sei. Ein prahlerisches Männchen preise also sein hervorragendes Immunsystem sowie seinen Erfolg bei der Nahrungssuche an. Das Gleiche könnte für Bärte gelten. Prähistorische Frauen vermochten demnach einen gesunden Mann am Gesicht zu erkennen.

Dieser Gedanke von »guten Genen« wurde von der Hormonforschung in den 1990ern bekräftigt, als Biologen die Theorie der »Immunkompetenz« entwickelten. Demnach verweisen beeindruckende körperliche Merkmale nicht nur auf eine gute Gesundheit, sondern sind ein direkter Beweis für die Immunität gegen Krankheiten. Der hohe Androgenspiegel, der für diese Balzmerkmale erforderlich ist, *erhöht* nämlich das Krankheitsrisiko, indem er das Immunsystem schwächt. Testosteron schwächt das Immunsystem, um die Lebensfähigkeit der Spermien (welche als körperfremde Zellen behandelt werden) sicherzustellen; ein gesundes Männchen mit großen sekundären Geschlechtsmerkmalen (und demzufolge hohem Testosteronspiegel) schindet also genetisch einen noch größeren Eindruck, indem es ungeachtet seines geschwächten Immunsystems Krankheiten zu trotzen vermag.[7] Im Tierreich sagen gesunde Männchen mit großem Schweif, Horn oder Ähnlichem den Weibchen also: »Schaut her, was ich in immunologischer Hinsicht alles hinkriege, obwohl mir die eine Hand quasi auf den Rücken gefesselt ist!« Und womöglich verhält es sich mit dem Bart wie mit dem Schwanzgefieder oder dem Geweih. Auch der Bart ist ein von Testosteron beeinflusstes männliches Merkmal – eine Reklametafel für genetische Kompetenz. Fällt Frauen das auf? Versetzt es sie in Verzückung? Das haben viele Psychologen herauszufinden versucht.

In den vergangenen fünf Jahrzehnten haben Dutzende von Versuchen die Eindrücke und Reaktionen auf verschiedene Arten männlicher Gesichter erfasst, um die Stereotypen und Vorurteile einschätzen zu können, die bei der Wahl von Geschlechtspartnern, Ehepartnern, Angestellten oder Politikern involviert sind. Sie alle haben Licht ins Dunkel der Bart-als-Ornament-Theorie gebracht. Es herrscht beinahe komplette Einstimmigkeit darüber, dass der Bart für die Frau eine ausschlaggebende Rolle beim ersten Eindruck eines Mannes spielt. Ein Bart ließ die Männer beinahe immer älter und maskuliner wirken. Aber macht sie das auch attraktiver? Bei letzterer Frage sind die Forscher zu unterschiedlichen Ergebnissen gekommen, je nach untersuchtem Thema und Art und Weise der Fragestellung. Manchmal hielt man den Bart für sehr attraktiv, manchmal überhaupt nicht.

Eine im Jahr 1969 veröffentlichte Untersuchung der University of Chicago ergab, dass sowohl Männer als auch Frauen bärtige Männer attraktiver als rasierte Männer fanden.[8] Einige Tage später stuften Studenten zweier weiterer Universitäten des Mittleren Westens bärtige Männer (auf Fotos) jedoch als weniger freundlich, lieb und hübsch als bartlose Männer ein.[9] Kurz darauf bestätigten Studenten in Tennessee und Kalifornien die ursprünglichen Ergebnisse aus Chicago, indem sie bärtigen Männern bessere Noten in Sachen Reife, Aufrichtigkeit, Großzügigkeit und gutem Aussehen erteilten.[10] Solch widersprüchliche Ergebnisse inspirierten Forscher der University of Wyoming zu einer Umfrage, in der die Studentinnen einfach geradeaus gefragt wurden, ob sie Männer mit Gesichtsbehaarung bevorzugten. Von den 482 Frauen, die den Fragebogen ausfüllten, bevorzugten lediglich 17 Prozent einen Bart, wohingegen viele von ihnen eine Abneigung gegenüber Bärten kundtaten; etwa 42 Prozent mochten Schnurrbärte.[11]

Bis in die späten 1970er sprachen zwei Studien für und drei Studien gegen die Attraktivität des Barts. Dieses Hin und Her sollte auch noch die beiden darauffolgenden Jahrzehnte andauern – mit ein paar geteilten Forschungsergebnissen obendrein. Eine Untersuchung kanadischer Studenten ergab 1978, dass bärtige Gesichter selbstbewusster, intelligenter und glücklicher, jedoch nicht als beliebter eingeschätzt wurden.[12] 1984 berichteten Forscher allerdings wieder, dass junge Männer und Frauen bärtige Gesichter als sympathischer und attraktiver einstuften.[13] Bei einer Studie aus dem Jahr 1990, in der 228 Personalverantwortliche im Durchschnittsalter von 31 Jahren gebeten wurden, die Fotos von sechs Bewerbern mit gleichen beruflichen Qualifikationen zu beurteilen, wurden die Männer mit Bart als attraktiver, gelassener und kompetenter empfunden.[14] Ein späterer Versuch im Jahr 2003 widerlegte dieses Ergebnis allerdings. Hier wurden Studenten gebeten, mögliche Job-Bewerber anhand von Lebensläufen und Fotos einzuschätzen. Diesmal gab es Vorurteile gegenüber den Bartträgern, obwohl die bärtigen Bewerber nur als geringfügig weniger attraktiv eingestuft wurden.[15] Eine 1996 veröffentlichte Studie zum Thema weibliche Wahrnehmung, die an einer Universität in Kentucky durchgeführt wurde, ergab eine sogar noch negativere Wahrnehmung von Bärten. Gesichter mit

Bart wurden als älter, aggressiver, sozial unreifer sowie weniger attraktiv eingeschätzt.[16] Bis ins erste Jahrzehnt des einundzwanzigsten Jahrhunderts hinein hatte sich der Bart in acht Studien als attraktiv und in acht Studien als unattraktiv herausgestellt. In zwei weiteren Studien waren die Ergebnisse geteilt. Man kann also mit Sicherheit sagen, dass jeder, der auf entscheidende Beweise für die Bart-als-Ornament-Theorie gehofft hatte, gefrustet war. Uneinheitliche Ergebnisse mögen das Produkt unterschiedlicher Methodik und Bedingungen sein, doch sie können auch den Triumph der Umwelt über die Anlagen widerspiegeln, was so viel heißt wie: Unsere kulturellen Vorlieben haben die verbliebenen primitiven Instinkte besiegt, welche die Evolution des Barts vorangetrieben hatten. Andererseits könnte die Ornament-Theorie auch ganz einfach falsch sein, und der Bart hat sich stattdessen als gesellschaftliche Waffe herausgebildet.

WAFFEN

Der Mangel an Beweiskraft für die Bart-als-Ornament-Theorie bildet einen guten Auftakt für die konkurrierende Theorie: der Bart als Waffe. Doch wie können Bärte den Männern beim Kämpfen behilflich sein? Der Soziobiologe R. Dale Guthrie lieferte darauf eine Antwort: Einschüchterung. Im Tierreich ist die Häufigkeit männlicher Konkurrenz um sexuelle Vorherrschaft offensichtlich, wobei männliche Balzmerkmale allgegenwärtig sind in »Flecken, Farbklecksen, Streifen, Mähnen, Krausen, Halslappen, kunstvollen Schweifen, Schöpfen, Schmuckfedern, knalligen Farbmustern, Kehllappen, aufblasbaren Hautsäcken, Kämmen, Kehlflecken, Büscheln, Bärten und vielen anderen Ornamenten«.[17] Das eindrucksvolle Merkmal des Pfaus, seine leuchtenden Federn, dient Guthrie zufolge weniger dem Anlocken von Weibchen als dem Einschüchtern von männlichen Konkurrenten; seine Botschaft lautet nicht: »Wähle mich!«, sondern vielmehr: »Verschwinde, ich bin taffer!« Bei den Affen spielen Zähnefletschen und andere Gesten mit dem Mund eine wichtige Rolle als soziale Signale. Kiefer und Zähne stellen im Großteil des Tierreichs die wichtigsten Waffen dar, und viele der Ornamente männlicher Primaten scheinen mit Mund und Kiefer in Verbindung zu stehen, darunter Kontrastfarben im unteren Gesichtsbereich sowie die Kinnlinie betonende Haarkrausen. Ähnliches könnte bei unseren männlichen Vorfahren der Fall sein. Urmenschliche Fieslinge haben ihre Zeitgenossen durch Zähnefletschen und bedrohliches Knurren eingeschüchtert. Das Vorschieben des Kinns könnte diesen Effekt noch verstärkt haben. Guthrie macht darauf aufmerksam, dass ein quadratischer und angespannter Kiefer üblicherweise als Zeichen für Stärke oder Aggression gilt. Ein fliehendes Kinn hingegen steht für Schwäche, und manche Menschen kann man dabei beobachten, wie sie ihren Kiefer zurückziehen als Zeichen von Entsetzen oder Rückzug. Ein haariges Kinn dient dem gleichen Ziel. Mund und Gesicht wirken dadurch größer und deshalb bedrohlicher.

Guthrie mag recht damit haben, dass es sich beim Bart um ein Drohsignal handelt, dennoch lässt sich im Tierreich keine exakte Übereinstimmung für den menschlichen Bart finden. Wenn Affen ihre Zähne fletschen, so sind es die Zähne und nicht das weniger beeindruckende Kinnhaar, das die Botschaft vermittelt. Außerdem können Bärte sogar den gegenteiligen Effekt haben, nämlich Mund und Zähne kleiner wirken lassen statt größer. Der Waffen-Theorie könnte also genau wie der Ornament-Theorie eine unabhängige Verifizierung guttun. Wenn Bärte dem Einschüchtern von Männern statt dem Beeindrucken von Frauen dienen sollten, dann müsste man in psychologischen Experimenten bei den Frauen doch Gleichgültigkeit und bei den Männern Angst beobachten können. Verfechter der Bart-als-Waffe-Theorie werden durch die Tatsache bestärkt, dass die Probanden in den psychologischen Versuchen bärtige Männer tatsächlich als »maskuliner« und »dominanter« eingestuft haben. In der Chicagoer Studie von 1969, in der Bärte als attraktiv beurteilt wurden, wiesen die Forscher nach, dass der Bart eher Männer als Frauen beeindruckte.[18] Einer Gruppe Studenten zeigte man die Zeichnung eines älteren Mannes mit Schnurrbart und eines jüngeren glatt rasierten Mannes und bat sie, deren Beziehung zu beschreiben. Die meisten männlichen Studenten – jedoch nicht die weiblichen – sprachen von der höheren Position und Autorität des Älteren. Als man einer weiteren Gruppe männlicher und weiblicher Studenten ein ähnliches Bild zeigte – dieses Mal war der Jüngere nicht glatt rasiert, sondern bärtig –, war die weibliche Rückmeldung unverändert, doch die männlichen Studenten tendierten dazu, die beiden Männer als Gleichrangige in einer Besprechung zu bezeichnen. In den Augen der männlichen Betrachter hatte der Bart den sozialen Rang des Jüngeren erhöht. Es könnte sein, dass der Bart ihn älter und nicht bedrohlicher hat wirken lassen. Trotzdem hat eine Reihe von Studien in den darauffolgenden Jahrzehnten bestätigt, dass sowohl Frauen als auch Männern ein bärtiger Mann potenter, wilder und aggressiver vorkommt.[19] Die Studenten aus Kentucky, die bärtige Männer weniger attraktiv fanden, klassifizierten sie ebenfalls als älter und aggressiver. Bemerkenswerterweise stuften die männlichen Teilnehmer der Studie bärtige Gesichter als aggressiver ein als weibliche Teilnehmer.[20]

Der Gedanke, dass es sich beim Bart um eine Art Drohsignal handelt, erfuhr erst 2012 weitere Bestätigung, als die Reaktion von Neuseeländern und samoanischen Ureinwohnern auf Männerbilder getestet wurde. Trugen sie Bärte, so wurden dieselben Männer als älter, aggressiver und mit Blick auf den Status als höherrangig eingestuft, wenngleich auch als weniger attraktiv, und das seitens der Männer und der Frauen. Die Forscher zeigten auch Bilder derselben Männer mit wütenden Grimassen, und die bärtige Version erschien den Vertretern beider Kulturkreise besonders bedrohlich. Beweis dafür, so schlussfolgerten die Verfasser, dass der Bart tatsächlich zur Drohung eingesetzt werde und männliche Rivalen abschrecken solle.[21]

Obwohl diese Ergebnisse die Waffen-Theorie stützen, ist nicht ganz klar, wieso die Probanden die bärtigen Männer für aggressiver erachteten. In einigen Experimenten könnte die Assoziation mit Aggression und antisozialem Verhalten mit den kulturellen Implikationen des Barts zusammenhängen und nicht mit seiner kiefervergrößernden Wirkung. Schließlich standen Bärte in den vergangenen Jahrzehnten eher für politischen Nonkonformismus und antisoziale Aktivitäten statt für Angreifen und Beißen. Das Angsteinflößende daran könnte eher die Drogenkultur oder ein politisch radikales Umfeld sein als körperliche Überlegenheit als solche. Die Vertreter der Waffen-Theorie können also bestenfalls annehmen, dass die mit Bärten assoziierte Aggressivität tatsächlich mit ursprünglichen Drohsignalen korreliert und nicht mit kulturellen Stereotypen.

Jüngere Studien haben aber auch der Ornament-Theorie neuen Aufwind beschert. Im Besonderen hat man herausgefunden, dass Frauen Stoppeln mögen. 1990 wurde dies erstmals als Zufallsbefund von einem Team von Psychologen unter Michael

Cunningham vermeldet, welche die genauen Gesichtszüge untersuchten, die ein attraktives Männergesicht ausmachen. Das Team ermittelte 26 Parameter, einschließlich 18 Dimensionsmessungen wie etwa Höhe und Breite von Auge, Nase, Mund, mitsamt veränderten Haaren und Kleidern. Frauen an den Universitäten Georgia, Illinois und Kentucky bewerteten anschließend die Attraktivität zahlreicher Männergesichter.[22] Als wichtigster Indikator für ein attraktives Gesicht stellten sich große Augen heraus, genauso wie bei den männlichen Beurteilungen von Frauengesichtern. Bei Männergesichtern standen außerdem ein ausgeprägtes Kinn und ausgeprägte Wangenknochen in enger Verbindung mit gutem Aussehen. Die Verfasser der Studie sahen dies als Beweis für ihre Hypothese der »multiplen Fitness«, welche besagt, dass Frauen sowohl von »Neugeborenen«-Gesichtszügen wie großen Augen als auch von »reifen« maskulinen Gesichtszügen wie einem kräftigen Kinn angezogen werden. Schnurrbärte und Bärte schienen allerdings nicht Teil der »multiplen Fitness« zu sein, denn sie bekamen in puncto Attraktivität erneut schlechtere Noten. Die Forscher vermuteten, dass Bärte zu sehr von den bei Frauen populären »Neugeborenen«-Eigenschaften ablenkten.

Dass Frauen Bärte nicht besonders attraktiv finden, war nichts Neues, doch in einem ihrer Versuche stolperten die Wissenschaftler über eine positive Korrelation zwischen Attraktivität und schlampiger Rasur. Die Studie schloss Gesichter mit Schnurrbärten und Bärten absichtlich von den Versuchsbeispielen aus, doch einige der fotografierten Gesichter sahen glatter aus als andere. Die Rückmeldung der Frauen wies eine überraschende Vorliebe für einen in Ansätzen sichtbaren Bartwuchs auf (zum Beispiel durch Schattierung), obwohl der entsprechende Mann rasiert war. Den Forschern zufolge bedeutete dies, dass die *Fähigkeit*, sich einen Bart wachsen zu lassen, ein positives Merkmal von »Reife« darstelle, wohingegen ein tatsächlicher Bart die begehrenswerten Neugeborenen-Eigenschaften des Gesichts verdecke. Kurz gesagt handelt es sich bei Stoppeln um die von Frauen gewünschte Balance: maskulin, aber nicht zu maskulin. Zu diesem Ergebnis war man mit mehr Glück als Verstand gekommen. Stoppeln stellten einen Faktor dar, der sich durchsetzte, obwohl ihm niemand Beachtung geschenkt hatte.

Die Forscher machten sich darüber zunächst kaum Gedanken. Zurückblickend scheint er jedoch ans Licht zu bringen, was aus weiblicher Sicht richtig und was falsch ist in Bezug auf Bärte. Die Vorliebe für das *Potenzial* und nicht den *eigentlichen* Bart könnte die überregional unterschiedlichen Ergebnisse der Studien zur Gesichtsbehaarung erklären. Frauen wollen doppelt gewinnen. Unterschiedliche weibliche Probanden unter verschiedenen Lebensumständen beurteilen die Balance zwischen maskulin/nicht zu maskulin ebenso unterschiedlich und stufen den Bart entsprechend besser oder schlechter ein. Dieses Ergebnis bestärkt auch die Argumentation der Evolutionspsychologin Nancy Etcoff, die männliche Attraktivität als heiklen Balanceakt beschreibt. Frauen fühlten sich von einem starken und dominanten Look angezogen, so behauptet sie, darunter eine von einem Bart betonte kräftige Kinn- und Kieferpartie, doch diese Anziehung werde aufgewogen durch den Wunsch nach anderen Qualitäten eines Partners, wie etwa Verlässlichkeit und die Bereitschaft, Ressourcen in Kinder zu investieren.[23] Folglich würden übermäßig maskuline Gesichter von Frauen als weniger attraktiv bewertet, weil es ihnen an ausreichend Güte und Soziabilität ermangle.

Umfragen unter deutschen Männern im Jahr 2003 sowie unter englischen Frauen im Jahr 2008 bestätigten den Stoppel-Effekt.[24] Bei den Probanden letzterer Studie handelte es sich um Studentinnen der Northumbria University, die männliche Gesichter bewerteten, welche mittels Computer-Software so abgeändert wurden, dass sie ohne Gesichtsbehaarung, mit leichten Stoppeln, starken Stoppeln, leichtem Bart oder vollem Bart zu sehen waren. Die Frauen beurteilten die Variante mit leichten Stoppeln als am attraktivsten, gefolgt von stark stoppelig, leicht bärtig, glatt rasiert, vollbärtig. Es lag auf der Hand, dass eine gute Balance zwischen minimalen und maximalen maskulinen Eigenschaften die wünschenswerteste war, wobei ein glatt rasiertes Gesicht dem vollbärtigen vorgezogen wurde. Es scheint, als ob Frauen es vorzögen, sich lieber nicht zwischen Bart oder nicht Bart in einem Männergesicht entscheiden zu müssen. Dieses Ergebnis erfuhr erneute Bestätigung durch eine Studie im Jahr 2013, in der australische Frauen Fotos von Männern mit starken Stoppeln (etwa elf Tage nach der Rasur) attraktiver fanden als die sowohl vollbärtige als auch glatt rasierte Variante derselben Gesichter.[25] Könnte dies das Happy End der Achterbahnfahrt uneinheitlicher Ergebnisse der Bartforschung sein? Diese Hoffnung ist sehr verlockend. Doch die Stoppel-Theorie entkommt nicht ganz den Schwierigkeiten früherer Studien, das heißt der Belastung durch kulturelle Vorurteile. Denn wie es der Zufall will, galten Stoppeln anfangs des einundzwanzigsten Jahrhunderts als stylish, es könnten also auch Modetrends und nicht die Evolution gewesen sein, die die Studentinnen die Fragebögen haben entsprechend ausfüllen lassen.

Fünfzig Jahre psychologischer Untersuchungen haben also nach vielen Drehungen und Wendungen ein unbestimmtes Fazit ziehen lassen: Bärte sind attraktiv und auch wieder nicht. In gewissem Maße wirken sie einschüchternd, wenngleich nicht feststeht, warum dem so ist. Das größte Hindernis bei dieser Suche nach dem Ursprung des Barts ist die Unmöglichkeit, die

Umstände des menschlichen Lebens vor Tausenden von Jahren nachzustellen und die Vorlieben der prähistorischen Frauen und Männer zu verstehen. Die gründliche Erschließung der menschlichen Genome könnte irgendwann neue Geheimnisse ans Tageslicht bringen, doch bis dahin werden wir uns mit den Grenzen der Biowissenschaften versöhnen müssen, was die Erklärung der Bedeutung des Barts anbelangt. Was allerdings kein Grund zur Verzweiflung ist. Bei einer abschließenden Betrachtung könnte die Biologie den am wenigsten wichtigen Faktor darstellen, wenn es darum geht, wieso Männer ihre Bärte wachsen lassen, kürzen oder abschneiden. Wir Menschen haben eine Art, die Grenzen der Natur zu umgehen, dem Körper neue Ziele und Lesarten einzuschreiben, die von der Evolution niemals beabsichtigt worden war. Unsere Körper unterliegen der Kultur genauso wie der Biologie, und das gilt insbesondere für das Haar, das sich relativ leicht manipulieren lässt.

Wenn nun also doch die Zivilisation und nicht die Evolution letzten Endes die Bedeutung des Haars bestimmt, so sollte man eine soziologische Theorie des Barts formulieren können. Viele haben sich bereits daran versucht. Einige mit freudianischem Denkansatz, wobei Haarmoden und Haarrituale ihre Kraft aus dem Ausdrücken oder Unterdrücken der Libido beziehen. Andere Forscher haben Theorien um die Verwendung von Haar und Bärten zur Etablierung von Gesellschafts- und Geschlechterabgrenzungen gesponnen; diese Gedanken konnten viele, wenngleich nicht alle Verwendungen des Haars in der sozialen Kommunikation erklären. Kürzlich räumte der französische Anthropologe Christian Bromberger ein Versagen der Geisteswissenschaftler bezüglich der Bedeutungsklärung des Haars ein.[26] Als Experte in nahöstlicher Anthropologie war Bromberger fasziniert davon, wie sich Muslime und Christen seit dem zehnten Jahrhundert durch die Gesichtsbehaarung voneinander abgehoben haben, genau wie römische von griechisch-orthodoxen Christen. Bromberger wusste allerdings, dass noch mehr dahintersteckte. Mithilfe des Haars konnte man das Männliche vom Weiblichen abgrenzen, Angepasste von Andersdenkenden unterscheiden sowie den Kontrast zwischen verfeinerter Zivilisation und primitivem Naturalismus hervorheben. In jener großen Komplexität sah er jede Menge unerledigte Geschäfte. Er rief zum Studium der »Haarologie« auf, welche kontrastierende Haarmoden-Merkmale – künstlich/natürlich, lang/kurz, behaart/haarlos, hell/dunkel, glatt/fusselig – und die gesellschaftlichen Gegensätze, für die sie angeblich stehen, definieren würde. Ein solches (in gewissem Sinne) »Haar-Wörterbuch« sollte quasi dazu dienen, eine breite Auswahl expliziter und implizierter gesellschaftlicher Botschaften zu übersetzen.

Der Traum einer haarologischen Theorie mag schön sein, aber er wird nicht so einfach Wirklichkeit werden können. Selbst wenn die genauen Muster aus Affinität und Ablehnung für eine bestimmte Gesellschaft ausgearbeitet worden sind, so würden sie bestenfalls eine Momentaufnahme sozialer Normen darstellen. Sie würden nur einen Moment in der Ebbe und Flut der Geschichte des Menschen darstellen, doch niemals Ebbe und Flut an sich. Genau genommen ist die Bedeutung der Gesichtsbehaarung am ehesten sichtbar, wenn sie im Begriff ist, sich zu wandeln, und nicht, wenn sie stillsteht. Nur wenn man den Filmstreifen von Anfang bis Ende schaut, verstehen wir den Plot, der die Ereignisse steuert. Dasselbe gilt auch für die Geschichte der Gesichtsbehaarung. Das Nachverfolgen der Drehungen und Wendungen der Geschichte des Barts, der Rasur und der Männlichkeit lässt Vergangenheit und Gegenwart in neuem Licht erscheinen und uns die bewussten und unbewussten Botschaften entziffern, die wir über unser Haar aussenden.

Kapitel 2
AM ANFANG

Die Rasur ist so alt wie die Zivilisation. Die Sumerer und Ägypter, Begründer der westlichen Zivilisation, verwendeten Rasiermesser aus Kupfer und Bronze, um ihr Gesichtshaar zu bändigen. Die Männer der Antike rasierten sich aus einer Vielzahl von Gründen, einer der wichtigsten jedoch war die Unterscheidung zwischen zweierlei Arten von Männern: die der bärtigen Herrscher und die der glatt rasierten Priester.[1] Beide stellten ganz unterschiedliche Ansprüche an Autorität und Macht. Die patriarchalischen Herrscher eroberten und regierten das Land, während die Priester die Gunst der Götter sicherstellten. Die Patriarchen waren stolz auf ihre natürliche Haarpracht als Zeichen männlicher Potenz, während die Priester sich gewissermaßen sorgfältig die Unreinheit und Arroganz des Haars wegschoren, damit die göttliche Kraft in sie einfließen möge. Sumerische und ägyptische Herrscher konnten nicht darauf hoffen, ohne Zugang zu diesen beiden Formen männlicher Macht zu herrschen. Das konnte man ihnen am Gesicht ablesen.

KÖNIG SCHULGI STELLT DIE
GÖTTER ZUFRIEDEN

Die Geschichte der westlichen Zivilisation begann in Sumer, dem südlichen Teil Mesopotamiens, dem Land zwischen den Flüssen Euphrat und Tigris und drumherum, im heutigen Irak. Dort schufen die Sumerer großartige Städte, errichteten gewaltige Tempel, hoben Bewässerungskanäle aus und bauten Straßen. Sie begründeten eine professionelle Priesterschaft, erfanden die Schrift, entwickelten Gesetzbücher und organisierten Armeen und Regierungen. Bis heute essen wir die Pflanzen und Tiere, die

2.1 (Links) Statuette König Schulgis: Weihegeschenk, 21. Jh. v. Chr. (Rechts) König Schulgi: Zeichnung einer Steinritzung in Darband-i-Gawr, Irak, 21. Jh. v. Chr.

sie kultivieren und hüten lernten – Weizen, Hafer, Rinder, Schafe, Ziegen und Hühner –, und wir messen Zeit und Raum, wie sie es uns lehrten, indem wir 24-Stunden-Tage, Sieben-Tage-Wochen und Zwölf-Monats-Jahre abstecken. Einer der größten sumerischen Könige war Schulgi (ca. 2094–2047 v. Chr.). Bereits zu Lebzeiten war er eine Legende und Inbegriff mesopotamischer Männlichkeit. Kennen wir seine Geschichte und die Art, wie er sich seinen Untertanen präsentierte, so kennen wir die Bedeutung der Gesichtsbehaarung in den Anfängen unserer Zivilisation.

Die beiden Darstellungen der Abbildung 2.1 zeigen König Schulgi.[2] Im Kontext der ersten sieht man ihn rasiert und mit nacktem Oberkörper, wie er im Rahmen der Tempelweihe feierlich einen Korb mit Aushub von der Baustelle trägt. In der zweiten ist er auf einer Steinritzung als siegreicher Krieger zu erkennen und zermalmt seine Feinde mit den Füßen. Er trägt einen langen Bart sowie Axt und Bogen, Symbole der Stärke und Befehlsgewalt also. Welches aber war das wahre Aussehen des großen Königs? Die Antwort lautet: sowohl als auch. Die Abbildungen stellen verschiedene Aspekte königlicher Macht dar. Die gegensätzliche Gesichtsbehaarung war das wichtigste Distinktionsmerkmal Schulgis mit Blick auf seine Rolle als oberster Geistlicher einerseits sowie in seiner Funktion als Eroberer und Gesetzgeber andererseits. Als Herrscher und Beschützer seines Volks musste ein sumerischer König über beide dieser wichtigsten Formen männlicher Macht verfügen.

Dutzenden Hymnen zufolge, die ihm zu Ehren gesungen wurden – einschließlich einer, die er selbst geschrieben hat –, war Schulgi in einfach allem der Beste. Er war ein von Göttern gezeugter Gott, der sämtliche Sterbliche an Geist und Körper übertraf. Er war ein Krieger, schnell zu Fuß und geschickt im Umgang mit Waffen. Er war zudem ein Schriftgelehrter und Weissager, dessen

Geschicklichkeit im Umgang mit Worten, Zahlen und im Zusammenhang mit göttlichen Zeichen die aller anderen übertraf.[3] In echter sumerischer Manier nutzte er diese fantastischen Gaben, um die hohen Götter zu ehren, denn dies war die Grundlage seiner königlichen Autorität. In anderen Worten: Um der größte der Könige sein zu können, musste er der größte Gottesanbeter sein, und in seiner selbst geschriebenen Hymne prahlte er mit einer besonders erstaunlichen Glanzleistung der Gottesverehrung, die er in seinem siebten Jahr auf dem Thron vollbrachte.

Nach seinen eigenen Angaben befand Schulgi sich am heiligen Tag des *Eshesh* in Nippur. Nippur war Heimat der Tempel der obersten Götter Enlil und An, Gott des Sturms bzw. Gott des Himmels. Von dieser heiligen Stadt aus lief er ganz alleine hundertsechzig Kilometer in seine Hauptstadt Ur und brauchte dafür lediglich zwei Stunden. Nach einem Bad und einer kurzen Pause brachte er dem Gott des Mondes, Nanna, Opfer dar in dem großen Stufentempel, den Schulgi erst kurz zuvor für ihn fertiggestellt hatte. Nachdem er seine Feiertagszeremonien in Ur hinter sich gebracht hatte, machte sich der nimmermüde König erneut auf den Weg und rannte die hundertsechzig Kilometer zurück nach Nippur, um dort die Opferzeremonien und Feierlichkeiten für Enlil und An zu wiederholen. Somit konnte er am selben Tag auf wundersame Weise die Zeremonien seiner beiden Hauptstädte leiten. Und als ob das noch nicht ausgereicht hätte, rühmte sich Schulgi damit, dass er den Rückweg in einem Hagelsturm absolviert habe. »Mein Herz voll Freude, jagte ich die Piste entlang, rannte wie ein Eselfohlen und reiste ganz allein…«[4] Ohne jeden Zweifel war er der Langstrecken-Meister der Frömmigkeit.

Für Schulgi war das Dienen der Götter Job Nummer eins, und Statuen von ihm als geschorener Priester verkörpern diesen Teil

seiner königlichen Strahlkraft. Doch er hatte auch andere Verant-
wortlichkeiten. So war er Gesetzgeber, oberster Richter und
oberster Kriegsherr. In diesen Funktionen wies er ein beeindruckend
bärtiges Gesicht auf. Schulgi war also kein Lügner, wenn er quasi ein
doppeltes Gesicht hatte – er wollte seine Untertanen mit dem ganzen Spektrum seiner königlichen Herrlichkeit beeindrucken. Gut
möglich, dass er sich anlässlich wichtiger religiöser Rituale wie etwa
Tempelweihen rasierte und ansonsten seine Haare wachsen ließ.
Andererseits sieht Schulgis Bart auf der Steinritzung – wie der auf
vielen anderen Darstellungen mesopotamischer Könige – so bom-
bastisch und unnatürlich aus, dass es sich dabei um ein Theaterre-
quisit gehandelt haben könnte. Fest steht jedoch, dass Schulgi je
nach Anlass rasiert oder unrasiert auftreten wollte.

Wenn er als Priester auftrat, wusste Schulgi sich in eins mit
uralten Traditionen. Bereits vor Beginn der Geschichtsschrei-
bung entfernten sumerische Priester das Haar auf Kopf und
Gesicht und legten oftmals auch ihre Kleider ab, wenn sie den
Göttern gegenübertraten. Es gibt zahlreiche Textbelege dafür,
dass sich Priester, Weissager, Schriftgelehrte sowie Mediziner in
der Geschichte des Nahen Ostens seit Tausenden von Jahren als
Zeichen ihrer Berufung fortlaufend rasierten.[5] Schriftzeugnisse
der Zeit nach Schulgi berichten davon, wie Weissager (*Baru*) nach
langer Ausbildung mit der Formel: »Der Barbier hat sein Werk an
ihm verrichtet«[6] geweiht wurden. Auch die Israeliten der Antike
pflegten diese Tradition.[7] Im Buch Numeri etwa erteilt der hebräische Gott Aaron die folgenden Instruktionen bezüglich der Leviten, der Priesterschaft Israels.

Sondere die Israeliten von den Leviten ab und reinige sie! So sollst du ihre
Reinigung vollziehen: Spreng über sie das Weihwasser! Sie selbst sollen sich

an ihrem ganzen Körper mit einem Schermesser die Haare schneiden, ihre Kleider waschen und sich reinigen.[8]

Die Leviten blieben unter normalen Umständen nicht rasiert; vielmehr macht diese Praxis deutlich, dass die Rasur im antiken Nahen Osten ein essenzieller Baustein der rituellen Vorbereitungen für den Gottesdienst darstellte.

Dafür gab es unterschiedliche Gründe. Für die Menschen der Antike, genau wie für viele Kulturkreise auch heute noch, war das Haar wesentlicher Bestandteil des Körpers, und demnach drückte das Abschneiden Entsagung, Demütigung oder Aufopferung aus. Das am meisten verbreitete Haarschneide-Ritual der antiken Welt fand während der Totentrauer statt, wobei ein Abschneiden oder Ausreißen der Haare oder des Barts, zusammen mit dem Zerreißen der Kleider oder dem Aufschlitzen der Haut, von Schmerz und Verlust zeugte. Ägyptische Grabzeichnungen sämtlicher Zeitabschnitte weisen sowohl Männer als auch Frauen auf, wie sie sich die Haare ausreißen und die Kleider zerreißen, um ihrem Kummer Ausdruck zu verleihen.[9] Auch ägyptische Götter des Jenseits sind dort zu sehen, wie sie geschwungene Haarsträhnen in typischer Trauergeste halten.[10] Leser der hebräischen Bibel sind mit dem Zerstören des Haars während der Trauer vertraut. Ein anschauliches Beispiel dafür ist Jeremias' Beschreibung der sich Jerusalem nähernden Trauernden, die im Tempel Opfer darbieten möchten: Sie kamen »mit geschorenen Bärten, zerrissenen Kleidern und eingeritzten Wunden«[11].

Für die Priester bestand der Hauptzweck des Rasierens jedoch nicht im Aufzeigen der Trauer oder des Leids, sondern in der Reinigung. Das für die niedrige Menschheit stehende Haar wurde weggekratzt und weggewaschen und befreite somit den Bittsteller von Arroganz, Verdorbenheit und Verunreinigung. Es ging um eine Art Anstand, der von den Göttern anerkannt wurde, und so ist es wenig überraschend, dass sich Könige und Adlige wenigstens in manchen sumerischen Städten schon sehr früh der standardmäßigen Rasur annahmen. Tatsächlich waren die frühesten Herrscher sumerischer Städte die obersten Priester, doch innerhalb weniger Jahrhunderte mussten sie diese Rolle mit der des Heerführers vereinigen. Eine Zeit lang waren die Tempel das Zuhause des Königs, und die Priesterschaft diente als Verwaltung des Stadtstaats. Mit der Größe des Staats wuchs jedoch auch die Bedeutung von Krieg und Verteidigung für die Angelegenheiten der Stadt, und so errichteten die Könige Paläste und stockten die priesterliche Verwaltung mit politischen und militärischen Funktionären auf. Dennoch gründete sich die Legitimation der Regierung weiterhin hauptsächlich auf dem Dienen der Götter und dem Sicherstellen ihrer Gunst.[12] Dass das rasierte Gesicht letzten Endes die Norm darstellte, veranschaulicht die sogenannte Standarte von Ur ganz deutlich. Dabei handelt es sich um einen verzierten Holzkasten aus der Zeit sechshundert Jahre vor Schulgi, der die sumerischen Könige, Adligen und Soldaten als komplett glatzköpfig und bartlos darstellt. Die erste bekannte Statue eines rasierten Königs, der einen geweihten Korb mit Aushub von einer Tempel-Baustelle auf dem Kopf trägt, stammt aus ungefähr derselben Zeit wie die Standarte von Ur, was den zeremoniellen Ursprung der Rasur zusätzlich untermauert.

Die Standarte von Ur bildet den König zu Kriegs- wie auch zu Friedenszeiten ab. Die frühen Könige waren zwangsläufig Krieger, doch die sumerischen Herrscher wollten trotzdem gern ihre religiöse Legitimation hervorheben, durch das Errichten von Tempeln und kultische Opferungen beispielsweise.[13] Etwas mehr als zwei Jahrhunderte vor Schulgi erschien jedoch eine neue Art von Herrscher auf der Bildoberfläche, nämlich der furchterregende Sargon von Akkad, bei dessen Grabinschriften es nur um Krieg und Eroberung geht. Er unterwarf die sumerischen Städte mit seiner grausamen Armee und gliederte sie in sein erstes Imperium ein, welches sich nun über das gesamte Mesopotamien erstreckte. Sargon war kein Sumerer, sondern ein fremder Eroberer, der sich nicht darum scherte, als Priester-König zu fungieren. Stattdessen gab er sich als charismatischer, bärtiger Held, dem die Weltherrschaft vom obersten Gott Enlil zugetragen worden war.[14] Sein Enkelsohn Naram-Sin übertraf dieses heroische Modell der Königsherrschaft später, indem er sich zum Gott erklärte, der als Juniorpartner und nicht als Diener der großen Götter regierte. Erwartungsgemäß verliehen die Propagandisten Sargons und Naram-Sins ihnen eine herrliche Pracht, was der Bronzekopf von höchstwahrscheinlich Naram-Sin, den man in Ninive gefunden hat, sehr schön veranschaulicht.[15] Der einschüchternde Bart des Kriegers hatte in Mesopotamien ein spektakuläres Comeback hingelegt.

2.2 Zeichnung des Bronzekopfs aus Ninive, der Sargon oder Naram-Sin darstellt

Als Naram-Sin genau wie die ägyptischen Pharaonen behauptete, ein Gott zu sein, waren die Traditionalisten empört.[16] In den Jahren nach seinem Tod verbreiteten sie die Geschichte, dass er die heilige Stadt Nippur geplündert und dabei den Tempel des obersten Gottes Enlil entweiht habe, was Enlil wiederum dazu veranlasst habe, fremde Armeen auf sein Imperium loszulassen und es auszulöschen. Jener Mythos scheint weniger die historischen Geschehnisse als vielmehr die Wut derer widerzuspiegeln, die sich der entsetzlichen Hybris der Eroberer entgegenstellten. Ab diesem Zeitpunkt tauchten immer wieder Spannungen zwischen haarigen Königen und gereinigten Priestern auf. Ein priesterliches Schriftstück aus dem Babylon des achten Jahrhunderts vor Christus, lange nach Naram-Sins Zeit, prangert den König Nabu-Shuma-Ishkun an, die Tempel und ihre heiligen Riten entweiht zu haben. Unter anderem beschwerten sich die Priester darüber, dass der König den unverzeihlichen Frevel begangen habe, das innere Heiligtum unrasiert und mit verbotenen Gegenständen in Händen zu betreten.[17] Bei der auf den Sturz der Akkadier folgenden Wiederherstellung des sumerischen Reichs achteten Herrscher wie Schulgi deshalb auf eine angemessene Verwendung des Rasiermessers, um ihren Respekt den Tempeln, der Priesterschaft und den alten Bräuchen gegenüber zu signalisieren. Auf der anderen Seite wollten die neo-sumerischen Könige aber auch nicht ganz auf die Großartigkeit von Sargons und Naram-Sins bärtiger Majestät verzichten, welche sich als effektiv bei der Aufwertung der königlichen Macht erwiesen hatte. Daher trachteten die darauffolgenden sumerischen Könige wie Schulgi einfach danach, alles auf einmal zu haben.

Zur Hälfte seiner Regierungszeit wurde Schulgis Reich von militärischen Angriffen bedroht. Etwa zur selben Zeit erklärte er

2.3 Druck einer Siegelwalze, der den thronenden König Ibbi-Sin zeigt, 21. Jh. v. Chr.

sich zum Gott, als erster König nach Naram-Sin. Es war an der Zeit, den Kriegsgott zu spielen und nicht den Priester-König. Offizielle Hymnen priesen Schulgi nun für seine Waffenstärke, für seine fantastische Statur und seine Ähnlichkeit mit einem kräftigen Baum oder einem edlen Löwen. Man sagte, sein lapis-lazulifarbener Bart, der seine heilige Brust überlagere, sei ein unvergesslicher Anblick.[18] Diese Beschreibung klang eher wie die einer lange verschollenen Statue, und das war sie wahrscheinlich auch. Lapislazuli ist ein kostbarer blauer Stein, der traditioneller-weise die Bilder von Göttern verzierte. Schulgi trug einen gott-ähnlichen Bart, der seinem neuen Status als göttlicher Herrscher von Mesopotamien entsprach.

Schulgis Nachfolger der nächsten fünf Jahrzehnte folgten sei-nem Beispiel, sie ehrten die Götter und die Priesterschaft und beanspruchten die Göttlichkeit gleichzeitig für sich selbst. Ent-sprechend ließen sie sich ebenfalls mit zweierlei Gesichtern dar-stellen, wie königliche Amtssiegel beweisen. Die Siegel aus Schulgis Dynastie folgten dem Standard und zeigen gemäß des Standards einen thronenden König, der einen Bittsteller empfängt.

In den meisten Fällen wurde der König mit einem riesigen hüftlangen Bart dargestellt wie der von Ur-Nammu, dem Vater Schulgis (Abbildung 2.3). Ibbi-Sin, ein Nachfolger von Ur-Nammu und Schulgi, besaß viele dieser Siegel, doch es wurden auch andere gefunden, die ihn in identischer Pose und ohne Bart abbilden (Abbildung 2.4). Ihre Ursprünge liefern die besten Hinweise auf die Unterschiede zwischen diesen Siegeln. Den geschorenen König hat man in Nippur ausgegraben, der heiligen Stadt Sumers. Die bärtigen Ibbi-Sin-Siegel stammen von überall her, für gewöhnlich aus der königlichen Hauptstadt Ur. Es scheint, der König nahm für seine priesterlichen Untertanen in Nippur eine eher traditionelle, »gereinigte« Gestalt an und pflegte einen eher gottähnlichen, gebieterischen Stil, wenn er sich in der Hauptstadt aufhielt. Ob Ibbi-Sin sich tatsächlich wortwörtlich rasierte, wenn er Nippur besuchte, spielt dabei keine Rolle. Sein glatt rasiertes Image war angemessen versöhnlich für diejenigen, die noch immer die Geschichten von Naram-Sins bärtiger Arroganz erzählten.

Ibbi-Sin war der letzte König der sumerischen Ära, und die lange Tradition der königlichen Rasur starb mit ihm. Die babylonischen und assyrischen Herrscher der darauffolgenden Jahrhunderte hielten stark an Sargons Modell des heroischen, bärtigen Königtums fest und scherten sich nicht um ein alternierendes Image von priesterlicher und schriftgelehrter Macht. Ein assyrischer König des achten Jahrhunderts vor Christus nannte sich Sargon II., während niemand auf die Idee kam, sich Schulgi II. zu nennen. Die mesopotamischen Herrscher der letzten beiden Jahrtausende vor Christus präsentierten sich stets mit majestätisch geflochtenem und bebändertem Haar am Kinn. Dies bedeutete allerdings keineswegs das Ende der Rasur im antiken Mittleren Osten. Bei den Hethitern, die zwischen dem 15. und 13. Jahrhundert vor Christus von ihrer Basis in Kleinasien aus ein großes Imperium errichteten, entwickelten sich Brauchtümer, die denen der längst vergangenen Sumerer sehr ähnelten. Die hethitischen Könige behaupteten nicht, Götter zu sein, doch ihre Nähe zu den Göttern manifestierte sich in ihren religiösen Anstrengungen. Obwohl sie große Krieger waren, zögerten sie nicht, einen Feldzug zu unterbrechen, um wichtige religiöse Zeremonien in ihrer Hauptstadt durchzuführen.[19] Wie die Sumerer, so glaubten auch die Hethiter, dass Rasiertheit quasi gleichbedeutend mit Göttlichkeit war. Ihre Kunstwerke zeigten sogar die Götter mit glatt rasiertem Gesicht, mit Ausnahme des obersten Gottes, welcher einen gewaltigen Bart trug. In der Welt der Hethiter trug lediglich dieser einsame Patriarch an der Spitze der göttlichen Ordnung das ultimative Sinnbild für Autorität. Geteilt wurde diese Vorstellung auch von den Ägyptern, den Erbauern der wohlhabendsten und stabilsten Gesellschaft des antiken Nahen Ostens.

HATSCHEPSUT ERRINGT BÄRTIGE AUTORITÄT

Schulgis Göttlichkeitsanspruch war in Mesopotamien etwas ziemlich Neues und bei den Hethitern gänzlich unbekannt, in Ägypten allerdings ein alter Hut, denn dort wurden die Könige schon immer als Götter gefeiert. Der Pharao war ein absoluter Herrscher, der gleichzeitig als alleiniger Landbesitzer, oberster

Feldherr, höchster Richter und oberster Priester fungierte. Wie in Sumer war es Aufgabe des Herrschers, die Götter gnädig zu stimmen, die Ordnung aufrechtzuerhalten und den Wohlstand in seinem Reich zu fördern. Hatschepsut (Regentschaft 1479–1458 v. Chr.) war in dieser Hinsicht einer der erfolgreichsten Pharaonen, denn er regierte mehr als zwanzig Jahre lang ein friedliches und wohlhabendes Ägypten.

Als Befehlshaber der Armeen war Hatschepsut ein erfolgreicher Eroberer. Die Grabinschrift eines Würdenträgers bekundet: »Ich sah, wie [Hatschepsut] die nubischen Nomaden niederwarf, und ihre Anführer wurden ihm als Gefangene dargeboten. Ich sah, wie er das Land Nubien zerstörte, während ich mich in Gefolgschaft seiner Majestät befand.«[20] In dem majestätischen Tempel, der in Deir el-Bahari im Gedenken an Hatschepsut errichtet wurde, lobpreist man mutige Taten und großartige Erfolge in Wort und Bild. Eine Errungenschaft, der im Tempel gedacht wird, ist eine Expedition in das exotische Punt am Horn von Afrika und die Aneignung von fünf Schiffsladungen Tribute, darunter Säcke voll Gold und Rauchwerk, Ebenholz, Elfenbein und Felle. Die Inschrift prahlt außerdem mit einunddreißig Myrrhenbäumen, »niemals hat man etwas Gleiches gesehen, seit dem Beginn der Zeit«[21].

Alles lief bestens in Ägypten, jedoch war nicht alles, wie es schien. Hatschepsut, auf die man in Aufzeichnungen mit »er« und »König« verweist, war in Wahrheit eine Frau, der erste weibliche König Ägyptens. Andere Frauen vor ihr hatten bereits als Regentinnen geherrscht oder als inoffizielle Macht im Hintergrund, Hatschepsut aber erlangte die volle Macht mit ihrem eigenen Namen, ebenso den Status als Gottheit, der ausschließlich dem Pharao vorbehalten war. Für eine derart traditionsbehaftete Gesellschaft war das äußerst erstaunlich. Hatschepsut erlangte diesen Status etappenweise. Sie kam als Tochter des Pharaos, also als Prinzessin, zur Welt und wurde Königin oder »die Gottesgemahlin«, als ihr Halbbruder und Ehemann den Thron bestieg. Als ihr Mann verstarb, regierte sie als Co-Regentin gemeinsam mit ihrem jungen Stiefsohn und wurde noch immer als Gottesgemahlin bejubelt. Innerhalb weniger Jahre hatte Hatschepsut allerdings treu ergebene Höflinge und Priester in der Hauptstadt Theben davon überzeugt, dass sie das politische Talent und die Zustimmung der Götter besitze, um eigenständig zu regieren, und ebnete sich so den Weg für ihre Krönung zur Königin.

Einige neuzeitliche Historiker hielten Hatschepsut für eine ehrgeizige und skrupellose Frau, die um des eigenen, selbstsüchtigen Ruhms willen die Macht ergriffen habe.[22] In Wirklichkeit aber war sie eine begabte Herrscherin, und ihre Fähigkeiten wurden von der männlichen Elite anerkannt. Diese Billigung musste sie sich indes hart erkämpfen. Hatschepsut hatte ihrem Volk insbesondere zu versichern, dass sie einem traditionellen Pharao bis auf ihr Geschlecht in nichts nachstand. Sie pries sich deshalb nicht als Reformerin, sondern als Bewahrerin und Behüterin der Tradition. Für den Fall, dass jemand daran zweifeln sollte, hatte sie die Gemäuer ihres Gedenktempels mit großen Hieroglyphen geschmückt. »Nicht schlief ich in Vergesslichkeit«, verkündete sie in Stein, »ich habe befestigt, was verfallen war, und habe wieder zusammengeführt, was zerstückelt war vorher …«[23] So beruhigend dies für ihre Untertanen auch gewesen sein mag, das knifflige Problem der eigenen Darstellung in Kunst und Öffentlichkeit jedoch blieb bestehen. Zu ihrem Glück pflegten die Ägypter eine stark stilisierte Erscheinung mit geschorenen bzw. mit Perücken und Kronen bestückten Köpfen sowie dekorativen künstlichen Bärten. Es war für einen weiblichen Pharao also relativ einfach, männliche Haarpracht und Kleidung anzulegen und exakt wie ein männlicher Pharao auszusehen. Im Grunde war sie also ein Mann.

Genau genommen war Hatschepsut der einzige Mensch in Ägypten, der einen langen Bart trug. Im Gegensatz zur üblichen mesopotamischen Praxis der damaligen Zeit schoren sich nämlich sowohl die ägyptischen Adligen als auch die Priester die Haare.[24] Es ist also wenig überraschend, dass man kunstvoll gefertigte Rasiermesser aus Kupfer an ägyptischen Ausgrabungsstätten gefunden hat. Hochgeborene Ägypter genossen die Überlegenheit rasierter Reinheit und die angemessene Schicklichkeit ihrer wohlgeordneten Perücken. Dem König allein war die Distinktion durch einen Bart vorbehalten, der ihm den höchsten maskulinen Status sicherte.[25] Dabei war das kein echter Bart und sollte es auch niemals sein. In der ägyptischen Kunst wurde regelmäßig das Band abgebildet, mit dem er am Kinn des Herrschers befestigt war. Der sorgfältig schmal und geschwungen geformte Bart war ein Symbol königlicher Autorität genau wie Krone und Zepter.

Die Ägypter akzeptierten die Vorstellung, dass der König ein menschliches Wesen war, welches das Amt des göttlichen Herrschers angenommen hatte. Zu akzeptieren, dass eine Frau das Amt eines Mannes übernehmen kann, war für sie also nur ein weiterer Schritt. In dieser Hinsicht half die Tradition künstlicher Bärte Hatschepsut dabei, die symbolische Transformation von Königin zu König zu vollziehen. Als sie höchste Königin von Thutmosis II. war, zeigte man sie in der Kunst als gewöhnliche Gemahlin. Als ihr Gemahl dann verstarb und sie die Regentschaft übernahm, hat man sie noch immer als komplett weiblich dargestellt und als höchste Königin und Gottesgemahlin beschrieben, mitunter jedoch auch als »König von Ober- und Unterägypten«. Als sich ihr Machtanspruch gefestigt hatte, experimentierte sie mit neuen Titeln und neuer Symbolik für sich selbst.[26] In den frühen Jahren ihrer Herrschaft präsentierte sie sich auf Tempelgemälden in ihrer üblichen weiblichen Aufmachung, nahm jedoch manchmal auch eine typisch männliche Pose ein und trug dann die hohe Krone eines Königs. Bis zum siebten Jahr ihrer Regentschaft hat sie die Kompromisse dann sein lassen und gab sich nur noch männlich, bestückt mit Attributen wie etwa dem ikonischen Bart. Lediglich das weibliche Pronomen behielt sie in offiziellen Inschriften bei. Das Anlegen des Barts war für Hatschepsut das ultimative Statement ihrer Macht. Es machte jene Ehefrau und Mutter zum Herrscher von Ägypten.

2.4 Kopf von Hatschepsut aus dem Hatschepsut-Tempel in Deir el-Bahari, 15. Jh. v. Chr.

Ungefähr zwei Jahrzehnte nach Hatschepsuts Tod machte sich ihr Stiefsohn und Nachfolger Tuthmosis III. daran, Hatschepsuts königliches Bild von den Tempelmauern zu verbannen und sie von der offiziellen Liste der Könige zu streichen. Gut möglich, dass Tuthmosis Rache an seiner anmaßenden Stiefmutter verübte, doch wenn das der Fall war, wieso hat er dann zwanzig Jahre lang damit gewartet? Der Zeitpunkt lässt darauf schließen, dass es sich nicht um Wut gegen Hatschepsut selbst gehandelt hat, sondern um ein schwelendes Unbehagen bei dem Gedanken an einen weiblichen Pharao. Statt diesen Präzedenzfall einfach stehen zu lassen, entschied sich das ägyptische Patriarchat dazu, die verstörenden Bilder einer Frau mit dem Pharaonenbart beiseitezuschaffen.

KÖNIG DAVIDS GESANDTE WERDEN KAHL GESCHOREN

Etwa viereinhalb Jahrhunderte nach Hatschepsuts Zeit regierte König David in Israel. Sein kleines Königreich war niemals so stark wie das von Ägypten oder die großen Imperien von Mesopotamien, doch dank der hebräischen Bibel spielt Davids Persönlichkeit in unserer Vorstellungskraft eine wichtige Rolle. Er hatte eine einprägsame Geschichte: ein Schäferjunge, der den riesigen Krieger Goliath entgegen allen Erwartungen mit einer gewöhnlichen Steinschleuder umhaute. Der Jüngste von acht Brüdern war von Gott auserwählt worden, um sein Land aus der Dunkelheit zu Glanz und Gloria zu führen.

Eine der Bibelgeschichten über Davids Herrschaft erzählt von seinem Krieg gegen die benachbarten Ammoniten. Als der König der Ammoniter starb, schickte David Gesandte aus, um dem verstorbenen König und seinem Nachfolger seine Ehre zu erweisen. Der neue Herrscher war jedoch überzeugt davon, dass es sich bei Davids Männern um Spione handelte, und entschied, sie zu demütigen. Dem ersten Buch der Chroniken zufolge nahm er die Botschafter gefangen und befal das Scheren ihrer Bärte sowie das Abschneiden ihrer Gewänder bis zu den Hüften. Daraufhin sandte er die übel zugerichteten Botschafter zurück nach Israel.[27] Als David hörte, wie schändlich seine Männer behandelt worden waren, erbarmte er sich ihrer und befal ihnen, sie mögen in Jericho bleiben, bis ihre Bärte wieder gewachsen seien. Die Ammoniter hätten ihnen kaum etwas Entsetzlicheres antun können. Das Kahlscheren von Davids Botschaftern war gleichbedeutend mit dem Rupfen von Davids eigenem Bart, was in der Bibel stets als massive Schande dargestellt wird. Der Prophet Jesaja beispielsweise verwies folgendermaßen auf die Misshandlung, die ihm seine Feinde zuteilwerden ließen: »Ich hielt meinen Rücken dar denen, die mich schlugen, und meine Wangen denen, die mich rauften; mein Angesicht verbarg ich nicht vor Schmach und Speichel.«[28] Da sie David provoziert hatten, ersuchten die Ammoniter ihre Verbündeten um Hilfe und bereiteten sich auf die unausweichliche Rache Israels vor.

Dieser Bart-Krieg verdeutlicht, zu welch zentralem Aspekt männlicher Ehre die Gesichtsbehaarung in den letzten Jahrhunderten der mesopotamischen Zivilisation geworden war. Nach dem Untergang von Schulgis Dynastie neun Jahrhunderte zuvor hatte sich die sumerische Gesellschaft in den Wellen der Eroberungsfeldzüge fremder Herrscher aufgelöst, und somit fand die Ära der geschorenen Könige ein Ende. Die Priester verwendeten weiterhin ihre reinigenden Rasiermesser, doch Könige und Adlige schämten sich ohne beeindruckende Gesichtsbehaarung. Dieses Beharren auf dem Bart stellte zum Teil die Behauptung kriegerischen Könnens dar. In den Jahrhunderten, die dem Untergang von Ur folgten, bevorzugten die mesopotamischen Könige strenge, kraftvolle Bilder ihrer selbst, genau wie es bei Schulgi manchmal der Fall gewesen war. In babylonischer und assyrischer Kunst galt: je großartiger der Bart, desto höher der Rang. Und dabei ging es nicht nur um die Größe. Götter, Könige und hohe Funktionäre trugen ihn in quadratischer Form, kunstvoll gelockt und geflochten.[29] Eine der populären Bartformen, die von Wissenschaftlern als »der heroische König« tituliert wurde, war der »fliegende Bart«: ein fließender, nach hinten geneigter Bart, als ob der König mit Höchstgeschwindigkeit in den Kampf reiten würde.[30] Die mesopotamischen Könige nach Schulgi gründeten ihre Legitimation hauptsächlich auf ihr militärisches Können, außerdem auf ihre Herkunft und ihr Charisma. Der König war eher Herrscher als Priester, und großartige Bärte waren die Norm. Selbst ein König wie David, der dem Dienen Gottes entscheidende Bedeutung beimaß, war in erster Linie Herrscher. Im zweiten Buch Samuel schloss der Gott Israels nicht nur einen Bund mit David, sondern auch mit dessen königlichen Nachkommen. Mit anderen Worten: Gott erkannte David als den Herrscher der Hebräer an, dessen Hauptaufgabe das Gewinnen von Schlachten und das Hervorbringen einer Dynastie darstellte. Rasieren war weder etwas für die hebräischen Könige noch für deren persönliche Vertreter.

Für die Mesopotamier hatte die Großartigkeit bärtiger Männlichkeit nicht nur symbolische Bedeutung; sie glaubten, das Haar selbst beinhalte eine maskuline Lebenskraft, die entscheidend zu Tapferkeit und Stärke beitrage. Als lebendiger, wenngleich abtrennbarer Teil des eigenen Ichs begriffen viele Völker verschiedener Kulturen Haare als lebensnotwendige Substanz, die das Wesen einer Person in Teilen in sich trug. Als solche barg sie großes Potenzial für Zaubersprüche, sowohl gute als auch böse. Man musste gut darauf achtgeben, wo das eigene Haar landete. Magische Texte aus Mesopotamien erörtern zum Beispiel die Gefahr durch Hexen, die von ihren Opfern heimlich Haare zur Ausübung ihrer schwarzen Künste klauen.[31] Haar konnte jedoch auch Gutes vollbringen. Tontafeln haben uns altertümliche Arzneirezepturen erhalten, darunter einige zur Wiederherstellung sexueller Potenz, die eine Haarprobe des Patienten erfordern.[32]

Da der Bart eines großen Mannes sowohl Symbol als auch Kern seiner Persönlichkeit war, stellte sein Verlust für die Babylonier, Assyrer, Phönizier, Israeliten und andere Mesopotamier den Inbegriff von Schande, Niederlage oder Tod dar. Kein Wunder, dass die Zwangsrasur also eine solch schwerwiegende Beleidigung für Davids Botschafter bedeuten musste. Die hebräische Bibel, unser ausführlichstes Dokument der mesopotamischen Welt des Altertums, ist vollgepackt mit grauenvollen Erzählungen von verlorenem Haar und lädierten Bärten. Die Geschichte von Samson und Delila ist, auch wenn sie keinen Bart an sich beinhaltet, ein berühmtes Beispiel dafür. Vor Davids Zeit war Samson von Gott auserwählt worden, Israel als »Gerichtsherr« bzw. vorübergehender Kriegsherr zu führen. Ein Engel sagte seinen Eltern, dass Samson von Geburt an »Nasiräer« sei – jemand, der Gott in besonderer Weise dient –, und wies sie an, dass als Zeichen seiner Hingabe kein Rasiermesser sein Haar jemals berühren solle. Solange sein Haar wachse, stehe er in der Gunst Gottes, sei ihm außergewöhnliche und unbesiegbare Kraft beschieden.[33]

Dem Buch der Richter zufolge nahm Samson seinen Nasiräer-Schwur allerdings nicht sonderlich ernst. Seine Mission, die verfeindeten Philister zu besiegen, konnte er wiederholt nicht erfüllen. Und um es noch schlimmer zu machen, heiratete er eine Philisterin, Delila. Er hätte etwas vorsichtiger sein sollen, denn ihre schändliche Absicht bestand darin, das Geheimnis der Kraft ihres Gemahls herauszufinden und an ihr Volk zu verraten. Samson wehrte ihre Fragen ab, bis er ihr eines Tages, als sie ihn an den Rand der Verzweiflung gebracht hatte mit ihrem Genörgel, verriet, dass seine Macht in seinen Haaren liege.[34] Die verräterische Delila schnitt ihm sodann im Schlaf seine wallende Mähne ab und machte ihn wehrlos gegen die Gefangennahme durch philistäische Soldaten, welche ihm die Augen ausstachen und als eine Art Trophäe mit zurück nach Gaza nahmen. Doch Samson rächte sich. In der Gefangenschaft wuchsen seine Haare wieder, was seinen Nasiräer-Schwur und Gottes Gunst erneuerte. Als die Philister ihn vor eine große Versammlung schleppten, um ihn zu verspotten, ersuchte der nunmehr wieder haarige Samson Gott um Hilfe, riss den Tempel über der Versammlung nieder und tötete sich selbst sowie dreitausend seiner Peiniger.[35]

Im Gegensatz zu Davids Botschafter trug Samson jedoch allein die Schuld am Verlust von Haar und Ehre. Wie die Botschafter, so konnte er sich schließlich erretten, indem er die Haare wieder wachsen ließ. Von Freud inspirierte Theoretiker glauben, dass diese Geschichten die natürliche Neigung unseres Unterbewusstseins widerspiegelten, Bart und Haare mit Penis und Libido zu verknüpfen. Insofern wäre das Scheren von Davids Botschaftern gleichbedeutend mit Kastration. Es ist jedoch gar nicht notwendig, auf freudsche Theorien zurückzugreifen, um zu verstehen, warum die Mesopotamier das Haar gewissermaßen als Gefäß für die persönliche Identität und seinen Verlust als Bedrohung für Leben und

Ehre ansahen. Durch den Verlust seines Haars verlor Samson seine Identität als Mann Gottes. Und Davids Botschafter verloren ihren Rang als ehrenhafte Leute des Hofs.

Etwa drei Jahrhunderte nach Davids Tod wurde der nördliche Teil seines Königreichs von einer neuen Macht in der Region erobert und zerstört, nämlich den Assyrern. In den Palästen des sogenannten Neuassyrischen Reichs, das sich vom neunten bis siebten Jahrhundert vor Christus über das gesamte Mesopotamien erstreckte, trugen

2.5 Der assyrische König Assur-narsipal II., Schnitzerei eines Palasts in Nimrud, 9. Jh. v. Chr.

die Könige die gewaltigsten, kunstvollsten Bärte zur Schau, die jemals gesehen wurden.[36] Genau genommen waren sie derart gewaltig, dass manche Historiker argwöhnten, sie seien künstlich, genau wie die der ägyptischen Pharaonen. Ohne ausreichende Beweise für diesen Verdacht müssen wir allerdings annehmen, dass keine Kosten und Mühen gescheut wurden, damit kein Mann von geringerem Rang die Herrlichkeit des Königs überbieten konnte.[37]

Die beeindruckende Zurschaustellung von Haar seitens Assur-nasirpals II. (Regentschaft 884–859 v. Chr.) (Abbildung 2.5) war ein wichtiger Hinweis darauf, welche Art von Macht er ausübte. Hätten die Götter erst einmal einen König auserwählt, würden sie ihm auch die entsprechend gottähnliche Erscheinung verleihen, so glaubten die Assyrer.[38] Ihre Herrscher waren Krieger-Könige, und der Bart des Königs versinnbildlichte sein außergewöhnliches physisches Können. Darstellungen des Königs hatte das Volk zu verehren wie Darstellungen der Götter, und die Gestaltung und Ausführung jedes einzelnen Details einer königlichen Statue bedachte man mit äußerster Sorgfalt. Alles musste so und nicht anders sein, wie der Brief eines Priesters an König Asarhaddon (Regentschaft 681–669 v. Chr.) verdeutlicht:

Wir haben jetzt zwei könig[liche Bil]der dem König geschickt. Ich selbst skizzierte das Königsbild im Umriss; sie fertigten das königliche Rundbild. Der König soll sie überprüfen, (und) welches auch immer der König bevorzugt, wir werden es demgemäß machen. Der König soll seine Aufmerksamkeit auf die Hände, das Kinn und das Haar richten.[39]

Als obersten Herrscher bildete man den König mit dem kunstvollsten und eindrucksvollsten Bart ab, als den imposantesten

Mann seines Volkes. Die auf den großen Reliefs der Palastmauern dargestellten Fremden und Gefangenen unterwerfen sich ihm, ihre kleineren Bärte oder rasierten Gesichter schaben huldigend und demutsvoll am Boden.[40]

Die großartige Männlichkeit des assyrischen Königs stand in besonderem Kontrast zur Bartlosigkeit seiner Eunuchen-Sklaven. Die Assyrer waren die Ersten in Mesopotamien, die am Hof umfassend Eunuchen beschäftigten, und Zeugnisse aus dieser Zeit unterscheiden regelmäßig zwischen »bärtigen« und »bartlosen« Höflingen. Trotz ihres untergeordneten Rangs jedoch konnten die Eunuchen ein gewisses Maß an männlicher Macht für sich behaupten. Tatsächlich gewährleistete ihr Ausschluss von der Herrschaft ihnen Glaubwürdigkeit und Autorität im Palast. Da sie zuverlässige Diener und keine Rivalen waren, übertrug man den »bartlosen« Höflingen große Verantwortung wie etwa das Führen von Armeen in die Schlacht. In Assyrien führte demzufolge die Abwesenheit von Gesichtsbehaarung zu einer neuen sozialen Rolle, durch sie hoben sich die Eunuchen von den übrigen Menschen ab, so wie es vorher bei den Priestern der Fall gewesen war. Für die Priester und Eunuchen der mesopotamischen Welt war ihre Dienstleistung eine Form von Macht, und dadurch schufen sie eine neue Form von männlicher Autorität.

Als der hebräischen Bibel später die letzten Bücher beigefügt wurden, schrieben die Juden die ersten Gesetze der Geschichte zum Schutz des Barts nieder. Die Juden aus Judäa, die keine Niederlage seitens der Assyrer erfuhren, wurden 587 vor Christus von Nebukadnezars Babylon besiegt und ihre Anführer in jene sagenumwobene Stadt verbannt. Als Babylon 538 vor Christus in die Hände der Perser fiel, gestattete man ihnen die Heimkehr nach Jerusalem, wo sie aufs Neue entschlossen waren, ihre Identität als das auserwählte Volk, durch die sie sich aufgrund ihrer Bundestreue mit Gott von allen anderen abhoben, wiederherzustellen. Die diesem Zweck dienenden Gesetzestexte im Levitikus und Deuteronomium beinhalteten einen neuen Haarkodex.[41] Das Buch Levitikus schreibt den Priestern vor, sie »sollen sich auf ihrem Kopf keine Glatze scheren, ihren Bart nicht stutzen und an ihrem Körper keine Einschnitte machen. Sie sollen ihrem Gott geheiligt sein und den Namen ihres Gottes nicht entweihen.«[42] In einer anderen Passage wird diese Vorschrift auf sämtliche jüdischen Männer ausgeweitet.[43] Bei dem Scheren des Barts in Teilen und beim Einschneiden des Fleischs handelte es sich um Trauerrituale, bei denen man eine Art rituellen Tod aus Anteilnahme mit den Verstorbenen inszenierte. Mit dem neuen Kodex würden solche Praktiken einen Mann jedoch unrein machen und waren somit verboten. Ein Grund für das Verbot von Rasiermessern war also der Erhalt der Reinheit. Ein anderer, ebenso wichtiger Grund war das Unterscheiden jüdischer Sitten von nichtjüdischen. Nach der Angabe eines weiteren Anti-Rasurgesetzes führt das Deuteronomium aus: »Denn du bist ein Volk, das dem Herrn, deinem Gott, heilig ist, und dich hat der Herr ausgewählt, damit du unter allen Völkern, die auf der Erde leben, das Volk wirst, das ihm persönlich gehört.«[44] Obwohl das Rasieren des gesamten Körpers in den Numeri als Einstiegsritual in die Priesterschaft beschrieben wird, scheint es sich dabei um eine einmalige Transformation zu handeln, nach welcher das neue, geweihte Haar nicht mehr abgeschnitten werden darf. Auf diese Weise würden die Priester »dem Herrn heilig bleiben«.

Indem sie die Juden als eine Art Gegentypus zur mesopotamischen Norm absonderten, weihten Levitikus und Deuteronomium die Gesichtsbehaarung als Zeichen für Heiligkeit und Besonderheit, und die tiefgreifenden Konsequenzen dieser Festsetzung sind noch heute spürbar. Konservative Juden und Muslime haben in diesen Bibelstellen einen göttlichen Auftrag für Bärte erkannt und eine Möglichkeit, ihren Glauben unter Beweis zu stellen. Jenen Konsequenzen werden wir uns noch in späteren Kapiteln zuwenden. Vorerst soll die Einsicht genügen, dass eine Vision heiliger Bärtigkeit von den Juden für alle Zeiten ausgesprochen worden war.

Wie dieser Überblick über Alt-Mesopotamien und -Ägypten offenbart, hat ein Bart niemals einfach nur verkündet, dass es sich bei seinem Träger um einen Mann handelt. Viel eher haben Bart und übrige Haare kundgetan, um welche Art von Mann es sich bei ihrem Träger handelt. In einigen Gesellschaften stellte die Beseitigung des Haars einen Akt der Reinigung dar, welcher der Priesterschaft oder der königlichen Familie und den Adligen vorbehalten war, welche die religiösen Rituale genau befolgten. Ein Bart hingegen war das Zeichen eines Gesetzgebers, Kriegers oder Herrschers, dessen Autorität sich weltlichen Taten und nicht der Gottesverehrung verdankte. An manchen Orten und zu manchen Zeiten, insbesondere in Sumer und Ägypten, wurde für Könige und Laien die rasierte Vornehmheit bevorzugt, damit diese göttliche Gunst ausstrahlen möge. Dennoch verlor der Bart niemals seine Verbindung mit männlicher Macht. Selbst im wohlrasierten Ägypten legten sich die Pharaonen dekorative Bärte an, um sich über die einfachen Leute zu stellen. Sumerische Könige wie Schulgi und Ibbi-Sin taktierten, um auf zwei Hochzeiten gleichzeitig zu tanzen, je nach Gegebenheit zeigten sie entweder ihr eines oder ihr anderes Gesicht. Mit der Zeit ließ die Betonung rasierter Reinheit in Mesopotamien nach, während Haare zunehmend mit religiöser und gesellschaftlicher Bedeutung aufgeladen wurden. Haar war Zeugnis von Leben, von der Gunst der Götter, von Würde und Stärke, und sein Verlust zog Schande und Zerstörung nach sich. Die Hebräer folgten dieser Logik bis zum Äußersten, indem sie die ehemaligen Formeln umkehrten und die Erhaltung des Barts, nicht das Beseitigen, als Zeichen von Reinheit und Hingabe deuteten. Der Bart triumphierte. Und doch folgte lediglich zwei Jahrhunderte nach dem Drängen Levitikus' auf die Erhaltung des männlichen Haars der Angriff darauf durch einen der größten Eroberer der Welt.

Kapitel 3
DIE KLASSISCHE RASUR

Als sein griechisch-makedonisches Heer das weite und mächtige Reich Persiens eroberte, gestaltete Alexander der Große die politische Landschaft der bekannten Welt neu und dehnte Macht und Reichweite der griechischen Sprache und Kultur massiv aus. Eines seiner größten Vermächtnisse war jedoch so subtil oder vielmehr eigentlich so offensichtlich, dass es komplett übersehen worden ist: Er hat das Gesicht der Männer für immer verändert. Vor Alexanders Lebzeiten trug jeder respektable Grieche einen Vollbart. Danach war er rasiert. Indem er sich rasierte und seine Offiziere und Infanteristen anwies, es ihm gleichzutun, setzte Alexander einen Maßstab, der die darauffolgenden vierhundert Jahre unangefochten bleiben sollte. Nach dieser langen Zeitspanne stieg der natürliche Haarwuchs nur dank der unablässigen Bemühungen aufsässiger Philosophen wieder in der Gunst der Menschen, und selbst dann nur für kurze Zeit. Jene große Wandlung war also definitiv keine Modeerscheinung. Es macht schließlich keinen Sinn, von vierhundertjährigen Modezyklen zu sprechen. Im Gegenteil, die sich wandelnde Gesichtsbehaarung spiegelte konkurrierende Männlichkeitsideale wider. Der ultimative Triumph des Rasiermessers bestand in den tief greifenden Konsequenzen, das es zeitigte, damals wie heute.

ALEXANDER VERÄNDERT DIE WELT

Die Revolution, welche die Herrschaft der Bärte zu Fall brachte, fand am 30. September 331 vor Christus statt, als Alexander sich auf eine entscheidende Machtprobe mit dem persischen Großkönig vorbereitete. An jenem Tag befahl er seinen Männern die Rasur. Wie lässt sich diese noch nie da gewesene Anordnung erklären? Aus Alexanders Sicht machte es die schwierige Situation, in der er sich befand, erforderlich. Als die epochale Schlacht gegen den persischen Großkönig näher rückte, plagten Alexander viele Sorgen. Auch wenn er und seine Männer sich in den vergangenen drei Kriegsjahren gegenüber großen persischen Armeen in Kleinasien, Ägypten und Syrien als unbesiegbar erwiesen hatten, war Alexander nun mit einem wahrlich gewaltigen Heer konfrontiert, das der persische Großkönig Darius versammelt hatte, um der Invasion ein für alle Mal ein Ende zu bereiten. Als Alexanders griechisch-makedonische Truppen den Kamm eines Hügels bei Gaugamela (im heutigen Irak) erreichten, erschauderten sie beim Anblick des riesigen Meers oranger Flammen – Abertausenden Lagerfeuern, die ihre massenhaft vor Ort lagernden Feinde entzündet hatten. Einige Historiker des Altertums schrieben, Darius habe eine Million Männer befehligt, während andere die glaubwürdigere Zahl von einer Viertelmillion in den Raum stellten. Doch selbst bei der kleineren Zahl wäre

Darius' Heer dem von Alexander fünf Mal überlegen gewesen. Untypischerweise nahm er den vorsichtigen Ratschlag seiner Feldherren an und schob seinen Angriff auf. Er wies seine Männer an, ihre Zelte aufzuschlagen, während er das Gelände und seine eigene Lage sondierte. Eine der Hauptschwierigkeiten bestand darin, dass das Schlachtfeld weites Flachland war, das seinem kleineren Heer keinen natürlichen Schutz bot.

In Anbetracht dieser Zwangslage traf Alexander die folgenden ungewöhnlichen Vorsichtsmaßnahmen: Den Ängsten seiner Männer begegnete er, indem er dem Gott Phobos (Furcht) ein Opfer darbrachte;[1] er verzichtete auf seine übliche flammende Rede über Heldenmut und Tapferkeit und instruierte stattdessen seine Befehlshaber nur ruhig, die Soldaten daran zu erinnern, dass der Erfolg von der Konzentration jedes Einzelnen auf seine eigene Aufgabe abhänge;[2] und sein letzter Befehl vor der Schlacht war die Verwendung des Rasiermessers. Der antike Historiker Plutarch, der seine Schriften viele Jahrhunderte später verfasste, berichtet: »Als sämtliche Vorbereitungen für die Schlacht getroffen worden waren, fragten die Generäle Alexander, ob es noch irgendetwas gebe, was sie nicht schon getan hätten. ›Nein‹, erwiderte er, ›außer die Bärte der Makedonier abzurasieren.‹«[3] Als der Befehlshaber Parmenion sich nach dem Grund dieser seltsamen Anordnung erkundigte, gab ihm Alexander zur Antwort: »Wusstet ihr nicht, dass man ihm Kampf nichts leichter zu fassen bekommt als einen Bart?«

Es gibt keinen Grund, warum man Zweifel an dieser Anordnung hegen sollte, für Zweifel an Plutarchs Begründung allerdings schon. Geschichten von Bart-Geziehe waren nämlich genau das – mythische Geschichten statt echter Geschichte. Es ist natürlich gut möglich, dass die nervösen Soldaten untereinander unheilvolle Erzählungen vom Haare-Ausreißen zum Besten gaben und Alexander wollte, dass sie sich weniger verwundbar fühlen. Wenn man andererseits die mächtige Verbindung zwischen Haar und männlicher Kraft bedenkt, eine Ansicht, die das beliebteste literarische Werk Altgriechenlands, die *Ilias*, besonders herausstellt, hätte das Rasieren den Männern genauso gut ein Gefühl noch *größerer* Verwundbarkeit geben können. Wie dem auch sei, kein griechisches oder makedonisches Oberhaupt hätte den Soldaten jemals vorher das Rasieren abverlangt.

Plutarch und spätere Historiker verstanden diese Anordnung falsch, weil sie die wichtigste Tatsache vergaßen: Alexander selbst rasierte sich! Jedes Bildnis, insbesondere die berühmte Statue von Lysippos (Abbildung 3.1), zeigt einen glatt rasierten Alexander, der sich durch seinen elegant nach links geneigten Hals auszeichnet sowie, mit Plutarchs Worten, durch »den schmelzenden Blick seiner Augen«.[4] Was man auch sagen oder glauben mag in puncto Nutzen und Gefahr von Bärten, das offensichtlichste Resultat von Alexanders Anordnung war die Tatsache, dass seine Truppen mehr nach ihm aussahen. Das würde eine viel größere psychologische Wirkung haben als ein vermeintlicher Schutz gegen grapschende Perser. Symbolisch betrachtet forderte er seine Männer dazu auf, sich mit ihrem glatt rasierten Anführer zu identifizieren und sich von den als geringerwertig eingestuften bärtigen Asiaten abzuheben, denen sie die Stirn boten. Vor allem wünschte Alexander, wie er seinen Befehlshabern vor der Schlacht mitteilte, dass jeder Mann sich als entscheidenden Teil der Mission begreife. Und das würden sie ganz sicher noch leichter begreifen, wenn sie ihrem heroischen Anführer ähnlich sahen.

Alexanders anschließender Triumph in Gaugamela stellte eine neue politische, ökonomische und kulturelle Ordnung im gesamten Mittleren Osten her. Nur wenige Jahre später teilten Alexanders Generäle nach seinem Tod das riesige neue Reich unter sich auf und errichteten eine ganze Reihe von Königreichen, die von griechischsprachigen Kolonisten verwaltet wurden. Das hellenistische Zeitalter war angebrochen, und obwohl Alexander selbst gegangen war, lebte sein glorreiches Antlitz in den glatten Gesichtern der hellenistischen Herrscher, Höflinge und Soldaten fort. Von Makedonien bis nach Mesopotamien hatte eine komplette Kehrtwendung für respektable Männer stattgefunden: ein neuer Stil für eine neue Ära. Sogar in Ägypten mit seiner langen Rasurtradition hatten die Pharaonen einen kunstvollen falschen Bart getragen. In der griechischen Welt hingegen stieß man den Bart vom Thron maskuliner Autorität. Wie und wann diese enorme Wandlung stattfand, ist hinreichend klar, aber nicht, warum. Warum hat Alexander sich überhaupt rasiert, und welche Art Männlichkeit wollte er damit ausstrahlen? Um die Antworten darauf zu finden, müssen wir die Zeit noch ein wenig weiter zurückdrehen.

3.1 Marmorbüste von Alexander dem Großen, 2. Jh. v. Chr.

Alexanders Entscheidung, sich und seine Soldaten zu rasieren, war deshalb überraschend, weil es demgegenüber starke Vorurteile in der griechischen Kultur gab. Griechische und makedonische Männer haben sich seit jeher ohne Bart geschämt. Das glatte Kinn eines erwachsenen Mannes wurde überall als Zeichen von Verweichlichung oder sogar »Entartung« angesehen. Dieses Klischee war so tief verwurzelt im klassischen Griechenland, dass Komödiendichter wie Aristophanes damit die Lacher stets auf ihrer Seite hatten. In einem seiner Stücke machte sich Aristophanes zum Beispiel lustig über einen seiner Zeitgenossen, den Tragödiendichter Euripides. Die Geschichte ging folgendermaßen: Euripides hatte die Frauen von Athen mit seiner Darstellung weiblicher Figuren verärgert. Um seinen Ruf zu verbessern, ersann er den absurden Plan, seinen weibischen Freund Agathon in Frauenkleidern zu den Treffen der Frauen zu schicken und ihn dort für sich selbst, Euripides, ein gutes Wort einlegen zu lassen. Als Agathon sich weigerte, sah sich Euripides zu einem noch verzweifelteren Plan gezwungen. Er nahm Agathons Rasiermesser – eher ein weibliches als ein männliches Utensil – und heuerte seinen äußerst widerwilligen Schwiegervater an, um sich rasieren und anziehen zu lassen wie eine Frau. Die darauffolgende Szene war typisch für diese Art komödiantischer Possen:

Euripides: Was heulst du? Alles ist nach Wunsch geglückt!
Schwiegervater: Weh', mir! So muss ich kahl und bloß zu Felde zieh'n.[5]

Jeder achtbare Athener hätte das Gleiche empfunden. Ohne seinen Bart war er seiner »Waffen« beraubt, entmannt und gedemütigt.

Ernsthaftere Gesellschaftskritiker wie etwa der Schreiber Theopompos sahen das Ganze noch düsterer und verurteilten das, worüber Aristophanes sich nur mokierte. In seinen Schmähreden gegen die makedonischen Höflinge, die Alexanders (bärtigen) makedonischen Vater König Philip umgaben, prangerte er deren »schändliche und furchtbare Taten« an. »Manche rasierten und glätteten sich«, klagte er, »obwohl sie weiterhin Männer waren. Andere bestiegen sich gegenseitig, obwohl sie Bärte trugen.«[6] Es wäre unklug, Theopompos zu wörtlich zu nehmen, schließlich war er dabei, seine politischen Gegner mit Schmutz zu bewerfen. Maßgeblich ist, dass es ein Skandal für ihn war, wenn Männer sich rasierten und wie Frauen oder Jungen aussahen. Männer, die sich rasierten, waren abartig und entweder lächerlich oder gefährlich, je nachdem. Einige griechische Städte wollten dieser Bedrohung für die Gesellschaft Einhalt gebieten, indem sie Gesetze verabschiedeten, die Männern das Tragen von Bärten diktierten.

Die logische Konsequenz dieser schlechten Meinung vom Rasieren war eine hohe Meinung von Gesichtsbehaarung. Die bärtigen Männer des klassischen Griechenlands nahmen sich die langhaarigen und bärtigen Kriegshelden homerischer Dichtkunst zum Vorbild. In der *Ilias*, Homers epischer Erzählung von der Eroberung Trojas durch die Griechen, waren die Bärte der griechischen Könige Menelaos und Agamemnon ausdrücklich verknüpft mit ihrer männlichen Autorität. Ähnlich verhielt es sich mit Zeus, dem Vater der Götter, dessen fließende Haar- und Bart-Pracht Inbegriff seiner Macht war. Am Anfang der *Ilias* richtet die Göttin Thetis auf sehr intime und effektive Art und Weise einen Appell an Zeus zugunsten ihres Sohns Achilles, indem sie Zeus' Bart streichelt.[7] Diese sinnliche Beschwichtigung des ultimativen männlichen Egos konnte Zeus davon überzeugen, Achilles wieder in König Agamemnons Gunst steigen zu lassen.

Männer jeden Rangs erkannten die Erhabenheit großer Bärte an und lachten über Aristophanes' Scherze über rasierte Männer. Philosophen und Mediziner billigten diese Pro-Bart-Voreingenommenheit. Die Hippokrates zugeschriebenen medizinischen Werke (die nur teilweise wirklich von ihm stammen) präsentierten diverse Theorien über die Physiologie des Haars. Ihnen gemeinsam war der Gedanke, dass Haar im Allgemeinen und der Bart im Besonderen die männliche Überlegenheit manifestiere. Die griechischen Wissenschaftler kamen überein, dass Männer eine größere Lebensglut als Frauen oder Kinder besäßen und dass diese Energie – eine Art Lebenskraft – den stärkeren Haarwuchs der Männer sowie ihre größere Körperlänge, Kraft und Denkfähigkeit erkläre. In Verbindung damit steht auch die Diskussion über die Bedeutung der Samenflüssigkeit, die viele griechische Schreiber für die gereinigte Essenz der Lebensglut hielten. Werde sie der Gebärmutter einer Frau zugeführt, so erschaffe diese Lebensglut neues Leben. Und innerhalb des männlichen Körpers führe diese fließende Kraft eben zu einer Fülle von Haar. Selbst solche griechischen Wissenschaftler, die glaubten, Frauen besäßen ebenfalls ein wenig Samenflüssigkeit, meinten, diese könnten aber niemals ein männliches Niveau von Lebensglut aufrechterhalten. Ein medizinischer Text etwa erörtert den Fall zweier Frauen, denen nach dem Ausbleiben ihrer Menstruation Haare im Gesicht gewachsen seien, woraufhin sie krank geworden und gestorben seien. Man schloss daraus, dass ihre Körper die durch das Versagen ihres weiblichen Zyklus verursachte abnorme Ansammlung von Samenflüssigkeit nicht vertragen habe. Nur die Körper von Männern seien stark genug, einen Bart wachsen zu lassen und dennoch zu leben.[8]

Für die griechischen Mediziner machte es absolut Sinn, dass die Lebensglut Haar sprießen lässt. Der Verfasser eines medizinischen Textes mit dem Titel *Natur des Kindes* erklärte dies folgendermaßen: Die Samenflüssigkeit bewirke bei bestimmten Arten porösen Fleischs den Haarwuchs, ähnlich wie eine Pflanze auf fruchtbarem Boden wachse. Da sowohl Männer als auch Frauen über Samen verfügten, wüchsen bei beiden Geschlechtern Haare, insbesondere auf dem Kopf, wo der Samen aufbewahrt werde. Zwei Dinge verhielten sich im männlichen Körper jedoch anders. Erstens besäßen sie mehr Lebensglut, was die Haut poröser mache. Und zweitens hätten sie mehr Samen, um das Haar zu nähren. Auch könne der Bart durch die Art, wie Samenflüssigkeit sich innerhalb des Körpers bewege, erklärt werden. Vom Aufbewahrungsort im Kopf würde sie bei Bedarf durch den Rest des Körpers fließen, insbesondere während des Geschlechtsverkehrs. Bei Männern wachse das Haar am Kinn so dick, »wenn die Flüssigkeit auf ihrem Weg vom Kopf während des Verkehrs verlangsamt wird durch ihre Ankunft am Kinn, welches über die Brust hinausragt«[9]. Männer hätten vermutlich während des Sex meist den Kopf nach unten gebeugt, und dies mache das Gesicht zum Depot für noch mehr Samen und führe zu mehr Haarwuchs.

Der große Philosoph Aristoteles teilte diese Auffassung nicht ganz. Er kam zu dem Schluss, dass Haar ein Überbleibsel der Verdunstung von Feuchtigkeit sei, die sich in den Hautporen ansammle. Dennoch stimmte er darin überein, dass heiße Flüssigkeiten inklusive Samen letzten Endes den Haarwuchs verursachten, was wiederum begründe, warum Männer mehr Haar, mehr Kraft sowie mehr Denkvermögen besäßen. Männer mit »großer sexueller Leidenschaft« verfügten über besonders volle, dicke Bärte, da sie Samen im Überfluss besäßen, doch diese Männer bekämen auch meist früher eine Glatze wegen des Samenschwunds durch wiederholten Geschlechtsverkehr.[10] Mehr Sex, mehr Haarausfall. Aristoteles schlussfolgerte: »Deshalb wird niemand vor dem Zeitpunkt des ersten Geschlechtsverkehrs glatzköpfig, und deshalb ist dies der Zeitpunkt, wenn diejenigen, die einen Hang zum Geschlechtsverkehr haben, glatzköpfig werden.« Offensichtlich wies diese Theorie einige Mängel auf, darunter Aristoteles' Widerwille oder Unfähigkeit, die Existenz des weiblichen Haars zu erklären. Dennoch begründete er damit die allgemeine Meinung, dass sowohl Haarwuchs als auch das Gegenteil, nämlich Haarausfall, der größeren Lebenskraft und Leistungsfähigkeit der Männer geschuldet seien. Auf diese Art taten sich griechische Wissenschaft und Philosophie mit der allgemeinen Meinung zusammen, um der Bewunderung für Gesichtsbehaarung den Rücken zu stärken. Männer hatten allen Grund, sich stolz das Haar wachsen zu lassen, denn es signalisierte ihre Vorrechte und ihre Autorität gegenüber Frauen und Kindern.

Wieso sollte Alexander sich angesichts dieser Vorurteile also rasieren? War es nicht schändlich, abartig und erniedrigend? Als jemand, der von Aristoteles höchstpersönlich unterrichtet worden war, konnte er unmöglich die Augen davor verschlossen haben, wie offensichtlich absurd ein Kriegsherr wäre, der »kahl und bloß zu Felde« zu ziehen versuchte. Alexander aber war ganz im Gegenteil der imagebewussteste Herrscher, den die Welt bisher gekannt hatte. Er achtete darauf, nur die allerbesten PR-Leute anzustellen: einen offiziellen Historiker, Kallisthenes von Olynth; einen offiziellen Maler, Apelles; sowie einen offiziellen Bildhauer, Lysippos. Die Entscheidung, sich zu rasieren, war also ein sorgfältig geplanter Schachzug.[11]

In den Jahren seiner Welteroberungen stellte Alexanders Propaganda-Maschinerie ihn als wahren Superhelden dar. Kallisthenes besetzte ihn als neuen Achilles, den heldenhaften Halbgott der legendären Schlacht um Troja, und Alexander spielte diese Rolle mit Begeisterung. Nachdem er den Großteil von Asien erobert hatte – was mehr war, als Achilles von sich behaupten konnte –, bevorzugte er allerdings den Vergleich mit einem anderen Halbgott, Herakles, der dafür bekannt war, scheinbar unmögliche Aufgaben zu bewältigen. Es lag also nahe, dass Alexander versuchen würde, wie jene Helden auszusehen, und da die Maler und Bildhauer der damaligen Zeit die Götter und Helden in der unsterblichen Herrlichkeit jugendlicher, bartloser Nacktheit wiedergaben, tat er sein Bestes, um es ihnen gleichzutun. Mit grenzenlosem Selbstbewusstsein wagte Alexander, was kein anderer griechischer Herrscher, der etwas auf sich hielt, jemals gewagt hat: Er rasierte sich das Gesicht. Kühnerweise gab er sich das stilisierte Image ewig junger Perfektion und machte sich dabei die Tatsache zunutze, dass er erst zweiundzwanzig Jahre alt war, als er seine Streitkräfte nach Asien führte. Seine Kleider legte er in der Öffentlichkeit selbstverständlich nicht ab, obwohl sein Abbild in Form von Lysippos' berühmtem Ganzkörper-Porträt aus Bronze *Alexander mit der Lanze* (nicht erhalten) tatsächlich nackt war. Als wahrer Eroberer konnte ihm nichts Besseres als ein glattes, jugendliches Gesicht mit wallenden Locken passieren. Auf diese Weise imitierte das Leben die Kunst: Es war, als ob Herakles direkt einem Vasengemälde entstiegen wäre, um die Makedonier und Griechen in ein neues goldenes Zeitalter zu führen.

Eine Frage bleibt allerdings noch offen. Warum hatten sich die klassischen griechischen Künstler zu einer nackten und bartlosen Darstellung der mythischen Helden wie Achilles und Herakles entschieden, und um welche Art von Heldentum handelte es sich dabei? Vor fünfhundert vor Christus, in einer Phase, die Kunsthistoriker als »Archaik« bezeichnen, hatten die griechischen Maler Helden und Götter ausnahmslos als Abbild tatsächlicher griechischer Krieger geschaffen, das heißt in voller Kleidung, langhaarig und bärtig. Die große Ausnahme bildete Apollon, der sozusagen in ewiger Jugendlichkeit stecken geblieben war. In den darauffolgenden Jahrzehnten machten sich die Künstler allerdings an signifikante Veränderungen, und bis zum Ende des fünften Jahrhunderts hatten die meisten Heroen und Götter sowohl ihre Kleider als auch ihren Bart abgelegt, nur die ranghöchsten Götter nicht, Zeus und Poseidon. Alexander verlor seinen Bart beinahe direkt nach dem fünften Jahrhundert vor Christus, und seine Kleider eine Generation später. Bei Herakles verhielt es sich genau umgekehrt; zuerst stellte man ihn ohne Kleider dar und später auch noch ohne seinen gewaltigen Bart.

3.2 Achilles verbindet die Wunden des Patroklos. Vasenbild, 5. Jh. v. Chr.

Zum Teil folgten die Künstler, die Achilles jugendlich und glatt rasiert machten, wörtlichen Hinweisen in der *Ilias*. Man sagte, er sei *kalos*, das heißt »hübsch«, ein Wort, das man in Altgriechenland (nach dem fünften Jahrhundert vor Christus) meist für die Beschreibung attraktiver junger Männer verwendete, die von älteren Herren bewundert wurden.[12] Die Künstler könnten aber auch Homers Beschreibung des Gottes Hermes zum Ende der *Ilias* hin vor Augen gehabt haben: »An Gestalt wie ein blühender Sohn des Beherrschers, dem die Wange sich bräunt, im holdesten Reize der Jugend.«[13] Ein bartloser Achilles bzw. Hermes spiegelte so gesehen die homoerotischen Interessen der Elite des klassischen Griechenlands wider. Der Schöpfer des Vasengemäldes in Abbildung 3.2 verlieh Patroklos einen Bart und legte damit nahe, dass es sich um einen älteren Bewunderer von Achilles handelte. Im gesellschaftlichen Leben Griechenlands im klassischen Zeitalter fand eine strikte Geschlechtertrennung statt, insbesondere in den privilegierten Schichten, und so kam es immer häufiger zu Intimitäten zwischen älteren Herren und jungen Männern. Der ältere Herr, genannt *Erastes*, initiierte üblicherweise die Beziehung zu einem Jüngeren, bekannt als *Eromenos* oder *Paidika*, und agierte als Mentor und Liebhaber des Jüngeren. Der Bart war das Unterscheidungsmerkmal eines reifen *Erastes*, so wie die Bartlosigkeit das Erkennungszeichen eines jugendlichen *Eromenos* war.[14] Der Übergang von Jugendlichkeit zu Männlichkeit, gekennzeichnet durch das erste Auftreten eines Barts, war ein erhabener und einschneidender Moment, in dem ein junger Mann seine ganze Herrlichkeit erlangte. Hierauf bezog sich Sokrates, als er verkündete, alle »ziemlich herangewachsenen jungen« Männer seien schön.[15]

Es ist daher verständlich, dass alle Künstler Achilles auf diese Weise darstellten, doch inwiefern gilt dies für einen bartlosen

Herakles, einen Helden, der für seine kämpferische Persönlichkeit und erstaunliche physische Taten bekannt war? Wenn jemand einen Bart tragen sollte, dann er. Und doch nahm man ihm am Anfang des fünften Jahrhunderts zuerst die Kleider und später das männliche Haar. Diese Veränderung zeigt sich in Abbildung 3.3. In der ersten Darstellung, einem Vasengemälde aus dem frühen fünften Jahrhundert, ist Herakles mit seiner typischen Keule sowie Vollbart zu sehen. Das zweite Gemälde, welches Herakles im Kampf gegen die Hydra zeigt, entstand etwa ein Jahrhundert später und lässt das neue Ideal des glatt rasierten Helden erkennen. Wie lässt sich diese bartlose Nacktheit erklären?[16]

Die Antwort lautet: Sowohl Jugendlichkeit als auch Nacktheit haben in der Kunst des klassischen Griechenlands die Bedeutung von Unsterblichkeit angenommen. Im Jahrhundert vor dem klas-

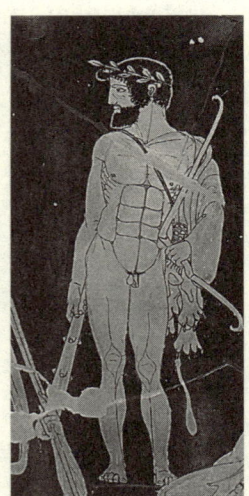

3.3 (Links) Bärtiger Herakles mit Löwenhaut und Keule, Niobiden-Maler, 5. Jh. v. Chr. (Rechts) Bartloser Herakles im Kampf gegen die Hydra. Keramikfragment, 4. Jh. v. Chr.

sischen Zeitalter hatten die Bildhauer mit dem Meißeln der sogenannten *Kouroi*-Statuen begonnen. Dabei handelte es sich um
stilisierte männliche Akte, die in Tempeln oder Friedhöfen in
Gedenken an einflussreiche Männer platziert wurden. Mit diesen
Statuen gedachte man bestimmten Individuen, es waren jedoch
keine Porträts. Tatsächlich sahen sie alle mehr oder weniger
gleich aus: ein jugendlicher männlicher Akt mit Standardlä-
cheln und in steifer Pose. Ursprünglich hatte man sie bemalt,
damit sie lebendiger wirkten, und jüngere chemische Untersuchungen haben ergeben, dass vielen von ihnen einst heller Flaum

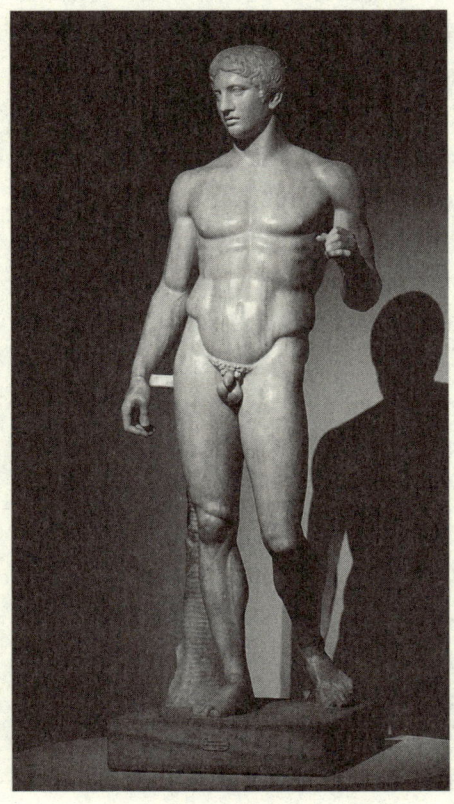

3.4 Doryphoros (»Speer-
träger«) des Polyklet, 5. Jh.
v. Chr. Spätere römische
Marmorkopie der ursprüng-
lichen Bronze-Skulptur

ans Kinn gezeichnet worden war. Das verstärkte die Anmutung von Jugendlichkeit an der Schwelle zur Männlichkeit, die Platons Sokrates so sehr bewunderte. Der *Kouros* war als idealisierte Figur gedacht, die Alter und Gebrechlichkeit trotzte, da sie für immer auf dem Höhepunkt der Vitalität verharrte und weder jung noch alt war. In diesem Sinne war der *Kouros* das Abbild unsterblicher Perfektion. Nackt war er außerdem, um seinen vorzüglichen Körper zu offenbaren und um griechische Übergangsriten ins Erwachsenenleben nachzustellen. Diese waren verbunden mit dem Ablegen der Kleider der Unreife, um in das natürliche Geburtsrecht des Erwachsenenseins einzugehen.[17] Die griechischen Bildhauer entwickelten diesen Gedanken nach dem fünften Jahrhundert vor Christus weiter und gaben Götter und Helden als idealisierte Akte wieder, deren Formen sie Bewegung, Leben und Anmut verliehen. Veranschaulicht wird dies in Praxiteles' berühmtem *Doryphoros* (»Speerträger«) (Abbildung 3.4).

Nun wird die ganze Kühnheit der Entscheidung Alexanders, sich zu rasieren, klar. Er wollte, dass die anderen ihn als Helden auf einer Stufe mit Achilles und Herakles sehen. Im Nachhinein ist das Beeindruckendste daran, dass er es tatsächlich durchgezogen hat und dass die griechische Welt seinem Beispiel eifrig folgte. Einem glatt rasierten Mann gebührte neuer Respekt, denn wie Alexander stellte auch er eine Veredelung der Natur dar, die der gewöhnlichen Männlichkeit so überlegen war wie ein Held dem gewöhnlichen Sterblichen. In den darauffolgenden Jahrhunderten wurden Barbiere so zum wichtigen Bestandteil des zivilisierten Lebens.

Selbstverständlich gab es jedoch auch Ewiggestrige wie Chrysippos, einen athenischen Philosophen der Stoa, der ein paar Jahrhunderte nach Alexander lebte und die neue männliche Mode nicht guthieß. Er beschwerte sich darüber, dass sich selbst in

Städten wie Rhodos und Byzanz kein Staatsanwalt traue, die noch immer geltenden Gesetze gegen die Rasur durchzusetzen. Chrysippos war stolz darauf, dass er und beinahe alle seine Philosophen-Freunde der männlichen Bärtigkeit die Stange hielten.[18] In gewissem Maße handelte es sich dabei einfach nur um Konservatismus, doch es ging auch um Prinzipien. Philosophen waren die erste Pro-Bart-Lobby der Geschichte, doch jahrhundertelang hatten sie kaum Chancen, den Bann der größten Ikone griechischer Männlichkeit zu brechen.

SCIPIO WEIST ROM EINE NEUE RICHTUNG

Es dauerte nicht lange, da marschierten griechische Barbiere gen Rom. Der römische Schreiber Varro berichtet, wie im ersten Jahrhundert vor Christus in der Stadt Ardea ein Denkmal für die aus Sizilien anreisenden ersten Barbiere Italiens errichtet worden sei, etwa zwanzig Jahre nach dem Tod Alexanders.[19] Angekommen waren sie, triumphieren konnten die Barbiere in der römischen Welt allerdings erst sehr viel später. Es sollte noch einige Generationen dauern, bis griechische Kultur und Sitten dort endgültig Fuß zu fassen vermochten. Bis zur Mitte des zweiten Jahrhunderts vor Christus waren jedoch auch die Römer dann von der Überlegenheit rasierter Männlichkeit überzeugt. Laut dem im ersten Jahrhundert nach Christus tätigen Schreiber Plinius der Ältere war der Eroberer von Karthago, Publius Scipio Aemilianus, der erste Römer, der sich jeden Tag rasiert hat.[20] Ob er nun tatsächlich der Erste war oder nicht, es machte auf jeden Fall absolut Sinn, Scipio hervorzuheben. Er war nämlich genau die Sorte Mann, welche sich die griechische Argumentation zugunsten der

Rasur bereitwillig zu eigen machte, und die Sorte Mann, deren Berühmtheit sehr viele Nachahmer finden würde. Kennt man Scipio Aemilianus, so kennt man die Gründe dafür, dass die Römer ihre Bärte ablegten und einen neuen Look ehrbarer Männlichkeit annahmen.

Publius Cornelius Aemilianus war der zweitgeborene Sohn einer berühmten römischen Familie, die das militärische und politische Leben bestimmte. Sein Vater war Lucius Aemilius Paulus, der Alexanders makedonische Nachfahren 168 vor Christus besiegte. Als Publius an der Seite seines Vaters kämpfte und später dafür ausgezeichnet wurde, war er – gemäß einer römischen Sitte – bereits der Adoptivsohn eines kinderlosen Senators von noch glanzvollerer Abstammung, nämlich Publius Cornelius Scipio. Danach wurde der junge Publius bekannt als Scipio Aemilianus. Bei dem Adoptiv-Großvater des jungen Scipio handelte es sich um den legendären Scipio Africanus, den Retter Roms, der Hannibal geschlagen hatte. In die Fußstapfen eines solchen Mannes zu treten, würde keine leichte Aufgabe werden für den jüngsten Scipio, aber er war wild entschlossen dazu.

Scipio hatte den Vorteil zweier berühmter Väter, eines leiblichen und eines, der ihn adoptiert hatte, die ihm gemeinsam die bestmögliche militärische und akademische Ausbildung verschafften. Plutarch zufolge war Scipio von den besten griechischen Gelehrten, Bildhauern, Malern und Jagdlehrmeistern umgeben, die man für Geld kaufen konnte.[21] So überraschte es wenig, dass er eine wahre Leidenschaft für alles Griechische entwickelte. Wenn er mit seinem leiblichen Vater zu offiziellen Anlässen in Griechenland unterwegs war, traf er sich mit griechischen Intellektuellen und legte eine Bibliothek griechischer Literatur an. Als Athen im Jahr 155 vor Christus drei Philosophen als

Botschafter in freundlicher Mission nach Rom aussandte, war er unter den Scharen junger Männer, die zu ihren Vorlesungen strömten. Irgendwann versammelte er selbst einen Kreis griechischer und römischer Historiker, Schreiber und Philosophen um sich, die sich bemühten, das Beste der beiden Zivilisationen zu vereinen. Als patriotischer Römer stand Scipio dem griechischen Denken und Brauchtum dennoch weit näher als seine Zeitgenossen.

Trotz seiner umfangreichen intellektuellen Interessen war Scipio zuallererst aber Staatsmann, ein wahrer politischer Erneuerer, dessen Werdegang den Werdegang späterer Bilderstürmer wie Sulla, Pompeius und Caesar vorausahnen ließ. Statt die übliche Vorgehensweise zu befolgen und politische Unterstützung durch ein Netzwerk aus getreuen Klienten und Protegés aufzubauen, setzte er auf seine militärischen Glanzleistungen, sein Ansehen als kompetenter junger Mann sowie sein persönliches Charisma. Als ein rivalisierender Senator ihn für seine fehlenden Beziehungen verspottete, sprach Scipios augenzwinkernde Antwort Bände: »Ihr habt ganz recht; denn mein Anliegen war es nicht gewesen, viele Bürger zu kennen, sondern bekannt zu sein bei ihnen allen.«[22] In Kombination mit seinem berühmten Namen nährte diese Strategie eine Ausstrahlung von Größe und Bedeutsamkeit, die ihm zu beispielloser Macht verhalf. Im Jahr 147 vor Christus wählte ihn die Bürgerschaft zum Konsul, zum obersten Amtsinhaber des Staats, obwohl er das Mindestalter dafür noch nicht erreicht hatte. Kurz darauf stellte ihn die Versammlung der Plebejer als Befehlshaber des letzten Angriffs auf Karthago auf. Damit umging sie den Senat, dem solch wichtige militärische Ernennungen normalerweise vorbehalten waren. Scipios Popularitätskampagne hatte also großen Erfolg gehabt. In ihrer überschwänglichen Sehnsucht nach einem Helden traten Roms Bürgerliche langjährige Spielregeln und Gepflogenheiten schamlos mit Füßen, um ihren Heros zu unterstützen. Als der jüngere Scipio in die Fußstapfen seines Adoptiv-Großvaters trat, indem er Karthago erneut niederwarf, waren ihm der Titel »Africanus« und der Ruf einer Legende sicher.

So verhielt es sich also mit dem ersten Römer, der sich jeden Tag rasierte. Sein außergewöhnliches Gesicht war Teil seiner heroischen Darbietung. Ein Mann, der »bei allen bekannt« sein möchte, tut gut daran, aus der Masse hervorzustechen. Scipio präsentierte sich in alexandrinischer Pracht zu einer Zeit, in der griechisches Gedankengut, griechische Kunst und griechische Mode mehr und mehr bewundert wurden. Es war mitunter seinem Vorbild zu verdanken, dass das glatte Gesicht zum Sinnbild von Kultiviertheit und Staatskunst avancierte, und so wurden die Barbiere die nächsten drei Jahrhunderte von ehrbaren Römern auf Trab gehalten. Je ehrgeiziger der Mann, desto sorgfältiger ging er mit seinem Haar um. Diesen Eindruck konnte man zumindest durch Julius Caesars Verhalten gewinnen. Der römische Historiker Suetonius berichtete von Caesar, welcher in Rom ein Jahrhundert nach Scipios Sieg über Karthago die Macht übernahm: »In der Schönheitspflege des Körpers war er fast zu peinlich, sodass er sich nicht nur sorgfältig scheren und rasieren, sondern, wie ihm einige nachgesagt haben, sogar die einzelnen Haare am übrigen Körper ausrupfen ließ [...]«[23] Schließlich stellten Haare an den falschen Stellen eine Bedrohung für seine heroische Erscheinung dar. Zu Caesars Bedauern ließ ihn seine fortschreitende Kahlheit allerdings älter aussehen, als er tatsächlich war, und er gab sein Bestes, indem er das verbleibende Haar nach vorn über die Glatze kämmte. Einige Künstler kamen jedoch seiner Bitte nach und schufen schmeichelnde Porträt-Büsten mit entsprechend üppigem Kopfhaar.

3.5 Augustus von Primaporta.
Marmorstatue, 1. Jh.

Caesars adoptierter Erbe und Nachfolger Augustus pflegte ebenfalls ein heroisch rasiertes Antlitz. Das Meisterstück der augusti-
nischen Propaganda war eine Gedenkstatue, die mittlerweile
bekannt ist unter dem Namen *Augustus von Primaporta* (Abbildung 3.5) und von seiner Witwe Livia bei Eintritt seines Todes in
Auftrag gegeben wurde. Es war eine herausragende Leistung,
dem römischen Kaiser alexandrinisches Charisma zu verleihen,
indem man erkennbare Züge des echten Augustus mit der idealisierten Jugendlichkeit griechischer Skulpturen der klassischen
Zeit (wie insbesondere die weithin bekannte Skulptur *Doryphoros*,
siehe Abbildung 3.4) verschmolz. Wie ähnliche Standbilder von
Achilles, Herakles und Alexander auch bekräftigte dieses den

göttlichen Status des Kaisers, indem man ihn für alle Zeit auf dem Höhepunkt des Lebens dargestellt hat, an dem er weder jung noch alt war. Und Augustus war zwar nicht nackt, aber vollständig bedeckt nun auch wieder nicht. Womit Scipio Aemilianus begonnen hatte, war mit dieser Skulptur vollendet worden. Der Herrscher der bekannten Welt hatte sich das Abbild göttlichen Heldentums erfolgreich zu eigen gemacht.

Rom beherrschte die westliche Welt, und das Gleiche galt für die Rasur. Ein glattes Gesicht war das Kennzeichen eines kultivierten und ehrbaren Mannes, mit dem man das Abbild von sowohl mythischen als auch historischen Helden versehen hat. Es handelte sich dabei nicht um ein Mode-Statement, sondern um ein Ideal, und es würde einiges passieren müssen, um es zu verdrängen. Genaugenommen würde es sogar der ersten Bartbewegung der Geschichte bedürfen, um Ideal und Stil männlicher Ehrbarkeit zu reformieren. Genau das jedoch hatten sich stur auf ihre Zotteligkeit beharrende Philosophen zur Aufgabe gemacht.

KAISER HADRIAN TRIFFT EINE KLUGE ENTSCHEIDUNG

Einige Historiker erzählen noch immer das Märchen, wie der römische Kaiser Hadrian (Regentschaft 117–138) sich einen Vollbart habe wachsen lassen, um die Makel seines Gesichts zu überdecken. Es ist die Erfindung einer oftmals fehlerhaften römischen Geschichte, die etwa zweihundert Jahre nach der Herrschaft des Kaisers verfasst worden ist. Von klügeren Historikern wissen wir, dass Hadrian sich einen Bart wachsen ließ, um griechisch auszusehen und damit auch gebildet und »philosophisch«.[24] Diese Erklärung ist weit besser – und doch nicht ganz richtig. Dass Hadrian griechisch aussehen wollte, macht keinen Sinn. Die Römer hatten schließlich schon griechisch ausgesehen, seit Scipio Aemilianus dreihundert Jahre zuvor mit dem Rasieren angefangen hatte. Auch dass er »philosophisch« aussehen wollte, ist falsch. Hadrian wollte weniger intellektuell aussehen als viel eher rechtschaffen. Seine neue Gesichtsbehaarung stand nicht für Reflexion, sondern für stoische Standhaftigkeit, Selbstdisziplin und gesunden Menschenverstand. Mit seinem Bart verkündete er aller Welt, dass sein Geist und sein Charakter, nicht Herkunft, Glück oder göttliche Intervention die wahren Pfeiler seiner Autorität darstellten. Diese Ideen hatte er den Philosophen zu verdanken.

Als er noch General, nicht Kaiser war, sah Hadrian wie jeder andere anständige Römer aus, das heißt glatt rasiert. Er war ein ehrgeiziger junger Mann, der die Weisheit römischer Politiker wie griechischer Philosophen begierig in sich aufsaugte. Wie viele seines Standes sprach er fließend Griechisch, und er lag den wichtigsten Geistesgrößen seiner Zeit bereitwillig zu Füßen. Am überzeugendsten erschien Hadrian Epiktet, der einflussreichste Vertreter des Stoizismus, einer Strömung der griechischen Philosophie, die bei den Römern besonders beliebt war. Hadrian verbrachte als Offizier viele Monate in Griechenland und einige dieser Tage zu Hause bei Epiktet in Nikopolis. Die Stoiker glaubten an ein Leben und Handeln im Einklang mit universellen Naturgesetzen, und aus diesem Grund waren sie die glühendsten Verfechter des Bartwuchses. Wenn die Natur dem Mann einen Bart geschenkt hat, so ihre Logik, wieso sollte Mann sich dem verweigern? Wieso sollte er sein wahres Ich verleugnen? Man kann sich nur zu gut vorstellen, wie Epiktet seinen stattlichen römischen Bewunderer mit sarkastischen Kommentaren

3.6 Kaiser Hadrian. Marmorbüste, 2. Jh.

über mächtige römische Generäle behelligte, die sich dem Ruf der wahren Männlichkeit nicht stellen wollten. Nach dieser Demütigung fand Hadrian den Mut, mit einem Löwengesicht nach Rom zurückzukehren.[25] Hierbei machte er vier Jahrhunderte griechisch-römischer Tradition rückgängig und errang einen großen Sieg für die erste Bartbewegung der westlichen Zivilisation.

Um zu begreifen, was Hadrian mit seinem neuen Aussehen genau sagen wollte, müssen wir die dahinterstehende Philosophie des Barts näher ins Auge fassen. Die Philosophen mussten in den vorherigen vier Rasur-Jahrhunderten regelmäßig Schmähungen aufgrund ihrer buschigen Gesichter erdulden. Nahezu alle Philosophen trugen einen Bart, obwohl es Unterschiede zwischen den einzelnen Strömungen gab. Die Sophisten trugen oft einen gepflegten, lockigen Bart. Die Peripatetiker, Anhänger der Gedankenlehre von Aristoteles, sowie die Epikureer, Erkunder des irdischen Glücks, favorisierten beide einen zurechtgestutzten Bart. Die Stoiker bevorzugten einen volleren Bart, jedoch einen weniger zotteligen als jener der Kyniker, die in ihrer Geringschätzung des Körpers ihr Haar lang und wirr wachsen ließen.[26] Den Ehrenplatz als Vater der Bartbewegung darf Musonius Rufus für sich beanspruchen, ein römischer Stoiker des ersten Jahrhunderts und einstiger Mentor von Epiktet.

Musonius' Philosophie ist heute bekannt durch seine von späteren Schreibern gesammelten Lehrvorträge und Reden. Einer jener Vorträge war eine Kritik der Rasur, die einem wahren Manifest gleichkam. »Der Bart«, so gibt er dort kurzerhand bekannt, »darf nicht vom Kinn geschoren werden.« Beim Beschneiden einer Pflanze nehme der kluge Mann nur das, was wertlos ist, so Musonius. Anders verhalte es sich dagegen beim Bart; er sei aber nicht wertlos. Vielmehr »hat ihn die Natur zu unserem Schutz vorgesehen«. Außerdem sei er »ein Symbol des Männlichen, wie auch der Kamm des Hahns und die Mähne des Löwen. Aus diesem Grund möge der lästige Teil des Haars entfernt werden, niemals jedoch der Bart.«[27] Diese Schlussfolgerung verteidigt Musonius mithilfe von Zenon, dem Begründer des Stoizismus, der einst erklärte: »Das Haar möge man schneiden aus demselben Grund, wie man es wachsen lassen möge – wegen Beherzigens der Natur nämlich.«

Hier hatte man nun das wesentliche Prinzip des Stoizismus auf die Männlichkeit und den männlichen Körper übertragen. Männer, die sich rasierten, riskierten das Verleugnen ihrer maskulinen Natur in dem eitlen Bestreben, Frauen oder jungen Männern zu gefallen. Solche Männer, gab Musonius zu verstehen, seien »gebrochen worden durch einen genusssüchtigen Lebensstil und vollständig entmannt«. Damit zielte er auf die alte griechische Verknüpfung von Rasur und sexueller Abartigkeit, wobei er gleichzeitig eine neue Argumentation voranbrachte, die bei zukünftigen Verfechtern des Barts wie Epiktet nachklingen sollte: Ein Bart mache einen Mann zwar nicht rechtschaffen, jedoch trage ein rechtschaffener Mann einen Bart, weil er dadurch seine männliche Natur anerkenne und im Einklang mit seinen ehrwürdigen Verpflichtungen lebe. Die Natur habe die Männer mit den Tugenden Standhaftigkeit und Selbstbeherrschung gesegnet, und ebenso mit dem

Bart. Es liege an ihnen, diese Geschenke der Natur anzunehmen und eine entsprechende Lebensweise zu führen.

Dion Chrysostomos, ein späterer Zeitgenosse von Musonius, hatte sehr ähnliche Ansichten, obwohl man ihn den Sophisten und nicht den Stoikern zugeordnet hat. In seinen Schriften beschwerte er sich einmal über die Bürger von Tarsus, die sich aufgrund seines langen Haars über ihn mokiert hatten. Dion konterte, dass die wahre Schande nicht sein langes Haar, sondern die glatten Gesichter der Tarsianer seien. Wie fürchterlich, dass junge Männer ihre Gesichter und selbst ihre Beine schoren, weil sie sich durch diese Verweiblichung für attraktiver hielten! »Der Kreis der Jüngeren überzieht die Kunstfertigkeit der Natur folglich mit Spott und Hohn.«[28]

In der darauffolgenden Generation etablierte sich Epiktet als philosophischer Meister des Barts und als der Mann, der durch Hadrian endgültig den Bann der klassischen Rasur brach. Man kann sich nur zu gut vorstellen, wie der große Stoiker dem zukünftigen Kaiser entgegentrat. »Junger Mann, wem gedenkst du, ein schönes Antlitz zu verleihen?«, hatte der Philosoph in einem seiner überlieferten Gespräche gesagt:

Finde erst heraus, wer du bist, und dann, im Lichte dieses Wissens, schmücke dich. Du bist ein Mensch... Dein Verstand ist Grundbestandteil der Überlegenheit, über die du verfügst; schmücke und verschönere dies; aber überlasse Ihm dein Haar, der es schuf nach Seinem Willen. Komm, welche anderen Kennzeichen hast du? Bist du ein Mann oder eine Frau? – Ein Mann. Sehr wohl, so schmücke einen Mann, nicht eine Frau. Frauen sind von Natur aus geschmeidig und hold geboren, und wenn eine sehr haarig ist, dann zählt sie zu den Wundern und wird in Rom als Wunder zur Schau gestellt. Für einen Mann ist es das Gleiche, nicht haarig zu sein, und wenn einer von Natur aus kein Haar hat, so ist er ein Wunder. Aber wenn er sein Haar wegschneidet und wegzupft, wofür sollen wir ihn halten? Wo sollen wir ihn zur Schau stellen und wie sollen wir ihn kennzeichnen? »Wir zeigen euch«, sagen wir dem Publikum, »einen Mann, der lieber eine Frau sein will als ein Mann.« Welch schauderhafte Darbietung![29]

Kein Wunder, dass Hadrian nach solch einer Tirade wild entschlossen war, mit dem sichtbaren Beweis seiner Vernunft und Männlichkeit nach Rom zurückzukehren.

Hätte Hadrian allerdings nicht als Erster diesen Stil übernommen, so wäre es sein baldiger Nachfolger Marc Aurel gewesen, denn dieser war ein sogar noch glühenderer Verfechter des Stoizismus. Die prächtige Statue zu Pferd und mit Bart, die mittlerweile in den Kapitolinischen Museen in Rom steht, ist ein pas-

3.7 Kaiser Marc Aurel zu Pferde. Replik einer Bronzestatue des 2. Jh.

sendes Denkmal für diesen verehrten Kaiser, auch wenn die ideologische Bedeutung seiner persönlichen Erscheinung bislang nie vollständig gewürdigt worden ist (Abbildung 3.7). Hadrian und Marc Aurel initiierten einen neuen männlichen Look in Rom und Griechenland, der ein Jahrhundert Bestand haben sollte. Führende Persönlichkeiten entschieden sich nun für die von der Philosophie angepriesene natürliche Männlichkeit statt für die heroische, die den Eroberer-Ikonen der Vergangenheit nachempfunden war. Mehrere Generationen Römer und Griechen zeigten mit ihrem üppigen Haar, dass Weisheit und Rechtschaffenheit die wahren Säulen männlicher Ehre und Kaiserherrschaft darstellten, nicht die geistlose Nachahmung eines idealisierten Heldentums.

Es ist wenig überraschend, dass die neue Leidenschaft für Bärte während des zweiten Jahrhunderts das wissenschaftliche Interesse für die Gesichtsbehaarung wiederaufleben ließ. Galen, dessen umfassende Schriften ihn zur einflussreichsten medizinischen Autorität des späten antiken und mittelalterlichen Europas haben werden lassen, belebte die hippokratische und aristotelische Theoriebildung zum Thema Gesichtsbehaarung neu. Als Marc Aurels Leibarzt stützten seine Schriften zum Thema Bart natürlich die stoische Moral seines Herrn. Galen zufolge untermauert die männliche Behaarung die Geschlechterrollen und die Überlegenheit des Mannes, der auch dank seines Haars zu harten Tätigkeiten im Freien in der Lage ist. Der wahre Wert des Barts war laut Galen allerdings moralischer Natur, nicht physischer, denn die Natur forme »den Körper dem Charakter des Geistes entsprechend«. Die Natur habe der Frau keinen Bart gegeben, da sie keinen »hehren Charakter« besitze und deshalb auch keine »hehre Gestalt benötigt«.[30] Diese Ansichten Galens waren inspiriert von den klassischen Vorstellungen der vor-alexandrinischen Zeit, als ein ehrbarer Mann ohne Bart undenkbar gewesen wäre.

Wäre die römische Zivilisation im zweiten Jahrhundert verharrt, so wären die Barbiere für immer aus dem Reich vertrieben worden. Doch es hat nicht sollen sein. In dem Jahrhundert nach Marc Aurels Herrschaft war die römische Zivilisation von wirtschaftlichem Niedergang und politischem Aufruhr bedroht, und die Kaiser hatten große Not, den sozialen Zusammenhalt und die kaiserliche Autorität zu wahren. In diesen aufgewühlten Zeiten wandte sich die lange Reihe kurzlebiger Kaiser von der Philosophie ab und griff auf Attentate und Putsche zurück. Die Thronräuber verwarfen den Bart und bevorzugten eher einen furchterregenden Stoppel-Look. Während Rom von der einen politischen Krise in die nächste schlitterte, wurde offensichtlich, dass eine Art Restauration in irgendeiner Form nötig war. Im späten dritten Jahrhundert ließ Kaiser Diokletian neue Bilder von sich verbreiten, wovon einige ihn in altmodischem Stil zeigten: in Toga, mit kurzem Haar und glatt rasiertem Gesicht. Sein Abbild sollte nämlich von einer göttlichen Ausstrahlung durchtränkt werden, besonders in den östlichen Provinzen, wo er auf das Entstehen eines Kaiserkults hoffte. Der Gedanke war Teil seines Plans, die gesellschaftliche Ordnung wiederherzustellen und die Reichsverwaltung zu reformieren. Die Ära der bärtigen Tugend war vorbei. Für das Kaiserreich hieß es zurück in die Zukunft.

Auch Diokletians Nachfolger Konstantin folgte diesem Pfad. Er stärkte und festigte den Staat und schloss eine Allianz mit der aufkeimenden christlichen Bewegung. Außerdem hielt er die neue (alte) kaiserliche Erscheinung der ursprünglichen Cäsaren aufrecht. Das eindrucksvollste Beispiel hierfür war die Kolossalstatue, die ihn abbildete und die er in einer gewaltigen Basilika nahe des Forum Romanum aufstellen ließ (Abbildung 3.8). Die herausragendsten Eigenschaften dieser Statue waren ihre Größe (zwölf

3.8 Kaiser Konstantin. Kopf einer monumentalen Statue aus dem 4. Jh.

Meter Höhe), das in einer Hand gehaltene Kreuz, die großen Augen sowie die klassische alexandrinische Jugendlichkeit – sie alle verliehen der Gestalt des Herrschers eine Art übermenschliche Erhabenheit. Sämtliche späteren Kaiser des vierten Jahrhunderts folgten Konstantins Beispiel, indem sie das Christentum zur offiziellen Religion des Reichs machten und gleichzeitig den rasierten Kaisern von damals möglichst ähnlich sahen. Sämtliche Kaiser bis auf Julian der Abtrünnige.

JULIAN WIRD NOSTALGISCH

Konstantins Neffe Julian versuchte in seiner kurzen Zeit an der Spitze der Macht von 361 bis zu seinem verfrühten Tod im Jahr 363, das Reich auf alternative Weise genesen zu lassen. Er entschied sich für ein anderes Zurück-in-die-Zukunft-Drehbuch als sein Onkel – eines, das dem klugen Marc Aurel nachempfunden war und nicht dem göttlichen Augustus. Wie Marc Aurel fand Julian Trost in der Philosophie der Stoa, nicht im christlichen Glauben. Er stylte sich wie Marc Aurel, Inbegriff von Selbstbeherrschung und gütiger Weisheit, und er trug dementsprechend auch einen dicken Vollbart.

Ironischerweise hoffte Julian, für seine demütigen Tugenden asketischer Entsagung verehrt zu werden. Gemäß Marc Aurels Devise war er bestrebt, »so wenig Bedürfnisse wie möglich zu haben und so viel Gutes wie nur irgend möglich zu tun«. Demonstrativ mied er jeglichen Luxus und jegliche Annehmlichkeiten und missbilligte die Vergnügungen des Volkes wie das Theater oder Wagenrennen in aller Öffentlichkeit.[31] Sein zänkischer Stolz und seine antichristliche Politik verstimmten viele seiner Untertanen. Die Christen erzürnte er, weil er auf die Wiedereinsetzung der traditionellen Religion beharrte, und die Nichtchristen, weil er sie wegen ihrer Liebe zu Sport und Unterhaltung schikanierte.

Diese und andere Kümmernisse brachten einige Spaßvögel in Antiochia (wo Julian sein vorläufiges Hauptquartier in Vorbereitung auf einen Einmarsch in Persien errichtet hatte) dazu, während der Neujahrsfeierlichkeiten im Jahr 363 eine Satire über ihren hochmütigen Kaiser zu veröffentlichen. Für sie wurde sein Bart zum Symbol für seine rückschrittliche Bäuerlichkeit, und zu diesem Thema hagelte es bissige Kommentare. Darunter auch der Vorschlag, seinen Bart doch besser zur Herstellung von Seilen einzusetzen. Julian antwortete mit einer eigenen Satire namens *Misopogon*, das meint »Barthasser«, in der er sich sowohl über sich selbst als auch über seine Kritiker aus Antiochia mokierte. Darin schrieb er, dass er »aus bloßer Abartigkeit und Übellaunigkeit... [meinem Gesicht] diesen langen Bart zugefügt hat, um es für das gemeine Verbrechen zu bestrafen, so scheint es, dass es nicht von Natur aus ansehnlich ist«[32]. Selbstverständlich war das ein Scherz. Jedoch wichen die Scherze in Julians Schrift schon bald wieder Beschimpfungen, und der Kaiser ließ einen Schwall Verunglimpfungen auf seine Untertanen los, aufgrund ihrer Missachtung von moralischer Zurückhaltung, religiösem Anstand und gesellschaftlichen Sitten. Julians Arroganz bestand darin, dass er die Bäuerlichkeit seines Barts zwar hinnahm, sie aber immer noch weit besser fand als die glatt rasierte Verkommenheit seiner Untertanen. Die Bewohner von Antiochia ließ er wissen, er möge zwar einen schmutzigen Bart haben, doch »ihr ... mit eurer angenehmen, feinen Lebensweise oder eurem verweichlichten Gemüt etwa, macht euer Kinn sorgfältig glatt, gebt eure Männlichkeit kaum preis und lasst sie nur ein wenig an eurer Stirn erkennen, nicht an eurer Wangenpartie, so wie ich es tue«. Den Männern würde es bald leidtun, wenn ihnen klar werde, dass ihre Abneigung gegenüber männlicher Disziplin und Rechtsstaatlichkeit den Untergang ihrer Autorität in ihrer eigenen Familie zur Folge habe. Julian und sein unordentlicher Bart würden der weiblichen Liederlichkeit und den gesellschaftlichen Ausschweifungen nicht nachgeben. Nur wenige Monate nach seinem Schlagabtausch mit den Bürgern von Antiochia erlag Julian jedoch seinen Verletzungen im Kampf. Es bedeutete wahrhaftig das Ende einer Ära, denn Julian sollte der letzte nichtchristliche Kaiser sowie der letzte Vertreter der ersten Bartbewegung sein.

Der Niedergang, Aufstieg und erneute Niedergang des Barts in der Zivilisation des klassischen Zeitalters spiegelte den Kulturkampf um den wahren Ursprung männlicher Tugend wider. Handelte es sich dabei um natürliche Vernunft oder göttliche Genialität? Täte ein Mann besser daran, den Philosophen oder den Helden nachzueifern? Vor Alexanders Zeit favorisierten sowohl Gelehrtheit als auch Vorurteil den Bart als Inbegriff männlicher Tugend. Auch wenn die Künstler während Griechenlands goldenem Zeitalter eine Art bartloser Männlichkeit ersannen, so handelte es sich dabei doch um eine idealisierte Darstellung, die keineswegs den gewöhnlichen Sterbenden repräsentieren sollte. Es bedurfte Alexanders Kühnheit, der sich auf eine Stufe mit den Halbgöttern Achilles und Herakles stellte, um dieses Ideal mit Leben zu füllen. Weniger wichtige Männer folgten seinem Beispiel und etablierten damit einen neuen maskulinen Standard für die Geschichte des Westens, dessen Macht noch heute andauert. Die Philosophen bestanden allerdings auf einer anderen Art von Männlichkeit. Für sie war das Bestreben, die Natur zu übertreffen, ein gravierender Fehler. Ein wahrhaft guter Mann kultiviere die natürlichen Tugenden Selbstdisziplin und gesunder Menschenverstand. Sie boten sich als die bärtige Alternative an und appellierten an alle Männer, es ihnen gleichzutun. Eine Zeit lang, angefangen bei der Herrschaft Hadrians, vermochten diese Ideale zu triumphieren. Doch es dauerte nicht lange, da konnte sich das glamouröse alexandrinische Ideal erneut behaupten, sehr zum Bedauern von Verweigerern wie Kaiser Julian.

Der letztendliche Niedergang des westlichen Reichs und der Siegeszug des Christentums in der gesamten römischen Welt zogen dann sowohl unter die klassische Rasur als auch unter die ihr entgegengesetzte Bartbewegung einen Schlussstrich. Fortan wurde Männlichkeit im Kontext von Christentum und nicht von klassischer Kunst oder Philosophie konstruiert. Die Bart-Kontroversen des klassischen Zeitalters wurden jedoch hinübergetragen in die neue Ära und artikulierten den Kontext christlicher Theologie. Im darauffolgenden Mittelalter hat man sich christliche Argumente sowohl für als auch gegen den Bart ausgedacht, und obwohl die frühen Theologen das natürliche Haar zunächst stoisch verteidigten, konnten spätere Reformer die heroische Rasur auf einer völlig anderen Basis erfolgreich neu beleben.

Kapitel 4
WIE JESUS ZU SEINEM BART KAM

In der westlichen Zivilisation ist Jesus der Mann mit dem höchsten Wiedererkennungsgrad. Auch wenn er im Lauf der Jahrhunderte auf die unterschiedlichste Art und Weise porträtiert worden ist – lachend oder weinend, mit heller oder dunkler Haut und mehr oder weniger schmal –, auf sein wallendes Haar und seinen mittellangen Bart kann man zählen. Ohne sie würde Jesus einfach nicht wie Jesus aussehen. Die Beständigkeit dieses Bilds gaukelt uns eine Authentizität vor, so als ob wir wüssten, wie er wirklich aussah. Tun wir aber nicht. Bei dem bärtigen Christus handelt es sich nicht um ein Porträt; wir haben es hier mit einer kulturellen Gepflogenheit zu tun, die sich über einen sehr langen Zeitraum herausgebildet hat. In den ersten Jahrhunderten christlicher Geschichte probierten die Gläubigen unterschiedliche Bildnisse von Jesus aus, und während dieser Zeit sah man ihn häufiger ohne Bart als mit Bart. Wie und weshalb Jesu Bart ein wesentlicher Bestandteil seines Image wurde, verrät uns eine Menge über die Bedeutung, welche die christliche Zivilisation der Gesichtsbehaarung zugewiesen hat. Der bärtige Christus ist das Produkt einer Zeit, als Theologie und Symbolismus die Hauptanliegen der Künstler waren. Das Gesicht Christi sollte etwas von der Natur des Mannes vermitteln, der Mensch und Gott gleichzeitig war. Wenn man die Geschichte von Jesus und seinem Bart erzählen möchte, fängt man am besten ganz am Ende an.

JESUS IST UNBESCHREIBLICH

Als seine Anhängerschaft beständig wuchs, fand sich der jüdische Rabbi Jesus von Nazareth im Konflikt mit sowohl der jüdischen als auch der römischen Obrigkeit wieder. Die Römer hatten wenig Geduld mit Regellosigkeit, und wenngleich es ihnen kaum um die religiösen Streitigkeiten unter ihren stürmischen jüdischen Untertanen ging, so legten sie doch eine enorme Brutalität an den Tag, was die Verteidigung ihrer Autorität anbelangte. Als religiöse Führer Jesus zur Bedrohung erklärten, waren die Römer bereit, ihn zu töten. Eine römische Hinrichtung war eine öffentliche, aufwendige und langwierige Angelegenheit – ein wahres Festival des Schmerzes. Nachdem Spartakus' großer Sklavenaufstand in Italien von den römischen Heeren niedergeschlagen worden war, mussten sechstausend Aufständische im Jahr 71 vor Christus einen langsamen, schmerzhaften Tod an sechstausend Kreuzen sterben, die sich kilometerweit vor den Toren Roms erstreckten. Diese Art von Folter war besonders qualvoll, da es viele schmerzhafte Stunden dauerte, bis der Tod durch Ersticken eintrat. Die Evangelien berichten, wie das Leid Jesu begann, als Soldaten der römischen Garnison in Jerusalem ein purpurnes Gewand über die Schultern des verurteilten Sträflings warfen und ihm eine Dornenkrone aufsetzten. Sie verspotteten ihn, indem sie ihn schlugen und bespuckten, und kritzelten höhnisch »Dies ist der König der Juden« auf sein Kreuz. Nach neunstündiger Qual war es vorbei.

Nach seinem Begräbnis wurden Gerüchte laut, Jesus sei wiederauferstanden von den Toten, auch wenn einige seiner Anhänger dies kaum glauben konnten. Gegen Ende seines Evangeliums erzählte Lukas von zwei Schülern, die in ein Dorf nahe Jerusalem gegangen seien und das kurz zuvor eingetretene Ende der Jesusbewegung diskutiert hätten. Ein Mann kam auf sie zu und fragte sie, worüber sie sprächen. Die Apostel waren überrascht, wie wenig informiert der Fremde über die kürzlich stattgefundenen Ereignisse in der Stadt schien. Sie erzählten ihm von Jesu Gefangennahme und Kreuzigung sowie ihrer Enttäuschung darüber, dass der vermeintliche Befreier Israels gestorben war. Es gebe wohl zweifelhafte Meldungen, dass er noch am Leben sei, aber sie hätten ihn nicht gesehen. Der Neuankömmling staunte über ihre Verzweiflung. Wüssten sie denn nicht, dass dem Messias erst Leid widerfahren müsse, bevor er in das Reich der Herrlichkeit eintreten könne? Bei Ankunft im Dorf forderten ihn die beiden Schüler auf, die Nacht bei ihnen zu verbringen. Als sich der Neuankömmling zum Abendmahl hinsetzte, das Brot brach und den Segen sprach, erkannten sie ihn auf einmal als den wiederauferstandenen Herrn. Erst als er das letzte Abendmahl wiederholte, sah und erkannte man ihn also. In diesem Augenblick der Erkenntnis verschwand Jesus jedoch von der Bildfläche.

Lukas wandte sich mit seinen Aufzeichnungen an Christen, die mehrere Generationen nach der Zeit Christi lebten. Weder hatte ein Lebender ihn je gesehen, noch hatten die Gläubigen eine äußerliche Beschreibung des »Sohnes Gottes« überliefert. In dieser kleinen Geschichte versicherte Lukas den Gläubigen, dass die physische Abwesenheit Christi kein Problem darstelle;

schließlich hätten ihn selbst seine Anhänger nach der Kreuzigung nicht erkannt. Wichtig sei lediglich, dass die Gläubigen die Lehren Christi kennten und sich in ritueller Kommunion mit ihm befänden. Mit anderen Worten: Ein Christ sollte mit seinem Glauben sehen statt mit seinen Augen.

Trotz Lukas' Ermahnungen verspürten die Christen ein unstillbares Verlangen, Christus mit eigenen Augen zu sehen und ihn in menschlicher Gestalt darzustellen. Dieses Verlangen wurde indes nicht nur durch einen Mangel an Augenzeugen erschwert, sondern auch durch sein gemischtes Wesen: Gemäß dem Glaubensbekenntnis des Ersten Konzils von Nicäa im vierten Jahrhundert war Jesus sowohl vollkommen Mensch als auch vollkommen Gott. Er war also ein paradoxes Wesen, das sich nur schwer erklären, geschweige denn visualisieren ließ. Es ist wenig erstaunlich, dass die frühen Symbole für Christus abstrakter Natur waren, wie etwa ein Fisch oder ein stilisierter »guter Hirte«, der den üblichen Darstellungen von Hermes, dem Schutzgott der Hirten, nachempfunden war. Und dennoch mehrten sich Bildnisse eines menschlichen Jesus. In einem dem einflussreichen Bischof Eusebius von Caesarea in Palästina im frühen vierten Jahrhundert zugeschriebenen Brief heißt es, er habe viele alte Gemälde von Christus und den Aposteln Peter und Paul gesehen, die Gläubige in ihren Häusern aufgehängt hätten; insbesondere erinnert er sich daran, wie eine Frau ihm ein Bildnis von Paulus und Christus »in Gestalt von Philosophen« (mit langen Bärten also) gebracht habe. Eusebius konfiszierte die Gemälde und verkündete, dass solche Bildnisse die erhabene Majestät Christi herabsetzten.[1] Eusebius erzählte diese Geschichte der Schwester des römischen Kaisers Konstantin, Constantina, die ihn um ein echtes Abbild von Christus gebeten hatte. Der Bischof lehnte selbstverständlich ab und bestand darauf, dass es kein echtes Bildnis geben könne, sondern nur eine unzulängliche Darstellung seiner kurzen Zeit auf Erden »in Gestalt eines Sklaven«.[2] Man möge Constantina verzeihen. Sie drückte lediglich die weitverbreitete Sehnsucht nach der Gegenwart des menschlichen Gottes aus. Schließlich bekräftigte die Kirchendoktrin doch, dass er ein Mann im wahrsten Sinne des Wortes gewesen sei. War es da nicht rechtens, ihn sich so auch in der Kunst vorzustellen?

DER KLASSISCHE JESUS

In den ersten fünf Jahrhunderten christlicher Kunst war die Wahrscheinlichkeit eines bartlosen Jesus größer als die eines bärtigen, denn dieses Image kam den römischen Empfindlichkeiten am ehesten zupass. Die frühen Christen gingen von dem aus, was sie kannten, und das waren heidnische Götter wie Apollon, Hermes oder Sol Invictus. In der Kunst des klassischen Zeitalters wurden jene Götter mit langen, losen Locken dargestellt sowie mit glatten, jugendlichen Gesichtern, die signalisierten, dass ihnen Alter und Tod nichts anhaben konnten. Es machte absolut Sinn, sich Jesus auf diese Weise vorzustellen. Eine der beliebtesten frühen Darstellungen Christi war die des guten Hirten, für gewöhnlich ein lockiger junger Mann, der ein Schaf auf seinen Schultern in Sicherheit brachte (Abbildung 4.1). Im Johannes-Evangelium sagt Jesus: »Ich bin der gute Hirt. Der gute Hirt gibt sein Leben hin für die Schafe.« (Johannes, 10:11) Mit diesem Bild im Kopf stellten sich die Christen Jesus eben natürlich wie Hermes vor, den Botengott, der häufig Botschaften zwischen Sterblichen und Göttern überbrachte und außerdem Schutzgott der Reisenden und Hirten war.[3] Die Künstler zeigten Hermes gerne, wie er liebevoll ein Lamm auf seinen Schultern trägt, und die Christen zogen nach. Den Parallelen zwischen Hermes und Gott konnte man kaum widerstehen: Beide waren göttliche Überbringer und Hirten der Seelen. Im Altertum zogen die Christen außerdem eine Parallele zwischen Christus und Dionysos, dem Gott des Weins und der Ekstase. Schließlich bestand Jesu erstes Wunder darin, Wasser in Wein zu verwandeln.[4] Der Legende nach waren sowohl Hermes als auch Dionysos in die Unterwelt hinabgestiegen und wieder zu den Lebenden zurückgekehrt. In der Kunst wurden beide Götter in klassischer Manier als unsterbliche Jünglinge dargestellt, als immun gegen das Altern und den Tod. Bei ihrem langen, wallenden Haar handelte es sich ebenfalls um einen klassischen Topos, welcher Leben und Vitalität im Überfluss suggerieren sollte. Für die frühen Christen war es naheliegend, dass Christus wie jene Götter aussah.

Und noch eine weitere Verbindung wurde zum Gott Sol Invictus (»unbesiegter Sonnengott«) hergestellt, dessen Verehrung im Jahr 228 durch den römischen Kaiser eingeführt wurde. Wie im Fall von Hermes und Dionysos halfen biblische und theologische Schemata bei dieser Verknüpfung, denn von Christus sagte man, er sei »das Licht der Welt« (Matthäus, 4:16) und »die Sonne der Gerechtigkeit« (Matthäus, 5:45; Johannes, 1:4–5, 9). Ein Mosaik aus dem späten dritten Jahrhundert, das man unter dem Vatikan gefunden hat, zeigt Christus als den Sonnengott, mit den typischen vom Kopf abgehenden Strahlen. Sol wurde oftmals mit Apollon, dem Gott der Jugend, der Weisheit und des Lichts, gleichgesetzt, und so wurde Sol natürlich wieder einmal als langhaariger, bartloser Jüngling verkörpert. Ob Christus nun mit dem Hirtengott, dem Gott des Weins oder dem Sonnengott verglichen wurde – es machte auf alle Fälle Sinn, Christus jung und bartlos zu visualisieren.

4.1 Der gute Hirte

Wie wir gesehen haben, rasierten sich die römischen Kaiser bis zum dritten Jahrhundert wieder, da sie den frühen Gottkaisern Julius Caesar und Augustus nacheiferten. Ein bartloser Christus würde demnach sowohl wie ein Kaiser als auch wie ein Gott aussehen. Dies würde besonders gut zum übergeordneten Thema des Lukas-Evangeliums passen, welches Christus als den wahren König darstellt, der in die Welt gekommen ist, um die sterblichen Herrscher zu ersetzen.

Abgesehen von ihrer Beschwörung kaiserlicher und kultischer

Ebenbilder, hatten die christlichen Künstler aber auch einen ganz praktischen Grund für eine jugendliche Christusfigur: Bei der Darstellung von Szenen aus den Evangelien würde ein glatt rasierter Christus gottesgleich wirken im Kontrast zu den gewöhnlichen Bärtigen.[5] Ein treffendes Beispiel für diesen Effekt ist in den Schnitzereien auf einem Sarkophag aus dem Jahre 353 zu finden (Abbildung 4.2). Dieser Steinsarg diente sowohl als Grab als auch als Denkmal für Junius Bassus, einen römischer Stadtpräfekten, der zum Christentum konvertiert war. Ihn zieren reich geschnitzte Szenen des Alten und Neuen Testaments. Und obgleich es sich bei diesen Szenen um biblische Geschichten und Figuren handelt, so ist die Bildsprache eindeutig römisch. Die Figuren erscheinen in römischen Gewändern, und jede Szene wird von klassisch-römischer Architektur gerahmt. In der Mitte taucht Christus als Herrscher der Welt auf, er thront auf dem Himmelsgewölbe (das vom Gott des Himmels, Caelus, emporgehoben wird), hat das Aussehen eines Gottkaisers und hält die geschriebenen Gesetze oder Evangelien in der einen Hand. An seiner Seite stehen zwei Apostel, die sich von ihrem Herrn durch ihr gewöhnliches kurzes Haar und ihren lockigen Bart unterscheiden. Christus sieht tatsächlich wenig älter als ein Teenager aus mit seinen runden Bäckchen. Der Gestalter hatte ganz klar eher die Sorge, dass er ihn zu alt erscheinen lassen könnte und nicht zu jung. Dem zeitgenössischen Auge mag dieses Aussehen seltsam vorkommen, für das römische Publikum jedoch machte es Sinn, denn Christus sah so viel mehr nach einem Gott aus als die ihn Umgebenden.

Langes Haar und Bartlosigkeit waren aber natürlich nicht die einzigen Merkmale, mit denen antike Künstler Göttlichkeit signalisierten. Der Nimbus, oder Heiligenschein, ist ebenfalls zur

Darstellung gelangt, um den göttlichen Status der Kaiser kenntlich zu machen, und in der christlichen Malerei wurde er nun Christus und den Heiligen zugewiesen. Auf manchen Bildern war Jesus von einem Strahlenkranz umgeben, einer Art Heiligenschein um den gesamten Körper, der uralten Traditionen jenseits von Europa entstammte. Die Bartlosigkeit ergänzte jene Symbole. Sie war wie ein Heiligenschein insofern, als dass sie ein außergewöhnliches von einem gewöhnlichen Gesicht unterschied.

Das bedeutet jedoch keineswegs, dass Jesus in diesen frühen Jahrhunderten niemals einen Bart trug. Wir erinnern uns: Bischof Eusebius konfiszierte ein Bildnis von Jesus mit langem Bart. Manche Bilder nahmen sich Zeus zum Vorbild, den obersten Gott der griechischen Mythologie, oder Asklepios, den Gott des Heilens. Beide wurden üblicherweise mit dickem, dunklem Bart porträtiert. Bis zum sechsten Jahrhundert bestätigten diese Ausnahmen allerdings die Regel. Bis zum siebten Jahrhundert hatte sich dann ein einziges, einheitliches Bild durchgesetzt, das sich durch langes, typischerweise braunes Haar und einen mittellangen Bart auszeichnete. Das war der mittelalterliche und nicht mehr der klassische Jesus. Wie und weshalb kam es zu dieser Metamorphose? Und was sagt uns diese Wandlung bezüglich Gesichtsbehaarung und Männlichkeit in der christlichen Kultur? Die Antworten auf diese Fragen finden sich in den Jahrhunderten an der Schwelle von klassischer zu mittelalterlicher Kunst, während denen beide Arten von Christusbildern nebeneinander existierten, teilweise sogar in ein und demselben Kunstwerk. Diese Nebeneinanderstellung lässt uns das Denken verstehen, das der christlichen Kunst eine neue Richtung gab.

4.2 Christus mit Aposteln, Detail des Sarkophags des Junius Bassus, 4. Jh.

JAHRHUNDERTE DES ÜBERGANGS

Obwohl der jugendlich-heroische Look in der frühen christlichen Kunst überwog, gab es in Wahrheit kein offizielles Standardbild, und die frühen Christen fühlten sich der Einheitlichkeit nicht verpflichtet. In ein und derselben Kirche oder in ein und demselben Kunstwerk waren oftmals Christusfiguren mit ganz unterschiedlichem Aussehen zugegen. Mit der Gesichtsbehaarung dieser Abbilder wollte man dabei eine ganz bestimmte Eigenschaft von Jesus vermitteln. Ein bemerkenswertes Beispiel hierfür sind die überwältigenden Wandmosaiken der Kirche Sant'Apollinare Nuovo im italienischen Ravenna, die im sechsten Jahrhundert errichtet wurde. An einer Wand des Innenraums befindet sich unter anderem eine Szenenfolge, welche die Lehren und Wunder Christi illustriert. Auf der gegenüberliegenden Wand findet man eine parallele Abfolge, welche Verrat, Leidensgeschichte, Tod und Wiederauferstehung Christi darstellt. Die Kleidung ist in beiden Abfolgen gleich, doch der lehrende und wundertätige Jesus ist bartlos, während der Jesus der gegenüberliegenden Seite längeres Haar sowie einen Bart trägt, der im Verlauf der Geschichte sogar noch länger zu werden scheint.[6] Mit anderen Worten: In der ersten Abfolge erscheint Jesus, genau wie in unzähligen früheren Gemälden und Schnitzereien, als ewig jugendliche Figur, die sich von den ihn umgebenden gewöhnlichen, bärtigen Männern abhebt. In dem Bildnis, das zum Beispiel die wundersame Brotvermehrung illustriert, verleihen ihm sein langes Haar und sein glattes Gesicht aus heutiger Sicht ein eher weibliches Aussehen (Abbildung 4.3). In den Prozess- und Todesszenen auf der gegenüberliegenden Seite des Mittelschiffs unterscheidet sich Christus erneut von den gewöhnlichen Männern, diesmal jedoch durch seinen längeren Bart, wie sich anlässlich seines Prozesses vor Pontius Pilatus erkennen lässt (Abbildung 4.4). Weshalb Jesus in ein und demselben Kunstwerk derart unterschiedlich dargestellt wird, das hat die Kunsthistoriker lange Zeit vor ein Rätsel gestellt. Es scheint allerdings offensichtlich, dass die Gestalter der Kirche signalisieren wollten, welch unterschiedliche Sorte Heiland Jesus in den beiden wichtigsten Phasen seines irdischen Lebens gewesen ist.[7] In der ersten Phase ist er ein Gott unter Menschen; in der zweiten ist er nicht in diesem Sinn unsterblich. Vielmehr ist er der leidende Menschensohn, der dem Tod durch seine Wiederauferstehung die Stirn bietet.

Um aus diesem gegensätzlichen Symbolismus schlau zu werden, hilft ein Blick auf andere Kunstwerke, die sowohl einen bärtigen als auch einen bartlosen Jesus zeigen. Eins davon ist der Antiochia-Kelch, ein kunstvoll verzierter Silberkelch aus dem Konstantinopel des späten fünften oder frühen sechsten Jahrhunderts. Auf der einen Seite sitzt ein glatt rasierter Christus, der in einer Redegeste seine Hand ausstreckt. Auf der gegenüberliegenden Seite sitzt ein bärtiger Christus in identischer Pose, hält jedoch eine Schriftrolle in Händen. Diese Symbole deuten an, dass der bartlose Christus gerade seine Lehren verkündet, während sich der bärtige Christus im Himmel befindet, womöglich zu Zeiten des Jüngsten Gerichts.[8]

Ein weiteres Beispiel lässt sich in Rom finden, auf den Deckenmosaiken der Kirche Santa Costanza aus dem fünften Jahrhundert. Im einen Bereich der Decke sieht man einen jugendlichen, beinahe bartlosen Christus, wie er den bärtigen Heiligen Petrus und Paulus die Gesetze überbringt, bevor er in den Himmel auffährt; im Vordergrund stellen Schafe die gläubigen Christen dar,

4.3 Christus vollbringt die wundersame Brotvermehrung. Mosaik der Kirche Sant'Apollinare Nuovo, Ravenna, 6. Jh.

4.4 Christus vor Pontius Pilatus. Mosaik der Kirche Sant'Apollinare Nuovo, Ravenna, 6. Jh.

welche um Führung und Schutz bei den Aposteln ersuchen. Auf einem anderen Deckengewölbe, das zur selben Zeit und im selben Stil fertiggestellt worden ist, thront ein Christus mit üppigem Bart auf dem Globus als Herrscher der Welt, in Begleitung eines bartlosen Heiligen oder Engels. Die beiden Bildnisse kehren einander um und spiegeln ihre gegensätzlichen Schauplätze wider: auf Erden und im Himmel.

Diese drei Beispiele aus Ravenna, Konstantinopel und Rom folgen einem ähnlichen Muster. Der Christus der Passion und Wiederauferstehung ist bärtig; der lehrende und wundertätige Jesus ist es nicht. In beiden Fällen hebt ihn sein Haar von den ihn umgebenden Personen ab, was seine Einzigartigkeit verstärkt. Auf Erden ist der glatt rasierte Christus der Göttliche unter den gewöhnlichen Sterblichen. In der Himmelswelt ist er der bärtige Menschensohn und steht damit in auffälligem Kontrast zu den zartgesichtigen Engeln, die dort wohnen. In diesem Punkt war die christliche Kunst ziemlich konsequent: Die (stets männlichen) Engel tragen den langhaarigen, jugendlichen Look des ewigen Lebens. In ihrer himmlischen Gesellschaft musste Christus anders aussehen, menschlicher. Letztlich ließ sich mit dem gegensätzlichen Haar also wunderbar anzeigen, dass Christus weder Mann noch Engel war und niemand ihm gleichkam, wo auch immer er sich aufhielt und was auch immer er tat.

CHRISTUS, DIE IKONE

Zu der Zeit, als diese unterschiedlichen Christusfiguren erschaffen wurden, erfreute sich ein neuer Kunststil zunehmender Beliebtheit: die Ikone. Es handelte sich dabei um das Porträt einer sakralen Figur wie Christus, Maria, einem Heiligen oder einem Engel für die private oder öffentliche Andacht als Mittelpunkt der Verehrung. Als visuelles Objekt machte es die göttliche Person dem Andächtigen gegenwärtig und zugänglich und richtete seinen oder ihren Geist und Verstand auf das Sakrale aus.[9] Sinn und Zweck dieses Abbilds unterschieden sich von den erzählerischen oder symbolischen Darstellungen der früheren Kunst. Kontext und Erzählungen verschwanden zugunsten eines »wahren« Ebenbilds, welches den inneren, geistlichen Charakter der Heiligkeit manifestierte und eine mystische Verbindung zur Gegenwart Gottes herstellte.[10]

Das Erschaffen eines einzigen, wahren Ebenbilds von Christus war eine besondere Herausforderung für die Ikonenmaler. In

einem einzigen Gesicht sollten sie den lehrenden, wundertäti-
gen, leidenden und wiederauferstehenden Christus porträtieren.
In Ermangelung einer Handlung oder eines spezifischen Kon-
texts konnte der Ikonenmaler nicht auf die visuellen Kontraste
zurückfallen, welche die Gestalter der erzählerischen Szenen verwendeten. Die Lösung dieses Problems wird in einem der frühesten noch erhaltenen Ikonengemälde sichtbar, einem Porträt aus
dem sechsten Jahrhundert im Katharinenkloster am Fuße des
Bergs Sinai (Abbildung 4.5). Das Gemälde wurde in Konstantinopel erschaffen, der Hauptstadt des orthodoxen Christentums. Es
zeigt Christus vor weit entfernten Gebäuden und goldenen Ster-
nen, die sowohl Himmel als auch Erde suggerieren. In der Figur
selbst hat sich jedoch die visuelle Logik des bärtigen himmlischen Christus gegen den bartlosen irdischen Christus durchgesetzt. Zum einen sind keine Sterblichen in der Szene zu sehen,
von denen Jesus sich absetzen müsste. Zum anderen betonen die
reglose Gestalt und die Goldtöne den himmlischen Schauplatz
stärker als den irdischen. Der ikonenhafte Jesus ist also nicht der
Göttliche unter den Sterblichen. Er ist der Menschsohn im Himmel. Und die Kunsttradition hat Christus im Himmel als bärtig
dargestellt, um ihn zu vermenschlichen und von den Engeln zu
unterscheiden.

In der Ikonenmalerei half Christus' Bart außerdem dabei, die
richtige Balance zwischen seiner göttlichen und seiner menschlichen Seite herzustellen. Wäre Christus zu himmlisch, distanziert
und engelsgleich gewesen, hätte er nicht gleichzeitig der barm-
herzige Erlöser sein können, der am menschlichen Leid teil-
nahm. Der Sinn der Ikone bestand schließlich darin, die Menschen Jesu Gegenwart so innig wie möglich spüren zu lassen. Der
Christusfigur musste man demnach eine Spur Menschlichkeit

verleihen, und dem Maler der Katharinen-Ikone gelang dies, indem er ihm einen gewöhnlichen, mittellangen Bart gab, der weder für die jugendliche Unsterblichkeit eines klassischen Gottes stand noch für die üppige, »philosophische« oder Zeus-ähnliche Behaarung in einigen der früheren Darstellungen.

Betrachtet man den Gesamteindruck des Katharinen-Bildnisses, wird deutlich, wie die verschiedenen Komponenten des Porträts die Erhabenheit und Bescheidenheit Christi miteinander in Einklang bringen. Einerseits tritt er mit einem alles Weltliche

4.5 Segnende Christus-Ikone. Katharinenkloster, Sinai, Ägypten, 6. Jh.

transzendierenden goldenen Heiligenschein um den Kopf auf, über ihm goldene Sterne und im Arm eine juwelenbesetzte Bibel. Andererseits grüßt er uns auf Augenhöhe und mit zwei erhobenen Fingern vermittels eines trostreichen Segenszeichens. Sein Gesicht ist beeindruckend und bescheiden zugleich. Er ist ein bärtiger Mann mit außergewöhnlichem, langem Haar und sicherem Auftreten, und dennoch ist sein Bart nur mittellang und gewöhnlich, sind seine Gesichtszüge mild. Nachdem man nun ein effektives visuelles Strickmuster für die komplexe Persönlichkeit Christi ausgebrütet hatte, haben es seither alle Künstler mehr oder weniger getreu reproduziert.

KIRCHENVÄTER BEWERBEN DEN BART

Die visuelle Logik der Ikonenkunst war der Hauptgrund für Jesu Bart, doch er erfuhr auch große Bestärkung durch die Theologie.

Die Ikonen entstanden zu einer Zeit, als viele Kirchenführer das Gesichtshaar mehr als guthießen. Bei den sogenannten Kirchenvätern handelte es sich um Theologen der ersten sechs Jahrhunderte, deren Schriften später für maßgebend erklärt wurden. Diese Männer propagierten eine positive Sichtweise der Gesichtsbehaarung im Rahmen ihrer Geltendmachung einer männlich dominierten Geschlechterordnung. Dass Christus ein Mann war, nicht nur ein Mensch, war ihnen äußerst wichtig.

Der früheste Befürworter christlicher Männlichkeit war der einflussreiche Theologe Clemens von Alexandria (ca. 150 – ca. 215). Clemens war zum christlichen Glauben konvertiert, durchdrungen von griechischer Philosophie und ein Zeitgenosse der ersten Bartbewegung. Er ließ Aristoteles und Epiktet in seine

Betrachtungen von Männlichkeit und Haar einfließen, obwohl er einen gewissen Klang frommer Nachdrücklichkeit hinzufügte, der den früheren Schreibern fehlte. Epiktet wollte die Männer durch Scham zum Wachsenlassen des Barts antreiben, aber Clemens drohte ihnen mit Verdammung. »Gott hat es so gewollt«, schrieb er, »dass das Weib eine glatte Haut habe und sich nur an dem natürlichen Schmuck ihres Haupthaares freue [...]; den Mann dagegen hat Gott wie die Löwen mit dem Bart geschmückt und ihm zum Zeichen seiner Männlichkeit eine behaarte Brust gegeben; dies ist ein Kennzeichen der Kraft und der Befugnis zu herrschen.« Es sei, so beharrte er, »ein Unrecht, sich an dem Kennzeichen der männlichen Natur, der Behaarung, zu vergreifen«.[11] Clemens' Zeitgenosse Tertullian, der erste große christlich-lateinische Schriftsteller, verteidigte den Bart ebenfalls als Teil einer angeblich natürlichen Geschlechterordnung. In seiner Schrift *Vom Putz der Frauen* beschäftigte er sich hauptsächlich mit weiblicher Maßlosigkeit und Eitelkeit, wenngleich er auch die Männer rügte, die sich die Haare färbten oder ihren Bart zu kurz schoren.[12] Sowohl Tertullian als auch Clemens wollten ihre christlichen Leser unbedingt von Zügellosigkeit und ungehörigem Verlangen abbringen. Ihrer Ansicht nach bedeutete Bescheidenheit die Akzeptanz des eigenen Körpers, wie Gott ihn schuf, sowie ein Willkommenheißen der männlichen Überlegenheit, die er angeblich demonstrierte.

Für die Christen des spätrömischen Reichs wurde der Körper jedoch zur strittigen Angelegenheit. Viele begriffen ihn als verdorben, ein Kreuz für die Seele sowie ein Hemmnis für die geistliche Erneuerung und das ewige Leben. Zahlreiche begeisterte Anhänger sehnten sich nach einer spirituellen Wandlung und Wiederauferstehung, die den Körper wortwörtlich im Staub zurückließe. Das neue Schlagwort hieß »Jungfräulichkeit«, und wahre Heiligkeit wurde neu definiert als der totale Verzicht auf Sexualität und damit auch auf das gesellschaftliche und familiäre Leben. Dieser neue Asketismus strebte danach, den Geist nach und nach von den Fesseln zu lösen, die ihn an das irdische Gefängnis banden, damit er im Tod in spiritueller Perfektion aus dem verlassenen Körper hervorgehen kann. Der einflussreichste Vertreter dieser Sichtweise war der Theologe Origenes (185–254), ein ehemaliger Schüler von Clemens. Origenes glaubte, dass der Sieg über den Körper nicht bis zum Tod aufgeschoben werden müsse, sondern sogleich in einem gläubigen Leben angestrebt werden könne. Er ging bei seinem Anpreisen des asketischen Lebens und dem Verneinen körperlicher Bedürfnisse so weit, dass er sich als Akt der Befreiung selbst kastrierte. Für Origenes und andere vom selben Schlag beinhaltete die Verneinung der Sexualität das Überwinden der körperlichen und auch geschlechtlichen Unterschiede. Viele gingen davon aus, dass Männlichkeit und Weiblichkeit in der himmlischen Perfektion des Geists im zukünftigen Leben keine Rolle mehr spielen würden.[13]

In den Augen vieler damaliger Christen bestand das Problem dieser Sichtweise darin, dass die Verneinung des Körpers und der Geschlechterunterschiede sich nicht auf den Himmel beschränken ließen, sondern die Geschlechterordnung auf Erden bedrohten. Origenes und andere Schreiber wie er provozierten im vierten Jahrhundert eine Gegenbewegung, als christliche Autoren vor jenem furchterregenden Abgrund zurückwichen. Der heilige Hieronymus (347–420) zum Beispiel steckte in diesem Dilemma. Er war der asketischen Lebensweise zutiefst verpflichtet, bewunderte das Mönchswesen und sogar Origenes selbst. Die radikaleren Konsequenzen jagten ihm allerdings Angst ein, deshalb bemühte er sich um einen Mittelweg: um eine Theologie der Selbstkontrolle, nicht der Verneinung. Zudem betonte er die Wichtigkeit des Körpers und der körperlichen Auferstehung. Trotz Paulus' Verkündung, dass Christus weder weiblich noch männlich sei, glaubte Hieronymus, dass Männer im jenseitigen Leben Männer blieben und Frauen ebenso Frauen. Das Geschlecht sei also etwas derart Fundamentales, dass ihm selbst Tod und Erlösung nichts anhaben könnten. Obwohl Hieronymus sowohl Nutznießer als auch Mentor einflussreicher christlicher Frauen war, lehnte er nicht nur die spirituelle Auferstehung ab, sondern auch den weiblichen Anspruch auf spirituelle Gleichberechtigung, die daraus hervorginge.[14]

In dieser Hinsicht befand Hieronymus sich in absolutem Einklang mit dem Großteil der führenden christlichen Persönlichkeiten seiner Zeit. Man verständigte sich darüber, dass nichts Gutes dabei herauskommen könne, wenn Frauen ihre haarlosen Wangen streichelten und von einer Auferstehung träumten, die ihren niedrigeren Rang konterkarieren würde. Die Kirchenväter bevorzugten den Gedanken, dass die Auferstehung eher eine Erneuerung als eine Wandlung darstelle. Weder das Geschlecht noch der Bart eines Mannes würden im Himmel verschwinden. Im Gegenteil, sie würden zu noch größerer Herrlichkeit erneuert werden, da sämtliche körperlichen und geistigen Makel ausgelöscht würden. Der heilige Augustinus (354–430), der mit Abstand einflussreichste Kirchenvater der christlichen Geschichte, bevorzugte ebenfalls die Idee einer körperlichen Auferstehung und der Bewahrung von Gender-Merkmalen (nicht jedoch von Geschlechtsmerkmalen) im ewigen Leben. Der Körper sei allerdings vergeistigt und würde eine Perfektion erreichen, die er im irdischen Leben niemals erreichen könne. Um mit den Worten eines griechischen Bildhauers zu sprechen: Er stellte es sich so vor, dass der auferstandene Körper das schöne Ebenmaß des Lebensgipfels erreichen würde.[15] Augustinus ließ keinen Zweifel daran, dass Haare ein Teil dieser Erneuerung sein würden, obwohl er mutmaßte, dass eher die Anzahl der Haare und nicht deren Länge erhalten bleiben würde.

Die Tatsache, dass Augustinus im Gegensatz zu den klassischen Künstlern den Bart Teil der auferstandenen Perfektion sein ließ, deutet darauf hin, dass er wie andere Kirchenväter vor ihm Männlichkeit als fundamentalen Bestandteil der Schöpfung begriff. Sie war für ihn nicht nur ein körperliches Merkmal, sondern eine Eigenschaft der Seele, die sich insbesondere in den Tugenden Stärke und Ehrenhaftigkeit manifestierte. In einer Bemerkung zu Psalm 33 interpretierte Augustinus die Erwähnung von Davids Bart als Hinweis auf seine geistige Größe.[16] Gleichermaßen interpretierte er die Erwähnung von Aarons Bart in Psalm 133 als Hinweis auf Aarons Autorität und allegorisch auch auf die Apostel, welche der Welt tapfer mit dem Evangelium entgegentreten. »Der Bart«, so Augustus, »deutet auf die Tapferen hin; der Bart unterscheidet die erwachsenen Männer, die ernsthaften, die aktiven, die tugendhaften.«[17] Er war für ihn ein Symbol geistiger Tugend und zog logischerweise nach sich, dass Männer einen stärkeren Geist als Frauen besaßen. Als Schmuck der männlichen Seele sei er eher hübsch als praktisch und erlaube uns einen kleinen Einblick in die vollkommenere Schönheit des Lebens nach dem Tod.[18] Als Theologen wie Hieronymus und Augustinus Männlichkeit und Bärte als Verteidigung der Geschlechterordnung lobpriesen, lieferten sie die theologischen Grundlagen für einen bärtigen Jesus. Die Tatsache, dass Jesus ein Mann war, war für seine Autorität unabdingbar, genau wie sein Bart für seine

Männlichkeit unabdingbar war. Christus' Männlichkeit wiederum legitimierte sowohl die bestehende Gesellschaftsordnung als auch die männliche Vorherrschaft in der Kirche.

Nach jahrhundertelangen Experimenten und Veränderungen hatte man das Abbild Christi in vielen entscheidenden Gesichtspunkten festgelegt, insbesondere, was seine Haare anbelangte. Die beinahe weltweite Übereinkunft auf einen bärtigen Jesus in der christlichen Kunst seit dem siebten Jahrhundert hatte ihren Ursprung in der Absicht, den göttlichen Christus zu vermenschlichen, doch in vielen Zeitaltern einschließlich des unseren, hatte dies den gegenteiligen Effekt, nämlich ihn veraltet und realitätsfern aussehen zu lassen. Andererseits kann jedes Zeitalter Christus Männlichkeit in diesem Standardbild erkennen, was nicht zuletzt eine wesentliche Legitimation für die Macht der Männer in der Welt gewesen ist. Aus Furcht, dass Frauen denken könnten, in Christus seien wir alle eins, ist Christus eindeutig keine Frau. Der bärtige Christus bekräftigt die Auffassung, dass Bärte buchstäblich himmlisch sind, und unterstreicht die sogar noch ältere Verknüpfung von Gesichtsbehaarung mit Weisheit und Autorität. Da sie Christus ähnlicher waren als Frauen, konnten Männer eine privilegierte Position im Reich Gottes sowie den Anspruch auf Führung innerhalb der Kirche für sich reklamieren.

Kapitel 5
DER INNERE BART

Jeder Mann, der sich darüber wundert, dass die gute Sitte ihm eine tägliche Rasur abverlangt, muss seine Gedanken zurück aufs Mittelalter lenken, als antike Männlichkeitsmuster verworfen und durch neue ersetzt wurden, welche letzten Endes die modernen Gepflogenheiten formten. Wie im antiken Mesopotamien brachte die Kultur des Mittelalters verschiedene Arten von Männlichkeit hervor, jede davon mit einem bestimmten Haarstil verbunden. Bis zum Ende des Mittelalters jedoch hatte ein Typ von Männlichkeit gesiegt: der bartlose. Dies war das Werk der Kirche. Obwohl der ikonische Christus bärtig blieb, pflanzte das mittelalterliche Christentum dem europäischen Geist eine Verbindung zwischen Rasur und Tugend ein und bewirkte damit den Aufstieg des Rasiermessers in der westlichen Gesellschaft.

Diese Verflechtung brauchte Zeit. Weder handelte es sich dabei um ein klares oder offensichtliches Gesetz, noch besaß es Gültigkeit jenseits der lateinisch-christlichen Territorien. Es entwuchs den spezifischen Überzeugungen, Konflikten und Zusammenflüssen des mittelalterlichen europäischen Lebens. Vor gut zwölf Jahrhunderten, als Karl der Große den ersten Großstaat des Mittelalters schuf, war die Umgestaltung des männlichen Gesichts bereits im Gange.

KARL DER GROSSE LÄSST SICH KRÖNEN

Karl der Große war während seiner langen Herrschaft von 768 bis 814 sowohl König des fränkischen Reichs als auch Eroberer Europas. Seine Herrschaft über Europa war eine große Errungenschaft, die für den übrigen Teil des Mittelalters seinesgleichen suchte. Natürlich wurde er in späteren Jahrhunderten zur Legende, indem er die Rolle des idealen Königs annahm. Infolgedessen gab es im Grunde zwei Karl der Große: einen sagenumwobenen

5.1 (Links) Bärtiger Karl der Große in der mittelalterlichen Vorstellung. (Rechts) Schnauzbärtiger historischer Karl der Große. Bronzestatuette, 9. Jh.

und einen historischen. Der eine Karl der Große besiegte die Mauren in Spanien glorreich; der andere nicht. Der eine befreite Jerusalem von den Heiden; der andere nicht. Der eine trug einen langen weißen Bart; der andere nicht. In der Regel war die Männlichkeit der mittelalterlichen Fantasie lautstarker und vollbärtiger als die Wirklichkeit. Das echte Leben war komplizierter – und interessanter.

Die mythisch-heroische Version Karls des Großen taucht am anschaulichsten in einem Pop-Hit des Mittelalters auf, dem *Rolandslied*, einem Versepos, das etwa drei Jahrhunderte nach dem Tod des Großkönigs geschrieben wurde. In dieser Fantasie ist Karl der Große der perfekte Herrscher: stark, klug und väterlich. Roland ist sein perfekter Vasall: tapfer, hingebungsvoll und loyal. Als Großkönig trägt Karl der Große das wichtigste körperliche Merkmal: einen langen weißen Bart, denn er erzählt die Geschichte seiner Seele.[1] Als sich sein geliebter Neffe Roland freiwillig meldet für die gefährliche Mission, den Rückzug der Nachhut seiner fränkischen Truppen zu befehligen, will der Frankenkönig Nein sagen, und er streicht langsam über seinen Bart, bevor er schweren Herzens einwilligt. Roland und seine Armee werden dann aus dem Hinterhalt angegriffen, und er hält tapfer die Stellung. Hunderte Araber richtet er mit seinem prächtigen Schwert Durendart hin und denkt die ganze Zeit über nur an den Dienst für seinen Kaiser »mit dem blütenweißen Bart«. Die Nachricht von Rolands traurigem Schicksal bricht des Königs Herz, er »hielt sein Haupt geneigt, zog seinen Bart und drehte seinen Schnurrbart, nicht kann er's wehren, dass er weint mit Augen«[2]. Als er sich von seinem Schmerz erholt hat, reitet er voran, um Rache zu üben, und sein flatternder Bart fällt ihm majestätisch auf die Brust. Am Ende ist Karl der Große siegreich, aber betrübt. Seine

Klugheit und Macht haben gewonnen, doch das forderte große persönliche Verluste. Traurig geht er weiter seinen Weg. In der letzten Strophe erreicht ihn die Nachricht eines heidnischen Angriffs auf Italien. »›Gott!‹, rief er aus, ›voll Mühsal ist mein Leben!‹ Er weint und rauft sich seinen weißen Bart.«[3]

Die männlichen Tugenden des fiktiven Karls des Großen zeigen sich in seiner Haarpracht. Handelt er als liebevoller Vater, spricht man von seinem »blütenweißen Bart«, als Krieger von seinem »flatternden Bart« und als kluger Herrscher von seinem »weißen Bart«.

Ebenso spürt man die Sorge männlicher Verantwortung in dem sich selbst beigefügten Schmerz des Bartziehens. Wobei diese Gleichung nicht heißen soll, dass alle Männer, oder sogar nur alle Herrscher, tatsächlich große Bärte trugen. Genau genommen waren große Bärte in Mythen üblicher als in der Realität und zu Lebzeiten Karls des Großen seltener zu sehen als im zwölften Jahrhundert, als das *Rolandslied* geschrieben wurde. Der echte Karl der Große zog sich nicht voller Tragik am Bart, weil er nämlich gar keinen hatte. Er saß nicht wie eine weißbärtige Statue auf seinem Thron, weil er unterwegs war und Leute treffen musste.

Der tatsächliche schnauzbärtige Karl der Große war auf seine Weise allerdings genauso beeindruckend wie seine vollbärtige Legende. Zum einen war er ein stattlicher Mann, maß wohl 1,84 Meter und hatte schwere Knochen, was ihn zu einem echten Riesen unter den Männern machte, die damals weit kleiner waren als heute. Im Gegensatz zu seiner mythischen Gegenfigur war der historische Karl der Große weit weniger an Kreuzzügen in arabischen Landen interessiert als am Zivilisieren seines eigenen halb lateinischen, halb deutschen und größtenteils jedenfalls verarmten Königreichs. Um dies zu erreichen, versammelte er den Heldenmut seiner deutschen Adeligen und die zivilisatorischen Kräfte der römischen Kirche. Karl der Große spiegelte die schillernde Charakteristik seines Reichs auch selbst wider. Einerseits sprach er deutsch und herrschte auf die Art eines deutschen Fürsten. Gemäß deutscher Tradition besaß er mehrere Ehefrauen, auch wenn nur eine von ihnen als die offizielle galt. Andererseits übte er fleißig das Schreiben und Sprechen auf Lateinisch, trug römische Mode und versammelte die besten Gelehrten und klügsten Berater um sich, welche die Kirche zu bieten hatte. Unter ihrer Führung gründete er Schulen, stattete Bibliotheken aus, errichtete Klöster und pries die moralischen und gesellschaftlichen Lehren der Kirche, obwohl das bedeutete, dass er einige seiner deutschen Neigungen zügeln musste.

Eine dieser Neigungen war die Bevorzugung langer Haare und Bärte. Frühere Frankenherrscher waren berühmt für ihr ungeschorenes Haar und ihre wallenden Bärte gewesen, doch der Vater Karls des Großen hatte die alte Dynastie vertrieben, und sowohl Vater als auch Sohn lehnten ihre alten haarigen Sitten ab. Karl der Große schnitt die Haare gemäß römisch-kirchlicher Fasson kurz und begrenzte seine Gesichtsbehaarung auf einen buschigen Schnäuzer. Er mag von einer berühmten Statue von Theoderich dem Großen inspiriert gewesen sein, dem gotischen Beherrscher Italiens drei Jahrhunderte zuvor, dessen Gesicht ähnlich geschmückt war. Jedenfalls fungierte der Schnäuzer als eine Art Kompromiss. Er war deutsch und gleichzeitig nicht allzu weit von der römischen Vorliebe für eine bescheidene Haartracht entfernt.[4]

Der Krönungserfolg während der Regierungszeit von Karl dem Großen war genau das. Am Weihnachtsmorgen des Jahres 800 krönte ihn Papst Leo III. zum römischen Kaiser, ein Titel, den man in Westeuropa über dreihundert Jahre lang nicht gehört hatte. In einer sorgfältig choreografierten und von tiefem Symbolismus durchtränkten Zeremonie wurden die deutsche und die lateinische Welt formal zu einem neuen Staat und einer neuen Gesellschaft vereint. Sie begann mit einem gemeinsamen Gebet von Papst und König, mit dem Gesicht nach unten vor dem Altar des alten Petersdoms in Rom, der geistigen Heimat der römisch-katholischen Kirche, den der erste christliche Kaiser, Konstantin, beinahe fünf Jahrhunderte vorher erbauen ließ. Hoch über der versammelten höfischen Gesellschaft und Kirchenwelt stieg die antike Pracht der christlichen Zivilisation in klassischen Säulen und glänzenden Mosaiken von Päpsten und Aposteln empor. Von einem hohen Bogen über dem großen Altar blickten riesige Figuren von Kaiser Konstantin, des heiligen Petrus und des thronenden Christus durch einen mythischen Nebel aus Weihrauch hinab. Auf diesem Bogen standen alte und doch zeitgemäße Worte geschrieben: »Weil durch deine Führung die Welt sich triumphierend zum Himmel erhob, hat Konstantin der Sieger dir diesen Prunksaal gegründet.«[5] So schien die Welt sich in diesem »Prunksaal« des Petersdoms also unter einem neuen Kaiser erneut triumphierend zum Himmel zu erheben. Nachdem König und Papst sich wieder vom Boden erhoben hatten, setzte der oberste Repräsentant der Kirche die Kaiserkrone auf das Haupt des Königs, salbte ihn mit heiligem Öl und fiel vor Europas Herrscher auf die Knie. Auf ein Stichwort rief ihn der versammelte Klerus aus zum »frommen Augustus, von Gott gekrönt«.[6]

Karl der Große war natürlich nicht der Augustus von damals. Er hatte weder das rasierte Gesicht des Originals noch das von Konstantin, der sich wohlwollend über ihm erhob. Das neue Zeitalter war definitiv keine Wiederherstellung des antiken Roms. Karl der Große war schließlich immer noch Deutscher, und er trug noch immer seinen Schnurrbart. Auf der anderen Seite wollte er als fromm und von Gott gekrönt bekannt sein. In dieser Hinsicht war weniger, nicht mehr Haar gefragt. Nicht nur, weil es römische Mode war, sondern weil auch die Kirche begonnen hatte, Frömmigkeit, Tugend und geschorenes Haar auf eine Linie zu bringen.

Diese Gleichsetzung von Heiligkeit mit Haareschneiden hatte sich in den Trümmern des alten römischen Imperiums etabliert, lange vor der Zeit Karls des Großen. Zunächst stellte es eine rein pragmatische Entscheidung dar. Als deutsche Stämme über Europa hinwegfegten und das lateinische Europa unterwarfen, musste der lateinischsprachige Klerus um seine Unabhängigkeit, seinen Zusammenhalt und seine Autorität bangen. Um seine eigenständige Identität zu wahren, hielt er beharrlich an seinem kurzen römischen Haarstil fest. Die Kirchenoberen nahmen sich die klassische Vergangenheit zum Vorbild und ebenso Paulus' Ablehnung langer Haare in seinem Ersten Brief an die Korinther, als sie Gesetze für den gesamten Klerus erließen, das Haar kurz zu tragen.[7] Bärte waren nicht ausdrücklich reglementiert, fielen allerdings unter das allgemeine Gesetz der Maßhaltung. Da die deutsche Aristokratie ihr Haar voller Stolz lang wachsen ließ, half diese Vorschrift beim Unterscheiden zwischen Kirchenmännern und Laien. Auf einem Bischofskonzil in Portugal im Jahr 563 wurde dem Klerus langes Haar »wie das der Heiden« untersagt.[8] Dieses Verbot wurde auf späteren Konzilen in ganz Westeuropa erneuert, und bis zum Jahr 721 drohte Papst Gregor II. langhaarigen Priestern in der römischen Provinz mit der Exkommunikation. Es ging dabei eindeutig um mehr als nur Anstand; kurzes Haar war zum wesentlichen Symbol von Priesterschaft und Heiligkeit geworden.

Als Papst Gregor seinen Befehl erließ, war gerade eine neue, noch radikalere Frisur im Begriff, sich unter den westlichen

Geistlichen zu verbreiten. Kurzes Haar genügte nicht mehr, so schien es. Vom Gallien (dem heutigen Frankreich) des sechsten Jahrhunderts ging es aus, dass der Priesterschaft beitretende Männer den oberen Teil ihres Kopfs kahl schoren und eine markante *Corona*, einen »Haarkranz«, übrig ließen. Diese als Tonsur bekannte Gepflogenheit wurde bald überall in Europa eingeführt, mitsamt dem erklärenden Mythos, dies geschehe als Nachahmung von Petrus, dem Begründer der Kirche. Auf symbolischer Ebene assoziierte man den Haarkranz mit der Dornenkrone Christi. Papst Gregor I. (Gregor der Große, 540–604) lieferte die maßgebliche Erklärung der Tonsur, deren Logik sich später auch auf die Rasur des Barts übertrug: »Was verstehen wir im moralischen Sinne unter Haar, wenn nicht die irrenden Gedanken des Geists?« Folglich »bedeutet das Scheren des Kopfes das Abschneiden aller überflüssigen Gedanken vom Geiste. Und der seinen Kopf schere und auf die Erde niederknie, der seine anmaßenden Gedanken zügele, wird demütig anerkennen, wie schwach er in seiner selbst ist.«[9] Auf diese Weise wurde das Haar mit der Sünde in Verbindung gebracht, und seine Beseitigung wurde zu einer Art Reinigung. Ohne sich dessen wirklich bewusst zu sein oder es gar zu beabsichtigen, hatte die mittelalterliche Kirche eine sehr altertümliche Logik haarloser Reinheit wiederhergestellt.

Für die Mönche bezog sich diese Vorstellung des Wegscherens von Sünden sowohl auf den Bart als auch den Haarkranz. Im wahrsten Sinne des Wortes waren sie schließlich Professionelle, denn sie legten die Profess ab, das heißt, sie gelobten Demut und Ergebenheit. Sie schworen allem Irdischen ab, was weit über das Selbstverständnis gewöhnlicher Priester hinausging, die damals noch heiraten und eine Familie gründen durften. Da sie sich einem höheren spirituellen Anspruch verpflichteten, machte es

durchaus Sinn, dass die Mönche sich noch mehr Haar wegschoren. Das regelmäßige Scheren (etwa einmal im Monat) wurde für
Mönche im Jahr 816 geltendes Recht, als der Sohn Karls des Großen, Ludwig, neue Klostervorschriften erließ. Um nicht überbo-
ten zu werden, entschieden sich viele Mönche für die Rasur ihres
Barts, genau wie viele Laien auch. Dies geht aus dem Bericht des
empörten arabischen Beobachters Hãrûn ibn Yahã hervor. Die
Bewohner Roms, so schrieb er 886, »ob jung oder alt, rasieren sich
den Bart zur Gänze ab, bis auf das allerletzte Haar«[10]. Man sagte
ihm, das habe mit dem Christentum zu tun. Für Hãrûn ergab das
keinen Sinn, denn die sogar von Westeuropäern anerkannte natürliche Verbindung von Herrschaft und Bärtigkeit wurde damit verworfen. Ihm entging dabei jedoch die Tatsache, dass die lateinische Kirche eine andere Form von Patriarchat konstruierte, welche
sich auf die einzigartige spirituelle Autorität der zölibatären Professionellen gründete. Dieser neue Symbolismus einer heiligen Haarlosigkeit empörte allerdings nicht nur die Muslime, sondern auch
die orthodoxen Christen des byzantinischen Reichs.

In den jahrhundertelangen Streitigkeiten zwischen den Katholiken und den orthodoxen Christen, angefangen bei der Ära Karls
des Großen bis hin zum endgültigen Bruch zwei Jahrhunderte
später, arbeiteten orthodoxe Geistliche an einer langen Liste von
theologischen Einwänden gegen die eigensinnigen Europäer,
welche beinahe immer die verwerfliche Praxis der priesterlichen
Rasur enthielt. Dies sei, so sagten sie, gegen die Bestimmungen
der frühen Kirche und außerdem erniedrigend für den Klerus.[11]
Abendländer wie der Mönchsgelehrte Ratramnus von Corbie
(gest. 868) erhoben sich zur Verteidigung. Letzterer knüpfte an
Gedanken Papst Gregors des Großen an und sprach davon, dass
das Herz, bzw. die Seele, im Kopf wohne. Gesichts- und Kopfhaar

stellten dabei eine weltliche Schwelle dar, die zwischen Gott und der Seele angesiedelt sei. »Das Gesicht des Herzens«, so schrieb er, »sollte fortwährend von irdischen Gedanken befreit werden, sodass es mit reinem und aufrichtigem Ausdruck auf die Herrlichkeit Gottes schauen und sich durch die Gnade dieser Versenkung darin verwandeln möge.«[12] Für einen Mönch wie Ratramnus stellte die Bartlosigkeit einen wichtigen Aspekt des sakralen Lebens dar.

Trotz seiner großen Erfolge überdauerte das Imperium Karls des Großen das neunte Jahrhundert nicht. Europa zerbrach in kleinere Königreiche, Grafschaften und Städte. In den politischen Trümmern erlangte die Kirche sogar noch mehr Macht. Sie allein einte Europa, und der Papst war der Einzige, der die Gefolgschaft sämtlicher Europäer für sich beanspruchen konnte. Im zehnten Jahrhundert erhob sich allerdings im östlichen Teil des alten Imperiums von Karl dem Großen – in Deutschland und Italien – eine neue Dynastie von Königen, die – zumindest dem Namen nach – das »Heilige Römische Reich« errichteten. Diese Herrscher erhoben Anspruch auf die alte Machtfülle Karls des Großen und konkurrierten mit den Päpsten um die Herrschaft auf deutschem und italienischem Boden. Während die Konkurrenz zwischen Kirche und Königtum wuchs, ließ sich der Frontverlauf sowohl auf den Landkarten als auch auf den Gesichtern der Männer verfolgen.

PAPST GREGOR VII. ZIEHT EINE GRENZE

Bevor er 1073 zum Papst gewählt wurde, kannte man Gregor VII. unter dem Namen Hildebrand als Mönch, päpstlichen Berater und Allzweckwaffe der Kirchenmacht. Von einer Welle religiöser

Begeisterung angetrieben, die Europa im elften Jahrhundert mitriss, begrüßten Reformer wie Hildebrand die kühne Vision eines Christentums, das nicht von kruden und halbgebildeten Feudaladeligen, sondern von reinen und rechtschaffenen Kirchenmännern regiert würde. Als Papst bestand Gregors oberste Priorität darin, sich die Macht über die Ernennung von Bischöfen und anderen hohen Kirchenoberen zu sichern, denn diese war bis dahin größtenteils in nichtkirchlichen Händen gewesen. Wenig später befand er sich in direkter Konfrontation mit Heinrich IV., dem jungen König von Deutschland, der ebenso entschlossen war, den Zugriff auf die Kirchenämter zu behalten.

Im Januar 1077 spitzte sich der Kampf zwischen Schwert und Geist auf einem abgelegenen Berggipfel zu. Papst und König reisten zu einem Treffen, um ihren Streit beizulegen, und ihre Wege kreuzten sich hoch oben in den Alpen auf der Burg Canossa. Zum damaligen Zeitpunkt saß der Papst am längeren Hebel. Ein knappes Jahr zuvor hatte er sich auf die Autorität Gottes berufen, als er Heinrich seines königlichen Titels beraubte. Damit war er der erste Papst überhaupt, der solch drastische Maßnahmen ergriff. Er hatte den König außerdem exkommuniziert, abgeschnitten von der Mutterkirche und ihrer seelenrettenden Gnade. Gemäß päpstlichem Dekret waren Heinrichs Untertanen befreit von jeglicher Verpflichtung, ihrem königlichen Herrn zu gehorchen, was viele Adelsherren und Bischöfe dazu brachte, sich von ihrem Monarchen loszusagen. König Heinrich war nun ein verzweifelter Mann. Seine Autorität wie seine Zukunft standen auf dem Spiel, und lediglich ein symbolischer Akt, um den Papst zufriedenzustellen, konnte ihn erretten.

Papst Gregor saß gemütlich in den winterlichen Gemäuern von Burg Canossa, sicher und geborgen in seiner Rechtschaffenheit. Heinrich aber stand draußen im Kalten und bettelte, hineinkommen und den Papst um Vergebung bitten zu dürfen. Zwei Tage in Folge ging Heinrich barfuß die kurvenreiche, eisige Straße zum Tor hinauf, gekleidet nur in einem einfachen wollenen Büßerhemd. Jedes Mal fiel er auf die Knie und bat tränenreich um Vergebung, nur um den Einlass verwehrt zu bekommen und wieder nach unten ins Dorf stapfen zu müssen. Als Heinrich am dritten Tag erneut auftauchte, lenkte der Papst endlich ein, da er von Beratern umgeben war, die ihm Gnade nahelegten. Der König und fünf deutsche Bischöfe betraten die Burg und knieten vor dem Papst nieder, um die Absolution und den symbolischen Friedenskuss zu empfangen. Schriftlich gelobte Heinrich Gehorsam gegenüber den kirchlichen Entscheidungen des Papstes. Daraufhin feierte der Papst mit seinen früheren Feinden die heilige Messe und veranstaltete ein opulentes Bankett.

Gregor hatte allen Grund, sich zu freuen. Er bekam, worauf er gehofft hatte, aber seltsamerweise ging es Heinrich genauso. Dank seiner Versöhnung mit der Kirche wurde er wieder zum rechtmäßigen König. Seine Untertanen mussten ihm erneut Gehorsam leisten, und in den darauffolgenden Jahren erneuerte er seine Macht in solchem Maße, dass er Gregor selbst aus Rom vertreiben und eine Zeit lang seinen eigenen Mann auf den päpstlichen Thron setzen konnte. Das Hin und Her zwischen Heinrich und Gregor spiegelte das neue Wesen mittelalterlicher Politik wider, das auch für die nächsten Jahrhunderte noch Bestand haben sollte. Weder Könige noch Päpste konnten ohne Rücksicht auf den anderen regieren. Es gab zwei etablierte Machtformen mit zwei eigenständigen Rechtssystemen (kanonisches Recht und bürgerliches Recht), zwei Hierarchien (die kirchliche und die feudale) sowie zwei Hauptformen männlicher Würde – die professionelle und die patriarchalische. Selbstverständlich gab es dazu auch zwei gegensätzliche Arten Männlichkeit: die rasierte und die bärtige.

In ihrem Bestreben, die Macht der Kirche zu stärken, wollten Reformer wie Gregor die Männer der Kirche mit einem größeren Sinn für Professionalität durchdringen. Der Kern der mittelalterlichen Professionalität – in ihrer ursprünglichen Bedeutung – war das Einlösen des Gelübdes, dass man sich selbst vollkommen in den Dienst Gottes stelle, insbesondere im Lernen und im Gebet. Für Reformer des elften Jahrhunderts wie Papst Gregor war die wahrhaftigste Art von Professionalität das Klosterleben. Ein Mönch lebte nicht, um sich selbst oder seiner Familie zu dienen, sondern ausschließlich Gott. Er versagte sich Sex, Kinder und Wohlstand, damit er sich voll und ganz der Kirche hingeben konnte. Die Reformer träumten davon, den gesamten Klerus auf dieses hohe Niveau zu heben, und bestanden auf einmal darauf, dass sich alle Priester die Mönche zum Vorbild nähmen. Wie Mönche sollten sie ihr Amt als Berufung betrachten und nicht als Erwerbsquelle. Sie dürften mächtigen Adelsherren kein Geld zahlen, um an ihren Posten zu gelangen (eine Sünde namens Simonie), und sie sollten den weltlichen Versuchungen in einem zölibatären Leben abschwören. Es war wenig überraschend, dass diese neuen Forderungen auf Ablehnung stießen, doch Gregor und seine Verbündeten blieben hart. Die Kirche musste um jeden Preis gereinigt werden, damit sie Gott dienen und sein Königreich befehligen konnte.

Die Professionalität der Mönche zu adaptieren, bedeutete aber auch, ihr Aussehen zu adaptieren. Vor dem elften Jahrhundert waren nur Mönche verpflichtet gewesen, sich zu rasieren. Nun war es allen Kirchenmännern vorgeschrieben. Bartlosigkeit war quasi gleichbedeutend mit Frömmigkeit. Als sich Papst Gregor in den Kampf mit der säkularen Macht warf, setzte er diese und andere Reformmaßnahmen mit aller Härte durch. Er exkommunizierte Bischöfe aufgrund von Simonie, denunzierte verheiratete Priester und beharrte energisch auf die Rasur. Im Jahr 1080 beispielsweise sandte er einen dringlichen Brief an den Herrscher von Cagliari, einer sardischen Hafenstadt, und instruierte ihn, den Klerus in seinem Machtbereich zum Abscheren des Barts zu verpflichten. Denjenigen, die sich weigerten, sollten die Besitztümer beschlagnahmt werden. In der Erklärung für diese Anordnung behauptete Gregor, er vollstrecke einen Brauch der Kirche, der »seit jeher gelte«.[13] Das war natürlich komplett erfunden. Bei der Rasur handelte es sich um eine gänzlich neue Bestimmung, doch dem guten Zweck zuliebe schrieb der Papst die Geschichte gerne neu.

Womöglich ist es jedoch ein wenig unfair, Papst Gregor für diese Lügengeschichte verantwortlich zu machen. Ungefähr zur Zeit seiner Geburt nämlich hatten bereits frühere Reformer das kanonische Recht im Geheimen neu verfasst, damit es so aussah, als ob die Bartlosigkeit von den Konzilen im Altertum autorisiert worden sei. Im Jahr 1023 wurde eine neue Sammlung kanonischen Rechts in Rom publiziert, welche drei unterschiedliche Bestimmungen enthielt, die Geistliche zur Rasur verpflichteten. Grundsatz 208 fiel das größte Gewicht zu, da er von der hochgeschätzten *Statuta ecclesiae antiqua* (»Alte Rechtssatzungen der Kirche«) des fünften Jahrhunderts abstammen sollte. Die neue Version korrumpierte jedoch das ältere Gesetz auf subtile Art und Weise: Ein Wort des Satzes »Clericus nec comam nutriat nec barbam radat« (»Die Geistlichkeit darf weder ihr Haar lang wachsen lassen noch den Bart abscheren«) wurde so verändert, dass es folgendermaßen hieß: »Clericus nec comam nutriat sed barbam radat.« (»Die Geistlichkeit soll nicht ihr Haar lang wachsen lassen und soll ihren Bart abscheren.«)[14] Das verfälschte Gesetz verfügte außerdem die Verbannung derjenigen Mitglieder der römischen Gemeinschaft, die dieses Gesetz missachteten.[15] Angefangen bei einem Bischofskonzil im französischen Bourges, nahm die Durchsetzung dieser und ähnlicher Vorschriften seitens Kirchenkonzilen in ganz Europa ihren Lauf.

Der Vormarsch der klerikalen Rasur schuf einen drastischen Kontrast zwischen Geistlichen und Weltlichen, ganz wie beabsichtigt.[16] Der Klerus wurde mit der Zeit ziemlich stolz auf seinen einzigartigen Stil und hütete ihn wie seinen Augapfel. Als sich modische junge Ritter in Burgund und Deutschland im frühen elften Jahrhundert einen glatten Look zu eigen machten, reagierten viele Geistliche alarmiert. Für Geistliche war die Rasur ein spiritueller Akt, für Weltliche hingegen etwas Abartiges. Wilhelm von Dijon, ein burgundischer Abt, prangerte regelmäßig eitle Männer an, die ausgefallene Kleider, unanständige Kniehosen und Schuhe sowie glatte Gesichter zur Schau stellten. Sein Protegé, Bischof Siegfried von Gorze, denunzierte deutsche Adelige später auf ähnliche Art und Weise: »Durch jene äußerlichen Wandlungen sind es die Sitten selbst, welche verwandelt werden«, warnte er sie. Eine Verderbtheit seien sie, die drohten, eine Seuche aus Sünden und Verbrechen auf das Heilige Römische Reich loszulassen.[17] Othlonus, ein Mönch und Gelehrter, der etwa zur selben Zeit in Regensburg lebte, hinterließ in seinem schriftlichen Opus den Bericht eines weltlichen Mannes, der von seinem Priester wegen seiner sündhaften Rasur getadelt wurde. »Da du ein Laie bist«, sagte der Priester, »darfst du gemäß dem Laienbrauchtum nicht mit rasiertem Bart umherlaufen. Du jedoch hast aus Verachtung für das Gottesrecht deinen Bart rasiert, wie es allein den Geistlichen entspricht.«[18] Nachdem der Laie sein Versprechen, sich nicht wieder zu rasieren, gebrochen hatte, wurde er von seinen Feinden gefangen genommen und bekam die Augen ausgestochen, was Othlonus als göttliche Strafe für seine Freveltat ansah. Ein Jahrhundert später beklagten Kirchenmänner noch immer die eitle Rasur junger Dandys. Alanus ab Insulis, ein französischer (rasierter) Mönchsgelehrter des frühen dreizehnten Jahrhunderts, verspottete eitle Männer, die »sich übermäßig entmännlichen mit weibischen Verzierungen«, darunter enge Hemden, kleine Handschuhe und schmale Schuhe, und die »ihrem sprießenden Bart allzu häufig mit dem Rasiermesser auflauern«.[19] Aus Sicht der Kirche ging von der falschen Art Rasur das falsche Signal aus, was die unerlässliche Verbindung von Bartlosigkeit und sakraler Professionalität schwächte. Sich zu rasieren, um jung und hübsch auszusehen, war sowohl verweiblichend als auch anstößig.

Das Ideal sakraler Haarlosigkeit, das nun im Kirchengesetz verankert war, blieb in Kraft bis 1917, als ein Bart endlich kein Vergehen mehr darstellte, für das man in der katholischen Kirche exkommuniziert werden konnte. Die Ambition der Kirche, die Welt anstelle Gottes zu regieren, brachte ihre Führer dazu, ihre Muskeln spielen zu lassen und die Maßstäbe hochzusetzen. Im Grunde versuchte der Professionalismus, das Patriarchat zu verdrängen bzw. das neue Patriarchat zu werden. Es mag seltsam erscheinen, dass rasierte zölibatäre Männer die Vorherrschaft über bärtige adlige Männer einforderten. Der Schlüssel zu diesem Paradox liegt darin, dass mittelalterliche Denker in einem haarlosen Gesicht nicht das Fehlen von etwas sahen, sondern die Präsenz von etwas Besserem. Das Entfernen des physischen Barts machte den Weg frei für den inneren Bart.

ABT BURCHARD ENTSCHULDIGT SICH

Im Jahrhundert nach Papst Gregors Kampf gegen den Heiligen Römischen Imperator wuchsen Ansehen und Stärke der Kirche noch weiter. Die sakralen Professionellen – Mönche und Nonnen – wurden mehr als jemals zuvor und danach als Vorzeige-Christen hochgehalten, die ein vorbildliches Leben führten. Familien mit Grundbesitz schenkten der guten Sache nicht nur ihren Reichtum, sondern auch ihre Söhne und Töchter, und sowohl alte als auch neue Orden verbreiteten sich wie ein sakrales Lauffeuer.

An der Spitze dieser Ausbreitung stand ein neuer Orden, die Zisterzienser, die in ganz Europa für ihren frommen, enthaltsamen Alltag aus Arbeit und Gebet bewundert wurden. In ihrem Streben nach Einfachheit machten sie ländliche und abgelegene Umgebungen ausfindig, errichteten gewaltige, aber schlicht gehaltene Abteien und Klöster und schraubten die in anderen Stiften so beliebten aufwendigen Prozessionen und Zeremonien zurück. Selbst in ihrem verfallenen oder zerstörten Zustand beschwören die schmucklosen Mauern, Bögen und Fenster der Zisterzienserklöster eine zeitlose Friedlichkeit herauf, die weit entfernt vom selbstsüchtigen Streben der Welt zu sein scheint. Doch das klösterliche Leben war keineswegs immer so beschaulich und selbstlos, wie es sein sollte. Im Jahr 1160 jedenfalls fand sich der für mehrere Hundert Mönche und Laienbrüder im Zisterzienserkloster des ostfranzösischen Bellevaux verantwortliche Abt Burchard in einem Streit um Bärte wieder.

Die Niederlassungen der Zisterzienser beherbergten Vertreter zweier verschiedener sozialer Gruppen: die der ordinierten Mönche und die der Laienbrüder. Die Laienbrüder wurden aus dem Bauernstand rekrutiert und ihre Berufung bestand eher in der Arbeit im Chorgestühl, wie es bei den regulären Mönchen der Fall war. In den meisten Häusern waren sie gegenüber den regulären Mönchen in der Mehrzahl. Die Laienbrüder trugen ein dunkelfarbigeres Gewand und per Gesetz auch einen mittellangen Bart, der sie von den rasierten Mönchen unterscheiden sollte. Die Disziplin der »bärtigen Brüder«, wie man sie oft nannte, ließ gelegentlich zu wünschen übrig, und Burchard hatte man Unbotmäßigkeit im Tochterkloster von Bellevaux zugetragen. Er bediente sich einer metaphorischen Ausdrucksweise, als er die Laienbrüder von Rosières warnte, ihnen werde man die Bärte verbrennen, wenn sie sich nicht bald besserten. Das war eine clevere Anspielung auf einen Satz im Buch Jesaja, in dem der Prophet warnt: Jedes Gewand, das sich mit Blut vermischt, wird Öl im Feuer sein. Burchards Formulierung bedeutete, dass die Brüder ihr Gewand – nämlich ihren Bart – vor den metaphorischen Flammen schützen müssten, indem sie Prahlerei, Zwietracht und Eitelkeit mieden. Doch die Laienbrüder fühlten sich eher bedroht und nicht inspiriert von Burchards Worten: Wieso verachtete er ihren Bart? Sollten sie ihn sich wachsen lassen, damit die Mönche Schindluder mit ihrem Bart und ihrem Haar treiben konnten?

Als er über diese Einwände nachsann, wurde Abt Burchard klar, dass eine Debatte um Gesichtsbehaarung zu einer Lektion für seine Laienbrüder werden könnte. Das Ergebnis war das erste Buch der Geschichte über Bärte, die *Apologia de Barbis* (Erklärung des Barts).[20] Burchard hatte große Freude an der Komplexität dieses Themas. Er untersuchte, inwiefern ein Bart das moralische Selbst repräsentieren, das richtige soziale Verhalten signalisieren und die Herrlichkeit von Gottes Schöpfung widerspiegeln kann.

5.2 Zisterziensische Laienbrüder im Gebet. Detail der Grabstätte des Saint-Étienne; Abtei von Aubazine, Frankreich, 13. Jh.

Bärte waren, so dachte er, ein wunderbarer Beweis für Gottes Schaffenskraft sowie ein faszinierendes Beispiel von »Weisheit im Wechselspiel mit der Natur«.[21] Wenn Gottes Weisheit die Natur auf diese Weise formte, so stellte dies ein göttliches Zeichen dar, das den Menschen über die wahre Ordnung der Dinge instruierte.

Bei den Betrachtungen seines Themas hätte Burchard von der Arbeit seiner weiter östlich residierenden Zeitgenossin Hildegard von Bingen profitieren können, einer deutschen Äbtissin, berühmten Mystikerin und Universalgelehrten. Leider kannte man ihre Arbeiten zum Thema Physiologie und Medizin im Jahr 1160 noch nicht. Schade eigentlich, denn ihre wissenschaftliche Erklärung des Barts war die beste, die im gesamten Mittelalter vorgeschlagen worden ist. Die Menschen der Antike hatten von Lebensglut, Flüssigkeit und poröser Haut gesprochen, waren aber nie auf eine überzeugende Erklärung dafür gekommen, warum Bärte auf manchen Teilen des Gesichts wuchsen und auf anderen nicht. Von Bingen hingegen hatte darauf eine Antwort. Sie dachte an biblische Passagen über den lebensspendenden Atem Gottes, als sie vermutete, dass es der heißere Atem der Männer sei, der den Haarwuchs um den Mund herum nähre. Frauen wüchsen keine Bärte, da ihr Atem nicht so heiß sei.[22] Von Bingen zufolge hatte diese unterschiedliche Verfasstheit von Mann und Frau ihren Ursprung in der Schöpfungsgeschichte. »Dass der Mann einen Bart hat«, so schrieb sie, »und mehr Haare wie das Weib, rührt daher, dass der Mann aus Erde gebildet wurde und mehr Stärke und Wärme besitzt, auch mehr überall herumkommt wie das Weib. ... Das Weib aber ist bartlos, weil es, aus dem Fleische des Mannes geschaffen, dem Manne untertänig und ruhigerer Art ist.«[23] Von Bingen unterbreitet hier ein prägnantes, wenngleich normgerechtes Konzept von Gender-Unterschieden in Bezug auf die Physiologie des Barts.

Hätte Burchard Hildegard von Bingens Vorstellungen gekannt, so hätte er diese Verbindung zwischen dem Haar und der Schöpfung vielleicht weiter ergründet. Unter den gegebenen Umständen verließ er sich jedoch auf die Autorität des heiligen Augustinus, der davon ausging, dass sämtliche Bezüge auf Bärte in der Heiligen Schrift auf die männlichen Eigenschaften Tapferkeit, Ernsthaftigkeit und Tatkraft hindeuteten. Burchard mutmaßte allerdings, dass an der Sache mehr dran sein, dass die große Vielfalt der Bärte etwas bedeuten müsse, und so ersann er eine Typologie, nach der die verschiedenen Gesichtsbehaarungen für bestimmte moralische Eigenschaften stehen. Haare am Kinn bedeuteten Weisheit, Haare unterhalb des Kinns seien ein Zeichen von Emotionalität und Haare entlang der Kinnbacken ein Indiz für Tugendhaftigkeit. »Alles in allem«, schrieb er, »ist ein Bart dem Manne angemessen, als Zeichen seiner Wohlgestalt, als Zeichen seiner Stärke, als Zeichen seiner Reife und als Zeichen seiner Frömmigkeit. Und wenn diese Dinge in einem Manne gleichermaßen vorzufinden sind, so kann er mit gutem Recht vollbärtig genannt werden. Denn sein Bart weist ihn nicht als halben Mann oder weiblichen Mann, sondern als vollen Mann aus, mit einem Bart aus reichlich Haaren an seinem Kinn und entlang seiner Kinnbacken und unterhalb seines Kinns.«[24]

Insoweit war die Gesichtsbehaarung etwas Bewundernswertes, doch die Mönche machten sich frei von diesem Sinnbild der Weisheit, da sie einer noch höheren Berufung folgten: der des inneren Barts. Beim Aufgreifen dieser Thematik befand Burchard sich auf dem sicheren Boden gängiger mittelalterlicher Theologie. Frühe mittelalterliche Schreiber, insbesondere Papst Gregor der Große im siebten Jahrhundert, hatten vom Haar als allegorischer Verkörperung weltlicher Gedanken geschrieben, sündhafter wie nichtsündhafter. Als solches musste es abgeworfen werden, um sich vor Gott vollkommen zu entblößen. Abt und Bischof Bruno (gest. 1123) fasste diese Idee am deutlichsten in Worte: »Männer, die stark sind, sind denen überlegen, die lediglich so aussehen möchten. Lasset folglich unseren inneren Bart wachsen, so wie der äußere rasiert sei; denn Ersterer wächst ohne Hindernisse, während Letzterer, sofern er nicht rasiert wird, viele Unbequemlichkeiten mit sich bringt und nur gehegt und schön gemacht wird von wahrhaft müßigen und eitlen Männern.«[25] Was Bruno damit meinte: Die wahre Kraft sakraler Männlichkeit, sie wächst im Innern.

Burchard spann diesen Gedankengang in seiner Lehrrede für die bärtigen Brüder weiter. Wie Bruno behauptete er, die realen Bärte seien eitle Verlockungen. Mächtige weltliche Männer stellten geflochtene Bärte, zugespitzte Schnäuzer und besonders geformte, in zwei Zipfel geteilte oder fischschwänzige Manneswürden zur Schau, um sich von den anderen abzuheben und die Leute zu beeindrucken. Er riet den Brüdern, solchen Dünkel zu meiden, und gab den Tipp: »Lasst den Bart erscheinen, als sei er in bäurischer Stillosigkeit vernachlässigt und nicht mit übertriebener Sorgfalt in lüsterne Gestalt gebracht.«[26] Im Gegensatz zu den Laienbrüdern reichte diese Bescheidenheit für die Mönche nicht aus. »Wir formen unser Kopfhaar durch die Rasur zu einer Krone und rasieren unsere Bärte, um Perfektion in Geist und Verstand zu erzielen, indes wir uns bemühen, all das Überflüssige und Diesseitige von unseren Gefühlen und Begehrlichkeiten abzustoßen.«[27] Die Laienbrüder hingegen formten keine Krone auf dem Kopf und rasierten sich nicht den Bart ab, »da man die Laien-Schlichtheit, welche mit der irdischen Art der Arbeit beschäftigt ist, nicht in den Schriften erlernt, die einen die geistlichen Dinge durchdringen lässt«. Falls Burchard darauf gehofft haben sollte, den verletzten

Stolz der Laienbrüder zu heilen, so war diese Argumentation ganz sicher keine Hilfe. Er wies die Brüder vielmehr in ihre Schranken. Es gab zwei Sorten Männer, ordinierte und laikale, und auch wenn sie sich gegenseitig brauchten, so waren die Laienbrüder doch nicht vom selben Rang wie die geweihten Chormönche.

In den letzten Kapiteln seiner Untersuchung des Barts betrachtete Burchard das Leben nach dem Tod. Die christliche Glaubenslehre machte klar, dass die Auferstehung der Auserwählten die Auferstehung des physischen Körpers bedeutete, doch was hieß das für den Bart? Männer würden im Himmel einen Bart tragen, beteuerte er, und würden aufhören, sich zu rasieren. Was er damit meinte: Wenn Natur und Geist nach dem Tod in völliger Harmonie lebten, würden alle äußeren Bärte zu inneren Bärten und umgekehrt. Aus dem gleichen Grund müssten Männer nicht um ihre Männlichkeit bangen. Sie würde in Körper und Haar konserviert sein. Frauen wiederum blieben Frauen und damit bartlos. Die Geschlechterordnung würde ewig währen, und alle geretteten Männer, egal ob klerikal oder laikal, würden letztes Endes der bärtigen Bruderschaft des Himmels beitreten.

Es ist nicht überliefert, was die Laienbrüder von Burchards großer Lehrrede hielten. Er wandte sich damit in jedem Fall gleichermaßen an die Nachwelt, wie er in eigener Sache redete. Burchard ermöglicht uns einen Einblick in die mittelalterliche Denkweise, was Glaube, Moralvorstellungen und Männlichkeit anbelangte. Seinen eigenen Körper betrachtete er als Allegorie des sakralen Lebens und die Rasur seines Gesichts als Teil der Berufung zu etwas Höherem sowie zu überlegener geistlicher Autorität.

Den bärtigen Brüdern des Zisterzienserordens wurde per Gesetz und per Theologie das Abscheren ihrer Gesichtsbehaarung verboten. Das war auch bei anderen Mönchsorden der Fall und spiegelte eine generelle Kluft zwischen klerikaler und laikaler Männlichkeit wider. Doch dieser Dualismus wurde nicht immer streng eingehalten. In einigen Fällen wurden Laien von Kirchenmännern dazu ermutigt, ihren Bart als Zeichen moralischer Disziplin und religiöser Hingabe ebenfalls abzulegen. Ihre Bemühungen führten letzten Endes zu dauerhaften Veränderungen.

KÖNIG HEINRICH UNTERWIRFT SICH DER SCHERE

»Die Normannen sind ein stürmischer Menschenschlag und stets zu Unfug aufgelegt, sofern sie nicht von strenger Hand regiert werden.«[28] So erklärte der englische Mönch und Chronist Ordericus Vitalis die tumultartigen Ereignisse in England und der Normandie zu Beginn des zwölften Jahrhunderts. Zu dieser Zeit wurden Dörfer geplündert, Kirchen niedergebrannt und Hunderte Menschen getötet, während sich Könige und Adelige um Land und Machtbesitz schlugen. Vitalis schenkte dem Volksmärchen Glauben, dass der normannische Adel besonders kampfeslustig sei, da er von den antiken Trojanern abstammte. Das ist natürlich falsch; tatsächlich stammt der normannische Adel von den Wikinger-Räubern ab, die knapp zwei Jahrhunderte zuvor mit ihren Langbooten an der nordfranzösischen Küste gelandet waren. Sie hatten sich als Gutsbesitzer niedergelassen und die Gebräuche der Franken angenommen, die sich die kurz geschnittenen Haare und geschorenen Bärte mehr als andere Europäer aus der Zeit Karls des Großen bewahrt hatten. Muslimische Besucher des Frankenlands waren davon besonders wenig begeistert. Einer von ihnen bemerkte im Jahr 965, wie schmutzig und ungepflegt die Franken seien, und berichtete: »Sie rasieren ihren Bart ab, und nach der Rasur lassen sie lediglich abstoßende Stoppeln sprießen.«[29] Trotz ihrer Anpassung an die fränkischen Gepflogenheiten behielten die normannischen Feudalherren die kriegerischen Tendenzen ihrer Wikinger-Vorfahren bei. Unter der Herrschaft von Wilhelm dem Eroberer bezwangen die Normannen im Jahr 1066 die Engländer und begründeten eine von Europas mächtigsten und beständigsten Dynastien. Nach Wilhelms Tod im Jahr 1087 ging es jedoch ziemlich regellos zu, und sowohl die Normandie als auch England fielen einem langen Machtkampf zwischen seinen drei Söhnen zum Opfer.

1096 gaben die Bischöfe der Normandie ihr Bestes, um die Gewalt einzudämmen. Sie versammelten sich auf einer Synode bzw. einem regionalen Treffen, wo sie den »Frieden Gottes« verkündeten. Allen Menschen über zwölf Jahren befahlen sie unter Androhung der Exkommunikation, während der Feiertage sowie während der Fastenzeit und des Advents der Gewalt abzuschwören. Niemand dürfe jemals Mönchen, Nonnen, Frauen, Kaufleuten oder den Besitztümern der Kirche Schaden zufügen. Die Synode bekräftigte außerdem die Besitzrechte der Kirche sowie ihre Befugnis, die Kirchenämter ohne Einmischung der Laien zu besetzen. Diese Friedensresolutionen offenbaren die Nöte der normannischen Welt, und wie sich zeigen würde, stießen sie nur allzu oft auf Missachtung.

Heinrich war der jüngste und fähigste der drei noch lebenden Söhne Wilhelm des Eroberers. Mit der Zeit setzten die Normannen und Engländer auf ihn, um die Unruhen zu beenden. Beim Tod seines Bruders Wilhelm im Jahr 1100 vermochte Heinrich erfolgreich den englischen Thron für sich zu beanspruchen, während sein ältester Bruder Robert, Herzog der Normandie, sich gerade auf seinem ersten Feldzug befand. Als Robert heimkehrte, hatte er Mühe, seine Autorität wiederherzustellen und die Ordnung in seinem Herrschaftsgebiet aufrechtzuerhalten. Heinrich nutzte die Gelegenheit für die Bekanntgabe seiner Absicht, seinen älteren Bruder zu verdrängen. Als König von England versammelte er so viele Verbündete um sich, wie er nur konnte, und landete mit seinem Heer an der normannischen Küste.

Einer derjenigen, die Heinrich zu Hilfe eilten, war Bischof Serlo von Séez, dessen Diözese besonders unter den mörderischen Kriegen und den Plündereien gelitten hatte. Beide Männer konnten voneinander profitieren. Der Bischof hoffte auf Frieden und königliche Unterstützung für seine Kirche, während der junge Heinrich sich Legitimation für seinen Krieg gegen seinen Bruder verschaffen wollte. Heinrich gab dem Bischof das Versprechen, zu den Waffen zu greifen, sollten das Volk und die Kirche angegriffen werden. Serlo war darüber erfreut, begehrte jedoch einen Beweis für Treu und Glauben des Königs. Es war Ostern, und als der Hofstaat sich zur Messe versammelt hatte, ließ der Bischof eine hitzige Strafpredigt auf Heinrich und seine Männer los, in der er sie wegen der Eitelkeit ihres langen Haars und ihrer Bärte schalt, welche kürzlich wieder in Mode gekommen waren. Langes Haar sei Sache der Frauen, verkündete er, und dadurch, dass sie feminine Weichheit imitierten, verlören sie ihre Stärke und seien anfälliger für die Sünde. Zudem sei die Mode des langen Barts eine Abscheulichkeit. Der Grund dafür, dass eitle Männer das Rasieren unterließen, sei folgender: »Aus Angst, ihre kurzen Borsten könnten ihre Mätressen piksen, wenn sie diese küssen.«[30] Darüber hinaus ließen ihre buschigen Gesichter sie eher wie Muslime als wie Christen aussehen. Langes Haar und Bärte seien ausschließlich Sache der Büßer, welche, sündengeplagt wie sie waren, »vor allen Menschen borstig und unrasiert dahergehen und mit ihrer äußeren Schande die Niedertracht ihres inneren Mannes verkünden«. Er schloss seine Rede damit, dass er mit einer Schere in der Hand gestikulierte und sowohl den König als auch seine Gefolgsmänner aufforderte, nach vorne zu treten und sich rasieren zu lassen. Gehorsam rückten Heinrich und seine Männer einer nach dem anderen an, um ihr außergewöhnliches Sakrament zu empfangen. Die symbolische Opferung ihres Haars als Gegenleistung für den Segen eines Bischofs wurde von beiden Seiten als exzellentes Tauschgeschäft betrachtet.

Eigentlich rief Bischof Serlo den König und seine Männer zu zwei unterschiedlichen Dingen auf. Zum einen drängte er sie dazu, ihre Frömmigkeit und Loyalität gegenüber der Kirche unter Beweis zu stellen. Zum anderen beschwor er das illustre Beispiel von Heinrichs Vaters herauf, dem großen Eroberer, der sich rasiert hatte. Auf diese Weise erinnerte er sie an die guten alten Tage normannischer Tugendhaftigkeit und Macht.[31] Die Schere mochte ihren Teil dazu beigetragen haben. Heinrich jedenfalls marschierte zum Sieg über Robert, brachte die Normandie unter seine Kontrolle und begann eine erfolgreiche, drei Jahrzehnte während Regentschaft als Erbe der Herrschaftsbereiche seines Vaters.

Die von Serlo postulierte gegenseitige Abhängigkeit von Religiosität, Tugendhaftigkeit und Macht machte sich auch weiterhin in den Köpfen des englischen und normannischen Klerus breit. In seinen ein Jahrhundert später verfassten Schriften beschrieb der englische Mönch Wilhelm von Malmesbury in seiner berühmten Geschichte Englands die sagenhafte Macht normannischer Bartlosigkeit während ihres Sturms auf England. Malmesbury zufolge versetzten die geschabten Angreifer die Angelsachsen in Erstaunen, die dachten, sie stünden einem Heer marodierender Priester gegenüber.[32] Womöglich glaubten sie das tatsächlich.

Der prächtige Teppich von Bayeux liefert uns zu diesem Thema beeindruckende Bilder von glatt rasierten normannischen Kavalleristen, wie sie schnauzbärtige bzw. bärtige sächsische Fußsoldaten bezwingen. Nach Malmesburys mönchischer Ansicht konnten die Engländer unmöglich den auffälligen Unterschied zwischen sich selbst und den Normannen übersehen haben und mussten eingeschüchtert gewesen sein von der glatt rasierten Überlegenheit Letzterer, deren größere moralische Disziplin und »unbesiegbarer Geist« ihnen den Triumph garantiert hat.[33]

Bischof Serlos Konfrontation mit der anglo-normannischen Gesichtsbehaarung war symbolisch und kurz. Heinrich und seine Nachfolger gingen nämlich bald wieder mit dem zeitgenössisch-moderaten Bartstandard konform, und die Trennung zwischen Geistlichen und Weltlichen blieb sowohl auf den Gesichtern wie auch der Kleidung der Männer sichtbar. Wie bereits erwähnt, stellte man sich im etwa zu dieser Zeit komponierten *Rolandslied* Karl den Großen mit einem ehrwürdigen weißen Bart vor. Mitte des Jahrhunderts wurde dieser säkulare Bart-Stil jedoch auf drastische Art und Weise von einem französischen König infrage gestellt, der aufgrund seiner Gewissensbisse und seines verzweifelten Verlangens nach einem Neuanfang die säkulare Männlichkeit auf einen neuen Kurs brachte.

KÖNIG LUDWIG ÜBERSCHREITET EINE GRENZE

Die mittelalterliche Kirche errang im Frankreich des Jahres 1144 zwei bedeutende Siege. Etwas nördlich von Paris wurden der neue Chorumgang und Chorraum der Kathedrale von Saint-Denis im Rahmen eines großen Fests eingeweiht, das von König Ludwig VII. und seiner Ehefrau Königin Eleonore angeführt wurde. Jener Anbau stellte die erste glorreiche Errungenschaft gotischer Architektur dar. Nur wenige Monate später kehrte der König erneut dorthin zurück, weil er eine feierliche Prozession anführte, in der die Knochen des französischen Schutzpatrons Saint Denis im umgebauten Chor beigesetzt wurden. Als Zeichen außergewöhnlicher Demut führte der König die Prozession im Büßergewand an, mit grauem Wollkittel, Sandalen und rasiertem Gesicht.[34] Nach tumultartig verlaufenden, erfolglosen ersten Jahren seiner Regentschaft war er fest entschlossen, sein Schicksal umzukehren, sich in die Hände Gottes und der Kirche zu begeben und dadurch endlich die Gunst seiner Untertanen zu gewinnen.

Die Umgestaltung des Klosters und die Wiederherstellung des königlichen Anspruchs hatten einiges gemeinsam. Beides war von den religiösen Idealen der damaligen Ära inspiriert und wurde von visionären Äbten protegiert. In beiden Fällen stand die innere Schönheit als zentraler Gedanke im Vordergrund. Die wahre Pracht einer gotischen Kirche wie Saint-Denis oder Notre-Dame, deren Bau kurze Zeit später begonnen wurde, offenbarte sich eher im Innern als in der Außenansicht. Mit der wahren Größe eines frommen Mannes verhielt es sich ebenso. Wie Burchard einige Jahre später schrieb, war der innere Bart von größerer Schönheit als sein äußerer Schatten.

Die neue Saint-Denis entwuchs der Vision von Abt Suger, der Gott und das französische Königshaus durch die Erschaffung eines wahrhaft prächtigen Gebäudes preisen wollte. Suger und sein oberster Baumeister fügten architektonische Elemente auf neue Art zusammen, insbesondere eine Anlage äußerer Stützpfeiler, welche einen Großteil der Last von den Außenwänden nahm. Dadurch konnten große, bunte Glasfenster eingesetzt werden, durch die farbiges Licht ungehindert hineinströmte. Nach eigenem Bekunden war Suger absolut begeistert von dieser Optik, »aufgrund derer die gesamte Kirche in dem wunderbaren und ungebrochenen Licht der heiligsten Fenster erscheint, welches die innere Schönheit durchdringt«.[35]

König Ludwig mit Licht zu überströmen, war ein wenig komplizierter. Das war Sache von Sankt Bernhard, dem Zisterzienser-Abt von Clairvaux und einer der dynamischsten und einflussreichsten Persönlichkeiten der mittelalterlichen Geschichte. Ludwig war im zarten Alter von fünfzehn gekrönt und mit der willensstarken Eleonore verheiratet worden, und obwohl man ihn in der stillen Abgeschiedenheit von Saint-Denis unterrichtet hatte, war er entschlossen, sich als eindrucksvoller Befehlshaber seiner Streitkräfte hervorzutun. Unglücklicherweise betrat Ludwig zwei der gefährlichsten politischen Minenfelder der damaligen Zeit: das der Kirchenpolitik und das der Scheidungspolitik. Als sich der einflussreiche Adelige Rudolf I. von seiner Ehefrau scheiden ließ, um die Schwester von Königin Eleonore, Petronilla, zu heiraten, wurde das neue Paar vom Papst kurzerhand exkommuniziert. Ludwig wollte seine Schwägerin und ihren Ehemann verteidigen und den Papst zudem aufgrund seiner Ernennungen für die Hauptbistümer zur Rede stellen. Die Belohnung dafür war ein päpstlicher Bannbrief für den Königshof, der ihnen so lange die Sakramente verweigerte, bis er und seine erlauchten Bediensteten sich besserten. Ludwig schlug wild um sich und stieß entgegen der Einsprüche des frommen Abts Bernhard einen unklugen Krieg gegen Hugo I. an, der Rudolfs Scheidung nicht guthieß und die päpstliche Streitsache gegen Ludwig unterstützte.

Zur Bestürzung des Königs entwickelte sich der Krieg zu einem blutigen Patt, und Ludwig höchstpersönlich wohnte etwa einem Massaker an Dorfbewohnern durch seine eigenen Truppen bei. Sie setzten eine Kirche in Brand, in die Tausende Männer, Frauen und Kinder geflohen waren. Die Schrecken dieses Kriegs sowie Bernhards anhaltende Verweise brachten den jungen König schließlich zur Einsicht. Frustriert und verwirrt, wie er war, versank Ludwig in einer Depression. Er zog sich tagelang in seine Privatgemächer zurück und war kaum in der Lage, zu agieren oder auch nur zu sprechen. So wurde Bernhard herbeigerufen, um dem verlorenen Monarchen einen Rat zu erteilen. Er drängte ihn zu einem Neuanfang, zur Buße für seine Sünden und zur Beilegung des Streits mit dem Papst und Hugo I. Ludwig befolgte seinen Rat, schloss Frieden und brach zu seinem Bußgang nach Saint-Denis auf.[36] Sowohl für ihn als auch für Frankreich markierte dies einen Neuanfang. Drei Jahre später führte er erneut auf Bernhards Drängen hin den zweiten Kreuzzug ins Heilige Land an. Obwohl er definitiv kein erfolgreicher Kreuzritter war, wuchs sein Ruf als tugendhafter und frommer Mann dann noch bis zu seinem Tod im Jahr 1180.

So wie er sich in Saint-Denis präsentierte, schuf Ludwig VII. für das französische Königtum zwei Präzedenzfälle: Frömmigkeit und Bartlosigkeit. Im Verlauf der nächsten 350 Jahre wurde Ersteres nicht regelmäßig berücksichtigt, Letzteres allerdings schon. Tugendhaft auszusehen, war eben einfacher, als tugendhaft zu sein. Ludwig wäre überaus stolz auf seinen Großenkel Ludwig IX. gewesen, der seinen Vorfahren dadurch übertraf, dass er nicht nur einen, sondern zwei Kreuzzüge anführte und nach seinem Tod heiliggesprochen wurde.

Die Leidenschaft für Kreuzzüge seitens Ludwigs VII. wie Lud-

wigs IX. verstärkte ihren königlichen Stil in Sachen Mode. Kreuzritter entschieden sich für die Bartlosigkeit oftmals aufgrund der
fränkischen Tradition, aufgrund ihrer religiösen Mission und
weil sie sich dadurch mehr von ihren muslimischen Gegnern
abhoben.[37] In Spanien, wo Kreuzzüge quasi einen Dauerzustand
für christliche Könige darstellten, welche ihren Herrschaftsbe-
reich vergrößern wollten, mussten die ihnen unterstehenden
Muslime ihren Bart lang wachsen lassen, damit sie leicht von
ihren kurzbärtigen christlichen Oberen zu unterscheiden waren.[38]
Es hieß, in der Schlacht um Antiochia im Heiligen Land im Jahr

5.3 Statue von König
Ludwig IX. von Frank-
reich in der Kapelle
des Schlosses Plessis-
lès-Tours, Frankreich,
14. Jh.

1098 hätten sich viele Kreuzritter in Straßenkämpfen aus Versehen gegenseitig umgebracht, weil sie während dieses langen ersten Kreuzzugs ihren Bart hätten wachsen lassen. Ein päpstlicher Vertreter, Bischof von Le Puy-en-Velay, flehte die Männer deshalb an, sich zu rasieren, damit dies nicht noch einmal passiere.[39] Von da an zeigte die Gesichtsbehaarung relativ verlässlich an, auf welcher Seite man sich befand. Genau genommen tat sie das so verlässlich, dass sie gelegentlich missbraucht wurde. Während des dritten Kreuzzugs im Jahr 1190 gelang es einem arabischen Versorgungsschiff unter dem Befehl von Sultan Saladin, die Blockade am Hafen von Akkon zu durchbrechen, indem sich die Araber als Westler verkleideten. Sie hatten Fahnen der Kreuzritter geflaggt, ließen Schweine an Deck umherstreifen und hatten sich die Bärte abrasiert.[40]

Die einmalige Vermischung von religiösem und militärischem Leben mit Blick auf die Kreuzzügler wurde durch die Schaffung zweier geistlicher Ritterorden institutionalisiert, der Malteser und der Templer. Die Brüder dieser Orden waren nicht nur vorübergehend militärische Pilger, sondern dauerhaft kämpfende Mönche. Abgesehen von der Tatsache, dass ihre Berufung im Kämpfen und nicht im Beten bestand, waren ihr Gelübde und ihre Lebensweise ähnlich wie die anderer Mönchsorden. Sie hatten unverheiratet und keusch zu sein, gemeinsam mit anderen Brüdern zu leben und ein demütiges und gehorsames Benehmen zu wahren. Sie waren eine Art Übergangsversion des Mönchtums, da sie irgendwie zwischen einem der Welt zugewandten und einem der Welt abgewandten Leben existierten. Ihre das Haar betreffenden Vorschriften waren ähnlich ungewiss. Die 1129 aufgestellte ursprüngliche Vorschrift der Templer wies jeden Bruder an, sein Haar auf eine Weise zu tragen, dass er »von vorne wie hinten als ordnungsmäßig und ordiniert erkennbar sei«.[41] Das Gleiche galt für die Gesichtsbehaarung, »sodass kein Auswuchs der Sünde des Gesichts erkennbar sein möge«. Mit anderen Worten: Ein Templer hatte wie ein gewöhnlicher Mönch auszusehen.

Als sie diese Vorschrift befolgten, trugen die Tempelritter höchstens einen kurzen Bart. Später änderten sie ihren Kurs und führten ihre Tradition des langen Barts ein.[42] Es gibt keine Aufzeichnungen darüber, wann oder warum sie das taten, doch sie hatten wenigstens zwei gute Gründe. Zum einen beseitigte dieser Stil jegliche Ungewissheit bezüglich ihrer Berufung: Der Bart gab unmissverständlich bekannt, dass sie Kämpfer und keine Chormönche waren. Ein weiterer Vorteil war der Markenzeichen-Effekt: Als ständige Hüter des Heiligen Lands waren sie eine Elite-Streitmacht und nicht zu verwechseln mit den fahrenden Rittern, die ihren Militärdienst nur auftragsweise leisteten. Aber natürlich konnte ihre Unverwechselbarkeit auch gegen sie arbeiten. Muslimische Streitkräfte töteten christliche Gefangene mit Bart meist auf der Stelle, weil sie annahmen, es handle sich um Mitglieder des verhassten Ordens.

Die Ära der Kreuzritter fand 1291 mit dem Verlust der letzten christlichen Stellung im Heiligen Land ihr Ende. Nur etwas über ein Jahrzehnt später nahm der französische König Philipp IV., Enkel des frommen Kreuzritters Ludwig IX., den Papst in einem Streit über Kirchensteuer gefangen und brachte das Papsttum faktisch unter seine Kontrolle. Ein Jahrzehnt später inhaftierte, rasierte und exekutierte Philipp die Oberhäupter des Templerordens und beschlagnahmte ihre Besitztümer. Philipp hatte kein Interesse daran, der Kirche zu dienen; er wollte es genau anders herum. Das Machtgleichgewicht in Europa verlagerte sich nun eindeutig weg von den Päpsten und Bischöfen, hin zu den Königen und Adeligen. Man könnte meinen, der Aufstieg der Laien hätte für die professionelle Rasur das Ende bedeutet, doch das Gegenteil war der Fall. Die Laien mögen den Kirchenmännern weniger Respekt erwiesen haben, doch die Tugend und Disziplin eines bartlosen Gesichts ehrten sie noch immer. Als Folge davon wurde die Rasur bis zum späten vierzehnten Jahrhundert beinahe allgemeines Gebaren. Mit ihren Rasiermessern beanspruchten die Laien den einst von Kirchenmännern monopolisierten inneren Bart für sich.

Im Spätmittelalter unterschied die Gesichtsbehaarung nicht mehr länger verschiedene Männerorden voneinander. Stattdessen repräsentierte sie Eigenschaften, die jeder gesittete Mann anstrebte, egal von welchem Rang er war. Aus dem gleichen Grund war die Gesichtsbehaarung negativ konnotiert. Ein wunderbarer Beweis jener Symbolhaftigkeit ist die Abbildung in einer Ausgabe von Aristoteles' *Politik*, welche dem französischen König Karl V. im Jahr 1376 dargeboten wurde.[43] Der Künstler stellt darauf die drei grundlegenden Staatsformen des Aristoteles sehr anschaulich dar, in ihrer guten wie in ihrer entarteten Gestalt. In der ersten Abbildung (Abbildung 5.4) werden die guten Verfassungen in stilisierten Tableaus von oben nach unten gezeigt: Monarchie, Aristokratie und »Politie« (eine Art Meritokratie). Die gegenüberliegende Seite (Abbildung 5.5) zeigt Anschauungen der verfehlten Abweichungen dieser Verfassungen: Tyrannis, Oligarchie und Demokratie (Pöbelherrschaft). Der Gegensatz zwischen Gut und Böse lässt sich an Kleidung und Gesichtsbehaarung der zentralen Figuren jeder einzelnen Tafel erkennen. Die Männer der schlechten Verfassungen tragen Kettenpanzer und Waffen und schwingen ihre langen, buschigen oder gegabelten Bärte. Die Männer der guten Verfassungen wie etwa die Männer der

5.4 Monarchie, Aristokratie und Politie. Illumination eines französischen Manuskripts von Aristoteles' *Politik*, 14. Jh.

5.5 Tyrannis, Oligarchie und Demokratie. Illumination eines französischen Manuskripts von Aristoteles' *Politik*, 14. Jh.

Kirche, tragen Gewänder und sind glatt geschoren. Bei der Illustration von Aristoteles' Gedanken verließ sich der mittelalterliche Künstler auf die allgemeingültigen Vorstellungen von Männlichkeit: Sorgfältig rasierte Männer waren eindeutig klüger und gütiger.

Diese sorgsam gefertigte Darstellung vorteilhafter und unvorteilhafter Arten von Männlichkeit war der Höhepunkt jahrhundertelanger Kirchenlehren, Gesetze und Gewohnheiten, die von Männern wie Papst Gregor VII., den Bischöfen Serlo und Bruno sowie Abt Burchard vorangetrieben worden waren. Das Beispiel frommer Kreuzritter-Könige wie Ludwig VII. und Ludwig IX. hatte sie zusätzlich gefördert. Diese Männer des Glaubens waren stolz auf ihre Demut und bestanden darauf, dass Bartlosigkeit und Kahlköpfigkeit Sinnbild spiritueller Macht waren, welche sie zu Ehre und Autorität berechtigten. Die Geistlichen separierten sich vom Krieger-Patriarchat, was sich eine Zeit lang auch in ihrem Aussehen widerspiegelte. Die Propaganda funktionierte derart gut, dass sich die Laien trotz – oder gerade wegen – der langsam schwindenden Macht der Kirche im politischen und gesellschaftlichen Leben die Gewohnheit der Rasur und der damit verbundenen Tugenden zu eigen machten.

Eine Unterhaltung bei Tisch im Jahr 1438 soll uns als passende Zusammenfassung der Geschichte der mittelalterlichen Gesichtsbehaarung dienen. Der spanische Adelige und Abenteurer Pero Tafur fand sich in Italien bei einer Unterhaltung mit dem byzantinischen Kaiser Johannes VIII. wieder, der dort gerade zu Besuch war. Das Thema fiel auf Tafurs Bart, oder besser gesagt den Bart, den er kürzlich bei seiner Ankunft in Westeuropa entfernt hatte, nachdem er lange in Konstantinopel geweilt hatte. Der Kaiser beharrte darauf, dass ein Bart »die größte Ehre und Würde eines

Mannes« darstelle.[44] Tafur sprach für den gesamten lateinischen Westen, als er antwortete: »Wir behaupten das Gegenteil, und außer im Falle der schwersten Verletzung tragen wir keinen Bart.« Tafur las aus einer Schrift der römischen Kirche vor. Selbst heute noch, beinahe siebenhundert Jahre später, erkennen die Nachfahren der Westeuropäer instinktiv Tugendhaftigkeit, Disziplin und Ehrenhaftigkeit in einem glatt rasierten Mann.

Kapitel 6
DIE RENAISSANCE DES BARTS

Im späten Mittelalter folgten ehrwürdige Männer dem nach innen gerichteten Beispiel der Kirche und präsentierten sich mit dem glatten Gesicht der Tugend. Die Männer der Renaissance dagegen machten sich die Welt auf aufrichtigere Art und Weise zu eigen. Sie konzentrierten sich weniger auf Verderbtheit und Sündhaftigkeit des Menschen und mehr auf das menschliche Können und Leistungsvermögen. Ein entschieden säkulares Ideal von Männlichkeit schlug Wurzeln und drückte sich in Europas zweiter großer Bartbewegung aus. Gemäß der neuen Denkweise war der Bart etwas Natürliches und ein starkes Sinnbild männlicher Würde. Seit der Hochblüte des Römischen Reichs hatte die Gesichtsbehaarung keine so wichtige Rolle mehr in der Definition von Männlichkeit gespielt. Diese Verschiebung passierte weder über Nacht noch ohne Kontroversen. Mächtige Männer trieben diesen Prozess körperlicher Reformation vorwärts, und mächtiger Ehrgeiz trieb diese Männer an.

ZWEI KÖNIGE SPIELEN SICH AUF

Im Jahr 1520 wurde Europa von drei jungen, aufgeweckten und ehrgeizigen Herrschern dominiert. Mit seinen stolzen achtundzwanzig Jahren war Englands Heinrich VIII. das älteste Mitglied des Klubs, denn er hatte den Thron bereits mit siebzehn bestiegen. Franz I. von Frankreich war fünfundzwanzig und hatte bislang schon fünf Jahre regiert. Karl V., Nachkomme der mächtigen Habsburger Dynastie, war erst zwanzig Jahre alt. Er war gerade erst zum Heiligen Römischen Kaiser gewählt worden, Oberhaupt deutscher und italienischer Länder, und war vorher schon König von Spanien und den Niederlanden gewesen. Als größte Herrscher des Kontinents waren Franz und Karl Rivalen, insbesondere was die Kontrolle über Italien anbelangte. Beide hatten ein Interesse daran, sich die Gunst Heinrichs von England zu sichern, doch es war Franz, der zuerst tätig wurde. Kurz nachdem Karl zum Kaiser gewählt worden war, besiegelten Franz und Heinrich eine neue Allianz, indem sie ihre Höfe 1520 für eine Woche der Festessen, Turniere und diplomatischen Gespräche auf einem Feld auf von England besetztem Boden in Nordfrankreich zusammenbrachten.

Mit ihrem Ehrgeiz und ihrer Bildung standen Franz und Heinrich für eine neue Generation von Königen in Nordeuropa. Sie waren Männer der Renaissance und somit rüstig und sportlich sowie versiert in klassischer Dichtung und moderner Musik. Eine von Franz' ersten Handlungen als König war die Gründung einer Akademie für klassische Sprachen in Paris. Heinrich seinerseits sprach fließend Lateinisch, Französisch und Italienisch und war besonders stolz auf seine musikalischen Kompositionen. Jeder

der beiden Herrscher freute sich darauf, den anderen zu treffen, zu beeindrucken und womöglich einzuschüchtern mit seiner Intelligenz, seiner Anmut und seinem Scharfsinn. Bevor er den Kontinent für die Teilnahme an den Feierlichkeiten erreichte, ließ sich Heinrich einen Übergangspalast aus Holz bauen und so anmalen, dass er wie Stein aussah. Ein Betrachter bemerkte, dass selbst Leonardo da Vinci keine überzeugendere Illusion hätte kreieren können.[1] Franz ließ auf dem Feld ein gewaltiges verziertes Königszelt errichten, das von zwei kolossalen zusammengezurrten Schiffsmasten gestützt wurde. Gemeinsam mit der Glitzerschau der anderen Adelszelte brachte es dieser Zusammenkunft den Namen »Feld des Güldenen Tuches« ein.

In den Kommunikationen, die diesem folgenreichen Rendezvous vorausgingen, gelobten die jungen Könige nicht nur, sich gegenseitig zu ehren und zu unterhalten, sondern auch das Wachsenlassen eines Barts. In dem Augenblick, da dieses Gipfeltreffen beschlossene Sache war, entschied Heinrich, seinen Bart nicht eher zu rasieren, als bis er seinen französischen Gegenpart treffen würde. Franz reagierte mit einem ähnlichen Gelübde.[2] In gewisser Hinsicht folgten diese beiden Männer einer Tradition, die mindestens genauso alt wie Homer und die Hebräer des Altertums war, in welcher der Bart das Zeichen eines Gelübdes darstellte. Doch es hatte noch mehr damit auf sich. Die jungen Herrscher waren entschlossen, eine Art Bruderschaft des Barts zu errichten, und wie bei jedem anderen Bruderpaar auch, bestand diese aus Rivalität und Partnerschaft gleichermaßen.

Beide Könige hofften darauf, dass ihr Bart-Abkommen ihnen beim Verstoß gegen die maskulinen Normen ihrer Zeit helfen würde. Es war wenig überraschend, dass beide Königinnen gegen die Pläne ihrer Ehemänner protestierten, und keiner der beiden

Männer konnte sein Versprechen in dem Jahr vor dem Gipfeltreffen halten. Der Fall Heinrich ist am besten dokumentiert. Seine Frau Katharina von Aragon schikanierte ihn so lange, bis er seinen neuen Bart ablegte.[3] Franz sah sich ebenfalls zur Rasur genötigt, doch in den Monaten vor dem verabredeten Treffen bekräftigte er seinen Entschluss erneut. Als Heinrich die Nachricht von Franz' erneutem Bestreben erreichte, beschloss er, die Wünsche seiner Frau (nicht zum letzten Mal) zu missachten, um seinem Gegenüber auf gleicher Augenhöhe zu begegnen.

Als sich die beiden Männer im Juni 1520 endlich umarmten, erschienen sie in voller Pracht. Ein Engländer bemerkte, Franz sei sehr groß und habe einen wohlproportionierten Nacken, eine lange Nase, haselnussbraune Augen sowie »braunes, weiches und sorgfältig gekämmtes Haar, sein Bart von drei Monaten älterer und dunkler Farbe«[4]. Heinrich war eher etwas untersetzt und trug »einen roten Bart, der lang genug war, um äußerst vorteilhaft auszusehen«, wie ein anderer Beobachter es ausdrückte.[5] Endlich vereint, begannen die beiden Herrscher mit ihrer freundschaftlichen Rivalität. Zentraler Bestandteil der Festivitäten war eine sogenannte »Waffentat«, die vor den Königinnen sowie den versammelten Ladys und Edelmännern vorgeführt wurde. Gemeinsam mit ihrem jeweiligen Partner kämpften sie mit Lanzen und zu Fuß gegen die herausfordernden Paare. Die beiden Könige vermieden die direkte Konfrontation größtenteils, doch französischen Quellen zufolge balgten sie sich schließlich doch, nämlich während eines Trinkgelages, als der dunkelhaarige Franz den rothaarigen Heinrich in einem spontanen Ringkampf schlug.[6] Trotz dieser kleinen Schmach für Heinrich verlief die Veranstaltung bestens, und die beiden Männer hatten aufrichtige Freude an der Gesellschaft des anderen. Beim »Feld des Güldenen Tuches« handelte es sich um ernste Diplomatie, gleichzeitig war es aber auch ein Vorwand, um zu tanzen, zu essen, zu trinken und zu protzen, sowie ein willkommener Vorwand, um einen neuen Look auszuprobieren. Von diesem Moment an gab es kein Zurück mehr. Die nordeuropäische Ära des Barts hatte hundertprozentig begonnen.

Warum waren die beiden Könige so erpicht darauf, seit langer Zeit existierendes männliches Benehmen hinter sich zu lassen? Um die Antwort darauf zu finden, müssen wir den Blick nach Italien richten, denn dorthin haben auch Heinrich und Franz ihren Blick gerichtet. Die meisten Europäer der Renaissance sahen in Italien die Quelle von Kultiviertheit und Stil, und beide Könige wurden zu fließendem Italienisch erzogen. Besonders Franz begeisterte sich für italienische Kunst und Dichtung und verdiente sich damit einen wohlwollenden Eintrag in Baldassare Castigliones *Buch vom Hofmann*, einem einflussreichen Bestseller, in dem italienische Adelige Wissen und Umgangsformen für Höflinge debattierten.[7] Da sie sich selbst und ihr jeweiliges Königreich unbedingt auf den neuesten Stand bringen wollten, übernahmen und kopierten sie Ideen, Geschmäcker und Modestile aus Florenz, Mailand, Venedig und Rom. Franz und seine Höflinge waren mit Raffaels Porträt aus dem Jahr 1515 von Castiglione mit prächtigem Bart vertraut, und dies trug dazu bei, dass sich in ihrem Innern die Verknüpfung von Bärten mit italienischer Kultiviertheit festigte. Raffael selbst malte sich 1518 mit schwarzem Vollbart. Und auch Leonardo da Vincis Selbstporträt von 1512 zeigt ihn mit langem Haar und einem Bart biblischen Ausmaßes. Etwa zur selben Zeit zollte Raffael seinem schwarzbärtigen Rivalen Michelangelo Respekt, indem er ihn in sein berühmtes Fresko *Die Schule von Athen* in der päpstlichen Privatbibliothek zeichnete. Trugen die größten Künstler und Schreiber Italiens also einen Bart, war es nur eine Frage der Zeit, bis das restliche Europa es ihnen gleichtat.[8]

Der von jenen Rockstars der italienischen Kunst und Literatur geschaffene Präzedenzfall war derart mitreißend, dass nicht einmal Päpste ihm widerstehen konnten. Julius II., Mäzen von Raffael und Michelangelo, war ein der Welt zugewandter Mann der Politik und des Kriegs, und während er sein Heer in Bologna versammelte, entschied er sich für einen langen weißen Bart – die erste päpstliche Gesichtsbehaarung seit etwa 140 Jahren. Den eindeutigsten Beleg für Julius' Beweggründe liefert der Bericht eines Chronisten: Der Papst habe geschworen, sich nicht eher zu rasieren, als bis seine französischen Feinde aus Italien vertrieben worden seien.[9] Es war das Gelübde eines Kriegers, das seinen kämpferischen Geist offenbarte. Zweifelsohne war er auch von der Heerschar biblischer Patriarchen und Propheten inspiriert worden, die Michelangelo ihm an die Decke der Sixtinischen Kapelle gemalt hatte. Doch Julius behielt seinen Bart nicht lange. Im Jahr 1512 rasierte er sich wieder, und zwar vor einem von ihm einberufenen kirchenweiten Konzil, das den Franzosen Einhalt gebieten sollte, die an seinem Stuhl sägten.[10] Als seine Kämpfe sich von militärischem auf theologischen Boden verlagerten, kehrte der Kriegerpapst zu seiner alten Erscheinung als rasierter Mann der Kirche zurück.

Die Geschichten von Papst Julius sowie den Königen Heinrich und Franz lassen die zweite Dekade des sechzehnten Jahrhunderts als Zwischenstadium in der Geschichte der Gesichtsbehaarung erkennen. Der Papst beendete sein Leben als rasierter Mann, und sein Nachfolger Leo X. blieb zeit seines Lebens ebenfalls bartlos. Die jungen Könige jedoch hielten an dem neuen

Kurs fest. Mehr als hundert Jahre lang waren die Laien in Anleh-
nung an die klerikale Tugendhaftigkeit bartlos gewesen. Nun war
der Spieß umgedreht worden. Eine von einem humanistischen
Geist geformte säkulare Männlichkeit begann, sich durchzusetzen. Sie änderte die Männermode und brachte auch die Kirche
zum Wackeln. Die Geistlichen, denen das Kirchenrecht die Rasur
noch immer vorschrieb, mussten ihre Position neu überdenken.
Sollten sie ihre einzigartige, angeblich überlegene Art von Männlichkeit bekräftigen, oder sollten sie weltlichere Ideale übernehmen und die natürliche Autorität der Gesichtsbehaarung akzeptieren? Die nachfolgende Debatte unter den Kirchenmännern
sowie die von vielen verspürte Dringlichkeit, das Rasiermesser
liegen zu lassen, veranschaulicht die grundlegende Logik der
Renaissance des Barts am allerdeutlichsten.

GIOVANNI PIERIO VALERIANO BOLZANIO SPRICHT SICH FÜR DEN BART AUS

Die neue Bartbewegung des frühen sechzehnten Jahrhunderts
wurde von stolzen Humanisten und ehrgeizigen Königen vorangetrieben – und auch von den Schwierigkeiten, mit denen manch
ein Papst zu kämpfen hatte. Den Fall von Papst Julius' Kampfbart
haben wir bereits betrachtet, doch es war der von seinen Missge-
schicken angezettelte Büßerbart von Papst Clemens VII., der die
langfristigste Wirkung hatte. Diese Wirkung wurde immens verstärkt, als ein Priester und Gelehrter an Clemens' päpstlichem
Hof ein Buch schrieb, das dem katholischen Klerus den Bart
schmackhaft machen wollte. Clemens wiederum hätte sich nicht

einen Bart wachsen lassen und Giovanni Pierio Valeriano Bolza-
nio hätte nicht dieses Buch geschrieben, wäre Rom nicht im Jahr
1527 geplündert worden – ein weiterer Wendepunkt in der
Geschichte des Barts.

Im Jahr 1527 beschloss der noch jugendliche Heilige Römische
Kaiser Karl V., Papst Clemens für den Widerstand gegen seine kaiserliche Autorität zu bestrafen, und entsandte ein wildes Heer aus
zwanzigtausend spanischen und deutschen Soldaten, um Rom
einzunehmen. Schlecht bezahlt und unterversorgt, wie sie waren,
gab man ihnen die Erlaubnis, die Stadt zu plündern, Wohnhäuser
zu zerstören, Bibliotheken und Kirchen auszurauben und die wehr-
losen Bürger zu vergewaltigen, zu foltern und zu töten. Im Verlauf
dieses Chaos verschwand die Hälfte von Roms Bevölkerung, weil
sie entweder ermordet oder auseinandergejagt wurde. Tagelang
waren die heißen Sommerstraßen von nicht bestatteten Körpern
übersät.[11] Eines der Opfer war Cristoforo Marcello, ein humanisti-
scher Gelehrter und Erzbischof von Korfu. Ihn nahmen spanische
Soldaten als Geisel gefangen, nachdem sie seinen Wohnsitz geplündert hatten. Als die Soldaten befanden, Marcello könne das
verlangte Lösegeld nicht zahlen, »legten sie diese distinguierte Person in Ketten und ließen ihn nackt neben einem Baumstamm
unter freiem Himmel stehen. Jeden Tag rissen sie ihm einen seiner
Fingernägel heraus, und irgendwann brachten sie ihn schließlich
unter diesen furchtbaren Qualen um.«[12]

Jene waren die Worte von Pierio Valeriano, der diesen neuen
Sturz Roms und das beklagenswerte Leid von humanistischen
Gelehrten wie Marcello aufzeichnete. Papst Clemens und viele
andere Römer interpretierten ihr Unglück als Gottes Strafe für
ihre Sünden, und als Zeichen von Reue und Buße hörte Clemens
mit dem Rasieren auf und ermutigte die anderen, seinem Beispiel

zu folgen.[13] Ein paar Jahre später, im Jahr 1531, erteilte er den Priestern die offizielle Erlaubnis, sich einen Bart wachsen zu lassen.[14] Der Beweggrund des Papstes mag die Buße gewesen sein, die Männer der Kirche begrüßten die neue Vorschrift jedoch aus anderen Gründen. Sie hofften, sie würde eine neu belebte klerikale Maskulinität andeuten. Zumindest war dies der Gedanke, den Valeriano in einem Büchlein namens *Pro Sacerdotum Barbis*, also *Pro Bart für den Klerus*, festhielt, das im selben Jahr wie Clemens' großzügiger Erlass veröffentlicht wurde. Es war das Ur-Manifest der Bartbewegung der Renaissance.

Valeriano pries die bußfertigen Absichten des Papstes, doch seine Gedanken konzentrierten sich nicht auf die Demut. Ganz

6.1 Papst Clemens VII., von Sabastiano del Piambo, um 1531

im Gegenteil, sein Hauptthema war die Notwendigkeit des Klerus, seine männlichen Veranlagungen zu stärken und verlorene Autorität wiederzuerlangen. Die Zerstörung Roms habe gezeigt, dass mächtige Europäer die Kirche nicht mehr so respektieren, wie sie es einst getan hätten. Um diesen Trend umzukehren, müsste die Priesterschaft die Zaghaftigkeit, Weichheit und Genusssucht ihrer rasierten Männlichkeit durch erneuerte Hingabe und Entschlossenheit ersetzen. Ein Bart sei das ideale Zeichen dieser Eigenschaften.

Mit dieser Argumentationskette stellte *Pro Sacerdotum Barbis* die mittelalterliche Logik der heiligen Rasur auf den Kopf und machte eine neue Logik der natürlichen Männlichkeit geltend. Valeriano behauptete, er könne beim besten Willen keinen Grund für die priesterliche Rasur finden, und gab vor, von der mittelalterlichen Theologie des »inneren Barts« nichts zu wissen. Als vorbildlicher Humanist beharrte er darauf, dass die Gesetze der Natur, beispielhafte Menschen der Antike sowie die Gebote ehrlicher Vernunft den Menschen leiten mögen und nicht obskure mittelalterliche Theorien. Sein Geniestreich bestand dann darin, die arglistige Verfälschung des Kirchenrechts in Bezug auf die Rasur-Vorschrift aufzudecken. Valeriano bewies, dass die ältesten Gesetze der Kirche die Gesichtsbehaarung keineswegs untersagt hatten, ganz im Gegenteil. Der Weg war also auf alle Fälle frei, damit die Kirche eine neue Richtung einschlagen konnte.

Den größten Vorstoß in Sachen Verteidigung des Barts unternahm Valeriano, indem er sich auf die Geschichte der Antike sowie die Gesetze der Natur berief. Gesichtsbehaarung sei nicht nur etwas Natürliches, insistierte er, sondern sie habe auch einen rein praktischen Nutzen. Sie helfe dabei, die schlechten Körpersäfte auszutreiben, Zahnfäule und andere Erkrankungen zu verhindern sowie die Haut vor übermäßiger Hitze oder Kälte zu schützen.[15] Die Menschen der Antike seien weise genug gewesen, den Bart mit moralischer Stärke zu verknüpfen. Wenn Valeriano argumentierte, dass die größte Bedrohung der Moral aus »übermäßiger Vornehmheit und Feigheit, einer leichten Lebensweise sowie einer weibischen Art«[16] bestehe, so gab er die Gedanken der klassischen Philosophen wieder, welche die Bartbewegung inspiriert hatten. Die Geistesgrößen des antiken Griechenlands sowie die Helden des Alten und Neuen Testaments, darunter Christus persönlich, trugen alle einen Bart. Valeriano glaubte, Priester sollten »bittere Kritik, schändliche Auswirkungen, den Verdacht auf Verweichlichung und Verleumdung meiden und schließlich wie Männer und nicht wie Frauen wirken. Denn weshalb sollten wir uns für unseren Bart schämen, wenn offenbart worden ist, was diesen ausmacht und wie er den gediegenen und ehrwürdigen Manne ziert und wie viel er zu Status und Ruf eines Priesters beiträgt.«[17] Nach Meinung des humanistischen Gelehrten bestand das Problem nicht in der übermäßigen Weltlichkeit der Priester, sondern im genauen Gegenteil. Wollten die Männer der Kirche ihr Ansehen und ihre Macht wiedererlangen, so müssten sie ihre Männlichkeit zurückerlangen.

Valerianos Gedanken hallten in den Höfen und Kathedralen Europas wider, während der neue Modestil schnell um sich griff. In England veröffentlichte ein anonymer Übersetzer 1533 eine englische Version von Valerianos Traktat und bezeichnete sich als Bartträger, der viel Schande habe über sich ergehen lassen müssen aufgrund dieser Entscheidung. 1535, nur zwei Jahre später also, befahl König Heinrich seinen Höflingen, sich einen Bart wachsen zu lassen.[18] Und das war natürlich nicht die einzige große Veränderung, die Heinrich in England herbeigeführt hat. Im vorausgegangenen Jahr hatte er die römische Herrschaft zu Fall gebracht und sich selbst als das neue Oberhaupt der englischen Kirche eingesetzt. Der Bart-Befehl mag dabei zwar mit diesem folgenschweren Ereignis zu tun gehabt haben, war aber nicht einfach eine Frage des Protestantismus. Heinrichs vorheriges Verhalten lässt darauf schließen, dass es früher oder später dazu gekommen wäre, doch dies bot einen willkommenen Anlass. Die Protestanten mögen begeisterter vom Bart gewesen sein als die Katholiken, doch Valerianos Buch beweist, dass dieses Thema die Grenzen der Konfession überschritt.

Die alten Gewohnheiten starben allerdings nicht rasch und einfach aus. Insbesondere in Frankreich versuchten Universitäten, Städte und Gerichtshöfe, diese Veränderungen aufzuhalten, indem sie Professoren, Richter und Stadtbeamten zur Rasur verpflichteten. Die Pariser Universität schloss Professoren mit langem Bart 1533 von ihren Hörsälen aus.[19] 1540 erließ das Parlement de Paris, der Oberste Gerichtshof Frankreichs, ein Bart-Dekret, das den dort erscheinenden Richtern und Anwälten den Bart untersagte.[20] In dieser Übergangsphase wurde die Gesichtsbehaarung zum Schlachtfeld für Fragen der sittlichen Ordnung. War es für einen verantwortungsbewussten und kultivierten Mann angemessen, sein Gesicht zuwachsen zu lassen? Der Gelehrte Gentien Hervet aus Orléans, der Berühmtheit als Professor und Orator erlangte, ging dieser Frage in drei fortlaufenden Vorträgen nach, bei denen es sich seit ihrer Veröffentlichung im Jahr 1536 – bis heute – um die gelehrteste Stellungnahme zu dieser Sache handelt. Mit Stil und Esprit beleuchtete Hervet die Frage in allen Facetten, argumentierte pro und contra und nahm schließlich einen neutralen, toleranten Standpunkt ein. Beide Seiten hätten gute Argumente, schloss er, und beide Optionen seien durchaus vernünftig.

Rein physisch betrachtet führten die Argumente laut Hervet zu einem Unentschieden, denn »die Natur entscheidet sich für beide Seiten der Debatte, indem sie den Bart von sich aus wachsen lässt und ihn sich genauso gut abrasieren lässt«[21]. Für einige Männer, wie zum Beispiel Arbeiter, mache es aus praktischen Gründen Sinn, den Bart zu kürzen. Andererseits litten manche seiner Bekannten an Zahnschmerzen und unter anderen Verletzungen, wenn sie sich rasierten. Ein Blick auf die Schriften antiker Gelehrter ließ ihn außerdem Argumente für eine tolerante Haltung finden. Sowohl in Athen als auch in Rom hätten die Männer frei über die Handhabung ihres Haars entscheiden dürfen, behauptete er. Das war zwar eine massive Übertreibung, doch er wollte die Menschen der Antike eben als Verfechter von Weisheit und Mäßigung darstellen. Er schloss mit Platons Darlegung, dass Weisheit das Einzige sei, was an und für sich genommen eine Tugend darstelle; und wenn Weisheit das Ziel sei, so schrieb er, dann mache es keinen Unterschied, ob Männer Bärte trügen oder nicht.[22]

Auch wenn Hervet definitiv nicht für das Tragen von Bärten agitierte, stimmte er mit Valerianos Schlussfolgerung überein, dass es für den Klerus keinen Grund gebe, sich physisch von den Laien zu unterscheiden. Die Männlichkeit habe ein bestimmtes Wesen, das sich auf eine gemeinsame körperliche Beschaffenheit und die Teilhabe an den männlichen Tugenden Weisheit und moralische Kraft gründe. Griechische und römische Dichter und Philosophen waren genau wie Christus und die Apostel Vorbilder für diese Art von Männlichkeit. Die Tatsache, dass sowohl Philosophen als auch Apostel einen Bart trugen, schien Hervet diese Gemeinsamkeit zu bestätigen. Unter dem Druck von Hervets und Valerianos humanistischen Argumentationen begann die mittelalterliche Logik der bartlosen Tugendhaftigkeit recht schnell zu bröckeln.

Diese humanistische Kehrtwende versetzte viele Kirchenoberhäupter in Alarmbereitschaft, besonders deshalb, weil sie mit der Bedrohung durch die protestantische Ketzerei zusammenfiel. Eine der einflussreichsten Stimmen der katholischen Reformation des späten sechzehnten Jahrhunderts, Kardinal Borromäus von Mailand, war gleichzeitig ein Anführer des Gegenangriffs auf die priesterliche Gesichtsbehaarung. Er setzte wohletablierte mittelalterliche Rechtfertigungen ein, darunter den Befehl, alle weltlichen und frevlerischen Gedanken aufzugeben, als er regionale Konzile und Diözesansynoden rund um Europa ermahnte, erneut Unterlassungsbefehle gegen solche Priester zu erteilen, die das Rasieren versäumten.[23] Die Protestanten ihrerseits, angefangen bei Martin Luther höchstpersönlich, ließen die Haare als antikatholischen Protest sprießen. Die Geistlichen beider Lager konnte man oftmals an ihrem Gesicht erkennen, und die Priester ließen sich während der französischen Bürgerkriege zwischen Protestanten und Katholiken zeitweilig einen Bart wachsen, damit sie nicht Opfer protestantischer Attacken wurden.[24]

Luther und seine protestantischen Kollegen argumentierten, dass die Priesterschaft keine spirituell privilegierte Gesellschaftsklasse darstelle und sich deshalb nicht als eine andere Sorte Mensch absondern solle. Genau wie Valeriano und Hervet und andere katholische Humanisten betrachteten sie das Mannsein als einheitlichen, natürlichen Daseinszustand, dessen gottgegebene Tugend und Erhabenheit sich in einer prächtigen Darbietung von Haar zeige.[25] Valeriano hatte eine neue Maskulinisierung des katholischen Klerus ausgerufen, doch es waren die

Protestanten, die dies am begeistertsten aufgriffen. Johann Eberlin von Günzburg beispielsweise, ein früher Konvertit zum Luthertum, schloss folgende Vorschrift in sein utopisches protestantisches Programm mit ein: »Alle Männer sollen einen langen Bart tragen. Männer mit einem Gesicht so glatt wie das eines Weibes sollen als Frevler behandelt werden.«[26]

EROBERER UND DICHTER ENTDECKEN EINE SCHÖNE NEUE WELT DES HAARS

Seit der Antike hatten sich die Europäer die Barbaren weit entfernter Länder als wild, seltsam und haarig vorgestellt. Als sie in Amerika und Asien neue Welten entdeckten und eroberten, sprangen dort tatsächlich haarige Menschen herum, doch das waren die Europäer selbst und nicht die relativ glatthäutigen Eingeborenen. Die Entdeckung, dass die »Wilden« größtenteils unbehaart waren, ließ die Europäer ihr eigenes Haar in einem positiveren Licht betrachten. Der Bart erfüllte die europäischen Eroberer mit Stolz, und er lieferte ihnen einen weiteren Grund dafür, dass sie den Nicht-Europäern überlegen seien. Es waren vielmehr die Ureinwohner Nordamerikas, die sich ihren generell dünneren Bart ausrupften, welche dem wilden haarigen Mann begegneten, und das muss ein Schock gewesen sein. Obwohl Kolumbus noch vor den Anfängen der Bartbewegung in Amerika eintraf, war die Rasur-Ordnung auf seinen Schiffen zusammengebrochen, sodass die Amerikaner sich laut dem spanischen Historiker Bartolomé de Las Casas vor der Blässe, der Kleidung und der Gesichtsbehaarung der Spanier fürchteten. Die Amerikaner

»ließen ihre Hände über die Bärte [der Spanier] gleiten und bestaunten sie, weil sie selbst keine trugen, und sie inspizierten sorgfältig die Blässe ihrer Hände und Füße«.[27] Wie die meisten Europäer ging auch Las Casas davon aus, dass die Amerikaner von der erhabenen Männlichkeit der bärtigen Invasoren eingeschüchtert waren.[28] Wahrscheinlicher ist jedoch, dass sie angewidert waren. Es ist überliefert, dass ein Indianer in Kanada nach dem Zusammentreffen mit einem Franzosen gesagt hat: »Oh, der bärtige Mann! Oh, wie hässlich er nur ist!«[29] Während des ganzen langen und tragischen Einfalls der Europäer in Amerika stellte der Bart ein entscheidendes Kennzeichen der Eroberer dar. Die Azteken, die Inkas und andere Völker mussten feststellen, dass ihre größten Feinde Männer waren, die riesige Tiere ritten, schreckliche Waffen trugen und unansehnliche Haarmassen vom Kinn wachsen ließen. In Amerika wurde die biblische Erzählung von Jakob und Esau umgekehrt, und der haarige Mann stahl das väterliche Erbe des glatten Mannes.

Ohne Frage erlangten die Europäer in den 1530er-Jahren einen sehr bewussten Stolz auf ihr Haar. Bedeutende Männer der stolzen unabhängigen Stadt Basel gründeten sogar einen Klub namens »Zur Hären« und arbeiteten das Bild eines haarigen wilden Mannes in ihr Emblem ein.[30] Es handelte sich dabei um den ersten Männer-Bartklub der Geschichte, und er leistete Pionierarbeit mit Blick auf einen Gedanken, der in der heutigen Zeit zu neuem Leben erweckt wird.

Mitte des sechzehnten Jahrhunderts war es so weit, dass die größte Bartbewegung seit dem römischen Kaiserreich einen Sieg nach dem anderen errang. Die Dichter besangen neu erblickte Wunder, während die Europäer neue Möglichkeiten der Selbstdarstellung ausprobierten. Es dauerte nicht lange, da wurden bestimmte Schnitte mit bestimmten Männertypen assoziiert. Ein anonymes englisches Gedicht, *Die Ballade vom Bart*, verdeutlichte einige dieser Zuschreibungen auf lyrische Art und Weise:

The Roman T, in its bravery
Doth first itself disclose,
But so high it turns, that oft it burns
With flames of a torrid nose.

The stiletto-beard oh! it makes me afeard,
It is so sharp beneath,
For he that doth place a dagger in's face,
What wears he in his sheath?

But, methinks, I do itch to go thro' stitch
The needle-beard to amend,
Which, without any wrong, I may call too long,
For a man can see no end.

The soldier's-beard doeth march in shear'd,
In figure like a spade,
With which he'll make his enemies quake,
And think their graves are made.

The grim stubble eke on the judge's cheek,
Shall not my verse despise;
It is more fit for a nutmeg, but yet
It grates poor prisoner's eyes.
What doth invest a bishop's breast
but milk-white spreading hair?

Which an emblem may be of integrity,
Which doth inhabit there. * 31

Bartpoesie war beinahe immer eine Mischung aus Ernst und Heiterkeit. Die sexuelle Anspielung in den Versen über den spitzen
Stiletto-Bart verrät das Augenzwinkern des Poeten, und es ist
unwahrscheinlich, dass Soldaten einen wörtlich übersetzten
»Spaten-Bart« (im Deutschen gebräuchlicher: »Schifferkrause«)
trugen, um damit auf das Grab anzuspielen. Andererseits stimmt
es, dass Soldaten gerne mit einem üppigen Bart in Verbindung
gebracht wurden. Shakespeares Figur Jacques beschreibt den
typischen Soldaten in *Wie es euch gefällt* als »wie ein Pardel bärtig«³²
(also wie ein Leopard). Ein Schreiber namens Robert Greene verwies 1592 ebenfalls auf den Spaten-Bart. Er behauptete, ein junger Liebhaber würde einen kurzen, spitzen Bart bevorzugen, und
spielte damit erneut darauf an, was er in seinen »Hüllen« trug.
Doch Greene warf auch einen Blick auf die in der Gesichtsbehaarung manifesten Klassenunterschiede. In einem gewitzten Kom-

---

* Ungefähre Übersetzung: »Das ›Römische T‹ durch seine Tapferkeit / Offenbart sich als
Erstes selbst, / Aber es windet sich so hoch, dass es häufig brennt, / Mit Flammen in
einer sengenden Nase. // Der Stiletto-Bart, oh!, wie er mich ängstigt, / Er ist da unten
so spitz, / Denn derjenige, der auf seinem Gesicht einen Dolch anbringt, / Was trägt
er wohl unter seinem Mantel? // Aber mich deucht, ich brenne darauf, den Stich zu
erleiden, / Um den Nadelbart zu ergänzen, / Den ich ganz ohne Fehl zu lang nennen
darf, / Weil man sein Ende nicht sieht. // Der Soldatenbart marschiert geschoren ein,
/ In der Form eines Spatens, / Mit der er seine Feinde erschüttern wird / Und auf
den Gedanken bringen, dass ihre Gräber bereitet sind. // Die unerbittlichen Stoppeln
auch auf der Wange des Richters / Sollen meine Verse nicht schmähen; / Zwar
stünden sie einer Muskatnuss besser, aber trotzdem / Zerkratzen sie die Augen des
armen Gefangenen. // Was schmückt die Brust eines Bischofs besser / Als milchweiß
sprießendes Haar? / Das ein Emblem der Integrität sein könnte, / Das sich dort
eingerichtet hat.«

mentar zu den gesellschaftlichen Ungleichheiten seiner Zeit stellte er die Leben zweier Männer gegenüber: das Leben der wohlhabenden »Velveteen-breeches« (Samt-Kniehosen) und das Leben der gemeinen »Cloth-breeches« (Woll-Kniehosen). Einer der Unterschiede zwischen den beiden sei die Art, wie der Barbier sie behandle. Der wohlgekürzte spitze Bart, der sorgfältig geformte Spaten-Bart sowie der gezwirbelte Schnauzbart waren den vermögenden Männern vorbehalten, die sich die teure Pflege leisten konnten. So auch die Öle, Parfüms und Färbemittel, welche die Betuchten unverkennbar über die anderen Männer stellte. Die Pflege, die ein großartiger Bart beanspruchte, muss viele ärmere Männer vom Tragen eines solchen abgehalten haben. »Woll-Kniehosen« konnten sich nur einen Basisbart leisten, nämlich einen einfachen runden Schnitt »wie ein halber holländischer Käse«.[33]

Für echte Gläubige wie den unter einem Pseudonym schreibenden Deutschen Johannes Barbatium (Johannes der Bärtige), der sich 1614 als »Liebhaber des Barts« beschrieb, war ein ungestylter Vollbart das Allerbeste. Er belobigte die »schönen Worte« des römischen Dichters Ovid:

Und wenn in starrenden Borsten mir rings aufstrauben die Glieder,
Achte für hässlich es nicht. Nur entblätterte Bäume sind hässlich;
Hässlich das Ross, dem Mähne den farbigen Nacken nicht einhüllt.
Vögel bedeckt ihr Gefieder, dem Schaf ist Wolle die Zierat;
Männern ziemet der Bart, und ein Leib voll struppiger Zotteln.[34]

Für Barbatium war nicht die Form des Barts von Bedeutung, sondern sein natürliches Gedeihen und seine natürliche Pracht waren entscheidend. Wie andere Humanisten dieser Ära, so betrachtete auch er das moderne Wachsenlassen der Haare als legitime Antwort auf die Weisheit der Antike. Großzügig ignorierte er die vierhundert Jahre während Rasur in der klassischen Epoche sowie die Tatsache, dass Ovids Lobgesang auf den Bart eine Ruhmrede für das haarige einäugige Monster, den Zyklopen, darstellte. Somit konnte er verkünden, alle Menschen der Antike kämen darin überein, dass die Natur mithilfe des Barts die natürliche Erhabenheit des Mannes bekräftige.

SHAKESPEARE BESETZT DEN BART MIT EINER NEBENROLLE

Insofern als Shakespeares Stücke das Denken und die Vorlieben seiner Zeit widerspiegeln, liefern seine Werke wertvolle Hinweise auf die Rolle der Gesichtsbehaarung im Hinblick auf die männliche Identität in der Renaissance. Bärte tauchen in seinen Stücken häufig als Metapher für Männer und männliche Ehre auf. Seine Komödie *Viel Lärm um nichts* ist hierfür ein besonders gutes Beispiel. Seine Hauptfiguren sind Benedikt und Beatrice, die komödiantischen Gegenstücke zum tragischen Paar Romeo und Julia. Im Gegensatz zu den Liebenden von Verona, deren Schicksal unter einem furchtbar schlechten Stern steht, will das höhnische Paar Benedikt und Beatrice nichts von einer Romanze und auch nichts voneinander wissen. Für Romeo und Julia ist es Liebe auf den ersten Blick; für Benedikt und Beatrice sofortige Missachtung. Benedikt verkündet, dass er »ein Junggesell bleiben will«.[35] Beatrice ihrerseits behauptet bei ihrem Leonato, dass sie keinen Gatten wünsche:

Beatrice: ... Himmel! Wie sollte ich wohl einen Mann mit einem Bart im Gesicht aushalten: Lieber schlief ich auf Wolle.

Leonato: Du kannst dir ja einen Mann aussuchen, der keinen Bart hat.

Beatrice: Was sollte ich mit dem anfangen? Ihm meine Kleider anziehn und ihn zum Kammermädchen machen? Wer einen Bart hat, ist mehr als ein Jüngling, und wer keinen hat, weniger als ein Mann: Wer mehr als ein Jüngling ist, taugt nicht für mich, und wer weniger als ein Mann ist, für den tauge ich nicht.[36]

Im Rahmen dieses Austauschs schießt Beatrice gegen die Männer: Echte Männer trügen Bärte, doch ihre Bärte seien so rau und unangenehm wie ihre Wollkleidung.

Damit sie ihre gegenseitige Abneigung überwinden, täuschen Benedikts und Beatrices Freunde die beiden damit, dass sie sie glauben machen, dass der eine den anderen heimlich liebe, und beide folgen so dem Ruf der Liebe gehorsam. Durch die romantische Leidenschaft verwandelt, lässt Benedikt seine Soldatenkluft sowie sein sarkastisches Gebaren hinter sich und tritt penibel gesäubert, lieblich parfümiert und frisch rasiert auf. Leonato bemerkt: »In der Tat, er sieht um einen Bart jünger aus.« Benedikts Kollegen ist es ein Leichtes, ihm Verliebtheit zu diagnostizieren.[37] Der bartlose Benedikt beklagt sich über Zahnschmerzen, weil er offensichtlich den süßen Schmerz seiner romantischen Sehnsucht verschleiern möchte. Wie wir von Valerianos Traktat jedoch wissen, wurden Zahnschmerzen in der Renaissance tatsächlich regelmäßig mit dem Rasieren in Verbindung gebracht. Shakespeares Publikum hat diesen Schmerz damals also für den Preis gehalten, den Benedikt zahlen musste, um das Raue und Grobe seiner Männlichkeit Beatrice zuliebe zu glätten. Seine

Freunde verurteilen ihn nicht dafür, dass er sich so herabsetzt, doch sie bemitleiden ihn für die verheerenden Auswirkungen der Liebe.

Gegen Ende des Stücks muss Benedikt substanziellere Beweise für seine Liebe liefern als sich nur zu verschönern und herauszuputzen. Beatrice verlangt von ihm, er möge für die Ehre ihres Cousins Hero kämpfen, welcher von einem Freund Benedikts diffamiert worden ist. Benedikt willigt ein und stellt seinen einstigen Kameraden als »Don Ohnebart« bloß – obwohl es keinen Grund zur Annahme gibt, dass er keinen Bart trägt. Benedikt hingegen ist in der Tat bartlos.[38] Der Bart ist also zur Metapher für die Ehre des Mannes geworden. Zum Glück ist das Stück eine Komödie, »Don Ohnebart« bessert sich, und alles nimmt ein gutes Ende. Benedikt behält seine Männerehre auch ohne Duell, und Beatrice bekommt, was sie anscheinend die ganze Zeit über schon haben wollte: einen Mann mit metaphorischem Bart, der Männerehre und -courage garantiert, aber ohne das kratzige echte Ding.

Die Art, wie Shakespeare dem Bart an diesen Stellen die Rolle der Männlichkeit überträgt, war typisch für ihn und die Epoche, in der er lebte. Wenn er den Bart in seinen Stücken eine Rolle spielen ließ, knüpfte er damit an seit langer Zeit bestehende Assoziationen an, insbesondere die aus der Bibel. Zwei gängige Themen konnte sein Publikum dabei ausmachen: dass ein Bart die männlichen Tugenden Mut und Weisheit verkörpert und dass ein Angriff auf den Bart einer Beleidigung des Besitzers gleichkommt. Beide Auffassungen finden sich in *König Lear* wieder. In dieser Tragödie wollen Regan und Goneril, zwei der Töchter des Königs, ihren tatterigen Vater Lear vom Thron stoßen. An einer Stelle bittet er um Respekt und fragt: »Schämst du dich nicht, auf diesen Bart zu sehn?«[39] Im Grunde heißt das: »Hast du jeglichen Respekt vor mir, deinem Vater und König, verloren?« Das haben seine Töchter in der Tat, sie wollen ihn vom Thron zwingen. Als der treue Höfling Graf von Gloster ihn aus den Klauen seiner undankbaren Töchter rettet, muss er Regans Zorn erleiden. Er wird gefangen genommen, gefesselt und bekommt seinen Bart ausgerupft:

Gloster: Beim gütigen Himmel, das ist höchst unedel,
Zu raufen meinen Bart!
Regan: So weiß, und solch Verräter!
Gloster: Böse Frau,
Dies Haar, das du entreißest meinem Kinn,
Verklag' dich droben einst! Ich bin Eur Wirt;
Ihr solltet nicht mit Räuberhand misshandeln
Mein gastlich Angesicht.[40]

Gloster warnt Regan, dass sie sich selbst entehrt, wenn sie ihn entehrt, und dass diese Tat sich rächen wird. Als Lears Untergang trotz Glosters Bemühungen besiegelt ist, denkt der frühere König über seine Schwächen nach und erkennt sein größtes Versäumnis in seinem Stolz. Als er noch König war, so erinnert er sich, verhielt es sich folgendermaßen: »Sie schmeichelten mir wie einem Hunde und erzählten mir, ich hätte weiße Haare im Bart, ehe die schwarzen kamen. – Ja und Nein zu sagen zu allem, was ich sagte!«[41] Mit anderen Worten: Noch bevor er überhaupt erwachsen war, erzählte man Lear, er besitze die Weisheit eines alten Mannes. Die Schmeicheleien und Lügen seiner Berater hatten ihn zu Fehleinschätzungen verleitet, was wiederum letzten Endes zum

Aufstand gegen ihn führte. Zu spät wird ihm klar, dass er sich dumm gegenüber Natur und Wahrheit verhalten hat, die Hinweise seines eigenen Barts mit eingerechnet. Er hätte besser auf die Zeichen der Natur achten sollen.

Die Verknüpfung von Wahrheit und Natur war ein zentrales Thema in Shakespeares Werk und im Europa der Renaissance im Allgemeinen. Die »Wahrheit« bärtiger Männlichkeit war Teil dieses Denkens. Als natürliches Merkmal der Männlichkeit betrachtete man den Bart als integralen Bestandteil der maskulinen Persönlichkeit. Was dem Bart passierte, passierte auch dem Mann. Diese Gleichung kristallisiert sich in einer von Shakespeares berühmtesten Textstellen heraus, als der wehmütige und misstrauische Höfling Jacques in *Wie es euch gefällt* ausruft:

»Die ganze Welt ist Bühne, und alle Fraun und Männer bloße Spieler.«[42]

Wie ein Bühnendichter skizziert Jacques daraufhin das typische Leben eines Edelmanns in sieben Akten, von der Kindheit bis ins hohe Alter und zum Tod. Jeden Akt identifiziert er mit einer bestimmten Art von Bart. Als Soldat ist der junge Mann »voll toller Flüch und wie ein Pardel bärtig«. Später erscheint er als Friedensrichter »im runden Bauche ... mit strengem Blick und regelrechtem Bart, voll weiser Sprüch und Allerweltssentenzen«[43]. Es besteht eine natürliche Verbindung zwischen dem Mann und seinem Äußeren, auch wenn unser Leben in gewisser Hinsicht nur Theater ist.[44]

Gelegentlich wurde dieses Äußere auch Bestandteil eines Scherzes. In *Ein Sommernachtstraum* wird dem clownesken Laienschauspieler Zettel die Rolle des Pyramus übertragen, welcher vom Regisseur Squenz als »scharmanter, artiger Kavalier« umschrieben wird:

Zettel: Gut, ich nehm's auf mich. In was für einem Bart könnt ich ihn wohl am besten spielen?

Squenz: Nu, in was für einem Ihr wollt.

Zettel: Ich will ihn machen entweder in dem strohfarbenen Bart, oder in dem orangegelben Bart, oder in dem karmesinroten Bart, in dem ganz gelben.[45]

Der einfältige Zettel – nun wahrlich kein *method actor* – ist völlig besessen von der Effekthascherei eines künstlichen Barts statt vom inneren Wesen seiner Rolle. In seiner Begeisterung für das Tragen eines beeindruckenden Barts macht er die Männerehre zum Gespött, einschließlich seiner selbst. Wenn Shakespeare sich über Zettels Fixierung lustig machte, so wollte er jedoch nicht den Bart an sich verspotten oder seine Funktion als Fortsatz der Männlichkeit unterhöhlen, ganz im Gegenteil. Komödiantische Narren wie Zettel bestärkten die Botschaft von Shakespeares ernsteren Stücken – dass es nämlich eine natürliche Gesellschaftsordnung gibt, die Männern ihre Rolle und ihr Haar vorschreibt. Mit dem Wissen um diese Ordnung lässt es sich leicht über geringere Männer oder Jungen lachen, die sich mit blöden falschen Bärten verkleiden und absurde Dialoge führen.

Der bärtige Barde von Stratford hat intuitiv erfasst, welche Rolle die Gesichtsbehaarung in der Darbietung von Männlichkeit spielt. Andere Männer der Renaissance haben sich bemüht, die Sache auf logische und wissenschaftliche Weise zu begreifen. Die führenden Universitäten, insbesondere mit Blick auf die Medizin, befanden sich zu Shakespeares Zeit in Italien. Auf sie hat sich die Aufmerksamkeit der Physiologen gerichtet, um das natürliche Rätsel des Gesichtshaars zu lösen.

MARCO OLMO BAHNT DIE WISSENSCHAFT VOM BART AN

An den Universitäten der Renaissance waren die Professoren den Schauspielern von Shakespeare insofern nicht unähnlich, als von ihnen eine öffentliche Darbietung von einigem Sprachgeschick und mit Verve erwartet wurde. Die Hauptvorführung bestand aus der »Disputation«, einer formellen öffentlichen Auseinandersetzung, welche zeitlich und räumlich festgelegt war und in welcher der Gelehrte eine oder mehrere Thesen gegen die Anfechtungen des Publikums verteidigen musste. In einem Fall vermeldete ein Mann namens Albertazzi, der Logik an der Universität von Bologna lehrte und ganz klar sein Ansehen und seine Karriere voranbringen wollte, dass er am 28. November 1594 um neun Uhr morgens hundert Thesen der Geisteswissenschaft, der Logik, der Naturwissenschaft, der Mathematik, der Philosophie und der Theologie verteidigen werde.[46] Ob er damit Erfolg hatte oder nicht, ist nicht überliefert, aber es war sicherlich eine laute Angelegenheit, bei der Freunde und Kritiker enthusiastisch Lob und Schmach einwarfen. Eine ernsthafte Disputation zwischen Professoren konnte Tage dauern und dabei den Ruf der Teilnehmer verbessern oder ruinieren. Auch auf dem Papier rangelten die Gelehrten miteinander oder mit lange verstorbenen Instanzen über rechtliche, theologische und naturwissenschaftliche Angelegenheiten. Es war daher wenig überraschend, dass das Thema Gesichtsbehaarung auf dem Höhepunkt der Bartbewegung an Europas berühmtester Universität ebenfalls zur Streitfrage wurde.

Die moderne Wissenschaft, wie wir sie kennen, war Anfang des sechzehnten Jahrhunderts gerade erst im Entstehen: in den

Städten Italiens. Eine Generation vor Shakespeare hatte ein in Italien ausgebildeter Pole, Nikolaus Kopernikus, Mathematik und Observation angewendet, um antike und biblische Theorien über das Sonnensystem anzufechten. Zur selben Zeit stützte sich ein belgischer Medizinprofessor an der Universität von Padua, Andreas Vesalius, auf akribisches Sezieren, um seit Langem bestehende Fehler hinsichtlich der menschlichen Anatomie zu korrigieren. Im späten sechzehnten Jahrhundert hatten die europäischen Akademiker schließlich ihre kriecherische Verehrung antiker Autoritätspersonen wie Aristoteles, Galen und Ptolemäus so langsam abgelegt und einen neuen Kurs für die Wissenschaft bestimmt. Die Folge davon war natürlich auch ein größerer akademischer Wettbewerb. Und zu Beginn des siebzehnten Jahrhunderts kam aus Italien dann eben auch der Kopernikus der Bartwissenschaft: Marco Antonio Olmo (lateinisch Marcus Antonius Ulmus).

Über Olmo ist wenig bekannt, außer dass er aus Padua stammte und Professor der Medizin und der Naturphilosophie an der Universität von Bologna war, der größten und angesehensten Universität Italiens in der Renaissance. Im Jahr 1603 veröffentlichte er *Physiologia Barbae Humanae* (Die Physiologie des menschlichen Barts). Auf dreihundert eng beschriebenen Seiten präsentierte uns Olmo das Beste, was die Wissenschaft zum Thema Körper, Bart und Männlichkeit zu bieten hatte.

Olmo war überzeugt davon, dass die Gesichtsbehaarung in der medizinischen Wissenschaft und der Naturphilosophie übersehen und missverstanden worden war. Beim Begutachten der Literatur entdeckte er überall Fehler, und sein Buch zeugt vom Feuer und den Narben vieler Auseinandersetzungen, die er mit seinen Kollegen geführt haben muss. Olmo war der festen Überzeugung, dass die Annahme des antiken Mediziners Galen falsch war und die Hauptfunktion des Haars eben nicht in der Ausscheidung von körperlichen Abfallstoffen bestand. Auch das Argument des Naturphilosophen Julius Caesar Scaliger verwarf er, für den die Gesichtsbehaarung keinerlei Nutzen besaß und insbesondere der Schnurrbart eine lästige Behinderung darstellte. In der Natur geschehe nichts ohne irgendeinen Nutzen, beharrte Olmo und gab gleichzeitig bekannt, dass er durch äußerst sorgfältiges Vorgehen herausgefunden habe, weshalb es den Bart gebe. »Er dient weder dem Zwecke der Verzierung, des Alters, des Geschlechts, der Reinigung oder der Bedeckung«, schrieb er, »sondern ist etwas gänzlich anderes und erfüllt eine Aufgabe, welche der menschlichen Seele angestammt ist.«[47]

Heutzutage stellt die Seele kein klassisches Thema der Wissenschaft mehr dar, in der Renaissance war das allerdings der Fall. Die damalige Wissenschaft verschmolz (man könnte auch meinen verwechselte) antike griechische Wissenschaft, systematische Beobachtung und christliche Theologie miteinander. Der von christlichen Geboten wie von natürlicher Logik gelenkte Olmo nahm als Ausgangspunkt den allgemeinen Grundsatz, Haar sei ein Bestandteil des Körpers, welcher der Seele diene. Folglich diene auch das Haar in irgendeiner Weise der Seele. Dies tue es, schlussfolgerte er, indem es als äußerliches Zeichen des »geschlechtlichen Geists« und der männlichen Reife diene, als eine Manifestation der Lebenskraft, die in der männlichen Zeugungsfähigkeit stecke. Kurz gesagt: Gott schuf den Bart als körperliches Abbild des männlichen Geists.

Zwar macht Olmos Behauptung, das Haar entstamme dem Blut, für moderne Physiologen wenig Sinn, doch man kann ohne Weiteres mit seinem Beharren darauf sympathisieren, dass Haar mehr sei als Mittel zur Absonderung von Abfallprodukten, denn dieser Gedanke aus der Antike war ebenso falsch. In dieser Hinsicht war Olmo genauso in einen Kampf gegen die Irrtümer der Antike verstrickt wie Kopernikus und Vesalius. Olmos zweite große Behauptung ist ebenfalls plausibel: »Der Bart schließt sich unumstößlich den männlichen Fortpflanzungskräften unseres Geschlechts an.«[48] Wenn Männer die sexuelle Reife erreichen, so bemerkte er, »wird die Bart erzeugende Kraft von der männlichen Fortpflanzungsfähigkeit vorangetrieben, ihre eigene spezifische Aufgabe zu erfüllen, nämlich das Bekleiden und Ausstatten bestimmter Gesichtspartien mit Haaren, so als ob die männliche Fortpflanzungskraft mittels des Barts laut wie ein Trompeter herausschreien würde, dass sie nun eingetroffen ist«[49]. In seiner Darlegung wird diese These durch Beobachtung sowohl im positiven als auch im negativen Sinne bewiesen: Ein geschlechtsreifer Mann wird einen Bart tragen; umgekehrt ist ein Mann ohne Bart zeugungsunfähig. Den entscheidenden Beweis lieferten ihm die Eunuchen, die sowohl ihren Bart als auch ihre Potenz verloren, wenn sie vor der Pubertät kastriert worden waren. Er erkannte Ausnahmen von der Regel an, wie den Fall bärtiger Frauen zum Beispiel, doch seltene Ausnahmen entkräften nicht die allgemeine Regel.

Für Olmo bedeutete dieser Zusammenhang, dass der Bart von der Natur dazu bestimmt war, die maskulinen Eigenschaften einer Person zu kommunizieren. Rein medizinisch betrachtet, diene der Bart als »Indikator des Temperaments der Organe, welche derselben Kraft dienen, und insbesondere der Hoden« und »stellt diese Information in Einklang mit den übrigen zufälligen Eigenschaften zur Verfügung«.[50] Sprich: Anhand der Form und der Fülle eines Barts ließe sich die angeborene Vitalität eines Mannes bestimmen. Würde Olmo heute noch leben, er wäre stolz darauf, dass moderne Biologen eine ganz ähnliche Argumentation zur Erklärung der Entstehung des Barts heranziehen (siehe Kapitel 1).

Olmo wollte es allerdings nicht darauf beruhen lassen. Seiner Ansicht nach stellte das Gesicht einen wesentlichen Bestandteil der Seele dar, und jedes von der Natur dorthin platzierte Zeichen war von extremer Wichtigkeit. Er überdachte Aristoteles' Argument, wonach die Fortpflanzung das innerhalb des menschlichen Körpers wirkende göttliche Prinzip darstelle, das den Samen mit der Lebenskraft versehe, welche die Fortpflanzung ermögliche. Da der Bart so eng mit der Fortpflanzung verknüpft sei, müsse der Bart direkter Ausdruck der innerhalb des männlichen Körpers tätigen göttlichen Lebenskraft sein.[51] »Daher offenbart sich der göttliche Ursprung des Mannes«, schlussfolgerte Olmo, »welcher das Werk der göttlichen Zeugungskraft ist, passenderweise und angemessenerweise im göttlichen Körperteil desselbigen.« Folglich seien »die Bewegungen sämtlicher Geisteskräfte eindeutig in unseren Gesichtern erkennbar und können nur von den erfahrensten Männern abgelesen werden«[52].

Das ist eine starke Behauptung. Zu Olmos Verteidigung muss man sagen, dass Bärte schlicht eine unbeschreibliche Anziehungskraft besaßen, insbesondere zu seinen Lebzeiten. Olmo glaubte, er könne den nachhaltigen Eindruck des Gesichtshaars wissenschaftlich erklären, und seine Schlussfolgerungen kamen Shakespeares Ansichten in mancher Hinsicht gleich. Der Bart war für beide nicht einfach Teil des Mannes. Es sollte doch möglich sein, etwas vom inneren Mann zu erfassen, indem man das Haar auf seinem Gesicht betrachtete. Wie Shakespeare implizierte, hätte König Lear sein trauriges Schicksal vermeiden können, wenn er sich als junger Mann mehr Gedanken über den bescheidenen Zustand seines unreifen Barts gemacht hätte.

Der flämische Wissenschaftler Jan Baptiste van Helmont (1580–1644) war eine weitere Geistesgröße dieser Epoche, die glaubte, sie habe die wahre Bedeutung des Barts entdeckt. Heute kennt man van Helmont als Vorreiter in der Chemie, doch ähnlich wie Olmo vermischte er physische Observation mit metaphysischer Spekulation. Wie Olmo erkannte auch van Helmont einen direkten Zusammenhang zwischen dem Bart, der Männlichkeit und der Seele, doch im Unterschied zu diesem fand er das eher eine bedauernswerte als eine ehrenwerte Verbindung. Der Bart signalisiere in der Tat den Zustand der männlichen Seele, jedoch sei er das unglückliche Kennzeichen der Ursünde. Van Helmonts Berechnung nach wurde Adam im Garten Eden ohne einen Bart erschaffen. Das Essen des verbotenen Apfels habe in ihm allerdings eine solche Lust hervorgerufen, dass er Eva »deflorierte«. Daraufhin sei ein Bart an seinem Kinn gesprossen als Zeichen der Schande. Weiterhin behauptete van Helmont: »Darum dem ersten Verletzer der Sittsamkeit und Deflorierer einer Jungfrau kundgetan wird, wollte es Gott, dass Haare auf Kinn, Wangen und Lippen von Adam wachsen, sodass ihm geschehe... wie vielen der vierfüßigen Tiere.«[53] Von dieser Argumentation leitete der flämische Wissenschaftler eine Folgetheorie ab: Wenn der Bart eine Sünde ist, können wahre Engel unmöglich einen tragen. Taucht ein Geist mit einem Bart auf Erden auf, so kann er also unmittelbar als böse identifiziert werden.[54]

Die Vorstellung, dass Adam in Eden bartlos gewesen war, kursierte auch in der muslimischen Welt. Die muslimische Interpretation von Adams neuem Bart war allerdings exakt das Gegenteil derjenigen van Helmonts. Mohammad Baqir Majlisi zufolge, einem persischen Zeitgenosse van Helmonts, sei Adam mit Gott nach dem Exil wieder versöhnt gewesen und habe den Schöpfer um eine angenehmere Erscheinung gebeten. Als ihm ein schwarzer Bart zuteilgeworden sei, habe Adam gefragt, um was es sich da handle. Gott habe geantwortet: »Dies sei deine Zierde, und die Zierde deiner Männer und Kinder bis zum jüngsten Tage.«[55] Mit anderen Worten: Der Bart ist ein Segen und kein Fluch.

Obwohl die Künstler der Renaissance Adam häufig bartlos im Garten Eden abbildeten, war van Helmonts Auffassung, dass der Bart ein Zeichen der Schande darstelle, im Westen eindeutig die Ansicht einer Minderheit.[56] Die meisten Menschen dieser Zeit hatten eine bessere Meinung von den Absichten der Natur. Andererseits sorgte die Natur auch für Überraschungen, welche die Wissenschaftler in schwere Bedrängnis brachten. Eines der erstaunlicheren Rätsel war die Existenz bärtiger Frauen.

BÄRTIGE FRAUEN VERMIESEN DIE PARTY

Da die Menschen der Renaissance sich bemühten, die Gesetze der Natur zu entschlüsseln, waren sie unweigerlich fasziniert, wenn jene Gesetze scheinbar zusammenbrachen. Und eine bärtige Frau brachte die Gesetze definitiv zum Einsturz. Frauen mit dicken, vollen Bärten waren und sind eine Seltenheit, und jedes Beispiel rief großes Interesse, Ekel und gelegentlich auch Bewunderung hervor. Waren solche Menschen Männer, Frauen oder Hermaphroditen? Schwankte die Natur? Was hatte es zu bedeuten, wenn Geschlecht und Gender derart durcheinandergerieten?

Das treffendste Beispiel für das Interesse an bärtigen Frauen in der Renaissance ist das Porträt von Magdalena Ventura von

Jusepe de Ribera aus dem Jahr 1631. Eine lange Inschrift auf der rechten Seite des Porträts ist alles, was wir von seinem Motiv wissen. Unter der Überschrift »Betrachten Sie ein Wunder der Natur« wird erklärt, dass Magdalena eine aus den Abruzzen im südlichen Italien stammende Ehefrau und Mutter sei, der im Alter von siebenunddreißig Jahren ein Bart zu wachsen begann, welcher »so lang und dick war, dass er eher zu einem bärtigen Magister passte als zu einer Frau, die drei Kinder von ihrem Ehemann empfangen hatte«[57]. Riberas Zeichnung stellt das ganz klar heraus. Magdalena besitzt eine höhere Stirn als ihr Ehemann, welcher kleinlaut im Hintergrund steht, und ihr Bart ist weit

6.2 Porträt der Magdalena Ventura mit ihrem Sohn, von Jusepe de Ribera, 1631

beeindruckender. Ihre feste, kühne Pose trägt zusätzlich zu ihrem männlichen Auftreten bei. Gleichzeitig wird ihre Weiblichkeit betont: Sie wird von einer Spinnspule flankiert, säugt gerade ihr Kind und trägt die damalige Kleidung einer respektablen Frau.[58] Die Inschrift ist nicht wertend. Sinn und Zweck dieses Porträts war es, den Betrachter durch eine Frau zu erstaunen, deren Haar und Gesicht komplett männlich sind, die in jeder anderen Hinsicht aber weiblich ist. Die Natur kann einem ganz schöne Streiche spielen, schien Ribera sagen zu wollen, und ein Bart ist nicht unbedingt immer männlich.

Magdalena Ventura war nicht die einzige gefeierte Bartfrau der Renaissance. Die Schwestern Francesca, Maddalena und Antonietta Gonzales hatten im späten sechzehnten Jahrhundert viel Staub damit aufgewirbelt, dass ihre Gesichter und Körper vollständig behaart waren. Dasselbe galt für Barbara Vanbeck, die nur wenige Jahre, bevor Ribera Venturas Porträt anfertigte, in Augsburg geboren worden war.[59] Was sollten die Männer der Renaissance, die so viel in den Symbolismus des Barts investiert hatten, nur davon halten? Riberas Gemälde war in Auftrag gegeben worden von einem gebildeten und mächtigen spanischen Edelmann namens Fernando Afán de Ribera, Herzog von Alcala, der einen Großteil seiner Karriere als Diplomat und Vizekönig in Italien verbracht hatte. Die Sichtweise des Herzogs und seines Malers war in gewisser Weise eher traditionell. Für sie stellte Venturas Haar ein Wunder dar – ein Geschenk –, ähnlich dem der im Mittelalter aufgezeichneten wundersamen Bärte. Die Legenden der heiligen Galla von Rom, der heiligen Paula von Avila sowie der heiligen Wilgefortis (Kümmernis) sind Beispiele dafür, und ihnen ist eine ähnliche Storyline gemeinsam. In allen Fällen wurde einer Frau, der eine unerwünschte Ehe drohte, das Wunder einer entstellenden Gesichtsbehaarung zuteil. Dadurch wurde die Ehe verhindert und die Frau durfte ihr Leben fortan in den Dienst Gottes stellen.[60] Die heilige Galla und die heilige Paula wurden zu heiligen Zölibatärinnen, die heilige Wilgefortis aber wurde angeblich von ihrem erzürnten Vater, dem König von Portugal, gekreuzigt. Die seltsame Erzählung von Wilgefortis erfreute sich im Mittelalter ziemlicher Beliebtheit, denn sie vereinigte das ältere Thema des wundersamen Barts mit der Leidensgeschichte Christi. Auch sprach sie das Leiden der Frauen unter der männlichen Tyrannei an.

Im mittelalterlichen Sagengut machten die wundersamen Bärte auserwählte Frauen geschlechtslos und ermöglichten dadurch die Flucht vor männlichen Zwängen. Riberas Gemälde von Magdalena Ventura hat mit diesen Geschichten das Erstaunen über das Wundersame gemeinsam, verwirft jedoch die Geschlechtslosigkeit. Ventura wird dargestellt als Frau, die nicht von ihrem Ehemann befreit worden war, auch wenn er in den Hintergrund gedrängt wurde. Ebenso wenig entkam sie ihren mütterlichen Pflichten. Stattdessen hat sich der Künstler sehr bemüht, ihre grundlegende Weiblichkeit herauszukehren. Die Botschaft lautet: Der Bart mag von den Gesetzen der Natur abweichen, er unterhöhlt jedoch weder Geschlecht noch Gender.

Die Einstellungen den haarigen Gonzales-Schwestern gegenüber waren ganz ähnlich. Heutzutage nennt man ihre seltene genetische Krankheit Hypertrichose. Ihnen wuchs dickes Haar über den gesamten Körper, nicht nur im Gesicht. Dieses vom Vater vererbte Merkmal betraf einen der Söhne sowie alle drei Töchter. Wie es später auch bei Ventura der Fall war, so wurden diese Promis der Anomalie sehr bewundert, und einzelne Familienmitglieder wurden von mächtigen Familien regelrecht »gesammelt«. Der Vater bekam Mitte des sechzehnten Jahrhunderts eine kleine Anstellung am französischen Königshof und Teile seiner Familie wurden zu Angehörigen der Familie Farnese in Norditalien.[61] Wilhelm V., Herzog von Bayern, gab lebensgroße Porträts einzelner Familienmitglieder in Auftrag. Die großen Gemälde errangen eine ganze Menge Aufmerksamkeit, als sie von Wilhelms Onkel auf Schloss Ambras, seiner Sommerresidenz, gezeigt wurden. Kopien dieser Werke wurden zusammen mit im späten sechzehnten Jahrhundert bis frühen siebzehnten Jahrhundert angefertigten neuen Porträts und Skizzen in ganz Europa verbreitet und in akademischen Büchern abgedruckt. Riberas Porträt hatte Magdalena Ventura als kultivierte, mütterliche Frau dargestellt, und genauso betonten die Porträts der Gonzales-Frauen deren Eleganz und damenhaftes Benehmen. Diese Frauen wurden weder als Heilige noch als Monster angesehen, sondern als außergewöhnliche Menschen, welche die Natur auf geradezu verschwenderische Art und Weise beschenkt hatte.

Die Bartbewegung der Renaissance gründete sich auf dem Prestige des Natürlichen sowie auf der Art und Weise, mit der die männliche Ehre von natürlichem Haar bekräftigt wurde, doch die Männer der Renaissance waren in der Lage, dieses Bekenntnis mit einem Glauben an das Außergewöhnliche zu versöhnen. Die Bilder bärtiger Frauen stellten ein Versöhnungshandeln dar, sie zeigten Frauen, die männliche Eigenschaften angenommen hatten, ohne dass sie zum Mann geworden waren. Die erfolgreiche Regentschaft von Königin Elizabeth von England wäre ohne die Akzeptanz dieses Gedankens nicht möglich gewesen. Dennoch waren viele Zeitgenossen auch angewidert von bärtigen Frauen und weiblichen Herrschern. Gerade die glühendsten Verfechter der Renaissance-Bartbewegung waren dieser Ansicht, so verpflichtet wie sie dem Gedanken waren, dass Bärte ein zuverlässiger Beweis männlicher Überlegenheit darstellten. Pierio Valeriano erklärte 1531: »Es ist von jeher ein abscheulich Ding gewesen, eine Frau mit einem Bart.«[62] Über ein Jahrhundert später erklärte der englische Physiologe und Naturphilosoph John Bulwer eine Frau mit Barthaaren ebenfalls sogar zum »Monster«.[63] Johannes Barbatium beharrte darauf, dass Frauen zwar Haare wachsen mögen, sie allerdings nie einen echten Bart hervorbringen könnten, denn wenn sie es könnten, wären sie keine Frauen, sondern Hermaphroditen oder eine ähnliche Sorte »grässliches Wesen«.[64]

Der italienische Bartwissenschaftler Marco Olmo hatte eine differenziertere Betrachtungsweise. Er leugnete weder, dass Bartfrauen echte Frauen waren, noch erklärte er sie zu Monstern. Gleichzeitig äußerte er weder Kenntnis noch Interesse an tatsächlichen Fällen von Bartfrauen wie etwa den Schwestern Gonzales. Eine von ihnen war nur wenige Jahre vor der Veröffentlichung seiner Arbeiten zum Thema Bart übrigens von einem seiner Kollegen an der Universität Bologna untersucht worden. Beim Ausarbeiten seiner Theorie verließ Olmo sich mehr auf altertümliche Quellen als auf Versuche oder Observationen. Beim Thema Bartfrauen folgte er Texten von Hippokrates, indem er ihren Zustand als mit einer Störung des Frauenzyklus zusammenhängende Krankheit beschrieb. Schlafe eine Frau regelmäßig mit ihrem Mann und ihre übliche Menstruation bleibe aus, so verzeichne ihr Blut einen Anstieg an Lebensglut; diese Anhäufung männlicher Essenz könne das Haar wie beim Mann wachsen lassen. Womöglich war Olmo sich darüber im Klaren, dass die Schwestern Gonzales seine schmucke Theorie über Bord werfen würden. Sie hatten lange vor ihrer sexuellen Reife jede Menge Haar an ihrem Körper, und der Kontakt mit Männern hätte ihren

Zustand kaum erklären können. Somit hätte Olmo zugeben müssen, dass er nicht wirklich wusste, wieso manchen Frauen ein Bart wächst.

Die Existenz haariger Frauen reichte jedenfalls nicht aus, um der Begeisterung für die Bart-Renaissance einen Dämpfer zu versetzen. Vom frühen sechzehnten bis zum frühen siebzehnten Jahrhundert, also mehr als ein Jahrhundert lang, ertönte vonseiten der Kirchenmänner, der Dichter und Wissenschaftler ein einstimmiger Lobgesang auf den Bart. Von einem selbstbewussten Humanismus angestachelt, richteten gebildete Europäer ihre Aufmerksamkeit auf die menschliche Natur und den menschlichen Körper. In ihren Körpern und Bärten fanden sie die Legitimation für ihre Stellung als Mann, welcher von der Natur mit den Tugenden Weisheit und Stärke ausgestattet worden sei und deshalb sozialen Respekt verdiene.

Kapitel 7
DIE RASUR DER VERNUNFT

Nach über einem Jahrhundert der Bärtigkeit ließen die europäischen Männer die Gesichtsbehaarung im späten siebzehnten Jahrhundert erneut hinter sich. Was darauf folgte, war das glattrasierteste Jahrhundert der westlichen Geschichte. Es war auch das Jahrhundert des Absolutismus, als die europäischen Herrscher ihre Macht zentralisierten und einen höheren Grad an Eleganz, Anmut und Disziplin von ihren Untertanen einforderten. Diese Wende in Richtung einer regulierteren Gesellschaft war auf die Umwälzungen der Reformation gefolgt, welche zu den Bürgerkriegen in Europa beigetragen hatte, darunter die französischen Religionskriege, der englische Bürgerkrieg sowie der grausame Dreißigjährige Krieg im deutschsprachigen Raum. Das Streben nach gesellschaftlicher Ordnung verlangte von den Männern die Pflege von Körper und Gesicht sowie den Beweis ihrer Willigkeit und Fähigkeit, raffinierte Benimmregeln zu befolgen.

Der Niedergang der Gesichtsbehaarung fiel mit der Geburt der Aufklärung zusammen, welche auf das Jahr 1687 datiert werden kann, in dem Isaac Newton sein wissenschaftliches Meisterwerk *Principia Mathematica* veröffentlichte. Newtons präzise mathematische Erklärung der Gesetzmäßigkeiten der Physik wurde zum Maßstab der Suche nach den Gesetzmäßigkeiten der Natur, welche die menschlichen Angelegenheiten bestimmten, darunter Ökonomie, Recht, Politik und Geisteswissenschaften. Nur wenige Jahre vor der Veröffentlichung von Newtons Buch hatten König Ludwig XIV. von Frankreich und sein Hof ihre hauchdünnen Schnurrbärte abgelegt, die letzten Überbleibsel der Bartbewegung der Renaissance. Diese Hinwendung zur Vernunft und zur Rasierklinge stand weder in einem direkten Zusammenhang, noch geschah sie rein zufällig. Da die Beherrschung der Natur mittlerweile nötiger und plausibler denn je erschien, passte es gut, dass die maßgebliche Männlichkeit eine Neudefinition als Sache von Vornehmheit und Bildung erfuhr. Das natürliche Haar war nun weniger verlockend; ein sorgfältig rasiertes Gesicht, das von einer stark gestylten Perücke gerahmt wurde, schien sich für die von diesem Jahrhundert angestrebte Art von Männlichkeit eher zu ziemen.[1]

LUDWIG XIV. GIBT EINE ELEGANTE FIGUR AB

Hyacinthe Rigauds berühmtes Porträt von König Ludwig XIV. auf dem Gipfel seiner Macht im Jahr 1701 veranschaulicht diese Themen äußerst eindringlich (Abbildung 7.1). Dem heutigen Betrachter scheint es ungeheuerlich, dass ein mit weißen Strümpfen, Spitzenrüsche, rot bebänderten hochhackigen Schuhen und riesiger gelockter Perücke geschmückter Mann der Inbegriff maskuliner Größe gewesen sein soll. Doch genau das war er. Dies ist das Porträt eines der erfolgreichsten, am meisten bewunderten und imitierten Monarchen der Geschichte. Die Macht und der Glanz, die von Ludwigs Hof ausgingen, machten diesen französischen Stil mehr als ein Jahrhundert lang zum Maßstab der feinen Gesellschaft.

Ludwig wollte auf diesem Porträt mehrere ihn selbst betreffende wichtige Botschaften kommunizieren. Zunächst, dass am Sonnenkönig rein gar nichts Kleines zu finden sei. Seine Roben, seine Ärmel und sein Haar sind allesamt groß. Er war ein großer Mann, der durch hochhackige Schuhe und eine gewaltige Perücke sogar noch größer gemacht wurde. In diesem Sinne gab er zweifelsohne eine beeindruckende Figur ab. Doch Größe war nicht alles. Er war eindeutig stolz auf seine Beine, und sie wollte er am effektvollsten in Szene setzen. Ludwig und sein Königshof betätigten sich in einem raffinierten Tanz – im wörtlichen wie im übertragenen Sinn –, welcher die wohlgeordnete Gesellschaft und Staatsführung widerspiegelte, der er vorstand. Seine gelassene Beherrschung der verworrenen politischen und gesellschaftlichen Rituale war unerlässlich für die Aufrechterhaltung der Ordnung und des Wohls der Allgemeinheit. Alles an ihm zeugte von Finesse und Anmut. Sowohl Überfluss als auch Ordentlichkeit finden sich in seinem gesamten Erscheinungsbild wieder, von seiner wogenden Hermelinrobe bis zu seinen wallenden Locken. Alles wurde kunstvoll gefertigt und arrangiert. Nichts durfte dem Zufall überlassen werden, und naturbelassenes Haar war definitiv zu riskant für eine solch ausgeklügelte Show. Obwohl Ludwig und andere mächtige Männer Mitte des siebzehnten Jahrhunderts gestylte Bärte und Schnurrbärte getragen haben, wurde auch noch dieses kleine Anzeichen natürlicher Gaben bis zum Jahr 1680 dann eliminiert. Dafür stellte der königliche Hof Dutzende

7.1 Porträt König Ludwigs XIV. von Hyacinthe Rigaud, 1701

Perückenmacher ein, die rund um die Uhr arbeiteten, um den König und die Edelmänner mit einer etwas anderen Sorte prächtiger und sorgsam regulierter Haartracht auszustatten.

Rigauds Porträt ist ein stark gestyltes Bild von einem sehr gestylten Mann, es stellt jedoch die Persönlichkeit und die Ideale des Königs wirklichkeitsgetreu dar. Ludwig war der Star-Schauspieler in Europas größter Bühnenproduktion mit Tausenden anderen Mitwirkenden am glanzvollen Hof von Versailles. Zum Zeitpunkt des Porträts lebten dort etwa zehntausend Adelige mit ihren Familien wenigstens einen Teil des Jahres über. Es gab weitläufige, gepflegte Parks zum Spazierengehen, schimmernde, goldbesetzte Säle zum Essen und Tanzen sowie unzählige Salons für Spiele und Konzerte. Im Zentrum des Ganzen stand der Sonnenkönig persönlich, Quell politischer Energie und gesellschaftlichen Lebens. Für Ludwig bestand kein Unterschied zwischen der Pflege seines Körpers und der Pflege seines Staats. Die Männer, die in seiner Gunst am höchsten standen, waren diejenigen, die den intimen Augenblicken seiner täglichen Körperpflege-Rituale beiwohnen durften, insbesondere seiner Morgentoilette. Diese war wie der Rest seines Tags ein sorgfältig choreografiertes Ritual. Jeden Tag wurden ein paar Glückliche auserwählt, das königliche Schlafgemach zu betreten, um für sich selbst oder jemand anderen ein Wort einzulegen, während ihr Monarch aus seinem Bettzeug schlüpfte und Schuhe, Strümpfe und Perücke anlegte.[2] Jeden zweiten Morgen rasierte sich der König, während ein Bediensteter einen Spiegel hochhielt, während er lauschte, um welchen Gefallen dieser oder jener Edelmann ihn bat.

Es ist nur selten vorgekommen in der Geschichte, dass die Gestaltung des Staatskörpers derart eng mit der Gestaltung des Körpers des Herrschers verknüpft war. Trotz aller Mängel und

Tyranneien war das streng regulierte Regime Ludwigs XIV. ein Sieg der Ordnung über das Chaos und Trauma, das Frankreich während eines Jahrhunderts der Religions- und Bürgerkriege hatte erdulden müssen. Die Leidenschaften und Wirren der Reformation hatten das Feuer religiöser Wut zwischen Katholiken und Protestanten entzündet und heftige Rivalitäten zwischen einzelnen aristokratischen Gruppen entfacht. Jene Feuer waren schließlich in den Neunzigerjahren des sechzehnten Jahrhunderts verglüht, und eine neue Ordnung konnte Gestalt annehmen. Gegen einen Hauptanteil an Sonderrechten im Rahmen der neuen in Versailles zentralisierten Ordnung legte der französische Adel der Monarchie ein Monopol aus Kraft und Gewalt zu Füßen. Die Kriegswaffen wurden zugunsten eines anmutigen Balletts politischer und sexueller Intrigen gestreckt, welches mit der Zeit immer raffinierter wurde. Die Vorschriften für Körper und Benehmen waren wesentlicher Bestandteil dieser gesellschaftlichen Neuordnung. Wie das Porträt Ludwig XIV. zeigt, wurde die Männlichkeit so umgestaltet, dass sie Geschmack und Raffinesse statt Kraft und Affekt betonte. Die Anziehungskraft dieses neuen Leitbilds für Europa lässt sich leicht nachvollziehen. Frankreich hatte eine Lösung für die Missstände seiner Zeit gefunden, und die anderen Nationen rissen sich darum, diesem Beispiel zu folgen. Als sich das siebzehnte Jahrhundert seinem Ende näherte, waren Strümpfe, Spitze, Perücke und Rasiermesser zum absoluten Muss für jeden Europäer geworden, der in der Gesellschaft Einfluss nehmen wollte.

Auch wenn Ludwig XIV. die neue maskuline Mode vorantrieb und zu ihrem Vorzeigebeispiel wurde, hat weder er noch irgendein anderer König sie aus eigener Initiative herbeigeführt. In den 1620ern, zu Lebzeiten von Ludwigs Vater Ludwig XIII., war der allem Weltlichen zugewandte Kirchenmann Louis Barbier, der Abt von La Rivière, am Hof erstmals mit blonder Perücke aufgetaucht. Ludwig XIII., der seit seinem zwanzigsten Lebensjahr von Kahlköpfigkeit geplagt war, folgte bald darauf seinem Beispiel.[3] Im Jahr 1634 hatte der königliche Hof dann bereits vierunddreißig Barbiere und Perückenmacher angestellt. Wobei das nicht das endgültige Ende des Barts bedeutete, denn der König behielt einen stark gestylten Kinnbart und Schnäuzer bei. Perücken und Bärte führten eine Zeit lang eine etwas unangenehme Koexistenz. Das natürliche Haar war jedoch oftmals unvereinbar mit den Fertig-Locken und limitierte die Wahlmöglichkeit bei der Perücke. Folglich verschwanden die Bärte nach und nach, und die Schnäuzer wurden kleiner und kleiner. Der Tod des Königs im Jahr 1643 verschaffte seinem jungen Sohn den Thron unter der Obhut von Regenten. Der neue König hatte mit seinen Haaren mehr Glück als sein Vater, und da er eigene lange Locken sein Eigen nennen konnte, verzichtete er auf Perücken. Die Ehrenmänner seines Hofs und der Stadt Paris gaben allerdings weiter Geld für die Dienste von Perückenmachern aus. 1673, als Ludwig in seinen Dreißigern war und ihm langsam die Haare ausfielen, lenkte er endlich ein, gab eine wallende Lockenpracht für sich selbst in Auftrag und billigte die Gründung einer neuen Innung für zweihundert Meister-Perückenmacher in Paris. Kurz darauf legte er auch noch seinen dünnen Schnurrbart ab. Die Ära der imposanten Haare und glatten Gesichter hatte wirklich und wahrhaftig begonnen. In England war Karl II. Ludwigs Umstellung auf die Perücke zuvorgekommen, aber erst, nachdem einige seiner führenden Adeligen dies getan hatten. Der Drang in Richtung sorgfältig zurechtgemachter Männlichkeit saß tief und fest.

Dieser Übergang vom natürlichen zum falschen Haar war

indes weder leicht noch einfach. Es dauerte eine Weile, bis die Menschen sich daran gewöhnt hatten, und einige trotzten der Sache hartnäckig. Die Erfahrungen des englischen Tagebuchschreibers Samuel Pepys liefern einen Einblick in die ruckeligen Anfänge des Perückentrends. Pepys war ein ehrgeiziger Staatsbediensteter der Admiralität, der talentiert und eitel genug war, um eine detaillierte Schilderung seines Lebens inmitten der Londoner Oberschicht zu verfassen. Als er in den 1660ern eine Position höher rückte, war er sehr darauf bedacht, mit der Mode Schritt zu halten. 1663 war er immer noch unentschlossen, ob er sein natürliches Haar zugunsten eines Toupets abrasieren solle; er habe sich umgeschaut, aber noch nichts gekauft, schrieb er nieder. Im Oktober wagte er dann den entscheidenden Sprung. Er gab eine Perücke in Auftrag und nahm seine Frau mit zum Perückenmacher, um sie zu begutachten. Zu seinem Glück willigte sie ein. Teil seiner Sorge waren die Kosten. Die Perücke selbst plus Accessoires wie der Schachtel zur Aufbewahrung, Reiniger und Kämme war nicht billig, doch er beruhigte sich damit, dass dies ein wertvolles Social Investment war. Seinem Tagebuch vertraute er sich wie folgt an: »Es ist nicht gut, wenn ich nicht meiner Stellung gemäß gekleidet bin.«[4] Eine weitere Sorge Pepys war, dass die anderen seinen neuen Look affektiert finden könnten. Vor seinem ersten Arbeitstag war er äußerst nervös und anschließend erleichtert, weil sein neuer Stil kein Aufsehen unter seinen Vorgesetzten erregt hatte. Sein Machtanspruch als »Bigwig« (hohes Tier) war also akzeptiert worden.[5]

Schon bald entdeckte Pepys die Vor- und Nachteile von Haarteilen. Im Frühjahr 1665 erkältete er sich und führte dies darauf zurück, dass er seine Perücke zu wenig getragen und dadurch seinen kurz geschorenen Kopf zu sehr den Elementen ausgesetzt habe. Einmal bekam er Zweifel an der ganzen Sache und ließ sein eigenes Haar wieder wachsen. Letzten Endes stellte er aber fest, dass er sich an den Komfort der Perücke gewöhnt hatte. Und er legte sogar noch einen drauf. Im Frühjahr 1667 kaufte er zwei neue und erlesenere Haarteile eines französischen Perückenmachers und ging den darauffolgenden Sonntag in die Kirche, um damit »großzutun«.[6] Je imposanter das Haar, desto höher der Status des Trägers.[7]

Wie der Fall Pepys zeigt, sind Perücken im späten siebzehnten Jahrhundert zum unerlässlichen Accessoire von Männlichkeit und Status geworden, was den Bart unbedeutend und abnorm machte. Die Traditionalisten beklagten diese Wendung, auch wenn sie sich nach und nach beruhigten. Im westlichen Deutschland sah Johann Michael Moscherosch, ein Satiriker, der das Leben in seinem vom Krieg zerrütteten Heimatland persiflierte, die Aufgabe des natürlichen Haars als unehrlich und undeutsch an.[8] John Bulwer, ein Wissenschaftsautor im England der 1650er Jahre, kritisierte die »Barthasser« seiner Tage, die unverhältnismäßig wütend darüber schienen, dass die Natur den Männern Haare um den Mund wachsen lasse.[9] Diese Einstellung sei falsch, argumentierte er, weil in der Natur alles einen Sinn mache, so auch die Gesichtsbehaarung. Bulwer zitierte wohlwollend Marco Olmo und stimmte mit ihm überein, dass die Natur den Bart als »Index« für die männliche Seele beabsichtigt habe. Somit sei es »eine Respektlosigkeit gegenüber dem Naturgesetz«, ihn einfach abzuschaffen.

Es war kein Zufall, dass Bulwer seine Verteidigung des Barts zu einer Zeit lancierte, als seine Gegner in England, die sogenannten »Roundheads« (Rundköpfe), bei denen es sich um Anhänger des Parlaments im Kampf gegen König Karl I. handelte, das aristokratische lange Haar ablehnten und sich durch das

Scheren ihres Kopfs und ihres Barts abgrenzten.[10] Wenn er die »Barthasser« kritisierte, dann traf er damit auch die »unnatürliche« und »verweichlichte« Politik seiner Rivalen.

Ein Bollwerk der Verteidigung des Barts blieb das lutherische Sachsen, wo Perücken bis 1662 komplett verboten waren. Und selbst nachdem dieses Verbot zu Fall gebracht worden war, verteidigten die sächsischen Gelehrten und Pastoren noch die natürliche Männlichkeit. Jakob Thomasius, Philosophieprofessor an der Universität zu Leipzig, ein berühmter Philosoph und einstiger Mentor des Mathematikers und Philosophen Gottfried Wilhelm Leibniz, lehrte 1672 die kulturelle Bedeutung des Barts. 1698, eine Generation später also, veröffentlichte Georg Caspar Kirchmaier, ein Professor der Wittenberger Universität, eine weitere gelehrte Abhandlung, in der er auf dem moralischen Wert des männlichen Haars beharrte. Er prangerte die »Barthasser« an und behauptete, dass die Natur den Männern den Bart als Zeichen ihrer Würde und Vorherrschaft gegeben habe, womit er wie ein moderner Bulwer klang.[11] Kirchmaier fürchtete den Verlust männlicher Autorität – sowohl des Einzelnen als auch des Kollektivs –, falls die Männer ihr gottgegebenes »Ornament« aufgeben sollten.

In jenem sächsischen Eifer des Gefechts kam der zugänglichste und vernünftigste Beitrag 1690 aus der Feder von Samuel Theodor Schönland, einem lutherischen Pfarrer in Lommatzsch. Als bärtiger Pastor wurde er durch die Publikation eines anonymen Traktats zum Handeln angetrieben, das den Bart der Geistlichen als gesellschaftsfeindlich und eitel attackierte. Schönland griff zur traditionellen Verteidigung, indem er Valeriano zum Thema Nutzen für die Gesundheit zitierte und den Willen der Natur bekräftigte, »Männer mit Bärten auszustatten, um ihre Autorität zu vergrößern«.[12] Er lieferte aber auch originellere Argumente, in einer Rede über den positiven Beitrag des Barts zu den männlichen Tugenden etwa: »Ein guter Mann stöbert von überall her Anreize für die Rechtschaffenheit auf«, schrieb Schönland. »Wieso sollte er dies nicht auch mithilfe seines Barts tun?«[13] Der Bart sei ein symbolhafter Ausdruck des maskulinen Ideals: Kürze ein Mann seinen Bart, damit er nicht wild und zerzaust wachse, so werde er gleichzeitig daran erinnert, seinen Geist zu veredeln, frohen Mutes zu bleiben und extreme Gefühle wie Schwermut und Frivolität zu meiden. Halte er seinen Bart sauber, so denke er auch daran, sein ganzes Selbst unbefleckt von Täuschung und Lügen zu halten. Die Vermeidung von Färbemitteln und das stolze Vorzeigen seines natürlichen Haars ermutigten einen Mann dazu, in Ehrlichkeit und gutem Glauben zu handeln.[14] Für Schönland war der Bart nicht nur ein Symbol der Rechtschaffenheit, sondern auch ein Mittel, um diese zu erreichen, dessen Verlust die Männer im wörtlichen wie im übertragenen Sinn mit weltlichen Versuchungen in Kontakt bringen würde.

Schönlands Argumente und die anderer sächsischer Konservativer stellten sich allerdings als nutzlos heraus, und die deutschen Protestanten schlossen sich den restlichen Westeuropäern in ihrer Rasiermesser-Ergebenheit an. Der calvinistische Geschichts- und Rechtsprofessor Johann F. W. Pagenstecher in Marburg verfasste 1708 eine wackere und gelehrte Abhandlung über die Tugenden des Barts und eine weitere im Jahr 1714, in der er mithilfe klassischer und biblischer Geistesgrößen beweisen wollte, wie Bärte bei der Erhaltung der gesellschaftlichen Autorität von Männern mitgeholfen hätten.[15] Aber es war bereits zu spät. Rasiermesser und Perücke besaßen mehr Überzeugungskraft, und eine Porträtgravur von Pagenstecher entlarvt ihn im Übrigen selbst als Träger einer modischen Lockenperücke und eines glatt rasierten Gesichts.

Im achtzehnten Jahrhundert war Gesichtshaar nirgends außerhalb von Enklaven auffindbar, die sich absichtlich vom Mainstream abschnitten. Die Mennoniten, eine protestantische deutsche Sekte, waren eine solche Gruppe, und ihre störrische Bärtigkeit wurde für sie ein Sinnbild des Wiederstands. Nachdem sie im sechzehnten Jahrhundert wegen ihrer Ablehnung staatlicher Autorität verfolgt worden waren, hatten sich die bibeltreuen Mennoniten zusammen mit den Amischen, einer kleineren Splittergruppe, in ländliche Gegenden der Schweiz, Deutschlands und Frankreichs zurückgezogen, wo sie an alten Lebensmustern festhielten. Viele von ihnen emigrierten später in die von William Penn gegründete Kolonie Pennsylvania, wodurch sie sich erneut vom Rest der Gesellschaft absonderten. Bis heute kann man die Mitglieder beider Gruppen sofort an ihrer altmodischen Kleidung und ihrem altmodischen Haarstyling erkennen, einem tatsächlichen Überbleibsel aus dem Europa der Reformation: Hauben und langes Haar für Frauen; breite Hüte und lange Bärte für Männer. Insbesondere die Amischen bewerten den Stil ihrer Haare und Kleider als Beweis dafür, frei von den Verderbtheiten der Welt zu sein. Wie ihr Gründer Jakob Ammann 1693 insistierte: Diejenigen, die »sich der Welt mit rasiertem Bart und hochmütiger Kleidung anpassen wollen«, sollten entweder von der Kirche bestraft oder verbannt werden.[16] In den Hügellandschaften von Pennsylvania, Ohio und anderen US-Staaten findet man noch heute Nester der längst verschwundenen Bartbewegung der Renaissance.

Während sich die Bartträger in Mitteleuropa also in Sicherheit zu bringen versuchten, sahen sich die Vertreter einer sogar noch älteren und stolzeren Tradition stark behaarter Männlichkeit mit einem Generalangriff seitens einer der eindrucksvollsten Figuren der europäischen Geschichte konfrontiert: dem grausamen und über zwei Meter großen Zaren von Russland.

PETER DER GROSSE SCHERT DIE VERGANGENHEIT HINFORT

Im Jahr 1682, als Ludwig XIV. auf dem Gipfel seiner »perückten« Macht die schimmernden Säle von Versailles durchschritt, stand das weitläufige, wenngleich relativ bescheidene russische Reich unter der Herrschaft eines heiklen Geschwister-Triumvirats: Zar Iwan, ein kränklicher und begriffsstutziger Vierzehnjähriger; dessen großer und rüstiger Halbbruder und Co-Zar Peter im Alter von zehn Jahren; sowie beider Regentin Sophia, Iwans vierundzwanzigjährige Schwester. Wie man sich vorstellen kann, waren mit diesem Gefüge die politischen Schwierigkeiten vorprogrammiert. Ein Block mächtiger Familien stand auf Sophias und Iwans Seite, ein anderer reihte sich hinter Peter auf. Peter war zwar noch sehr jung, doch Iwans Geist und Körper waren sichtlich schwach. Gefahr und Intrigen schwebten über dem Kreml, und Peter war bereits Zeuge fürchterlicher Szenen politischer Gewalt- und Racheakte geworden, als man viele seiner adeligen Unterstützer vor seinen Augen bedroht, verbannt oder sogar umgebracht hatte. Nur Peter selbst war verschont worden, um ein noch schlimmeres Blutvergießen zu verhindern.

Kein Wunder, dass der junge Prinz so viel Zeit wie möglich an seinem Rückzugsort außerhalb der Stadt verbrachte, wo er sich an der Gesellschaft von Fremden aus ganz Europa erfreute, die ihm Geschichten von der Welt da draußen mit ihren fantastischen neuen Technologien und ihrem militärischen Ruhm erzählten. Besonders gefesselt war Peter von Schiffen, Flotten und Seehandel, welche er schnell als Geheimnis von Wohlstand und Macht einer Nation ausmachte. Er lernte sogar Holländisch, weil dies die Sprache von Europas größten Seefahrern war. Der junge Zar fand sein eigenes Land dagegen erschreckend rückständig und primitiv und meinte, es habe ausländisches Know-how bitter nötig. Regelmäßig lud er holländische, britische, österreichische, deutsche und polnische Besucher (Franzosen und Schweden hingegen nicht, denn sie waren militärische und politische Rivalen) auf seinen kleinen Königshof auf dem Land ein und ersuchte sie um allerlei Information und Expertise. Gleichzeitig kopierte er eifrig ihre ausländischen Moden und Manieren.[17] Noch bevor er eigenständiger König wurde, träumte er davon, Russland in die Familie der europäischen Königshäuser einzuführen und mit den großen Nationen auf Augenhöhe zu wetteifern. 1689, mit gerade einmal siebzehn Jahren, wagte er den Vorstoß, sägte Sophia ab und drängte Iwan zur Seite mit der entscheidenden Hilfe von Elitemilizen und Kirchenführern. Von da an konnte der ehrgeizige Teenager uneingeschränkt herrschen.

Als alleiniger Machthaber hatte er nun die beängstigende Aufgabe vor sich, Russland seinem Willen zu unterwerfen. Dabei waren seine primären Waffen das Schwert und die Schere. Mit dem Schwert seines Militärs besiegte er die Gegner daheim und im Ausland, wodurch Russland zunehmend an globaler Bedeutung gewann. Mit der Schere in den eigenen Händen und in denen seiner Gefolgsleute scherte er Russlands Bärte ab, wodurch er das alte Moskowien von seinen traditionellen Ankern trennte und es auf die rauen Gewässer europäischer Modernität warf. Es mag einem seltsam erscheinen, dass sich der neue Zar so viel aus Bärten machte, doch in Russland war der Bart keine Frage der Mode; er war integraler Bestandteil der männlichen Identität – seit Urzeiten ein Wesensmerkmal von sowohl Gläubigkeit als auch männlicher Ehrbarkeit. Peter der Große führte einen aggressiven Krieg gegen das Haar, weil er genau wusste, dass er damit den Traditions- und Widerstandsgeist ausheveln würde können.

Zur Wende kam es 1698, als sich der sechsundzwanzigjährige Monarch auf Europareise befand. Eliteeinheiten der Gardisten, die seit langer Zeit schon mit Sophia und Iwan verbündet waren, hassten die Vergünstigungspolitik ihres Königs für alles Fremdländische sowie die Lohnkürzungen, die sie hatten hinnehmen müssen. Sie nutzten also seine Abwesenheit aus, um ihn vom Thron zu zwingen und Sophia an seiner statt dort zu platzieren. Mit dem Nicht-Russischsein Peters des Großen hatten die Rebellen nicht ganz unrecht. Während er fort war, hatte sich der Zar, der niemals den obligatorischen russischen Bart getragen hatte, auch der russischen Roben entledigt und sich stattdessen in Kniehosen, Strümpfe und Mäntel westlichen Stils geworfen. Die rebellischen Gardisten wiederum schienen das Russland zu personifizieren, das Peter der Große hasste: abergläubisch, renitent und bärtig. Der verwestlichte Zar eilte also nach Hause, um einen Showdown zu forcieren.

Bis Peter der Große Moskau erreicht hatte, war der Aufstand dann bereits niedergeschlagen worden, doch es gab noch eine Menge Arbeit. Als sich bedeutende Adelige versammelt hatten, um ihren lange abwesenden Gebieter zu begrüßen, verkündete Peter der Große die Ankunft einer neuen Ära, indem er eine

Schere herausholte und die Bärte seiner führenden Höflinge hier und gleich abschnitt.[18] Auf einem Bankett anlässlich des orthodoxen Neujahrs einige Tage später schickte er einen Hofnarr durch den Saal und ließe all diejenigen, die sich noch nicht gefügt hatten, rasieren. Ein Beobachter lieferte folgende Beschreibung: »Seinen Widerwillen zur Schau zu tragen, wenn die Rasierklinge sich dem Kinn näherte, war ein böses Omen und wurde alsogleich mit einer Ohrfeige bestraft. Inmitten von Heiterkeit und Weinbechern wurden viele mithilfe dieses absurden Gespötts ermahnt, die frühere Erscheinung abzulegen.«[19]

Mit jenem Befehl zum Bartschneiden zog Peter der Große eine Grenze zwischen dem neuen Russland und dem alten, und er gab damit seinen Gegnern nur noch mehr Grund zur Klage. Die Konservativen waren empört über diese Vernachlässigung christlich-orthodoxer Bräuche zugunsten von verderblichen fremdländischen, insbesondere dem Rauchen von Tabak und dem Rasieren.[20] Peter der Große wusste, dass seine Gardisten und deren traditionalistische Sympathisanten weiterhin Unruhen anzetteln würden. Er verhaftete und folterte Tausende seiner Widersacher und hängte oder enthauptete letzten Endes im Herbst 1698 mehr als zwölfhundert Menschen. Hunderte Leichen hingen von den Mauern der Stadt und des Kremls als grausiges Zeugnis der Schonungslosigkeit, mit welcher der Zar Russland von seinen alten Gewohnheiten buchstäblich abschnitt.

Um zu verhindern, dass die Russen rückfällig wurden, plante er eine landesweite Steuer auf Bärte, doch ein Krieg mit Schweden verzögerte deren Umsetzung. 1705 war er dann aber bereit zum Vormarsch und erließ eine Anordnung, dass bis auf Priester und Bauern die Männer aus allen Schichten entweder der Rasur nachkommen oder eine spezielle Steuer entrichten müssten. Von den meisten würden dreißig Rubel verlangt, eine äußerst schwerwiegende Geldstrafe, wohingegen Adelige, Beamte und wohlhabende Geschäftsmänner doppelt so viel zahlen müssten. Kaufmänner von höchstem Rang aber müssten hundert Rubel zahlen.[21] Diejenigen, die auf ihrem Bart bestanden, hätten die Steuer zu entrichten und ein mit dem Bild eines Barts geschmücktes Abzeichen mit den Worten: »Geld entrichtet« tragen müssen. Der Erfolg dieser Taktik offenbarte sich in der Tatsache, dass nur wenig Steuern eingetrieben wurden. Die Männer behielten also lieber ihr Geld als ihren Bart.

Auch wenn es nominal ihre Entscheidung gewesen war, erwies sich der Verlust ihres Barts für die russischen Männer als äußerst leidvoll. John Perry, einer der englischen Schiffsbauer, die Peter der Große angeheuert hatte, um ausländisches Fachwissen nach Russland zu tragen, konnte dies bezeugen. Als die Anordnung der Rasur bei den Werften ankam, marschierten die Arbeiter, die niemals zuvor mit einem Rasiermesser in Berührung gekommen waren, einsam und verloren zu den Barbieren. Als einer der niedergeschlagenen Zimmermänner zur Arbeit zurückkehrte, scherzte Perry, dass plötzlich ein junger Mann aus ihm geworden sei, und neckte ihn mit der Frage, was er denn mit seinem Haar angestellt habe. Zu Perrys großer Überraschung griff der Zimmermann in seine Tasche und zeigte ihn vor, sorgfältig in ein Tuch gewickelt. Der geknickte Arbeiter sagte, er werde ihn sicher zu Hause aufbewahren und bei seinem Tod in seinen Sarg legen lassen, damit er »beim heiligen Nikolaus darüber Rechenschaft ablegen kann, wenn er ins Jenseits gelangt«.[22]

Der Zar und die russisch-orthodoxe Kirche waren nun beide in einem Kampf um die russische Seele gefangen, und der Bart wurde zum sichtbaren Zeichen ihrer Konfrontation. Dabei war die Erzählung vom Zimmermann nur eine Erscheinungsform dieser russischen Männlichkeits-, Religions- und Identitätskrise. Diesen Kampf gibt es übrigens selbst heute noch. Das Wiederaufleben des russisch-orthodoxen Glaubens nach dem Sturz des Kommunismus hat in einigen konservativen Lagern eine theologische Leidenschaft für den Bart wiedererweckt sowie die Kritik an einem säkularen, glatt rasierten Modernismus. 2009 richtete das Buch eines Altgläubigen des einundzwanzigsten Jahrhunderts namens R. Atorin die Flagge orthodoxer Bärtigkeit wieder auf. Er verurteilte die Rasur als Sünde.[23] Genau diese Art religiöser Hingabe machte den Bart-Krieg Peters des Großen derart heftig und derart wichtig.

7.2 Ein Barbier schneidet den Bart eines Altgläubigen ab. Kupferstich aus dem 18. Jh.

Atorin zufolge lehrten die Väter der orthodoxen Kirche seit dem Mittelalter, dass das Tragen eines Barts ein wichtiges Zeichen des Gottesgehorsams darstelle. Der Schöpfer, so hieß es, habe den Mann nach seinem Abbild geschaffen, und dieses Abbild habe materielle wie spirituelle Facetten. Um die Harmonie von Körper und Geist zu wahren, »muss die Erscheinung des Menschen der Beschaffenheit seiner Seele entsprechen«. Ein Mann gehorche Gott, indem er sich intellektuell, moralisch und körperlich nach dem göttlichen Abbild richte. Befolgt er Gottes Willen nicht im körperlichen Sinn, so läuft er Gefahr, auch intellektuell und moralisch zu versagen. Atorin fasst die Folgen dieses Denkens zusammen: »Begeht ein Mann die Sünde der Bartrasur, so ist er bemüht, seine Erscheinung nach eigenem Dünken umzuarbeiten, was wiederum nicht in Einklang mit Gottes Gebot ist.«

Die russischen Prälaten hatten tatsächlich seit dem Mittelalter darauf gepocht, dass der Bart ein Zeichen von Gehorsam und Orthodoxie darstelle sowie ein Merkmal, durch das man sich von den römisch-katholischen Christen abhebe. Wie wir wissen, hatten diese die Rasur als Sinnbild spiritueller Hingabe erwählt. Um 1460 ermahnte der Erzbischof von Rostow einen Adeligen wegen seiner »Abkehr vom Abbild Gottes« aufgrund seiner Rasur. 1551 reagierte ein Kirchenkonzil in Moskau auf Beschwerden darüber, dass Männer Westler in ihrer Kleidung, ihrer Rasur und ihren kurzen Haare imitierten. Man trichterte den Gläubigen daraufhin ein, diese fremdländischen und unorthodoxen Gewohnheiten zu unterlassen.[24] Im darauffolgenden Jahrhundert wurde erbittert über eine Reform der Gottesdienste und der Rituale gekämpft, um die russische Kirche in Einklang mit den angeblich authentischeren griechischen Praktiken zu bringen. Eine Minderheit der

Altgläubigen spaltete sich in den 1660ern von der offiziellen Kirche ab, weil sie diese »fremdländischen« Reformen ablehnten. Die Zaren stellten sich hinter die Reformen, und die Altgläubigen waren somit auch mit der Regierung unzufrieden. Noch betraf diese Abspaltung aber nicht die Kleidung oder die Gesichtsbehaarung, da sämtliche Teile der russischen Kirche ihre Barttradition bis zur Zeit Peters des Großen fortführten. In den 1690ern sprach das Oberhaupt der russischen Kirche, Patriarch Adrian I., dann erneut die Warnung aus, dass seine Kirchenmitglieder nicht die westländischen Christen imitieren sollten, welche aufgrund

7.3 Metropolit Kornili (Titow), Metropolit von Moskau und ganz Russland, Primas der Russisch-Orthodoxen Altritualistischen Kirche seit 2005

der Rasur wie Affen aussähen.[25] Auch die schmutzige westliche Angewohnheit des Tabakrauchens verurteilte die Kirche.

Wenn er sich von der traditionellen Kleidung abwandte und den Männern die Rasur befahl, verstieß Peter der Große also absichtlich gegen die kirchliche Definition von Männlichkeit und Gesellschaftsordnung. Er musste deshalb dringend Verbündete innerhalb der Kirche finden, und er verpflichtete die Bischöfe von Rostow und Pskow zu theologischen Verteidigungsschriften der neuen Regeln. Der Bischof von Rostow veröffentlichte eine Stellungnahme, wonach der Bart einen alten, aber unnötigen Brauch darstelle und die antiken und mittelalterlichen Begründungen dafür keine Relevanz mehr besäßen. Die Argumente gegen die Rasur, gab er zu bedenken, gründeten sich auf das Alte Testament, insbesondere auf Levitikus, und nicht auf das Neue Testament, welches an seine Stelle trat. Außerdem sei ein Erzwingen des Barts in der heutigen Zeit weder praktisch noch notwendig.[26]

Die Altgläubigen, welche sich den etablierten Behörden bereits verweigert hatten, verurteilten jene Argumente und hielten weiter an ihren Bärten und ihren geschätzten russischen Liturgien und Brauchtümern fest. Letzten Endes entschied Peter der Große sich dazu, ihnen das Tragen eines Barts eindeutig vorzuschreiben und sie dadurch als diskreditierte Nonkonformisten zu identifizieren. Solange der Großteil seiner Untertanen moderne, rasierte Menschen waren, musste der Bart ja nicht gänzlich eliminiert werden.

JEAN-JACQUES ROUSSEAU SCHOCKIERT DIE FEINE GESELLSCHAFT

Nachdem der Bart in Zentraleuropa und schließlich auch in Russland eine Niederlage erlitten hatte, war es für einen Ehrenmann ein seltenes und schockierendes Versäumnis, Seife und Rasiermesser liegen zu lassen. Von dem gefeierten, wenngleich unkonventionellen Literaten Jean-Jacques Rousseau war es also äußerst mutig, am Hof mit einem Bart aufzutauchen.

Es passierte im Jahr 1752, einem entscheidenden Punkt in seinem Leben, wie Rousseau später feststellte. Er war vierzig Jahre alt und genoss aufgrund seiner musikalischen Kompositionen hohes Ansehen. Sein Ansehen war sogar so hoch, dass einige einflussreiche Freunde eine Sondervorstellung seiner neuen Oper *Le Devin du Village* (Der Dorfwahrsager) auf Schloss Fontainebleau vor König Ludwig XV. und seinem Hof anberaumten. Am Tag dieses großartigen Ereignisses zeigte Rousseau seine typische Mischung aus Nervosität und Missachtung des Kommenden. Er hoffte natürlich, dass der Hof von ihm und seinem Werk beeindruckt sein würde, doch er war perverserweise auch dazu geneigt, die guten Manieren zu ignorieren. In seiner Autobiografie berichtet er: »An jenem Tag trug ich dieselbe nachlässige Haustracht wie sonst auch: einen langen Bart [grande barbe] sowie eine schlecht gekämmte Perücke.«[27] »Lang« bedeutete in diesem Fall ungefähr einen einwöchigen Bartwuchs. Stoppeln von egal welcher Länge bedeuteten am Hof schlechte Manieren. Da er jedoch davon überzeugt war, dass »dieser Mangel an Schicklichkeit ein Zeichen von Mut« war, betrat Rousseau das Theater, in dem die königliche Familie bald auftauchen würde.

Als er dann zu einer gut sichtbaren Theaterloge geführt wurde und von eleganten Frauen umgeben war, sorgte der Komponist sich langsam um sein Aussehen und stählte seinen Mut mit aufsässigen Gedanken. Der Bart an sich ist nichts Verwerfliches, überlegte er im Stillen, schließlich war er ein Geschenk der Natur und zu vielen Zeiten als Schmuck und nicht als Schande angesehen worden. Rousseau hatte Glück, und weder seine Erscheinung noch seine Oper erregten ernsthaftes Ärgernis. Der König war entzückt von seiner Oper und erwies ihm sogar die Ehre einer lebenslangen Rente. Diese unerwartete Schicksalswende war ein wiederkehrendes Thema in Rousseaus beruflicher Laufbahn. Er hatte gegen den guten Ton verstoßen und wurde auch noch ordentlich dafür belohnt.

Es sollten noch mehr glückliche Fügungen kommen. Rousseau lehnte das Angebot der finanziellen Sicherheit aufgrund derselben widersprüchlichen Mischung aus Angst und Mut ab, die ihn zu seiner bärtigen Erscheinung an der Oper inspiriert hatte. Zum einen fühlte er sich für die Feinheiten und Fallstricke der höfischen Gesellschaft schlecht gerüstet und hatte schreckliche Angst davor, sich zu blamieren, wenn er am Hof als königlicher Rentenempfänger vorgestellt würde. Zum anderen riskierte er den Verlust des unabhängigen Denkens und Handelns. Dennoch waren seine Freunde perplex. Denis Diderot, Herausgeber der großen *Encyclopédie* und bedeutende Lichtgestalt der Epoche, schalt seinen Freund dafür, dass er das finanzielle Wohlergehen seiner Liebhaberin Thérèse Levasseur und ihrer betagten Mutter außer Acht ließ. Die Bitten des großen Denkers konnten Rousseau allerdings nicht von seinem Pfad abbringen.

Rousseaus freche Zurschaustellung war gewagt und ungewöhnlich, da sie nicht nur gegen die höfische Etikette verstieß, sondern auch gegen die verbreitete Verknüpfung von männlicher Tugend

mit vornehmem Aussehen und Verhalten. Die europäischen Ehrenmänner von Spanien bis Russland folgten den französischen und
englischen Modestilen, wenn auch nicht ohne Meckerei über die
fremdländischen und weibischen Allüren. Im Allgemeinen lautete
die Frage, wie weit man die Vornehmheit treiben wolle. Große
Perücken, mit Rüschen besetzte Kleidung und glänzende Accessoires erschienen manchen übertrieben, ein rasiertes Gesicht hingegen wurde als Ausdruck von vornehmer Herkunft von niemandem ernsthaft infrage gestellt (trotz Rousseau). Die Verfügbarkeit
billiger Stahlrasierer von guter Qualität führte Mitte des Jahrhunderts sogar zu einer begeisterten Vermarktung von Rasiergeräten
sowie zur Verbreitung der Rasur bei einer noch größeren Zielgrup-
pe von Konsumenten. Mehr Männer konnten sich eine häufigere
und bequemere Rasur leisten. Dieser Aspekt der Vornehmheit wenigstens war zugänglicher und praktischer als je zuvor.[28]

Obwohl der Rasur niemals im praktischen Sinn widerspro-
chen wurde, war Rousseau allerdings nicht der Einzige, der über
die Alternative zumindest nachdachte. Die Denker der Aufklärung mit ihren glatten Gesichtern, insbesondere die in Frankreich, waren fasziniert von Geschichte und Theorie des Barts,
wenn auch nur deshalb, weil beide einen Einblick in Zeiten und
Denkweisen ermöglichten, die so ganz anders waren als die
ihren. Während er in seiner prächtigen Theaterloge saß, achtete
Rousseau darauf, dass es für seine Stoppeln eine natürliche wie
historische Rechtfertigung gab. Er mag sich akademische Literatur
zum Thema Bartgeschichte in Erinnerung gerufen haben, etwa
geschätzte Werke wie Furetières *Universalwörterbuch* und Calmets
historisch-kritisches Bibel-Lexikon. Und das war erst der Anfang.
Auch Diderots *Encyclopédie* würde wenige Jahre später einen kurzen
Eintrag zur Bartgeschichte enthalten, und beinahe jede Dekade der

nächsten fünfzig Jahre erlebte ein weiteres bedeutendes Werk zu diesem Thema von verschiedenen Autoren.[29]

1759 veröffentlichte ein gelehrter Italiener namens Giuseppe Vannetti eine Untersuchung dessen, was er als *Barbalogia*, oder Bartologie, bezeichnete. Dieses Werk markierte den Übergang von den theologischen Spekulationen der Schreiber des siebzehnten Jahrhunderts wie Olmo, van Helmont und Bulwer hin zu den lebensnäheren Analysen des achtzehnten Jahrhunderts. Vannetti beispielsweise verwarf van Helmonts Theorie von Adams Bartlosigkeit vor dem Sündenfall, indem er an den gesunden Menschenverstand appellierte.[30] Was den Bart an sich anbelangte, so war Vannetti ein Agnostiker. Die Mode habe sich schon immer ständig verändert, behauptete er, und das werde sie auch weiterhin tun. Die Rasur habe sich seinerzeit einfach nur deshalb durchgesetzt, weil die Italiener die fremdländische, das heißt die französische Mode nachgeahmt hätten.[31]

1774 brachte der Abtgelehrte Augustin Fangé ein Buch mit dem Titel *Mémoires pour servir à l'histoire de la barbe de l'homme* (Untersuchungen zur Geschichte des männlichen Barts) heraus. Es war die erste Analyse des Themas aus rein aufklärerischer Perspektive, und sie konnte einen durch und durch systematischen und kritischen Ansatz vorweisen. Fangé zählte mehrere Gründe dafür auf, dass sich die Gesichtsbehaarung im Laufe der Zeit verändert habe, darunter Klima, Religion, Gruppenzusammengehörigkeit und soziale Nachahmung. Er wusste, dass die wahre Bedeutung des Themas darin lag, auf welche Weise sich die Haarmode mit gesellschaftlichen Gedanken verband. Und man muss ihm zugutehalten, dass er nicht mit der bei Bart-Apologeten so beliebten Prämisse übereinkam, die Gesichtsbehaarung diene der Demonstration männlicher Überlegenheit. »Nichts ist ungewisser als der Nutzen des Barts«, erklärte er.[32] Sogar den Gedanken, dass die männliche Bärtigkeit einzigartig sei, zweifelte er an. Auch Frauen trügen einen Bart, schrieb er, wenngleich ihrer quantitativ und qualitativ anders sei. Natürlich habe es bemerkenswerte Beispiele von Frauen mit beträchtlicher Gesichts- und Körperbehaarung gegeben. Daraus schloss er, dass Frauen und Männer sich mehr ähnelten, als die meisten behaupteten.[33] Allerdings stimmte Fangé zu, dass der »Schöpfer der Natur« es für richtig gehalten habe, Männer und Frauen mithilfe des Haars voneinander zu unterscheiden, und dass der Bart wohl ein »Ornament der Männlichkeit« sei. Weiter als das wollte er nicht gehen.

Fangés unvoreingenommene Studie hätte sehr gut die letzte Stellungnahme zu diesem Thema für lange Zeit sein können, wären nicht jahrzehntelange schwere gesellschaftliche und politische Unruhen gefolgt. Insbesondere die Franzosen waren in den 1780ern unzufrieden damit, wie die Dinge lagen, und eine neue Generation machte mit ihrem Eifer für politische Gerechtigkeit und soziale Gleichheit den Weg frei für die Revolution. Jacques Dulaure war Teil dieser Generation, und seine Untersuchung zur Bartgeschichte war nicht so sehr eine wissenschaftliche Übersicht über vergangene Sitten und Gebräuche denn eine Vision einer neuen Gesellschaftsordnung.

JACQUES DULAURE VERSCHAFFT SICH GEHÖR

Die Académie du Pont Saint-Michel war keine öffentliche Institution. Es war der verschmitzte Name, den eine Gruppe ambitionierter junger Pariser ihrem Literaturklub gegeben hatte. Sie trafen sich jede Woche im Café Girard im Herzen von Paris und tauschten sich über ihre Forschungen, ihre Lyrik und Prosa aus. Bei einem Treffen im Jahr 1782 präsentierte der siebenundzwanzigjährige Jacques-Antoine Dulaure seinen Essay mit dem Titel *Pogonogogia: Eine philosophische und historische Abhandlung über den Bart.* Dulaure war ein Bauingenieur, der Schriftsteller werden wollte. Seine ersten Anstrengungen umfassten die Dinge, von denen er am meisten Ahnung hatte, also das Bauingenieurswesen und Architektur, doch langsam begann er sich zu Theaterkritiken und Lyrik vorzuwagen. Als er etwas Neues und Freches ausprobieren und seine Freunde belustigen wollte, vertiefte er sich in die merkwürdige Bartkunde und war bald schon gefesselt von der Thematik als neuartiger Möglichkeit der moralischen Kritik. Dulaure war das ein wenig peinlich, und in seiner später veröffentlichten Einleitung entschuldigte er sich dafür, dass er sich von seinem Thema hatte »mitreißen« und von seiner ursprünglichen Absicht, einen klugen Spaß zu machen, hatte wegtreiben lassen.[34] Seine Freunde mochten die Abhandlung dennoch und drängten ihn zur Veröffentlichung. Es zeugte von breitem Interesse, dass ein Londoner Verlag eine englische Ausgabe kurz nach der Pariser Publikation veröffentlichte.

Aus einer Laune heraus entdeckte Dulaure also ein faszinierendes Thema, doch was noch wichtiger war: Er fand seine Stimme als Autor. Im Schreiben über Bärte fand er einen Anlass, und er entdeckte den Nutzen von Geschichte als Werkzeug gesellschaftlicher und moralischer Kritik. Infolgedessen wurde aus dem Bauingenieur ein Historiker.[35] Als es 1789 zur Revolution kam, wurde aus dem Historiker ein Politiker. Eine kurze Zeit lang diente Dulaure als Repräsentant der Nationalversammlung, bis er 1793 durch den linksgerichteten Staatsstreich, der den Terror nach sich zog, gezwungen wurde, seinen Hut zu nehmen. In vielerlei Hinsicht war Dulaures *Pogonogogia* Ausdruck der letzten und inbrünstigsten Phase der Aufklärung, in welcher der Status quo noch leidenschaftlicher kritisiert und Reformen noch lauter herbeigerufen wurden. Angeregt durch einen aufklärerischen Glauben an die Vormacht von Natur und Vernunft, entdeckte er in der Geschichte des Barts zwei gegeneinander positionierte moralische Kräfte: die oberflächliche Eitelkeit der Mode und die robuste Unbescholtenheit der Natur. Die Gesellschaft war in den absurden Bann der Mode geraten. Süffisant fragte er: »Wer würde in diesem aufgeklärten Zeitalter nicht einem Mediziner, der sein eigenes Haar trägt, am allerwenigsten vertrauen, selbst wenn er der beste der Welt wäre? Eine Perücke kann ihm gewiss kein Wissen verleihen, dafür aber eine Erscheinung, und das ist in diesen Tagen alles.«[36]

Mit dieser Gegensätzlichkeit von Mode und Authentizität ging der Konflikt zwischen Verweichlichung und Männlichkeit einher. Verließen Männer den Pfad der Natur, überlegte Dulaure, so verweiblichten sie sich und verlören die Vitalität, Ernsthaftigkeit und Kraft, die sie sonst besäßen. Die Rasur stelle das scheußliche Bestreben der Männer dar, sich vom Ruf der Natur zu entfernen, wodurch sie sich der Tyrannei des Trivialen unterwarfen. Für die gesellschaftliche Erneuerung sei deshalb ein Wiedererstarken der Männlichkeit notwendig. »Eine Verteidigung des Barts zu schreiben«, so verkündete er keck, »bedeutet, den Männern die uralte Würde und Überlegenheit ihres Geschlechts ins Gedächtnis zu rufen, welche in Europa seit den großartigen Tagen der Ritterzeit vergessen waren.«[37] Ohne Frage haben Dulaure und seine jungen bürgerlichen Freunde mit ihren eigenen Selbstzweifeln zu kämpfen gehabt. Einen Teil der Schuld dafür luden sie auf das, was Dulaure als »unsere weibischen Sitten« verspottete, und sie träumten davon, sich neuen Mutes Geltung, Ehre und Vornehmheit zu verschaffen.[38]

Dulaures Geschichte war ein weitreichendes Epos, in welchem die Verfechter ehrlicher Bärtigkeit – Demosthenes, Hadrian, der heilige Clemens, Franz I. – gegen die »unbarmherzigen Feinde des bärtigen Kinns« wetteiferten, darunter Alexander der Große, Papst Gregor VII., Ludwig XIV. sowie Peter der Große. Hebräer, Perser, Griechen, Römer, Chinesen – tatsächlich Völker auf der ganzen Welt – hätten lange Bärte verehrt, was ihre angeborene Kraft bewiesen und die Ansicht unterstrichen habe, dass die Rasur eine Tyrannei eifersüchtiger Herrscher darstelle. Die Feinde des Barts ignorierten die gesundheitlichen Vorteile der Gesichtsbehaarung und riskierten kaltschnäuzig den Zerfall der Geschlechterordnung. Im Gegensatz zu Fangés gelassener Anerkennung bärtiger Frauen, verhöhnte Dulaure sie als abstoßend und erklärte es als angemessen für Frauen, jegliches Haar auf ihrem Gesicht auszumerzen. *Pogonogia* zufolge war Gesichtsbehaarung bei Frauen und ein Mangel derselben bei Männern ein Zeichen von gesellschaftlichem Chaos, und er verwies auf dessen Ursache: die unnatürliche Tyrannei der Mode. Von Genusssucht abgelenkt, wüssten Männer um »keine andere Tugend als das Talent, sich ansprechend herzurichten«.[39]

Es erschien also logisch, dass eine Rückkehr zum Bart das sittliche Gefüge verbessern würde, und Dulaure appellierte an unabhängige, willensstarke Männer, die Vorreiterrolle zu übernehmen. Es klang wie eine Mutprobe, und obwohl sie von dem Gedanken verzückt gewesen sein mögen, waren Dulaure und seine Freunde noch nicht bereit, danach zu handeln. Das war typisch für die Denker der Aufklärung, dass sie lieber sprachen als handelten. Genau wie Rousseau faszinierte der Bart ihn als radikale Geste, besonders als Ausdruck von Männlichkeit – auch wenn er selbst nicht dazu bereit war, sich einen wachsen zu lassen.

Im achtzehnten Jahrhundert stellte der Bart einen abstrakten Gedanken dar, ein Konzept, um das man eine umfangreichere Kritik kultureller Degeneration herumbauen konnte. Nach Meinung von sowohl Rousseau als auch Dulaure hatten Mode, Vornehmheit und Oberflächlichkeit den Mann von einem angemessenen Fundament natürlicher Ehrlichkeit und Tugendhaftigkeit weggerissen. Sie blickten auf eine bärtige Vergangenheit und sahen eine bärtige Zukunft voraus. Russische Traditionalisten wie die Altgläubigen hatten ähnliche Gedanken. Auch sie betrachteten den Bart als Symbol einer korrekten Moralordnung und blickten auf eine ehrwürdige Vergangenheit, als absolutistische Herrscher wie Ludwig XIV. und Peter der Große ihnen noch keine verweichlichten und unsittlichen Manieren aufgezwungen hatten. Es besteht kein Zweifel daran, dass die Männer der Oberschicht (wie Samuel Pepys' Beispiel beweist) dem künstlichen und nicht dem natürlichen Haar Ehrbarkeit verliehen hatten, genau wie den aufwendigen Gepflogenheiten in puncto Kleidung und Benehmen. Dass jene Gepflogenheiten unter den Angriffen der Bartverfechter nicht eingegangen sind, liegt daran, dass die sehr realen Vorteile der gesellschaftlichen Etikette die Fantasien einer befreiten Männlichkeit übertrumpften.

Die Revolution erreichte Frankreich nur wenige Jahre nach Dulaures Bartstudie, und die Herzen hoffnungsvoller junger Männer wie denen der kleinen Schar der Académie du Pont Saint-Michel wurden von den Träumen einer neuen politischen und gesellschaftlichen Ordnung bewegt. Eine Zeit lang war Dulaure selbst Repräsentant der revolutionären Legislative. Der

König wurde vom Thron gestürzt, und der Kirche entriss man einen Großteil ihrer Macht und ihres Einflusses. Es war durchaus möglich, dass die Mode eine ähnliche Niederlage erleiden würde. Ein anonymes Pamphlet etwa, das nach dem Sturm auf die Bastille in den Straßen von Paris verteilt wurde, verlieh dieser Erwartung Ausdruck. Es gratulierte den Bürgern von Paris dazu, die Freiheit ihrer mittelalterlichen Vorfahren, der Franken, wiedererlangt zu haben. »Ihr werdet erneut werden wie sie«, gab der Text kund, »stark und gesund; wie sie werdet ihr euren Bart wachsen lassen, und ihr werdet das Haar lang tragen, so wie sie es bevorzugten. Auf Wiedersehen, Coiffeure, Kosmetiker und Modehändler, ihr werdet euch von nun an mit Baumwolle oder Handgestricktem bedecken. Verachten werdet ihr von nun an sämtliche Luxuswaren, und all eure körperlichen und intellektuellen Fähigkeiten werdet ihr gebrauchen.«[40] Wie sich herausstellte, ging die Revolution schrittweise vonstatten, von Terror zu Krieg und von napoleonischer Pracht zu militärischer Niederlage. Der Traum von Freiheit, Gleichheit, Brüderlichkeit und Bärtigkeit war jedenfalls noch immer nicht erfüllt, als sich das neunzehnte Jahrhundert in Gang setzte.

Kapitel 8
DER BART IN DER ROMANTISCHEN VORSTELLUNG

Die Französische Revolution entfachte sowohl große Hoffnungen als auch Ängste in ganz Europa. Die Hoffnung lag auf einer Wiedergeburt von Freiheit und Gleichheit. Die Angst bestand im Schreckgespenst politischer Gewalt, die im revolutionären Eifer entfesselt worden war. Viele fragten sich, was denn Gutes bei der Revolution herauskommen sollte, wenn die Vernunft durch die Schrecken der Guillotine zerschmettert wurde. Angesichts dieser Situation träumten junge glühende Romantiker in ganz Europa von einem neuen Geist der Empfindsamkeit, der Intuition und der Heldenhaftigkeit, welcher das Chaos beseitigen, die Einigkeit befördern und echte Freiheit ermöglichen würde. Viele hofften, dass Napoleon Bonaparte der Mann sein könnte, der diese Träume wahr macht, ein genialer Mann, der sowohl das rückschrittliche Königtum als auch den revolutionären Terror in seine Schranken weisen würde. Unter Napoleons frühen Bewunderern war Ludwig van Beethoven, der ihm seine leidenschaftliche und bahnbrechende 3. Symphonie widmete. Bald nachdem der erste romantische Komponist der Geschichte die erste romantische

Symphonie Europas erstem romantischen Helden der Politik gewidmet hatte, enttäuschte Bonaparte allerdings Beethovens Erwartungen, kassierte die gerade flügge werdende Französische Republik und begab sich auf eine Mission imperialer Eroberung. Der frustrierte Komponist zerriss daraufhin das Deckblatt seiner Symphonie und entfernte die Widmung. Es wurde ihm schmerzhaft bewusst, dass Europa seinen Befreier-Helden noch nicht gefunden hatte und dass seine aufwühlende Symphonie die Erinnerung an die unerfüllten Hoffnungen einer romantischen Generation wecken würde.

Ein paar Jahre nach Beethovens Ernüchterung gerieten Deutschland, Österreich, Italien und Spanien unter Napoleons Vorherrschaft, und tiefe Finsternis legte sich auf die liberalen Träume dieser Länder. Die Französische Revolution, einst eine solche Verheißung, war zum Albtraum geworden. Die Konservativen erhöhten ihren Widerstand und ersuchten das gesamte Volk, sich vor Monarchie und Tradition zu stellen. Die mitgenommenen Republikaner hielten vergeblich an ihren schwindenden Hoffnungen auf Gleichheit und Konstitutionalismus fest. Und die Romantiker schlugen einen dritten Weg vor: Wenn sich die Menschen an sich änderten, wären sowohl die Wiederherstellung des Staats als auch republikanische Freiheit möglich. Sie setzten auf die Geschichte, genau wie die Konservativen. Im Gegensatz zu Letzteren setzten sie jedoch nicht auf die unmittelbare Vergangenheit, sondern auf eine weiter zurückliegende mittelalterliche Vergangenheit, von wo aus bärtige Männer als hoffnungsvolle Symbole einer wiederhergestellten Zukunft herüberwinkten.

FRIEDRICH LUDWIG JAHN BLICKT ZURÜCK

Im Sommer des Jahrs 1811 wurden zahlreiche Reisende im Berliner Umland von Banden junger Räuber angegriffen, die ein energischer mittelalter Mann mit Bart anführte. Versteckt in den Felsen und Bäumen eines hügeligen Landstrichs, tauchten die räuberischen Banden aus dem Nichts auf, fielen über ihre Opfer her, rangen sie zu Boden und trugen sie fort in ihr Versteck. Wenn die Gefangenen Glück hatten, wurden sie von Reisenden gerettet, die einen Gegenangriff starteten. Ein dramatisches Szenario, das sich im Laufe des Sommers Dutzende Male wiederholte.

Die Räuber waren aber keine echten Räuber, und die Reisenden auch keine echten Opfer. Es handelte sich bei ihnen um pubertierende Jungs, die ein gut organisiertes Spiel spielten. Drahtzieher war ihr ziemlich ungewöhnlicher Geschichtslehrer Friedrich Ludwig Jahn. Mit Spielen wie »Räuber und Gendarm (beziehungsweise Reisende)« sowie Leibesübungen in einem nahe gelegenen Feld testete Jahn körperliche Kraft und Geschicklichkeit der Schüler und animierte sie zu Teamgeist und einem Sinn für strategisches Denken. Diese preußischen Jungen wuchsen zu einer Zeit auf, als Deutschland am Boden lag und sich ohnmächtig in den Fängen von Napoleons Revolutionsarmeen befand. Es war darob das größte Bestreben ihres Lehrers, Kameradschaftsgeist, Einfallsreichtum und Zähigkeit in ihnen zu wecken, damit Deutschlands Unabhängigkeit eines Tages wiederhergestellt werden könnte.[1] Wie viele seiner Generation war Jahn ein echter Romantiker, der glaubte, das menschliche Schicksal ließe sich durch Geist und Leidenschaft lenken. Er war überzeugt, seine Landsleute bedürften einer Wiedergeburt des Nationalstolzes, um ihre Freiheit wiederzuerlangen, und dass Turnübungen und Geländespiele die besten Mittel zu diesem Zweck darstellten. Körperliche Disziplin würde den Geist mittelalterlichen Wagemuts, Heldentums und von Ehrenhaftigkeit wieder aufleben lassen, was wiederum das neuzeitliche Deutschland retten würde.

Im Laufe der nächsten Jahre schlossen sich immer mehr Jungen und junge Männer seinen Turnklubs an, wo sie spielten, fochten und an einer Reihe von Geräten trainierten, darunter dem Reck, dem Pferd und dem eigens von Jahn erfundenen Stufenbarren. Man darf Jahn allerdings auf keinen Fall mit einem Sportlehrer verwechseln. Er war zuallererst Mythenschmied und Staatsgründer. Die jungen Männer, die sich seiner Bewegung anschlossen, sahen sich in eine egalitäre Burschenschaft deutschen Heldentums eingeladen und wurden ausgestattet mit einer Tracht aus Leinenhose, lockerem grauen Hemd und neumodischem Ritter-Abzeichen. Das Emblem, das die Jungen auf ihrer Brust trugen, wies vier Jahreszahlen und das Wort »Turnkunst« auf (eine Wortschöpfung von Jahn, die das griechische »Gymnastik« ersetzen sollte und ihm den Namen »Turnvater Jahn« einbrachte): 9 n. Chr., das Jahr, in dem die Deutschen ihre Freiheit durch den Sieg über das eindringende römische Heer in der Schlacht vom Teutoburger Wald verteidigten; 919, das Jahr, in dem die Ritterturniere ins Leben gerufen wurden; 1515, das Jahr, welches das Ende der Turniere markierte, und 1811, das Jahr, in dem Jahn die Turniere in Gestalt des Turnsports wiederbelebte.[2]

Der Geschichtslehrer mit dem romantischen Geist blickte in die Zukunft, indem er in die Vergangenheit schaute, oder vielmehr in die imaginäre Vergangenheit. In einem Buch über die deutsche Nationalität, das kurz vor der Gründung seines Turnklubs veröffentlicht wurde, drängte er seine Landsleute dazu, die sklavische

Bewunderung fremdländischer Gedanken und Gewohnheiten sein zu lassen. Stattdessen sollten sie sich spezifisch deutsche Werte, Modestile und Worte aneignen – wie etwa die »Turnkunst«. Er selbst trug eine Tracht aus billigem, langlebigem, ungebleichtem Stoff mit weit geöffnetem Kragen, welche er als authentisch deutsch ansah, und er ließ seinen Bart wachsen, weil er dies für sowohl nobel als auch deutsch hielt.[3]

Obwohl er Grund für die Annahme hatte, dass sein Bart und seine Aufmachung historisch authentisch waren, fußte sie nicht auf sorgfältigen Nachforschungen. Was ihm an seiner Zeit am meisten Unbehagen bereitete, war die Nachahmung alles Fremd-

8.1 Friedrich Ludwig Jahn

ländischen – besonders des Französischen – sowie der Verlust deutscher Männlichkeit. Ungebleichte Kleidung und Haare im Gesicht waren betont unmodisch und damit unfranzösisch. Besonders der Bart symbolisierte Kraft angesichts des Zusammenhangs mit dem mittelalterlichen Rittertum. In seinem Buch über die Nationalität schwärmte Jahn poetisch von den guten alten Tagen haariger Männlichkeit. Der männliche deutsche Vorfahre sei ein Meister vielerlei Kriegskünste gewesen. »Späterhin verschwand von der Seite das überflüssig geachtete Schwert, aus dem Gesichte der lästige Bart, aus dem Herzen der Heldenmut unserer Väter.«[4] Eine neue, bärtige Turnergeneration – clevere Feldspieler, unerschütterliche Fechter, furchtlos am Reck und am Pferd – werde dem heutigen Deutschland wieder mittelalterliche Pracht bescheren, so glaubte Jahn.

Turnvater Jahns Logik à la »Zurück in die Zukunft« versprach einen nichtrevolutionären Weg zur Erreichung der revolutionären Ziele von sozialer Gerechtigkeit, nationaler Einheit und einer konstitutionellen Regierungsform.[5] In seiner Vorstellung konnten die bärtigen Männer, die mit Körper, Geist und Seele auf Deutschlands heroische Vergangenheit eingestimmt waren, die gesellschaftlichen und politischen Spaltungen und Kontroversen überwinden. Kein Wunder, dass Jahn seinen Bart mit jedem Jahr dicker und länger werden ließ.

1813 dienten Jahn und mehrere Hundert Turner in der preußischen Armee und halfen somit in der Völkerschlacht bei Leipzig, die französischen Truppen aus Deutschland zu vertreiben. Daraufhin tat Jahn sich mit anderen zusammen und gründete eine landesweite patriotische Burschenschaft von Studenten, um körperliche Ertüchtigung, demokratische Reformen und Deutschlands Einigung zu befördern. Jahn verfasste ein Handbuch, *Die deutsche Turnkunst*, und verkündete darin erneut sein Ziel, verlorene männliche Traditionen wiederzubeleben.[6] Die deutschen Obrigkeiten rochen die Bedrohung für die adelige Ordnung sofort und beäugten die Turnbewegung äußerst misstrauisch. 1819 ermordete ein übereifriger Turner der Universität Jena einen Kritiker der Burschenschaftsbewegung, sodass die Autoritäten die Gelegenheit beim Schopf packten und sowohl die patriotischen Burschenschaften als auch ihre Turnübungen verboten. Jahn selbst wurde festgenommen, aus Berlin verbannt und musste fünf Jahre in Haft verbringen. Die Zeit war in Deutschland noch nicht reif für Einheit, Konstitutionalismus und Bärtigkeit.

Turnvater Jahn mag seine ganz bestimmte Vision der Männlichkeit vielleicht nicht verwirklicht haben, aber das hieß noch lange nicht, dass die alte Gesellschafts- und Geschlechterordnung die Revolutionszeit unbeschadet überstanden hatte. Ganz im Gegenteil, die Amerikanische und die Französische Revolution läuteten für die Männer der westlichen Welt eine neue Ära natürlichen Haars ein. Vor diesen Umbrüchen hatten Männer die List kunstvoller Kleidung und falschen Haars angewandt, um ein gutes Elternhaus und ihre Zugehörigkeit zur privilegierten Schicht zu demonstrieren. Danach wurden die Seidenstrümpfe, Rüschenkrägen, »High Heels«, glänzenden Schleifen und gepuderten Perücken für immer verbannt. An ihre Stelle trat ein gegensätzlicher Stil, der sich durch schwarze Hosen, schwarze Mäntel, schwarze Krawatten und schwarze Hüte auszeichnete. Diese »große Ablehnung«, wie ein Gelehrter es ausdrückte, inszenierte den modernen Gedanken von Gleichheit, indem er die Männermode vereinfachte und standardisierte und dadurch die natürliche Statur und die persönlichen Tugenden wie Besonnenheit und Mäßigung vor Reichtum und Abstammung stellte.[7]

Die neuen Ideale dieser Ära gründeten soziale Rechte nicht auf Abstammung und Status, sondern auf Männlichkeit als solche. In der amerikanischen Unabhängigkeitserklärung von 1776 proklamierte Thomas Jefferson, dass alle Menschen mit unabdingbaren Rechten ausgestattet seien, und die französische Erklärung der Menschen- und Bürgerrechte von 1789 betonte, dass soziale Unterschiede sich auf individuelle Errungenschaften und nicht auf die Zugehörigkeit zu einer bestimmten sozialen Schicht oder irgendwelche Anrechte gründen sollen. Nicht alle europäischen Staaten verschrieben sich diesen egalitären Idealen, doch im Zeitalter der napoleonischen Kriege mussten sich alle so stark wie nie auf ihre männlichen Bürger und ihren Kampf fürs Vaterland verlassen. Sowohl in der Theorie als auch in der Kriegspraxis wurde die Männlichkeit zur Grundlage der politischen Ordnung.

Schlichte schwarze Kleidung und natürliches Haar waren der angemessene Stil einer auf männliche Bürgerschaft gegründeten Gesellschaft. Die Bewegung hin zu einem natürlicheren Look ermunterte auch ein Liebäugeln mit dem Bart, doch die Sorge um verantwortliche Selbstdisziplin sprach dagegen. Der beliebteste europäische Stil in der ersten Hälfte des neunzehnten Jahrhunderts war, was die Franzosen *favoris* nannten und die deutschen Muttersprachler Backenbart. Es war eine deutlich beeindruckendere Zurschaustellung natürlichen Haars als das, was im vorigen Jahrhundert erlaubt war, und dennoch zurückhaltend. Beim Schnurrbart, der wichtiger Bestandteil der Militärmode wurde, handelte es sich um einen besonderen Fall, den wir später ausführlicher betrachten werden. Und der Vollbart wurde für die vornehme Gesellschaft noch weniger akzeptabel, weil junge romantische Radikale ihn als Visitenkarte gesellschaftlicher Rebellion einführten.

VICTOR HUGO ERREGT AUFRUHR

Während Turnvater Jahn und andere Liberale in Deutschland von den konservativen Regierungen in Schach gehalten wurden, blieb Frankreich an der Spitze gesellschaftlicher Unruhen sowie ganz oben auf beim Thema Haar-Experiment. In den späten 1820ern und 1830ern waren junge bärtige Romantiker das Stadtgespräch von Paris, und zwar nicht im positiven Sinne. Ein konservativer Ehrenmann in Victor Hugos Roman *Die Elenden*, der im Jahr 1832 spielte, beschwerte sich über Folgendes: »Das neunzehnte Jahrhundert steckt voller Gift. Der erste beste ungezogene Lümmel lässt sich ein Bocksbärtchen stehen, hält sich für was Rechtes und lässt seine alten Verwandten sitzen. So was nennt man Republikanismus und Romantizismus. Nun sage mir ein vernünftiger Mensch, was ist das. Romantizismus?«[8]

Romantisch war an dem Bart mit Sicherheit, dass er etwas Natürliches und Historisches darstellte und dadurch den Eitelkeiten und Verderbtheiten des modernen Lebens zuwiderzulaufen schien. Hugo selbst war auch mit für die Bart-Begeisterung der 1830er verantwortlich. Sein Licht strahlte am hellsten in der neuen Künstler- und Schriftstellergeneration, die für das Ausprobieren neuer Gedanken und neuer Freiheiten brannte. Nachdem er eine Ausstellung romantischer Kunst besucht hatte, die historische Szenen und historische Bärtige umfasste, verlieh er dem Haar-Impuls seiner Generation Sprache.

Obwohl er das Tragen eines Barts selbst nicht über sich brachte, verfasste er ein heiteres, satirisches Pro-Statement. Gott habe dem Mann ursprünglich ein schönes Antlitz gegeben, schrieb Hugo, mit Augen, Kinn, Mund und Backen, die Gelassenheit, Selbstbewusstsein und Stärke ausstrahlten. Doch die Pracht des männlichen Gesichts sei durch die moderne Zivilisation, die auf Kommerz ausgerichtet sei, zerstört worden. Engstirnig und einfallslos seien die Männer von heute geworden, und es zeige sich an ihren Gesichtern. »Zinsberechnungen nehmen den Platz von Mutmaßungen des Intellekts ein... [und] wenn der Zins die Intelligenz überstiegen hat, verengen sich die Nasenlöcher [und] die Augen verlieren ihren Glanz.«[9] Gott aber habe diese Entwicklung vorausgesagt, mutmaßte Hugo augenzwinkernd, und deshalb in seiner Weisheit den Mann mit einem Bart ausgestattet, um diese »in Hässlichkeit aufgewachsene Zivilisation« zu bedecken. Die Moral lautete: »Lasst euren Bart wachsen, all diejenigen, die ihr hässlich seid und schön sein wollt!«[10] Als dieses halb scherzhafte Schriftstück im Druck erschien, brach die Kontroverse um das Kinn aus. Hugo staunte nicht schlecht, als die Kritiker sich beim Anprangern des Barts als »widerwärtig, unpatriotisch, jüdisch, abscheulich und, was am schlimmsten ist, romantisch!« überstürzten. Die Verfechter des guten Geschmacks erklärten das rasierte Kinn für zeitlos und ehrwürdig und schworen, dass die Franzosen, das intelligenteste Volk der Erde, den Bart niemals würden siegen lassen.

Jung und Alt, radikal und konservativ – sie alle nahmen die Frage des Barts ein wenig ernster, als Hugo es erwartet hatte, und die ganze Aufregung der Debatte spornte nur noch mehr junge Männer dazu an, sich die Haare im Gesicht wachsen zu lassen. Zusammen mit der bunten historischen Kleidung war das eine sehr effektive Methode, um das hochnäsige Bürgertum zu verärgern und die Selbstgefälligkeit der alten Garde zu durchbrechen. *Les Jeunes-France* (Frankreichs Junge), wie sie sich selbst nannten, mussten nicht einheitlich dasselbe geschichtliche Zeitalter mit ihrem Haar heraufbeschwören. Manche nahmen sich die angeblich unbefleckte Authentizität des homerischen Griechenlands zum Vorbild. Andere, die von Walter Scotts wahnsinnig beliebten Romanen beeinflusst waren, eiferten dem adeligen Rittertum nach, wieder andere dem Wagemut der Hofleute der Renaissance. Alle Epochen eigneten sich gleich gut, denn sie standen allesamt in farbigem und haarigem Kontrast zur dunkel gekleideten, glatt rasierten Seriosität.

1830 brach die Revolution in Paris erneut aus, und die romantischen Bärte erreichten ihre volle Pracht. Der zutiefst unpopuläre und das Gegenteil von liberale König Karl X. aus dem Haus Bourbon hatte sein Bestes gegeben, um die Uhr für Gleichheit und Freiheit zurückzudrehen, doch die französischen Bürger beinahe aller Schichten hatten die Geduld mit seiner hoffnungslos veralteten und repressiven Herrschaft verloren. Im Februar 1830 gab es das erste Warnsignal für die bevorstehende Revolte, als konservative Hüter des literarischen Geschmacks von Hugo und seinen romantischen Unterstützern in den Theaterkrawallen, die als »Die Schlacht um *Hernani*« in die Geschichte eingingen, geschlagen wurden. Hugos neumodisches Stück *Hernani*, das im Spanien der Renaissance spielt, zeigt den verzweifelten Kampf dreier Männer um die Gunst einer spanischen Adeligen, welches eher traurig mit dem Selbstmord der Dame sowie zweien ihrer Verehrer endet. Für die Männer mit Geschmack waren die sexuellen Themen, der leidenschaftliche Ton und die derben modernen Dialoge schockierend und verwerflich. Traditionalisten schlugen bei der Premiere in voller Montur auf, um ihr Missfallen zum Ausdruck zu bringen. Hugo und seine romantischen Verbündeten waren bereit. Die jungen Studenten, Dichter und Künstler, die sich als »Ritter der Zukunft« und »Verteidiger der künstlerischen Freiheit« sahen, positionierten sich um das Theater herum in ihrer farbenprächtigen oder mittelalterlichen Aufmachung, mit ihren langen Haaren, fließenden Bärten und Schnurrbärten.[II] Sie bejubelten das Stück stürmisch und konterten die Buh-Rufe und Pfiffe der Konservativen spielerisch. Das kostümierte Schauspiel aufseiten der Zuschauer übertraf das auf der Bühne, welches inmitten des Tumults nur unter Schwierigkeiten fortgesetzt werden konnte. Am Ende erklärten die Kritiker die Romantiker zu Siegern in der Schlacht um *Hernani*, und Hugo konnte einen satten Gewinn für die Publikationsrechte einstreichen. Für die beherrschte Perfektion des klassischen Theaters war der Vorhang gefallen. Für König Karl war das ein schlechtes Omen.

Die Barrikadenkämpfe in Paris, die den König im darauffolgenden Juli stürzten, wurden von dem romantischen Maler Eugène Delacroix in seinem monumentalen Werk *Die Freiheit führt das Volk* verewigt (Abbildung 8.2). In seinem Zentrum befindet sich die Symbolgestalt der Freiheit, Marianne, die in ihrer Hand die Flagge der Republik schwingt und die Männer auffordert, ihr zu folgen in Richtung nationaler Freiheit. Wie Marianne sind auch die Männer zu ihrer Rechten nur Symbolgestalten. Einer von ihnen ist ein gebräunter, ungepflegter Handwerker, der für den französischen Arbeiter steht. Neben ihm befindet sich ein junger bärtiger Herr, der mit einem bürgerlichen schwarzen Mantel, Krawatte und Zylinderhut gekleidet ist und eine Muskete trägt. Dieser Mann in Schwarz ist im Grunde eine gemischte Metapher, weil sie die schlichte schwarze Montur des seriösen Bürgerstands mit dem Bart der Jeunes-France verbindet. Die imposante Leinwand zeigt Delacroix' Vision einer vom liberalen und romantischen Geist belebten Nation.

Die Straßenkämpfe von 1830 konnten dann zwar Karl X. zu Fall bringen, aber sie schafften es nicht, eine Republik zu begründen. Die Interessen der Landbesitzer und Geschäftsmänner verhinderten das, indem sie einen neuen König einschalteten, nämlich Louis-Philippe I., der gemäßigter als sein Vorgänger zu sein versprach. Das alte Regime war fort, doch die Hoffnungen von Idealisten wie Hugo und Delacroix waren enttäuscht worden. Tollkühne Radikale versuchten es deshalb voreilig nur zwei Jahre später wieder. Hugo beschrieb es in *Die Elenden* folgendermaßen: »Ungefähr zwanzig junge Leute mit langen Bärten und langem Haupthaar« gingen gegen den neuen König erneut auf die Barrikaden, nur um von rasierten und züchtigen Truppen geleitet zu werden.[12]

Innerhalb weniger Wochen nach diesem Debakel ging Louis-Philippes Regierung noch einmal hart gegen eine andere, noch radikalere Gruppe haariger Männer namens Saint-Simoniens vor. Im Juli 1832 marschierten Dutzende von ihnen hinter ihrem charismatischen Anführer Barthélemy Prosper Enfantin in einen Pariser Gerichtssaal unter der Anklage von unbefugten Treffen und moralischer Verderbtheit, wofür sie auch verurteilt wurden. Der stark bärtige Enfantin hatte sich selbst zum Propheten einer neuen Art von Christentum ernannt, das die Welt befreien wollte, insbesondere die Frauen, mit Blick auf die er sich unerhörterweise für die vollständige Gleichstellung mit den Männern einsetzte. Die Saint-Simoniens verkörperten eine kuriose Mischung aus religiösem Eifer und wissenschaftlicher Berechnung. Im Gegensatz zu den Künstlern und Poeten der Jeunes-France waren die meisten Mitglieder dieser Sekte Ingenieure und Wissenschaftler, welche mithilfe der Wissenschaft und gelenkt von einem großmütigen christlichen Geist das Idealbild einer Gesellschaft gestalten wollten. Eine Art Top-down-Sozialismus sollte es werden, der von einer talentierten Elite zum Wohle aller entworfen würde. Obwohl sie sowohl ein Anrecht auf Wissenschaft als auch rationale

Religion anmeldeten, waren die Saint-Simoniens genau wie ihre Kollegen von Jeunes-France im Grunde romantische Träumer. Und Bärte taugten den Saint-Simoniens aus denselben Gründen, aus denen sie anderen Romantikern taugten: Sie waren gleichzeitig alt und neu. Die Vergangenheit wurde von den Saint-Simoniens in Bezug auf die christlichen Traditionen und die geordnete gesellschaftliche Hierarchie bewundert, gleichzeitig sehnten sie sich aber auch nach einer Zukunft unter der Führung einer Wissenschaftselite. Der Anblick dieser fremdartigen Männer vor Gericht bestärkte in den europäischen Köpfen die Assoziation von Bärten mit Rücksichtslosigkeit und Aufbegehren. Haar war nicht einfach nur Haar; es war eine Bedrohung für die gesellschaftliche Ordnung.

8.2 *Die Freiheit führt das Volk*, von Eugène Delacroix, 1830

Frankreichs politische Angelegenheiten wurden durch die Revolution von 1830 und den misslungenen Aufstand von 1832 nicht geklärt. Genau genommen konnte man in den darauffolgenden Jahren beobachten, wie das ideologische Gefälle jeweils Ausdruck in den subtilen Unterschieden der Haartracht fand.[13] Die konservativen Royalisten waren selbstverständlich sauber rasiert. Am anderen Ende des Spektrums trugen die Republikaner Koteletten zur Schau, die bis zum Kiefer reichten, sowie einen *mouche*, also ein kleines Haarbüschel unterhalb der Lippen. Trug jemand einen *mouche* und einen gezwirbelten Schnurrbart, jedoch nicht die langen Koteletten, so war er ein Bonapartist, das heißt ein Verfechter des überwundenen kaiserlichen Regimes von Napoleon. Die zwischen den gemäßigten Republikanern und den Konservativen stehenden Liberalen bevorzugten Schnurrbärte mit oder ohne Koteletten. Vollbärte waren natürlich nicht salonfähig, weshalb ausschließlich Künstler und Radikale sie trugen. In einem von politischen Spaltungen geprägten Land war es nicht verwunderlich, dass die Gesichtsbehaarung als Zugehörigkeitsmerkmal verwendet wurde, und diese bewussten Spielarten der Gesichtsbehaarung sicherten Frankreich denn auch im neunzehnten Jahrhundert die führende Position in Sachen maskuliner Mode.

Die soziale Bedrohung, die von langen Bärten ausging, war im frühen neunzehnten Jahrhundert eine universelle Sprache, die man sowohl in Amerika als auch in Europa verstand. Kontext und Inhalt variierten, doch die Angst vor der haarigen Unangepasstheit war im Wesentlichen dieselbe. Im selben Jahr, als die Jeunes-France die Theaterbesucher in Paris anschrien, sah sich ein amerikanischer Farmer mit der Schlacht seines Lebens konfrontiert, aufgrund seiner persönlichen Entscheidung.

JOSEPH PALMER KÄMPFT
FÜR SEINEN BART

Joseph Palmer war ein aufrechter Bürger von Fitchburg in Massachusetts, der brav in die Kirche ging. Seine Entscheidung für einen langen Bart jedoch war für seine prüden Nachbarn zutiefst schockierend. Sie schimpften ihn eine Schande, ein Monster sogar, und sie erbleichten in Anbetracht seiner stolzen Weigerung, das abscheuliche Zeugs zu entfernen.

Im Sommer 1830 erreichte die Situation ihren Höhepunkt. Als Palmer wartete, bis er an der Reihe war zum Empfang der heiligen Kommunion in seiner Gemeindekirche, wurde er vom Brot und Wein teilenden Pastor schlicht übergangen. Wutentbrannt schritt der Farmer zum Kommunionstisch, nahm den Becher und bediente sich. Zum Schluss schrie er die Versammlung an: »Ich liebe meinen Jesus auch, und sogar mehr, als irgendjemand von euch es tut!«[14] Für die anständigen Bürger von Fitchburg brachte dies das Fass zum Überlaufen. Wenige Tage später nahmen ihn vier mit Schere, Seife und Rasiermesser bewaffnete Männer auf der Straße gefangen und wollten seinem sie beleidigenden Barthaar ein Ende bereiten. Palmer wurde zu Boden geworfen, doch mithilfe eines Klappmessers, dessen er sich bediente, konnte er mit unversehrtem Bart entkommen.

Palmers Angreifer beschuldigten Palmer der Körperverletzung, sodass er ins Gefängnis geworfen wurde. Hinter Gittern schrieb er Briefe an die Zeitungen, dass der wahre Grund für seine Inhaftierung der Hass auf sein Barthaar sei und nicht die erfundene Anklage wegen Körperverletzung. Fast ein Jahr lang bombardierte Palmer die Öffentlichkeit mit Beschwerden über seine Gefängniswärter und wie sie ihn behandelten. Irgendwann sperrten die entnervten Gefängnisbediensteten seine Zelle auf, um ihn loszuwerden. Palmer versagte seinen Peinigern selbst diese Genugtuung, indem er darauf beharrte, dass er erst dann gehen werde, wenn man ihn für die exorbitanten Kosten, die seine Unterbringung angeblich verursacht hatte, entschädigt habe. Die Beamten hoben ihn daraufhin einfach mitsamt Stuhl in die Höhe und trugen ihn nach draußen auf die Straße. In seiner neuen Freiheit bekam Palmer nie mehr Schwierigkeiten aufgrund seines Haars, und er begann eine lange Karriere als Aufrührer. Bei seinem Tod im Jahr 1875 ließ seine Familie einen Grabstein mit folgender Inschrift aufstellen: JOSEPH PALMER. VERFOLGT WEGEN DES TRAGENS SEINES BARTS.[15]

Zwar war Palmers Bart kein nationalistisches Symbol wie der von Turnvater Jahn oder ein romantisches Statement wie das der Jeunes-France oder ein sozialistisches Emblem wie das von Enfantin, doch er war ein Symbol des Protests, genau wie bei den anderen auch. Palmer war ein Idealist, und auch wenn er kein Revolutionär war, so war er doch auf jeden Fall ein Reformer. Er war persönlich bekannt mit den führenden Denkern Neuenglands, darunter Ralph Waldo Emerson, Henry David Thoreau und Amos Bronson Alcott. Er war in den Vorreiterbewegungen seiner Zeit aktiv, vor allem mit Blick auf die Sklavenbefreiung und die Abstinenzbewegung, und er schloss sich eifrig Alcotts Fruitlands an, einer erfolglosen sozialutopischen Siedlung. Kurz gesagt: Die Bürger von Fitchburg hatten nicht unrecht damit, dass Palmer ein Rebell war. Damit, dass ein Rasiermesser ihn in seine Schranken weisen würde, allerdings schon.

Für die Neuengländer war die Gesichtsbehaarung ein besonderer Dorn im Auge, da sie eine bewusste Eigenständigkeit nahelegte, die der Gemeinschaftsethik der puritanischen Tradition entgegenlief. Selbst Sozialreformer hätten wahrscheinlich negativ auf solch eine eigenwillige Darbietung reagiert. Einen Mann mit radikalerem Naturell als den in Massachusetts geborenen William Lloyd Garrison, den großen Löwen der amerikanischen Sklavenbefreiung, lässt sich kaum finden. Und selbst Garrison machte beim Gesichtshaar eine Ausnahme. Im Jahr 1829, nur wenige Monate vor dem Angriff auf Palmers Bart, demonstrierte Garrison sein frühreifes Talent für das geschwollene Reden, als er gerade als abolitionistischer Journalist in Baltimore anfing. »Von allen gemeinen Neigungen«, erklärte er, »von allen vulgären Rivalitäten um wenig beneidenswerte Überlegenheit – von allen modischen Absurditäten, die von modischen Monstern propagiert und aufrechterhalten werden –, ist nichts halb so unanständig und lächerlich wie das gegenwärtige Getöse um riesige Schnäuzer.«[16] Garrison stand an vorderster Front der amerikanischen Gesellschaftsreform, die Arroganz eines Schnurrbarts jedoch schien ihm die hässliche Fratze des amerikanischen Individualismus darzustellen.

In der Tat sorgte das Gesichtshaar in den 1830ern und 1840ern zunehmend für Kontroversen, in den Jahrzehnten also, die auf Palmers Inhaftierung folgten. Garrisons Tirade ist nur ein Beispiel von vielen. Selbstbehauptung, ideologisch oder nicht, brachte in diesen Jahrzehnten mehr und mehr Männer dazu, mit ihren Haaren zu experimentieren, was wiederum eine Reaktion seitens der Hüter von Moral und Geschmack provozierte.

Die Amerikaner waren im Allgemeinen weniger streng als die strikten Neuengländer aus Palmers Stadt, und sie ließen ihre Barthaare eher sprießen als die Europäer. Doch selbst im »Land der unbegrenzten Möglichkeiten« war der Widerstand gegen das Gesichtshaar in jenen Jahren weit verbreitet. Kultivierte Männer mähten das, was auf ihrem Gesicht wuchs, für gewöhnlich ab, um den rasierten Anstand zu wahren. Ein gebildeter Mitarbeiter des *Southern Literary Journals* grübelte 1838 anerkennend über historische Bärte in Kunst und Literatur nach, sah allerdings keine Rechtfertigung für die Gesichtsbehaarung der Ikonoklasten seiner eigenen Zeit. »Ein Gestrüpp wie das unserer Sümpfe bedeckt das Antlitz, und das göttliche Menschengesicht wird in das Abbild und Ebenbild eines Scheuerlappens verwandelt«, so schrieb er.[17] Zwei Jahre später brachte der deutsche Historiker Hermann Hauff dasselbe Argument und machte sich über die arroganten jungen Männer lustig, welche eine ungerechtfertigte Differenziertheit vermitteln wollten, indem sie sich die Haare im Gesicht wachsen ließen. »Es ist jetzt gerade umgekehrt wie in frühern bärtigen Jahrhunderten. Wenn einst der struppige, weiß durchschossene Bart das aufwachsende Geschlecht im Respekt hielt, so soll jetzt der junge, gekämmte und mühsam gehegte Bart den ältern Glattschnäbeln imponieren.«[18]

Trotz solcher herablassender Einwände schlossen sich die vom romantischen Geist infizierten politisch Konservativen den anderen im Ausprobieren unkonventioneller Haarmode an. Ihre Beweggründe waren größtenteils dieselben wie die der Linksorientierten, das heißt, sie beriefen sich auf eine zentrale und authentische Männlichkeit, die ihre Sache rechtfertigen würde. Das frühe neunzehnte Jahrhundert wurde Zeuge zweier Arten konservativer Gesichtsbehaarung: des aristokratischen Barts und des martialischen Schnurrbarts. Beide erwiesen sich als wesentlich, um die Voraussetzungen für eine neue Bartbewegung in der westlichen Welt zu schaffen.

LORD EGLINTON STELLT DAS MITTEL-ALTER ZUR SCHAU

Archibald Montgomery, der dreizehnte Earl von Eglinton, war kein sonderlich ungewöhnliches oder talentiertes Mitglied des schottischen Adels, doch gerade seine gewöhnlichen Ansichten sind es, die seine Taten im Jahr 1838 so bedeutsam machen. Wie viele Aristokraten seiner Zeit alarmierte ihn das Tempo der gesellschaftlichen und politischen Veränderungen, die über das Europa des neunzehnten Jahrhunderts hereinbrachen. Als er seine Pläne eines mittelalterlichen Turniers auf seinem pseudo-gotischen Schloss in Schottland samt Prunk, Banketten, Rüstungen, Lanzenkämpfen und Scheingefechten verkündete, tat er nichts Geringeres, als den Groll seines Standes gegen die Modernität zu kanalisieren. Eine bedeutsame Reform des Parlaments hatte 1832 den Einfluss der Aristokratie stark reduziert und den der bürgerlichen Reformer stark vergrößert. Das Turnier sollte diese Entwicklungen kontern und die Stimmung eines dahinschwindenden Adels heben. Zu einer Zeit, als Sir Walter Scotts Roman *Ivanhoe* 1819 ganz Europa mit der Romantik mittelalterlichen Rittertums in seinen Bann zog, schien es nur richtig, dass sich die Aristokratie des echten Lebens auf ihr Erbe zurückbesann.[19]

Dutzende aristokratische Ehrenmänner aus ganz Britannien folgten Eglintons Ruf und trainierten mit Breitschwert und Lanze. Dreizehn von ihnen kämpften schließlich im August 1839 im Rahmen des Turniers, gekleidet mit dem, was sie für authentische Rüstungen und Waffen hielten. Jene Retro-Ritter vervollständigten ihr Kostüm mit durch und durch unmodernen Vollbärten. Am festgesetzten Tag strömten Tausende Zuschauer aus

dem ganzen Land – viele von ihnen ebenfalls historisch kostü-
miert – in begeisterter Vorfreude auf das Schlossgelände. Die Feierlichkeiten begannen mit einer großen Parade von Rittern und
Dienstmännern, welche die »Schönheitskönigin« Lady Seymour
auf den Turnierplatz eskortierten. Leider schüttete es just in diesem Augenblick vom Himmel und durchnässte Teilnehmer und
Schaulustige gleichermaßen. Eine durchgefrorene und sich schnell
verflüchtigende Menge sah der halbherzigen Prozession durch ein
Meer aus Matsch zu, ihre modernen Regenschirme verdüsterten
die mittelalterliche Herrlichkeit. Nach einem langsamen und mat-
schigen Lanzenkampf wurden die übrigen Feierlichkeiten abge-
sagt. Ein vielsagendes Fiasko. Die romantischen Exzesse von Eglintons Ritterturnier waren genauso albern und irrelevant wie die
linken Träumereien an einer Pariser Barrikade. Selbst die junge
Königin Viktoria lachte, als sie von diesem törichten Vorfall hörte.[20] Regen allein genügte jedoch nicht, um überschwängliche konservative Ehrenmänner wie Lord Eglinton und seine Freunde zu
entmutigen. Als das Wetter ein paar Tage später aufklarte, wurden
Parade und Turnier für ein kleineres, aber trockeneres Publikum
erneut aufgeführt. Namhafte Maler waren zugegen, um sonnenbe-
schienene Bilder eines wiedergeborenen Ritterstands einzufangen. Ihre glamourösen Werke erschienen in mehreren Gedenk-
büchern, welche den vorherigen Matsch verschwiegen. Die
Bedeutung des Turniers lag in der Publikation träumerischer Bilder von glänzenden bärtigen Rittern, die für die uralten Tugenden Loyalität, Ehre und Tapferkeit kämpften. Gemälde des Eglinton-Turniers trugen zu einem wachsenden Reiterzug bärtiger
Heldenhaftigkeit bei, welcher sowohl die Säle der großen Land-
schlösser als auch die Parlamentsgebäude zierte.

Die meisten Ehrenmänner, die sich für das Eglinton-Turnier

8.3 Das Eglinton-Turnier, 1839. Ritter mit Bart eskortieren die »Schönheitskönigin« Lady Seymour zum Turnierplatz.

eine Ritterrüstung zugelegt und einen Bart hatten wachsen lassen, rasierten ihn bald darauf aber wieder ab. Es war schließlich doch Schauspielerei. Eine andere Sorte aristokratischer Gesichtsbehaarung hatte dagegen mehr Durchhaltevermögen: der Kavallerie-Schnurrbart. Schon bevor Eglinton sein Turnier veranstaltet hatte, war der Schnurrbart zum unerlässlichen Symbol des soldatischen Helmbuschs geworden. Mit der Zeit sickerte dieser Stil nach oben in die europäische Aristokratie durch sowie nach unten zu den gewöhnlichen Soldaten der europäischen Armeen. Prinz Albert, Königin Viktorias Gemahl, gab ein beachtliches Beispiel für den militärisch-aristokratischen Schnurrbart ab. Und das war auch gut so, denn er half ihm dabei, das Herz der Königin zu erobern.

PRINZ ALBERT GIBT EINE FLOTTE FIGUR AB

Es war wie im Märchen. Vor langer, langer Zeit lehnte die junge Prinzessin eines großen Königreichs grollend alte und langweilige Verehrer ab in der Hoffnung, dass eines Tages ein hübscher junger Prinz auftauchen und ihr Herz im Sturm erobern würde. Es handelte sich dabei um Prinzessin Viktoria von Großbritannien, die im Jahr 1837 im Alter von achtzehn Jahren Königin wurde. Sie widerstand dem Heiratsdruck und beharrte darauf, dass sie wie einst Königin Elizabeth auf absehbare Zeit ehelos bleiben würde.

Viktoria hatte jedoch einen wunden Punkt, nämlich ihre jugendliche Unerfahrenheit. Dank einiger Schnitzer in der Beziehung zur Öffentlichkeit hatte sie es geschafft, sich sowohl bei den Beamten als auch beim Volk unbeliebt zu machen. Einer dieser Fauxpas bestand darin, eine Dame ihres Hofstaats in aller Öffentlichkeit des Ehebruchs zu beschuldigen, obwohl die arme Frau in Wahrheit nicht von einer Schwangerschaft aufgedunsen war, sondern von einem bösartigen Tumor, der sie bald darauf umbringen sollte. Viktoria war politisch nicht besonders clever und erwies sich nur allzu oft als kleinkariert und unüberlegt. Denjenigen, die sie umgaben – und ihren Untertanen im Allgemeinen –, schien es, als müsste sie dringend an die Hand genommen werden.

Albert war der Mann, den ihre Verwandten für diese Rolle vorgesehen hatten, ihr etwas jüngerer Cousin. Der Sohn eines deutschen Herzogs war liebenswürdig, zuverlässig, fleißig und, das mag am hilfreichsten gewesen sein, einer Heirat mit seiner ihm kaum bekannten ausländischen Cousine aufgeschlossen.

Viktoria hingegen war nicht überzeugt. Obwohl sie dem Druck schließlich nachgab und Albert und seinen älteren Bruder im Herbst 1839 auf Schloss Windsor empfing, warnte sie ihre penetranten Verwandten, dass sie sich mindestens weitere zwei, drei Jahre lang auf keine Heirat einlassen werde. Sie hatte Albert einmal ein paar Jahre zuvor kennengelernt und mochte ihn eigentlich, doch nun war sie Königin und wollte das Initiativrecht nicht aufgeben, das ihr so sehr gefiel.

All das veränderte sich plötzlich, als Albert eines hellen Herbstabends ins Schloss geleitet wurde. Viktoria war bezaubert. In ihrem Tagebuch schwärmte sie an diesem ersten Abend: Albert sei »recht charmant und überaus attraktiv, mit solch schönen blauen Augen und einer erlesenen Nase, mit einem solch hübschen Mund mit feinem Schnurrbart und leichten, sehr zarten Koteletten; eine wunderbare Figur, breite Schultern und vornehme Taille; mein Herz schlägt ziemlich…«[21] Einige Tage nach diesem atemlosen Bekenntnis zeichnete sie ein Porträt von Albert, das ihre Verehrung festhielt. Für die Königin war der backen- und schnauzbärtige Prinz das Abbild männlicher Perfektion. Sie gab ihre einstige Selbstkontrolle auf, machte Albert einen Antrag, und er sagte Ja.

Dass die Heirat von Viktoria und Albert eines der wichtigsten Ereignisse der europäischen Geschichte war, ist keine Übertreibung. Albert erwies sich als ruhiger und kluger Berater. Zusammen etablierten sie einen nüchternen und ernsthaften Umgangston, der zu ihren gottesfürchtigen und arbeitsamen Untertanen passte, und Alberts Augenmerk auf Technologie und Industrie ließ die Monarchie auch in modernen Zeiten noch bedeutsam bleiben. Sie zogen eine große Familie auf, und ihre Nachfahren saßen auf Thronen in ganz Europa. Der letzte deutsche Kaiser und die letzte Kaiserin von Russland waren ihre Enkel. Natürlich konnte man anfangs nichts von diesem großen Erbe ahnen. Als sie 1840 heiratete, war Viktoria noch immer unbeliebt, genau wie die Wahl des Ehemanns. In den Augen vieler ihrer Untertanen war Albert nur ein weiterer Glückssucher, der sich ganz nach oben schleichen wollte, um auf Britanniens Kosten in Saus und Braus zu leben. Ein Blick darauf, wie sie gelegentlich von der Presse in die Mangel genommen wurden, kann als Erinnerung daran dienen, dass die Giftigkeit der heutigen Boulevardblätter

8.4 Prinz Albert. Stich von Henry S. Sadd, 1847

nichts Neues ist. Eine Tageszeitung, die vor der Hochzeit in Umlauf war, reimte:

Sachsen-Coburg schickt uns von seinem armseligen Geschlecht den Albert mit seinen fremdländischen Sätzen und seinem Schnurrbart im Gesicht, um sich an den Schätzen des Parlaments zu bereichern, indem er den Monarchen-Wildfang dieser großmächtigen Insel umwirbt, welcher ihren Deutschen mit entzücktem Lächeln empfängt.[22]

Ein sicheres Zeichen für Alberts unenglische Gepflogenheiten war sein Schnurrbart, welcher auf die Öffentlichkeit wie eine Fremdsprache wirkte. Er sah jedenfalls nicht wie ein englischer Aristokrat, Banker oder Geschäftsmann aus, der einen auffälligen Backenbart getragen haben mag, aber sonst nichts. Ob Alberts festländischer Style auf der Insel auf Gefallen stoßen würde oder nicht, das könnte nur die Zukunft zeigen.

Der Schnurrbart des neuen Prinzgemahls mag fremdländisch gewirkt haben, einmalig war er allerdings nicht in Britannien. Die Elitetruppen der Kavallerie – die Reitergarde, die Leibgarde, das 10. Königliche Husaren-Regiment –, sie alle trugen die Pelzmützen und die langen schwarzen Schnurrbärte zur Schau, die für die Husarenregimenter in ganz Europa typisch waren. Genau diese militärische Schnäuzer-Tradition war die ultimative Inspiration auch für den deutschen Militär-Schnäuzer und folglich Alberts Haarstil. Der Ursprung der Husaren liegt in den ungarischen Kavallerie-Regimentern des siebzehnten Jahrhunderts, deren furchterregendes Aussehen und kühnes Verhalten weithin imitiert wurden von anderen europäischen Armeen. Eine der meistbekannten Darstellungen des ungarischen Husaren-Wage-

8.5 *Offizier der Gardejäger beim Angriff,* von Théodore Géricault, 1812

muts ist Théodore Géricaults Gemälde *Offizier der Gardejäger beim Angriff* (Abbildung 8.5). Haare sind von entscheidender Bedeutung im Hinblick auf die Heldenhaftigkeit und Kühnheit dieses napoleonischen Offiziers. Wir sehen Pferdemähne und -schweif, das Leopardenfell des Sattels, den Pelzhut und natürlich den angsteinflößenden Schnurrbart.

Für die Männer der Regimenter, die den Husarenstil übernahmen, war eine dunkle Oberlippe absolute Pflicht. 1806 wurden in Britannien Name und Uniform der Husaren eingeführt, als das 10. Dragonerregiment des Prinzen von Wales zum 10. Königlichen Husarenregiment wurde. Der neue Name hatte eine neue Uniform und den obligatorischen Schnurrbart zur Folge.[23] Es dauerte nicht lange, da schien der alte Look alltäglich, und andere Militäreinheiten führten ebenfalls Teile der neuen Mode ein. 1830 versuchte eine allgemeine Verordnung, diesen Wildwuchs zu stoppen und den Schnurrbart auf die Leibgarden, Reitergarden und Husaren zu beschränken, damit sich diese Elite-Einheiten in angemessener Weise von den anderen abhoben. Das Interesse war jedoch derart groß, dass die Kommandeure bald einknickten. Das Gleiche galt für Frankreich, als 1833 sämtlichen französischen Soldaten das Tragen eines Schnurrbarts genehmigt wurde.[24] Mitte des Jahrhunderts trugen nahezu alle Kavalleristen in Europa sowie die meisten regulären Offiziere schließlich das grimmige Gesicht eines ungarischen Freischärlers.[25]

Die Rechtfertigung für diesen Trend war die Vorstellung, dass Haare im Gesicht zusammen mit pompösen Uniformen im Herzen des Gegners Angst auslösten und daher eine Art von Waffe darstellten.[26] Mit ihrem Tempo und ihrem Lärm war die Kavallerie das erste Vehikel der Schock-Taktik, und eine beeindruckende Aufmachung hielt man dementsprechend für ausschlaggebend.

Der Schnurrbart half zumindest schon einmal dadurch, dass er die Männer älter erscheinen ließ, als sie tatsächlich waren. Viele Kavalleristen, die zu jung für einen beeindruckenden Haarwuchs waren, täuschten ihn vor. Der siebzehnjährige französische Husar Jean-Baptiste Marbot erzählt in seinen Memoiren, dass er schwarzes Wachs verwendet habe, um sich den erforderlichen Look ins Gesicht zu malen.[27] Das war nichts Außergewöhnliches. In einem anonymen Brief an die Londoner *Times* beschwerte sich 1828 jemand darüber, wie viel Zeit und Geld das Beschaffen und Pflegen der künstlichen Schnurrbärte der Leibgarde koste. Die Moustaches mussten eine einheitliche schwarze Farbe haben, also hatten die Männer mit einem abweichenden Farbton – sofern sie überhaupt genügend Haarwuchs verzeichneten – Färbemittel zu verwenden.[28]

Obwohl Prinz Alberts Schnäuzer für den britischen Adel etwas Ungewöhnliches war, verlieh er ihm also doch ein angemessen militärisches und konservatives Aussehen. Er verströmte zudem einen männlichen Charme und ein Flair, das einer jungen Königin die Sinne rauben konnte. Bevor sie Albert traf, hatte Viktoria die romantischen Albernheiten des Eglinton-Turniers belächelt, doch nun änderte sich ihre Sichtweise. Nur drei Jahre nach Eglinton richtete die Königin für zweitausend Gäste einen der seltenen Kostümbälle im Buckingham Palace aus. Thema war die Ritterzeit, und Albert und Viktoria erschienen in der Verkleidung des Königs Edward III. und von Königin Philippa. Die Londoner *Times* erklärte den Ball zu einer der prunkvollsten königlichen Veranstaltungen seit dem siebzehnten Jahrhundert.[29] Bald darauf überreichte Albert seiner Frau ein kleines Bildnis von sich in Rüstung zum Geburtstag, das von Robert Thorburn gemalt worden war. Es sollte das Lieblingsporträt ihres Mannes werden. In ihren eigenen Worten verlieh es Albert das »feierlichste männlichste Aussehen überhaupt«.[30] Der mittelalterliche Albert war eine charmante Fantasie. Mit seiner hochgewachsenen Gestalt und seinen Koteletten plus Schnurrbart kriegte er das wahrlich gut hin. Der Trick bestand anscheinend darin, Technologie, Innovation und Fortschritt zu begrüßen und gleichzeitig mittelalterlich auszusehen. Und schon war der moderne Prinz geboren.

Trotz Alberts wachsender Popularität und der weitverbreiteten Einführung des Schnurrbarts bei den Militäroffizieren in ganz Europa unternahm jedes europäische Land indes gemeinsame Anstrengungen, ihn auf das Militär zu beschränken. Offiziere und Aristokraten wollten ihn nämlich als Erkennungszeichen ihres gesellschaftlichen Stands behalten. Währenddessen prangerten ihn die Hüter des ehrenwerten Bürgertums als arrogant und rebellisch bei Zivilisten an. Als junge Pariser Angestellte sich 1817 erdreisteten, Schnurrbärte und *mouches* (kleine Haarbüschel unter der Lippe) zur Schau zu stellen, überzogen Presse und Varieté-Theater sie mit Spott und Häme.[31] Einige Unternehmen ächteten solcherlei Zurschaustellungen geradezu. 1818 beschwerte sich ein englischer Kommentator in einem respektablen Magazin über Folgendes: »Die Geckenhaftigkeit des Schnurrbarts ist fehl am Platz und schlicht abscheulich, wenn sie auf das englische Antlitz geklebt wird.«[32] In Spanien war der Schnäuzer dem Militär vorbehalten, und selbst gewöhnliche Soldaten durften ihn vor 1845 nicht tragen.[33] Der König von Bayern erließ 1838 eine Anordnung, wonach den Bürgern das Tragen eines Schnurrbarts unter Androhung von Haft und Zwangsrasur verboten war.[34]

Außerhalb des reglementierten Militärlebens haftete dem Oberlippenbart weiterhin törichte Arroganz, Geckenhaftigkeit oder gar Schlimmeres an. Im Preußen des Jahres 1840 genoss der neunzehnjährige Friedrich Engels, der später mit Karl Marx zusammenarbeitete, den Nervenkitzel eines Schnurrbarts, während er an der Universität studierte. Er kostete seine schockierende Wirkung auf die ehrenwerte Gesellschaft inklusive seiner eigenen Eltern so richtig aus. Eine Zeit lang überlegte er, durch das Wachsenlassen eines romantischen Barts im Renaissance-Stil noch einen draufzusetzen, doch er entschied sich dagegen. »Mit der Courage, sich dem Spießbürgertum zu widersetzen und sich einen Schnurrbart wachsen zu lassen«, verleitete er seine Freunde rechtzeitig vor einer Feier zu Ehren des Oberlippenbarts zu einer entsprechenden schriftlichen Verpflichtung.[35] Er fühlte sich dabei sehr wagemutig und genoss die Aufmerksamkeit, die ihm dadurch zuteilwurde. Engels hat sich niemals von seiner Rebellion gegen das ehrenwerte Bürgertum abgewendet und wurde später zur vollbärtigen kommunistischen Geschichtsikone. Marx schlug einen ähnlichen Weg ein und wusste seinen riesigen schwarzen Bart als Symbol des Widerstands zu nutzen.

Ab den 1840ern standen bärtige und schnauzbärtige Liberale und Sozialisten in ganz Europa der alten Ordnung feindlich gegenüber. In Frankreich war man wegen der Ausbreitung der Gesichtsbehaarung und des Aufruhrs in der Arbeiterklasse beunruhigt. Ein Pariser Polizeibericht von 1840 beklagt sich über Folgendes: »Mit Schmerzen erblicken wir viele Personen der Arbeiterklasse in Uniformjacke, mit Bart und Moustache, die offenbar mehr Zeit mit Politik als mit ihrer eigentlichen Arbeit verbringen. Sie lesen republikanische Zeitungen und abscheuliche Pamphlete, die sie vom rechten Weg abbringen und in eine unsägliche Richtung drängen sollen.«[36] Britannien musste miterleben, wie das aufständische Haar in seinen beiden verdrossensten Bevölkerungsteilen aufkam: den Industriearbeitern und den Iren. Daniel

O'Connell, Anführer der Kampagne für ein unabhängiges, sich selbst regierendes Irland, erntete 1843 großes Gelächter, als er seinen Zuhörern den Inhalt eines Briefs beschrieb, den er aus Galway (Westirland) erhalten hatte, »wonach die Polizei Anordnung erhielt, die Ankunft jedes Schiffs, jeder Kutsche oder Karre und jedes fremdländisch aussehenden Individuums zu beobachten, insbesondere derjenigen mit Oberlippenbart.« Die Menge grölte, als O'Connell einen vielsagenden Blick auf seinen Sohn Daniel warf, der einen »schön gekringelten und vielversprechenden Schnäuzer von blutrünstigem und unnahbarem Charakter zur Schau trug«.[37]

Die Chartisten waren Arbeiter, die für den Charter-Vertrag agitierten, ein Manifest für ein von allen erwachsenen Männern gewähltes Volksparlament. Der Anführer der radikalsten Fraktion der Chartisten war Feargus O'Connor, berühmt und berüchtigt für sein unrasiertes Kinn.[38] 1848 verurteilte Lord Palmerston, Außenminister und einer von Britanniens führenden Politikern, die Chartisten als »Krawallmacher mit Bart und Schnäuzer«.[39] Eine Wirtschaftskrise im Jahr 1847 sowie Nachricht von den europäischen Revolutionen von 1848 hatten mehrere Millionen Unterschriften zugunsten der Chartisten möglich gemacht. Im Vorgriff auf die für Sommer geplanten Massendemonstrationen in London meldeten sich hunderttausend Bürger des Mittelstands freiwillig als spezielle Konstabler, um die Demonstranten der Arbeiterschicht in Schach zu halten. Beim Ereignis selbst erwies sich die Menge als kleiner als von beiden Seiten vorhergesagt, zum Teil aufgrund des starken Regens. Mit gerade einmal 150 000 Protestlern im Rücken war der furchterregende O'Connor nicht willens, sich der Konstabler-Armee entgegenzustellen. »Der Tag der Chartisten ging mit einer ridikülen Stille vorüber, und die Regierung ist stärker als je zuvor«, bemerkte Elizabeth Bancroft, die Frau des amerikanischen Botschafters.[40] Dennoch machten sowohl Revolten als auch Stoppeln die Briten weiterhin nervös. In ihren Memoiren schrieb Bancroft, dass jeder, der die Demokratie zu laut umworben habe, jederzeit habe davongeschleppt werden können, besonders jeder mit langem Bart.

Die englische Regierung war sicher, aber König Louis-Philippe von Frankreich und die Könige und Fürsten in Deutschland erwiesen sich als verwundbar in Anbetracht einer neuen Generation bärtiger Linker. Im Jahr 1848 war die Obrigkeit in Paris, Berlin, Wien, Budapest und anderen Hauptstädten für kurze Zeit entmachtet, als loyale Streitkräfte vor den Straßenkämpfern zurückwichen. Eine Zeit lang schien es, als sei ein vereintes, demokratisches Deutschland geboren. In Frankfurt versammelten sich Liberale aus allen Teilen Deutschlands, darunter der ältliche Turnvater Jahn, um ein föderales Parlament zu begründen und den Grundrechtskatalog und die Verfassung für einen neuen Staat niederzuschreiben. Der alte Traum der romantischen Nationalisten schien wahr geworden. Doch es hat nicht sollen sein. Die Frankfurter Nationalversammlung war gespalten und führungslos. Wie ihre Kollegen in Österreich und Italien fanden die deutschen Fürsten dann ihr Gleichgewicht wieder und fegten die konfusen Revolutionskräfte beiseite.

Auch in Russland versagten Bart und Revolution. In den 1840ern intensivierten die russischen Slawophilen ihre Kritik an einer ihrer Meinung nach zu stark verwestlichen Autokratie und verschärften ihre Rhetorik zur Verteidigung nationaler Bräuche, politischer Rechte und Selbstbestimmung. In symbolischer Zuneigung zum russischen Bauernstand, der russisch-orthodoxen Kirche sowie der russischen Vergangenheit ließen sich diese

Reformer einen Vollbart wachsen. Sie dachten, sie würden fremde Kultureinflüsse abwehren, doch in Wahrheit kanalisierten sie voll und ganz den paneuropäischen, romantischen Liberalismus ihrer Zeit. Wie Turnvater Jahns Turner oder die Partisanen der Jeunes-France bemühten sich auch die Slawophilen, die Zukunft aus der Vergangenheit heraus zu erschaffen. Zar Nikolaus wusste die Zeichen zu lesen und kam zu dem (nicht ganz falschen) Ergebnis, dass jeder Adelige mit Bart seine Autorität infrage stelle. Nikolaus selbst trug einen militärischen Schnäuzer, doch ein Bart stand außer Frage. Er bestand darauf, dass es seine Kritiker seien, die den liberalen ausländischen Ideen verfallen waren, nicht er selbst. Er werde Russland verteidigen, indem er das landesweite Bartverbot durchsetze. Als Nikolaus 1849 für einen formellen Staatsbesuch von St. Petersburg nach Moskau reiste, tauchten prominente slawophile Adelige, darunter Alexei Chomjakow und die Brüder Ivan und Konstantin Aksakow, in der Öffentlichkeit ostentativ in russischer Tracht und mit Bart auf. Die Antwort ließ nicht lange auf sich warten. Ein Rundbrief des Innenministeriums an die adeligen Bezirks-Polizeidirektoren gab bekannt, der Zar sei »unzufrieden damit, dass russische Adelige einen Bart tragen«, und warnte, dass bärtige Adelige keine öffentlichen Ämter innehaben dürften.[41]

In Russland, Großbritannien, Frankreich, Italien und Deutschland, und genau genommen in jeder europäischen Stadt, lehnten romantische Idealisten die rasierte Ordnung ab und agitierten für persönliche Freiheit und Grundrechte. Die konservativen Romantiker ihrerseits reagierten auf die Tyrannei des modernen Kommerzes und Pragmatismus. Liberale und Konservative gruben in der Vergangenheit, um Bilder einer authentischen und heroischen Männlichkeit zutage zu fördern, mit der sich die Zukunft formen ließe. Im glühenden Eifer ihrer Fantasien riefen sie eine ursprüngliche Männlichkeit wach, um die Fehler ihrer Zeit zu korrigieren. Schnurrbärte und Bärte erschienen ihnen sowohl historisch als auch heroisch, doch in Anbetracht des Versagens der patriotischen deutschen Studentenverbindungen, der französischen Aufstände, der neo-ritterlichen Aristokraten, der britischen Chartisten und russischen Slawophilen sowie liberalen Aufstände allerorten haftete ihnen auch Unzweckmäßigkeit und etwas Tragisches an.

Das eindeutige Scheitern der Revolutionen in Berlin, Wien, Rom und anderen wichtigen Städten im Jahr 1848, der Zerfall des Chartismus in England sowie die Niederlage des Republikanismus in Frankreich, die 1852 zur Begründung einer neuen napoleonischen Herrschaft führte, zerschlugen den romantischen Liberalismus. Der rasierte Anstand schien gesicherter als je zuvor. Genau genommen war jedoch das Gegenteil der Fall. Als die ehrenwerten Männer sich nicht mehr länger vor haarigen Radikalen fürchten mussten, fürchteten sie auch nicht mehr das Haar an sich und konnten nach Belieben davon Gebrauch machen. Der Damm war gebrochen. Angestaute Sehnsüchte nach Gesichtshaar wurden plötzlich entfesselt. Der Bart verlor seine politische Bedeutung und wurde stattdessen zum Werkzeug, um den Begriff von Patriarchat und männlicher Erhabenheit in einem turbulenten industriellen Zeitalter zu erneuern.

Kapitel 9
PATRIARCHEN DES INDUSTRIELLEN ZEITALTERS

Der Geist eines jeden Zeitalters, so der gefeierte deutsche Philosoph Arthur Schopenhauer, nimmt Gestalt an in der Gestaltung des Alltäglichen wie Gebäude, Möbel, Verzierungen, Kleidung und »der Art Haar und Bart zu stutzen«.[1] Im Jahr 1851, als er diese Bemerkungen veröffentlichte, machte Schopenhauer im Trend in Richtung Bart einen neuen Geist fest. Dem Dreiundsechzigjährigen gefiel das kein Stück. »Der Bart sollte, als halbe Maske, polizeilich verboten sein«, so beschwerte er sich. »Zudem ist er, als Geschlechtsabzeichen mitten im Gesicht, obszön: Daher gefällt er den Weibern.«

Abgesehen davon, dass er Frauen beleidige, brachte der große Philosoph die allerdings schwindende Denkweise des frühen neunzehnten Jahrhunderts zum Ausdruck, wonach die Gesichtsbehaarung Aufsässigkeit symbolisiere. In der zweiten Hälfte des Jahrhunderts verwarf man diese politischen Stereotypen wieder, und Bärte wurden seriös und allgegenwärtig. Männer ließen ihr Haar nicht mehr wachsen, um ihre politische Zugehörigkeit kundzutun, sondern um ihre individuellen und kollektiven Rechte zu behaupten. Und das war eine klassen- und länderübergreifende Angelegenheit. Sämtliche Schichten der europäischen und amerikanischen Gesellschaft wurden in die neue Bartbewegung hineingezogen. Einige prominente Männer führten den neuen Stil an, während andere weniger schnell aus den Startlöchern kamen. Abraham Lincoln war berühmt für seinen Bart, doch tatsächlich war er ein zögerlicher Spätling, den erst eine sehr junge Anhängerin überzeugen musste, auf der Höhe der Zeit zu bleiben.

ABRAHAM LINCOLN FOLGT DEM APPELL EINES JUNGEN MÄDCHENS

Die meisten schienen überrascht, als Abraham Lincoln 1860 für die Republikaner als Präsident kandidierte. Er war kein vollendeter Staatsmann mit bedeutender Erfahrung, sondern ein Kongressabgeordneter mit zweijähriger Amtserfahrung, den außerhalb seines Heimatstaats Illinois kaum jemand kannte. Ein paar Dinge sprachen allerdings für ihn: Er war ein gemäßigter Politiker mit nachdenklichem Charme und ehrlichem Humor, der Vertrauen hervorrief, und seine Art zu reden war sehr inspirierend. Auf ein gutes Aussehen konnte er nicht zurückgreifen, und über dieses Defizit machte er sich auch in seinen Reden lustig. Während seiner erfolglosen Senatskampagne hatte sein Gegner Stephen Douglas ihn zwei Jahre zuvor in einer Auseinandersetzung als nicht vertrauenswürdig und »two-faced« (heuchlerisch) bezeichnet. Lincoln entgegnete prompt: »Glauben Sie ernsthaft, ich würde dieses Gesicht tragen, wenn ich noch ein zweites hätte?«[2] Diese Bereitschaft, über sich selbst zu lachen, hielt seine Gegner nicht davon ab, seine Hässlichkeit zu verspotten und sie mit seinen hinterwäldlerischen Ursprüngen und seinem ungeschliffenen Benehmen in Verbindung zu bringen. Eine Tageszeitung erklärte: »Lincoln ist die magerste, schmächtigste, unbeholfenste Ansammlung von Armen, Beinen und Raubvogelgesicht, die je auf ein Gerippe gespannt wurde. Er hat das Privileg des Hässlichseins, das er mit allen Politikern teilt, aufs Unverantwortlichste missbraucht.«[3] Selbst einige Republikaner fragten sich, ob er wirklich der Richtige war, um Amerika durch seine größte Krise zu führen.

So berühmt wie Lincoln heute sein mag, kaum einer weiß, dass er die Parlamentswahlen ohne Touren oder Reden gewonnen hat. Damals war es üblich, dass die Präsidentschaftskandidaten zu Hause blieben und die Herbstkampagne hindurch würdevolles Stillschweigen bewahrten. Sie überließen den Wahlkampf ihren Stellvertretern und Anhängern. Lincolns Foto machte jedoch überall die Runde, und dummerweise verschönerte die Kamera nichts. Lincoln war zwar nicht eitel, aber er machte sich durchaus Sorgen, dass sein Aussehen seine persönliche Autorität als Landesführer untergraben könnte. Diese Sorge muss ihm im Kopf herumgeschwirrt sein, als er den erstaunlichen Brief einer elfjährigen Anhängerin namens Grace Bedell erhielt. Grace teilte Lincoln mit, dass ihr Vater das Foto des Präsidentschaftskandidaten nach Hause gebracht habe, fragte ihn, ob er Töchter in ihrem Alter habe, die ihr antworten würden, und fuhr dann mit dem Grund für ihr Schreiben fort:

Ich habe vier Brüder [sic], und ein Teil von ihnen wird Sie sowieso wählen, und wenn Sie sich Ihre Backenhaare wachsen lassen, werde ich versuchen, *dass auch der Rest von ihnen für Sie wählen geht. [S]ie würden sehr viel besser aussehen, weil Ihr Gesicht so dünn ist. Alle Damen mögen Backenbärte, und sie würden ihre Ehemänner damit sticheln, dass sie Sie wählen sollen, und dann würden Sie Präsident werden.*[4]

Von diesem freimütigen Ratschlag war Lincoln beeindruckt. Handschriftlich antwortete er:

Ich bedauere, dir mitteilen zu müssen, dass ich keine Töchter habe. Ich habe drei Söhne – einer siebzehn, einer neun und einer sieben Jahre alt. Zusammen mit ihrer Mutter machen sie meine gesamte Familie aus.

Was die Backenhaare anbelangt: Da ich bislang nie welche getragen habe, glaubst du nicht, dass die Leute es für einen Fall von törichter Affektion halten würden, wenn ich nun damit anfinge?

Dein sehr ergebener, alles Gute wünschender A. LINCOLN.[5]

Der republikanische Kandidat versprach nicht, den Rat von Grace zu befolgen, schließlich war er unsicher, welchen Eindruck eine neue Aufmachung wohl hinterlassen würde. Wie allgemein bekannt ist, änderte er seine Meinung nach der Wahl jedoch. Als nationale Führungspersönlichkeit meinte er, sich ein bescheidenes Umstyling dann doch erlauben zu können.

Die Wahl seines neuen Looks war dabei keine kapriziöse Angelegenheit. Bart war nicht gleich Bart. Lincoln entschied sich gegen einen Vollbart, obwohl dieser die vorherrschende Bartmode darstellte, und wählte einen gestutzten Bart ohne Schnäuzer. Das war zu dieser Zeit beim Klerus recht beliebt. Auf der Jahresversammlung der Methodistenkirchen in Philadelphia im Jahr

9.1 Abraham Lincoln, von Christopher S. German, 1861. Erstes Porträt mit Bart

1864 bemerkte ein Beobachter, dass nahezu alle Geistlichen solch eine Gesichtsbehaarung aufwiesen.[6] Im Gegensatz dazu trug beinahe jeder Offizier beider Armeen im amerikanischen Bürgerkrieg einen Vollbart oder langen Oberlippenbart. Von Lincolns Generälen trugen beispielsweise Ulysses Grant einen Vollbart, George McClellan einen markanten Schnurrbart, und es war Ambrose Burnsides Kombination aus Schnurrbart und mächtigen Koteletten, wegen der es das Wort »Sideburns« für Koteletten ins amerikanische Wörterbuch geschafft hat. Diese Gegensätze veranschaulichen die große Kluft zwischen bürgerlicher und militärischer Gesichtsbehaarung. Wie bereits erwähnt, war der Schnäuzer zum Markenzeichen für Schmiss und Heldenhaftigkeit des Militärs geworden, und die europäischen Staaten hatten begonnen, ihn ihren Offizieren abzuverlangen. Lincoln entschied sich absichtlich für einen weniger aggressiven Look. Obwohl er kein Pazifist wie die Amischen und die Mennoniten war, die den Schnurrbart als Zeichen von Gewalt scheuten, stellte Lincolns glatte Lippe dennoch einen stillen Protest gegen den Kampf und das Blutvergießen seiner Zeit dar.[7]

Im Februar 1861 reiste der Präsident in spe im Zug von seiner Heimatstadt Springfield nach Washington und machte hier und da halt, um zu den Menschenmassen zu sprechen. Als er in Westfield im Staat New York ankam, der Heimat von Grace Bedell, hielt er seine übliche kurze Ansprache, schloss allerdings mit einer Bitte: »Ich habe hier in der Stadt eine Brieffreundin, ein kleines Mädchen namens Grace Bedell, und ich würde sie gern einmal sehen.«[8] Grace war zu weit hinten, um Lincoln zu hören, doch sie wurde zum Zugwagen eskortiert, von dem Lincoln hinabstieg mit den Worten: »Siehst du, Grace, ich habe mir wegen dir die Backenhaare wachsen lassen.« Er schüttelte ihr herzlich die Hand, küsste sie und machte sich wieder auf den Weg. Lincoln war einer Elfjährigen dafür zu Dank verpflichtet, dass sie ihn auf die Höhe der Zeit gebracht hat. Seine Langsamkeit war teils dem gewohnheitsmäßigen Konservatismus als Anwalt geschuldet, teils seiner mangelnden Eitelkeit. Im vorangegangenen Jahrzehnt wollte Lincoln nicht gerne auf den Bart-Zug aufspringen, doch selbst er konnte der Begeisterung seiner Tage für eine natürliche Männlichkeit nicht entkommen.

Bis Lincoln unterwegs nach Washington war, hatte die jüngste Bartbewegung schon mehr als ein Jahrzehnt auf dem Buckel. Der kritische Punkt für die Zuwendung zum Bart war 1848 erreicht, als das Feuer der Revolution in ganz Europa wütete. Louis Napoleon, der bärtige Neffe des großen Eroberers, befand sich mittendrin.

LOUIS NAPOLEON BRICHT DIE REGELN

Louis Napoleon hatte nicht viel mit seinem berühmten Onkel gemeinsam. Der ursprüngliche Napoleon war bereits im Alter von dreißig ein siegreicher General, übernahm die Zügel in Paris und machte sich daran, Europa zu unterwerfen. Sein Neffe hingegen hatte den Großteil seiner vierzig Jahre entweder im Gefängnis oder im Exil verbracht. Der große Imperator hatte sich mit endloser Energie und einer schnellen Auffassungsgabe einen Namen gemacht, wohingegen sein Thronanwärter-Neffe einen weniger schnellen Geist vorzuweisen hatte und weniger Ecken und Kanten besaß. Trotz dieser Gegensätze war den beiden das Gefühl einer schicksalhaften Bestimmung gemeinsam – die Vorstellung nämlich, die Geschichte kreise um sie –, und auch wenn der jüngere Napoleon keine großen Eroberungen vorweisen konnte, brachte er doch eine clevere Flucht aus dem Gefängnis zustande, die zumindest eine gewisse Kreativität und Schauspielkünste erforderte. Bei dieser Gaunerei wusste er, seinen unverwechselbaren Bart zu seinem Vorteil einzusetzen.

Die Geschichte spielte sich wie folgt ab: Nach dem zweiten gescheiterten Versuch, Teile der französischen Armee um sich zu scharen, wurde Louis von König Louis-Philippe 1840 zu einer langjährigen Gefängnisstrafe auf einem Schloss in Nordfrankreich verurteilt. Es dauerte ein Weilchen, doch nach sechs Jahren bekam der Häftling mit dem berühmten Namen endlich seine Chance. Umbauarbeiten des Schlossgebäudes brachten Arbeitspersonal auf das Gefängnisgelände und Napoleon die zündende Idee. Was folgte, war ein Hollywood-reifes Abenteuer, inklusive Verkleidungen, schnellem Reden und schnellem Denken.[9]

Eines schönen Maimorgens um 6 Uhr 30 wurde der Plan in die Tat umgesetzt. Napoleons loyaler Kammerdiener Charles Thélin, dem vom militärischen Befehlshaber im Schloss regelmäßige Besuche erlaubt worden waren, lenkte das Arbeitskommando von Napoleons Zimmern ab, indem er sie auf ein Glas Wein im unteren Geschoss einlud. Währenddessen bereitete der Gefangene seine Verkleidung vor. Er legte Arbeiterkleidung an, rasierte Bonapartisten-Bart und -Schnurrbart ab, schmierte sich Dreck ins Gesicht und steckte sich eine Pfeife in den Mundwinkel. Als i-Tüpfelchen stibitzte er der Schlossbibliothek noch ein Regal. Als gutes Omen hätte er sogar fast das Regal mit dem Buchstaben »N« ausgesucht. An diesem Punkt stahl Thélin sich leise von seinen Gästen davon, sorgte dafür, dass Napoleons kleiner Hund festgebunden war, und lenkte die Wächter am Gebäudezugang mit Geschichten eines kranken und bettlägerigen Napoleon ab, während ihr Schützling mit dem Regal vor dem Gesicht lässig vorbeispazierte.

So weit, so gut, doch leider fiel zu diesem Zeitpunkt die Pfeife zu Boden und zersprang auf dem Pflaster, was die Blicke von Arbeitern und Wächtern auf sich zog. Napoleon hob die Teile langsam und ruhig auf und versuchte, genauso auszusehen wie ein armer Arbeiter, der seine kaputte Pfeife nicht einfach da liegen lassen konnte. Napoleons Mitverschwörer mutmaßten später, dass einige der Wächter seine stämmige Figur erkannt haben mussten, während er vornübergebeugt im Hof stand, ihn aber in stillem Einverständnis passieren ließen.[10]

Der politische Gefangene trug noch immer das Regal auf seinen Schultern, als er das Haupteingangstor erreichte und den Befehl erteilte, es zu öffnen. Der Torwächter gehorchte ohne Bedenken, und schon war der zukünftige Herrscher von Frankreich draußen, wo er sich sogleich auf den Weg zu einem abgeschiedenen Treffpunkt mit seinen Anhängern und dann auf die Reise in die Freiheit nach England machte. Da er nun den Fängen des französischen Königs entkommen war, ließ er sich seinen breiten Schnurrbart und spitzen Kinnbart größer als je zuvor wachsen, und nur zwei Jahre später, als die Revolution in Frankreich erneut ausbrach, packte er die Gelegenheit am Schopf und ergriff die Macht. Der König, sein einstiger Geiselnehmer, wurde gestürzt und eine neue Republik ausgerufen. Der neue König landete unter großem Jubel in Frankreich und konnte sich auf seinen unübertroffenen Namen verlassen, um in Frankreichs allererster Präsidentschaftswahl einen monumentalen Sieg davonzutragen. In der Folge wurde er zum ersten bärtigen Staatsoberhaupt Europas seit dem siebzehnten Jahrhundert und half mit, eine neue Ära für die männliche Aufmachung einzuleiten.

Louis Napoleon hat entscheidend zu einem höheren Ansehen des Barts beigetragen. Sein Stil fand breite Nachahmung in Frankreich, insbesondere, nachdem er sich 1851 zum Kaiser von Frankreich erklärt hatte. Wie Hippolyte Flandrins Porträt zeigt, vermittelte der neue Herrscher den verwegenen Schneid eines Musketiers aus dem siebzehnten Jahrhundert. Der populäre Autor Guy de Maupassant beschrieb die mächtige Wirkung des kaiserlichen Stils auf die Franzosen, als er in einer seiner Geschichten einen gewöhnlichen Bürger porträtierte, der, »nachdem er wiederholt über Kai-

9.2 Kaiser Napoleon III., von Hippolyte Flandrin, 1852

ser Napoleon nachgedacht hat, dem Beispiel sehr vieler seiner Mitbürger folgt: Er kopiert den Bartstil seiner Majestät, den Stil seines Mantels, den Stil seiner Haare, seines Gangs und sogar seiner Eigenarten«[II]. Wie sollte man sich größeren Respekt verschaffen, als durch das Nachahmen der Erhabenheit des illustren Herrschers? Auch wenn man ihn in ganz Europa kopierte, der Knebelbart gehörte irgendwann zum Klischeegesicht eines Franzosen.

Bei Napoleon lassen sich die militärischen und romantischen Wurzeln der Bartbewegung ausmachen, doch andere Faktoren spielten eine noch größere Rolle. In Wirklichkeit war es das *Versagen* der Romantik- und Revolutionsbewegungen und nicht ihr Erfolg, der letzten Endes die gesellschaftlichen Einschränkungen beim Thema Gesichtsbehaarung aufhob. Auch wenn er einen ehemals revolutionären Stil an den Tag legte, war Napoleon selbst zu einer zuverlässigen konservativen Lösung angesichts der politischen Umbrüche des Jahres 1848 geworden. Im selben Jahr waren bereits andere demokratische Aufstände überall in Europa gescheitert, noch bevor Napoleon die Republik verriet und sich selbst zum Monarchen erklärte. Und auch der wirtschaftliche Wohlstand zur Mitte des Jahrhunderts minderte die politischen Turbulenzen. Mit der Bedrohung durch bärtige Jugendliche und Arbeiter, die mit roten Flaggen auf die Barrikaden gegangen waren, verschwand auch die Angst vor Haaren im Gesicht. Bärtige Männer wie Napoleon wurden respektabel, und rechtschaffene Herren durften sich wieder einen Bart wachsen lassen.

Da Bärten und Schnurrbärten nicht länger etwas Angsteinflößendes anhaftete, boten sie Männern neuerdings eine Möglichkeit, ihr schwächelndes männliches Selbstvertrauen aufzupäppeln. Jahrzehntelang hatten Männer mit zunehmend viel Haar experimentiert, insbesondere mit Koteletten, doch zur Jahrhundertmitte waren sie nun endlich bereit für den richtig großen Schritt. Auf Kommando traten große Anführer ins Rampenlicht, um die Sache voranzutreiben. Einer der einflussreichsten war der heute kaum noch bekannte Albert Smith, der als berühmter viktorianischer Bühnendarsteller in Großbritannien genauso viel Einfluss hatte wie Napoleon in Frankreich.

ALBERT RICHARD SMITH ZIEHT EINE SHOW AB

Jenseits der Schweizer Almhütten war ein grandioser Hintergrund aus Höfen, Wäldern und schneebedeckten Alpen zu sehen. Auf der einen Seite des Dorfplatzes schwammen Fische in einem Teich, auf der anderen schlug die Kirchenglocke zwanzig Uhr. Die versammelte Menschenmenge wartete in gespannter Erwartung. Der Mann der Stunde trat mutig aus einer Almhütte heraus. Er war elegant gekleidet, agil, dick und bärtig, doch er war kein Schweizer. Und in der Schweiz befand er sich eigentlich auch nicht. Es handelte sich um Albert Smith, der eine kunstvoll als Schweizer Berghang gestaltete Bühne in London betrat. Er eröffnete gerade eine seiner wahnsinnig beliebten Aufführungen von *Die Besteigung des Mont Blanc*.

Smith war komplett darauf eingestellt, was die Leute seiner Zeit gerne sehen wollten. Die wachsende Mittelschicht Großbritanniens liebte Geschichten von Gefahr, Tapferkeit und Erfolg, und so beschloss er 1851, Europas höchsten Berg zu besteigen, um daraus eine Bühnenshow zu machen. Zwar war er keineswegs der erste Gipfelstürmer, doch er hatte kaum Gesellschaft. Nur wenige Hundert Männer sowie eine Frau waren bislang ganz oben gewesen, und keiner von ihnen hatte Smiths Begabung fürs Geschichtenerzählen. Smith schuf lebendige, amüsante Figuren, dynamische Szenen mit einem Schuss Satire, wobei er Humor und Abenteuer meisterhaft mischte und mit einer kreativen Stimmgebung versah. Noch ein halbes Jahrhundert später war dem Romanautor Henry James das Stück, das er als Kind gesehen hatte, in lebhafter Erinnerung: »Der kräftige, bärtige, ratternde, plappernde, nachahmende Albert Smith bezaubert mich erneut...«[12]

Die erste Hälfte von *Mont Blanc* bestand aus Smiths Beschreibung seiner Reise von London ins schweizerische Dorf Chamonix, die reichlich ausgestattet war mit diversen Aussichten, Geräuschen und Persönlichkeiten, die Smith geschickt heraufbeschwor. In James' Erinnerung war einer der bemerkenswertesten Effekte »der äußerst kurze Halt und die Weiterfahrt des Zugs in Epernay, mit dem Glockengeläut, dem Gebrülle der Schaffner, dem Geschrei der Reisenden, dem Zuschlagen von Türen und dem gewaltigen Plopp eines kolossalen Champagnerkorkens, die alle gleichzeitig von Smiths ureigenem Können und Liebreiz dargeboten wurden.« Über die vielen amüsanten Figuren sagte ein Journalist ganz wohlwollend: »Wer von den Zuschauern könnte jemals den unentschlossenen Mr Parker vergessen, der keine einzige Entscheidung zu treffen vermochte; oder Mrs Seymour und ihre unentwegte Suche nach der schwarzen Truhe, von der sie skrupellos getrennt worden war; oder die beiden alten Damen in ihrem eigenen Abteil, welche die Schweiz so sehr genossen, weil sie rechtzeitig vor jedem Steilhang die Jalousien herunterließen? Oder der Beste von allen, die wahrlich Dicken'sche Figur

Edward, der bei der österreichischen Lloyd angestellte Ingenieur, der seinen Zuhörer stets mit seiner großartigen Entdeckung: ›Ich sag's Ihnen, Herr Smith, Indien ist eben keinstenfalls England!‹ beeindruckte.«[13]

Im zweiten Akt dramatisierte Smith die beängstigende Wanderung zum Gipfel von Europas höchstem Berg, auf die dann der siegreiche, lärmende Abstieg folgte. Eine Geschichte voller Aufregung, Mut und Gefahr. Für Smith und seine Schweizer Führer war die »Mur de la Côte« die furchterregendste Hürde, eine beinahe senkrechte, rund dreißig Meter hohe Eiswand nahe der Bergspitze. Smith erzählte seinem gebannten Publikum, dass jeder Halt für die Schuhe von einer Axt eigens ins Eis geschnitten werden musste und dass der kleinste Fehltritt sie alle in »einen Abgrund aus Eis, so tief, dass die Finsternis den Grund verschlang« hätte reißen können.[14] Als die Bergsteiger an diesem kritischen Punkt angelangt waren, hatten sie jedoch auch die Grenzen ihrer körperlichen Belastbarkeit erreicht, ihre »Muskelkraft war weit über ihre Möglichkeiten strapaziert und die Nerven durch die ständig wachsende Spannung und das Bedürfnis nach einer Verschnaufpause aufgerieben worden«.[15] Um sie herum peitschte ein rauer, kalter Wind. Die dünne Luft und der Schlafmangel raubten Smith sowohl die Kraft als auch die Sinne. Er litt an einer überwältigenden Schläfrigkeit, und wenn er auch nur einen Augenblick lang innegehalten hätte, so versicherte er seinen gebannten Zuhörern, wäre er auf der Stelle eingeschlafen und nicht nur sich selbst, sondern auch seinen drei an ihn geseilten Führern zum Verhängnis geworden.

Er war bis ans Äußerste gegangen und hatte es dennoch bis zum Gipfel geschafft, wo er seinen eigenen Angaben zufolge sofort das Bewusstsein verloren und seine ersten sieben Minuten dort in tiefem Schlaf verbracht habe. Smiths Publikum war von den Emotionen des Abenteuers mitgerissen worden und nahm an seiner Katharsis aus geistiger Abwesenheit und Erleichterung an diesem humorigen und erheiternden Höhepunkt anteil. Der Abstieg war dann ein Festival des Schreiens, Rutschens und Stolperns entlang der Schneefelder, das direkt zum großen Finale der Show führte, einem flotten Patter-Song (Plapper-Lied) mit dem Titel *Galignani's Messenger*. Smith parodierte darin das Zeitgeschehen, indem er so tat, als ob er sich über die Neuigkeiten informiere, die er während seines großen Abenteuers verpasst habe. Auf diese Weise schloss er den Kreis von Humor zu Abenteuer und zurück zum Spaß; ebenso wie von London zum Berggipfel und wieder zurück.

Mont Blanc machte Smith zum Superstar. 1860 übertrieb ein Magazin nur ein klein wenig, als es kundtat: »Keiner ist bekannter in diesem Land oder genießt größere Popularität als Mr Albert Smith. ... Jeder hat Albert Smith schon gesehen, und alle anderen zumindest sein Porträt.«[16] Zwischen 1852 und 1858 bestritt Smith über zweitausend Aufführungen von *Mont Blanc* für ein Publikum von mehr als einer halben Million Menschen.[17] Prinz Albert besuchte sie im Jahr 1853. Königin Viktoria und die Königskinder besuchten sie drei Mal, die letzten beiden Male im Rahmen einer höfischen Sondervorstellung 1855 in Osborne und 1856 auf Schloss Windsor. Mehr als irgendeiner sonst war Smith für das Bergsteiger-Fieber verantwortlich, das in Großbritannien in den darauffolgenden Jahrzehnten um sich griff, sowie für die Gründung des Alpenklubs im Jahr 1857.

Smiths Erfolg beruhte auf seinem komischen, dramaturgischen und unterhaltsamen Talent, aber auch darauf, dass er die tiefsten Sehnsüchte der Menschen seiner Zeit ansprach. Auf den eisigen Gipfeln Europas zu stehen, war im viktorianischen Zeitalter gleichbedeutend mit dem Töten eines Drachen. Es war eine Heldentat, die sogar das Können eines mittelalterlichen Ritters überstieg. Auf diese Art zeugte seine Geschichte von Heldentum und Fortschritt. Die gespannten Massen, die in Smiths Aufführungen strömten, entdeckten zu ihrer großen Freude, dass das Zeitalter der Maschinen, Fabriken und Großstädte nicht die heroische Männlichkeit verbannt hatte. Das Gegenteil war der Fall: Neue Grenzen und neue Herausforderungen warteten nur darauf, in Angriff genommen zu werden. Und Smith begriff man eben als den Prototypen dieser modernen Männlichkeit: unabhängig, agil, kühn und bärtig.

Die moderne Männlichkeit, die Smith verkörperte, war in gewisser Hinsicht indes altmodisch. Er bot den rauen Elementen der Natur die Stirn, nicht den Herausforderungen der Wissenschaft oder der Industrie. Andererseits war seine Männlichkeit jedoch auch wieder modern und demokratisch. Er demonstrierte, welche Macht persönlichem Charakter innewohnen konnte, und sein Triumph entsprang nicht irgendwelchen Privilegien und Glücksfällen, sondern Körper- und Willenskraft allein. Genau diese Eigenschaften wussten die Menschen dieser Epoche am meisten zu schätzen und assoziierten sie bereitwillig mit einem natürlichen Vollbart.

Während das Londoner Publikum sich vom Bergsteigen verzücken ließ, entdeckten die amerikanischen Leser auf ihrer Seite des Atlantiks eine eigene kräftige Stimme körperlicher Männlichkeit. Walt Whitmans 1855 veröffentlichte Lyriksammlung *Grashalme* (bzw. *Grasblätter*) hielt seine Landsleute an, das Spirituelle im Materiellen zu suchen und das Materielle im Spirituellen, angefangen bei ihrem eigenen Körper. »Ich bin der Dichter des Kör-

pers«, schrieb Whitman, »und ich bin der Dichter der Seele.«[18]
Zwei Seiten später verkündete er: »Ich bin ein Teil von Flut und
Ebbe, Lobpreiser des Hasses und der Wiederversöhnung… Ich
bin nicht nur der Dichter der Güte, ich weigere mich nicht, auch
der Dichter des Bösen zu sein.… Was für ein Geplärre über Tugend und Laster!… Ich benetze die Wurzeln von allem, was gewachsen ist.« Whitman mag sich für Gut und Böse, Körper und
Seele interessiert haben, doch nicht für die Rasur, welche für ihn
Furcht und Flucht vor der Härte des Lebens bedeutete. Sein Bart
sowie der Bart im Allgemeinen zeugte von einer echten und
grundlegenden Männlichkeit, die nicht vor den Schrecken und
Freuden des Lebens zurückwich, sondern sie alle mit offenen
Armen empfing.

Whitman zufolge wurzelte die Bedeutung im Quell des Lebens
selbst, im Körper. Er fand nicht, dass man das Fleisch und die
Begierden verschmähen sollte. Ganz im Gegenteil:

Göttlich bin ich innen und außen und mache heilig, was ich berühre,
oder was mich berührt,
Der Duft dieser Achselhöhlen ein Aroma feiner als Gebete,
Dieses Haupt mehr als Kirchen, Bibeln und alle Glaubensbekenntnisse.

Whitman bot eine poetische Bestandsaufnahme seines eigenen
Körpers dar, erklärte alles daran als heilig, auch das »[g]emischt-
te, wirre Heu des Kopfes, des Bartes, der Brust…«.

Er schlug seine Leser mit einem Freiheits- und Entdeckergeist
in seinen Bann, ebenso wie mit der Hoffnung, dass das Leben
mehr zu bieten habe als die alltägliche Arbeit und Entbehrung.
Die Reaktion auf diese Strophen war enthusiastische Begeiste-

9.3. Dieser Stahlstich von Walt Whitman des Künstlers Samuel war das Titelbild für *Leaves of Grass*.

rung. Ein Kritiker schwärmte: »Endlich ein amerikanischer Barde!... Ein echtes Raubein, hochgewachsen, stolz und gütig. Einer, der isst, trinkt und sich fortpflanzt. Sein Aufzug männlich und frei, sein Gesicht sonnenverbrannt und bärtig, seine Haltung stark und aufrecht, seine Stimme bringt den edelmütigen Geschlechtern von Jung und Alt Hoffnung und Weissagung.«[19] Das Ganzkörperfoto eines rauen, »sonnenverbrannten und bärtigen« Whitman zierte jede Ausgabe von *Leaves of Grass* und lieferte damit eine wichtige visuelle Ergänzung zu seinem poetischen Selbstporträt. Sie trug dazu bei, dass sein Gesicht in Amerika so bekannt wurde wie das von Smith in Großbritannien. Sie waren die bärtigen Propheten einer modernen Männlichkeit, die sich auf körperlichen Elan, furchtlosen Abenteuergeist und persönliche Belastbarkeit gründete.

Whitman und seine Bewunderer glaubten, er beschreibe einen amerikanischen Idealtypus, doch wie Louis Napoleon und Albert Smith zeigten, war die Bewunderung für bärtige Widerstandsfähigkeit keineswegs ein ausschließlich amerikanisches Phänomen. Zwischen 1852, als Smith seine Show uraufführte, und 1855, als Whitman seinen Gesang an sich selbst veröffentlichte, wurde der amerikanische Doppelkontinent von einer Welle der Pro-Bart-Manifeste erfasst. Besonders die britische und amerikanische Presse liefen heiß und produzierten am laufenden Band Kommentare und Artikel zugunsten des Haars. Die Herausgeber des angesehenen *Tait's Edinburgh Magazine* führten die Bewegung in Großbritannien an und ernannten sich im Jahr 1852 selbst zu »Verfechtern des langen Barts«.[20] Im darauffolgenden Jahr publizierten Henry Morley und William Henry Wills ein Bart-Manifesto mit dem Titel »Why shave?« in Charles Dickens' weitverbreitetem Magazin *Household Words*.[21] Auch ganze Bände gab es, darunter *The Philosophy of Beards* des Engländers Thomas S. Gowing. Renommierte Zeitungen wie die *Westminster Review*, *Illustrated London News* und die *New York Times* besprachen diese und andere Publikationen ausführlich und verkündeten den Beginn einer »Bart- und Schnurrbart-Bewegung«. Die britische Satirezeitschrift *Punch* stürzte sich mit einer Reihe von Cartoons fröhlich ins Getümmel.[22] Einer dieser Cartoons, der vom Chef-Cartoonisten John Leech gezeichnet wurde, machte sich über die Schockwirkung der plötzlichen Haar-Epidemie lustig: Eine Frau am Bahnhof glaubt, sie würde von Dieben bedrängt, als sich ihr höfliche Gepäckträger mit Bart nähern. Im Hintergrund hat

Leech einen Hinweis darauf platziert, was er für den Grund für diese überraschende Wandlung hält: ein Plakat mit den Worten »Mont Blanc« – Werbung für Albert Smiths Show also (Abbildung 9.4).

Die amerikanischen Tageszeitungen druckten viele dieser britischen Artikel ab und fügten eigene hinzu. Eine ähnliche Begeisterung machte sich auch im restlichen Europa breit, obwohl die Franzosen den anderen zuvorgekommen waren, wie wir bereits gesehen haben. Die 1850er waren ein besonderer Moment in der Geschichte der Männlichkeit. Nie zuvor hatte die westliche Gesellschaft sich so sehr mit der Bartfrage beschäftigt, nie zuvor hatten sich die Gesichter der Männer so schnell bzw. so radikal verändert. Oder wie das New Yorker Magazin *Home City* 1854 offensichtlich überrascht bemerkte: »Egal, wo Sie sind, der volle,

9.4 Cartoon aus dem Magazin *Punch*, 1854

üppige, wilde Bart wird sich Ihnen präsentieren – auf dem Broadway oder auf der Bowery; auf der Fifth Avenue oder entlang der Uferstraßen; im Salon oder in der Kneipe; unten im Austernkeller oder oben an der Spitze des Schiffsmasts. Die Natur hat gesiegt! Und Annehmlichkeit und Mode stimmen endlich überein!«[23]

Die überall hervorsprießenden Kommentare zum Thema Haar in diesen Jahren versuchten, die gängige Philosophie von Bart und Männlichkeit in Worte zu fassen. Bei diesem Unterfangen waren sich die Verfechter des Haars bemerkenswert einig. Sie kamen alle darin überein, dass Gott, die Vorsehung oder die Natur den Bart hervorgebracht hätten, um die männliche Ehrbarkeit und Autorität hauptsächlich auf dreierlei Art und Weise zu gewährleisten: um die körperliche Gesundheit zu fördern, um männliche Tugenden abzubilden und um die Überlegenheit des Mannes gegenüber der Frau zu demonstrieren.

Die Vorstellung, der Bart sei gesund, passte gut zur allgemeinen Betonung körperlicher Männlichkeit und nahm sich der Sorgen wegen der Industrialisierung, des Anwachsens der Städte und der vielen zeitgenössischen Bedrohungen für die öffentliche Gesundheit an. In Wahrheit unterschieden sich die Gesundheitsargumente der 1850er nicht sonderlich von denen, die schon dreihundert Jahre zuvor während der Bartbewegung der Renaissance proklamiert worden waren. Der französische Intellektuelle Boucher de Perthes zum Beispiel äußerte 1851 die geläufige Mediziner-Meinung, dass Männer ohne Bart oftmals an Zahnschmerzen litten, wohingegen die Gesichtsbehaarung »die Kongestion und andere Leiden des Halses« verhindere.[24] Die Herausgeber des britischen Medizinblatts *Lancet*, die vom amerikanischen *Medical and Surgical Reporter* widergespiegelt wurden, verkündeten 1860:

»Mögen Wissenschaft und gesunder Menschenverstand uns zu Hilfe eilen. Mögen sie Soldaten und Polizisten ihre gottgegebene natürliche Gesichtsbedeckung weiter tragen lassen. Und mögen sie auch die keuchenden, niesenden, wundhalsigen, zitternden Sterblichen, die mehr Bange vor der schneidenden Januarluft oder dem Märzwind haben als vor einer scharfen Messerschneide, dazu überreden, nicht mehr länger ihre Zeit zu verschwenden.«[25] Ein einzigartiger Gedanke des neunzehnten Jahrhunderts war es, dass Bärte und Schnäuzer schlechte Luft zu filtern vermögen. Viele Autoritäten bekräftigten diese Vorstellung, darunter das angesehene Magazin *Edinburgh Review*, das in einem Artikel zur Arbeitergesundheit auf Abgase und Staub als Krankheitsursache aufmerksam machte und Bärte und Schnurrbärte als mögliche Schutzmaßnahme empfahl.[26]

Amerikanische Autoren brachten die exzentrischsten Theorien hervor, nämlich dass das Haar dem Körper helfe, im elektrischen Gleichgewicht zu bleiben. Neue Entdeckungen bezüglich der Eigenschaften der Elektrizität und des menschlichen Nervensystems lösten Spekulationen über die elektrischen Eigenschaften des Haars aus. Ein Schreiber des *American Phrenological Journals* schlug vor, dass die hohe Leitfähigkeit des Haars ihm das Sammeln wertvoller elektrischer Energie zur Verwendung in Gehirn und Nervensystem ermögliche.[27] Dies erkläre, warum man Behaarung im Allgemeinen mit »Geistesgröße und Genialität« assoziiere. Ein weiterer Schreiber bemerkte, dass das Haar in Wirklichkeit ein Dämmstoff sei und den Strom eben nicht leite. Aus diesem Grund verhindere es, dass die im Körper gespeicherte elektrische Kraft in die Luft abgegeben werde. Männer, die sich rasierten, verlören demnach elektrische Energie und folglich Lebensenergie.

Bartaktivisten waren seit jeher vom gesundheitlichen Nutzen des Haars begeistert, doch seine moralische Kraft versetzte sie in noch größeres Entzücken, insbesondere sein Vermögen, Charakter und Autorität auszudrücken. Der Bart, so schrieb der französische Mediziner Auguste Debay, sei eine »natürliche Zierde des männlichen Antlitzes«, welche »den Glanz der Haut mit ihren seidigen Schatten erhält und bestärkt und stark zur Würde des menschlichen Gesichts beiträgt«[28]. Ein amerikanischer Journalist bekräftigte 1857, dass selbst diejenigen Männer, die noch keinen vollen und wohlgeformten Bart hervorbringen könnten, »durch den Ausdruck von Kraft und Elan, den sie neuerdings tragen, veredelt werden«.[29] Im Zeitalter der Demokratie war das Hauptmerkmal männlicher Würde Eigenverantwortlichkeit und Unabhängigkeit. In seinem 1853 veröffentlichten Buch zum Thema Haar gab der Engländer Alexander Rowland großspurig bekannt, ein bärtiger Mann sei »ein Mann von starker Individualität... [welcher] vor niemandem buckeln oder erschaudern wird«[30]. Diese Selbstbehauptung des Gesichtshaars war der Grund dafür, dass der Berufsstand der Juristen und Geistlichen den neuen Trend oftmals zurückdrängte. Die Kämpfe französischer Anwälte für die Freiheit im Gesicht inspirierten einen von ihnen, Léon Henry, zu einem Manifest in Buchumfang mit dem Titel *La barbe et la liberté* (Der Bart und die Freiheit), das 1879 erschien. Hierin verteidigte er jedermanns unveräußerliches Recht, seine Persönlichkeit mittels seines Haars auszudrücken.[31] Alles in allem gab es unter den Bart-Enthusiasten eine große Übereinkunft darin, dass Männer, die sich einen Bart wachsen ließen, taff, entschlussfreudig und unabhängig seien. Denn wie Smith und Whitman befreiten und aktivierten sie ihre natürlichen Kräfte. Wie Thomas Gowing in *The Philosophy of Beards* schrieb: Die kühne Stirn, kluge

Augen, feste Lippe und bärtiges Kinn »zeugen von einem Wesen, das einen Weg vor sich liegen und harte Arbeit zu verrichten hat in dieser schwierigen, sich stetig wandelnden Welt«[32]. Der Schreiber eines normalerweise nüchternen englischen Journals, der *Westminster Review*, stimmte mit ihm überein: »Der Bart steht nun einmal für Ernsthaftigkeit, Erhabenheit und Kraft und ist somit die einzig passende Entsprechung zu wahrer Männlichkeit.«[33]

Die Männer konnten nun wie der furchtlose Bergsteiger Albert Smith oder der eiserne Walt Whitman erklären, dass ihr Körper das solide Fundament ihrer persönlichen und politischen Autonomie darstelle. Aus demselben Grund konnten sie ihre männlichen Vorrechte gegenüber Frauen durchsetzen. Dass die Bart-Ära eng mit der aufkommenden Frauenbewegung korrespondierte, ist daher kein reiner Zufall. Die amerikanische Frauenrechtsbewegung setzte sich 1848 in Seneca Falls im Staat New York in Bewegung, worauf zwei Jahre später unter der Führung von Lucy Stone die Gründung der National Women's Rights Convention folgte. Ebenfalls im Jahr 1848 gründete die deutsche Feministin Louise Otto-Peters die *Frauen-Zeitung*, und 1849 wurde die Engländerin Elizabeth Blackwell die erste praktizierende Ärztin ihres Landes. Dies waren allerdings lediglich frühe Anzeichen für noch größere Umwälzungen. So bedeutsam diese Ereignisse jedoch auch gewesen sein mögen, die tief greifendste Veränderung der Geschlechterordnung betraf nicht die Politik oder den Beruf, sondern die eigenen vier Wände. Der sogenannte »Häuslichkeitskult« degradierte Frauen zu Haushälterinnen und Erzieherinnen, wohingegen Öffentlichkeit und Wirtschaft den Männern vorbehalten blieben. Obwohl diese Norm den Aktionsradius der Frauen klar einschränkte, hatten auch die Männer Einschränkungen hinzunehmen. Da die Frauen nun die Hoheit über Heim und Kinder für sich beanspruchten, waren dem Patriarchen im häuslichen Herrschaftsgebiet Grenzen gesetzt.[34]

Unter diesen Umständen wundert es wenig, dass ein Großteil der Diskussionen um den Bart sich darum drehten, eine angeblich natürliche Geschlechterordnung zu bekräftigen, welche Männern das Kommando überließ. Die Gesichtsbehaarung lieferte dabei ein gutes Argument. Ein amerikanisches Literaturmagazin brachte es auf den Punkt: »Die natürlichen und angemessenen Wirkungsbereiche von Männern und Frauen werden schon allein durch die haarige, borstige Erscheinung der einen und das weniger geschützte Gesicht der anderen angezeigt.«[35] Die typische Erklärung dafür, dass Frauen weniger geschützt waren, lautete in den Worten der Engländer Henry Morley und William Henry Wills: »Der Mann ist dazu geboren, bei jeder Wetterlage draußen zu arbeiten, um sich sein Brot zu verdienen; die Frau wurde für andere Aufgaben geschaffen, welche sie nicht ständig der Sonne, dem Wind und dem Regen aussetzen.«[36] Der englische Autor von *An Apology for the Beard* (Eine Verteidigung des Barts) von 1862 führt den Bart als Hüter des Halses und der Stimme an und damit als Beleg für die männliche Befugnis, zu sprechen, zu predigen und zu lehren: »Es ist die Pflicht eines Mannes, mit seiner Stimme zu lehren. Die Pflicht einer Frau ist es, ›schweigend zu lernen‹.«[37]

Mit ihrem Beharren darauf, dass die Gesichtsbehaarung förderlich für die Gesundheit sei, männliche Tugenden veranschauliche und die Geschlechterordnung bestätige, enthüllten die Verfechter des Barts ihre tief liegenden Sorgen um die Stellung des Mannes und der Männlichkeit im Zeitalter der Industrialisierung. Als es Anfang des neunzehnten Jahrhunderts immer mehr Leute in die Stadt zog, verlagerte sich die Arbeit der Männer von den

Feldern und Werkstätten in Büros und Fabriken. Die Arbeit dort war weniger körperlich, involvierte dafür oftmals mehr Konkurrenz und Stress und fand weg von daheim, von Frau und Kindern, statt. Besonders in den Haushalten der Mittelschicht übernahmen die Frauen die Führung von Heim und Kindern, und Schritt für Schritt erlangten sie mehr Rechte in puncto Besitz, Scheidung und Obhut ihrer Kinder. Zwar hatten die Frauen in keinster Weise die Gleichstellung mit dem Mann erreicht, doch das traditionelle Patriarchat stand auch nicht mehr auf völlig festen Füßen. Die Männer mussten aufs Neue herausfinden, was das Dasein als Vater und Ehemann bedeutete.

Der Druck auf ihnen, sowohl mit den anderen Männern als auch mit den Frauen mitzuhalten, lastete schwer, und deshalb waren sie angstvoll bemüht, noch überzeugendere Vorstellungen vom Mannsein zu etablieren. Mehr und mehr legten sie die Betonung auf ihre »natürlichen« körperlichen, moralischen und intellektuellen Stärken. Als ihre Arbeit weniger körperlich als je zuvor war, halfen ihnen der Sport und der Bart, die Vornehmheit des männlichen Körpers zu bekräftigen. Als Politik und Geschäftswelt offener und wettbewerbsbetonter als je zuvor waren, half der Bart, ein Gefühl persönlicher Ehrbarkeit zu erlangen. Als Ehefrauen die männliche Macht über das Heim angriffen, bestätigte der Bart den Status des Ehemanns als häuslicher Patriarch. Wenn Männer behaupteten, die Gesichtsbehaarung sei eine Wohltat für Hals und Nerven, war sie in Wahrheit eine Wohltat für ihr Selbstwertgefühl. Die Vornehmheit des Gesichtshaars war den Männern vorbehalten – mit einigen erstaunlichen Ausnahmen.

MADAME CLOFULLIA IST NICHT ZU FASSEN

Josephine Clofullia war zwischen 1849 und 1854 eine internationale Sensation. Die mit einem Franzosen verheiratete Schweizerin war eine gefragte Attraktion in französischen Vorstellungen, und Kaiser Napoleon machte ihr als Zeichen seiner Bewunderung Geschenke. 1851 wurde sie zur Hauptattraktion der Weltausstellung in London, wo sie im Lauf von zwei Jahren von zweihunderttausend Besuchern gesehen wurde. Nach ihrem Triumph in Großbritannien wagte sie sich nach Amerika, wo sie auf ebenso großen Beifall stieß. »Ein solches Kuriosum hat man in Boston seit Jahren nicht mehr gesehen«, gab eine amerikanische Zeitung überschwänglich von sich, »und man sagte uns, es sei zeitweise schwierig, den großen Besucherandrang für die bärtige Lady im Saal unterzubringen.«[38] Die ganze Aufregung fand wegen einer Dame statt, die mit den Worten des normalerweise zurückhaltenden britischen Magazins *Quarterly Review* »das prächtigste Exemplar« eines Barts vorzuweisen hatte, das »jeden je zuvor gesehenen Bart eines Mannes alt aussehen lässt«[39]. Der große Unterhaltungsprofi P. T. Barnum hörte die Kassen klingeln, als er Clofullia sah, und engagierte sie sofort für sein American Museum in New York. Sie war seine erste bärtige Dame und eine Art Show Act, der bis weit nach seinem Tod im Jahr 1891 zum festen Bestandteil seiner Museums- und Zirkusdarbietungen wurde.

Eine bärtige Dame holt heutzutage niemanden mehr hinter dem Ofen vor, und es ist schwer vorstellbar, warum Würdenträger wie Napoleon und die Öffentlichkeit im Allgemeinen derart fasziniert von ihr waren. Mitte des neunzehnten Jahrhunderts jedoch, genau wie in der Renaissance auch, war das Interesse an

Bärten groß – und damit auch das Interesse an bärtigen Damen. Die Gesichtsbehaarung hatte wieder einmal große gesellschaftliche Bedeutung erlangt, und bärtige Frauen wurden zu einer faszinierenden intellektuellen und psychologischen Aufgabe. Madame Clofullia und anderen bot man beträchtliche Summen Geld an, damit sie sich auf Jahrmärkten und in Bühnen-Shows überall in Europa und Amerika zur Schau stellten. Die Nachfrage nach echten Bartfrauen überstieg das Angebot dermaßen, dass mehrere Männer Karriere damit machten, indem sie sich als selbige

9.5 Josephine
Clofullia

ausgaben. Wie in der Renaissance auch, wurden bärtige Frauen allgemein als Frauen anerkannt. Das war nicht wirklich das Problem.[40] Die Frage war vielmehr, wie eine Frau über ein normalerweise zuverlässiges Symbol von Männlichkeit verfügen kann. Der zweiten Hälfte des neunzehnten Jahrhunderts gaben die Bartfrauen ein Rätsel auf, das es zu lösen galt.

Als Barnum Josephine Clofullia engagierte, wusste er sehr genau, wie er Schock und Aufregung in den Leuten hervorrufen konnte. Um noch mehr Wirbel zu verursachen, engagierte er einen Mann, der mitten in einer ihrer Shows aufstehen und verkünden sollte, dass man es hier mit einem verkleideten Mann zu tun habe, dass Barnum ein Betrüger sei und er sein Geld zurückhaben wolle. Barnum forderte ihn daraufhin auf, ihn zu verklagen, was dieser natürlich auch tat. Vor Gericht versammelten sich aufgeregte Menschenmassen und Zeitungsjournalisten, welche die Zeugenaussage von Ehemann und Vater der Bartfrau miterleben wollten, sowie die drei Mediziner, die sie im stillen Kämmerlein untersuchen durften. Der Ehemann sagte aus, dass er Madame Clofullias rechtmäßiger Ehemann sei und sie die Mutter seiner beiden Kinder. Die angesehenen Ärzte bekräftigten, dass sie tatsächlich eine Frau sei, und Barnum weidete sich an seiner inszenierten gerichtlichen Verteidigung.[41] Als Barnum sich mit seinem Zirkus viele Jahre später nach London begab, hatte er eine neue bärtige Dame, Annie Jones, doch die Aufgabe für das Publikum blieb die gleiche: War das wirklich eine Frau? Die Londoner *Times* konnte es kaum fassen und berichtete, dass man Jones »ohne Mr Barnums wohlbekannte professionelle Rechtschaffenheit leicht für einen jungen Mann von ein wenig weibischer Gestalt halten könnte«.[42] Da sie nun einmal akzeptieren mussten, dass es sich bei Clofullia und Jones um echte Frauen handelte, stempelten sie die Menschen des neunzehnten Jahrhunderts als Missgeburten ab, die man zusammen mit den anderen Nebenattraktionen begaffen konnte, die da bei Barnum waren: ein Zwerg, ein Riesenpaar sowie ein skelettartig dünner Mann.

Als Laune der Natur riefen bärtige Frauen Staunen und Mitleid hervor, doch sie bestätigten noch immer die natürliche Ordnung der Dinge.[43] So wie sich die Allgemeinheit durch Liliputaner und Riesen in ihrer Normalität bestätigt fühlte, bewirkten Bartfrauen ironischerweise eine Bejahung der grundlegenden Männlichkeit des Barts. Sie waren die Ausnahme, welche die Regel bestätigte. Die Erschütterung über ihre Sonderbarkeit erinnerte alle daran, wie wichtig Normen für Glück und Ordnung waren. Wenn überhaupt, dann waren die Männer umso mehr geneigt, ihre eigene Bart-Kapazität unter Beweis zu stellen, während Frauen umso mehr entschlossen waren, jegliche Haar-Überbleibsel auszumerzen, um bloß nicht selbst als Missgeburt zu gelten.[44] Und die Frauen sorgten sich nicht umsonst, denn mit Gesichtsbehaarung galten sie als fehlerhaft, auch (oder gar insbesondere) bei den Ärzten, die ihr Geld damit verdienten, dass sie ihnen beim Entfernen behilflich waren. Ein amerikanischer Elektrolysespezialist theoretisierte in den 1890ern, dass der Großteil seiner Patientinnen unverheiratete Frauen seien, die »an der Untätigkeit des Uterus litten«.[45] Da das Damoklesschwert der mangelhaften Weiblichkeit über ihnen schwebte, griffen die Frauen des späten neunzehnten und frühen zwanzigsten Jahrhunderts zu extremen Maßnahmen. In den 1870ern tat sich die Elektrolyse als Hauptwaffe gegen die Unvollkommenheiten der Natur hervor, obwohl sie äußerst schmerzhaft, teuer und zeitaufwendig war.

Einige Frauen brachten Einwände gegen den Geschlechtskonformismus vor. Annie Jones, die Star-Bartfrau der Zirkusse von

Barnum und Bailey in den 1880ern und 1890ern, berief 1899 eine Pressekonferenz ein, um sich gegen das Missgeburten-Etikett zu wehren, das ihr und ihren Darstellerkollegen anhaftete. Sie beharrte darauf, man möge sie als »Fachkünstler« bezeichnen, welche man »anders schuf als das Menschengeschlecht, wie es sich heute darstellt und ... von denen viele meinen, wir stellten in Wahrheit die Entwicklungsstufe einer höheren Art dar, insofern, als dass manche von uns mit außergewöhnlichen Merkmalen ausgestattet seien, die bei gewöhnlichen Menschen nicht manifest sind«[46]. Ob dies nun Ausdruck eines neuen Selbstbewusstseins seitens der »Fachkünstler« war oder einfach ein Mittel des Zirkus, um mehr Aufmerksamkeit zu erregen – oder beides –, ist unklar. Sicher ist nur, dass das Interesse an »Missgeburten« bis dahin stark nachgelassen hatte, zusammen mit dem Interesse am Bart selbst. Das Vermächtnis der Monstrositätenschauen, das bis heute anhält, ist ihr Bestärken der Mär von den natürlichen Normen. Die »bärtige Dame« mag verschwunden sein, doch was blieb, ist der Gedanke, weibliches Gesichtshaar sei anormal und selten; eine Forscherin bemerkte unlängst, die Scham vor der weiblichen Körperbehaarung existiere heute als »das letzte Tabu«.[47]

Währenddessen hatten urbane Männer ihre eigenen Sorgen, besonders die Geistlichen, Professoren, Schriftsteller, Künstler und Mediziner, deren Erfolg auf den scheinbar weiblichen Fähigkeiten Einfühlungsvermögen, Fürsorge und Gefühl basierte. Da weder ihre Arbeit noch ihr Ergebnis körperlicher Natur waren, hatten sie es am schwersten, die »natürliche« Männlichkeit ihrer Arbeit zu beteuern. Noch wichtiger war die Tatsache, dass Frauen durchaus fähige Schriftsteller, Künstler und Betreuungspersonen abgaben. Kein Wunder also, dass die berufstätigen Männer die loyalsten Anhänger der Bartbewegung waren, von ihren Anfängen bis zu ihren letzten Tagen und teilweise sogar darüber hinaus. Kein Beispiel veranschaulicht die Bedeutung der Gesichtsbehaarung für Männer des Geistes besser als der britische Maler Luke Fildes.

LUKE FILDES ZEICHNET DEN IDEALEN MANN

Luke Fildes war einer der wenigen finanziell erfolgreichen bildenden Künstler. Er arbeitete sich aus bescheidenen Arbeiterverhältnissen nach oben und verdiente seit den 1870ern gutes Geld damit, die britische Elite zu porträtieren, inklusive einiger Mitglieder der Königsfamilie. Sein Erfolg genügte ihm allerdings nicht. Er wollte unbedingt ein Zeichen setzen. Und als der wohlhabende Kunstdirektor Henry Tate bei ihm ein Werk von gesellschaftlicher Relevanz in Auftrag gab, um seine neue Galerie für englische Kunst zu eröffnen, bekam er Gelegenheit dazu. Nach jahrelangem Nachdenken entschied sich Fildes dazu, »den Rang des Arztes der unsrigen Zeit zu Protokoll zu nehmen«.[48] 1891 stellte er *Der Arzt* fertig, eines der meistbewunderten und -reproduzierten Werke der vergangenen beiden Jahrhunderte. Mit der Wahl seines Themas und der Art, wie er es darstellte, traf Fildes einen Nerv. Er hatte ein zutiefst überzeugendes Porträt des idealen berufstätigen Mannes vorgelegt und ebenso eine überzeugende Version des männlichen Ideals (Abbildung 9.6).

Das Thema des Gemäldes erschloss sich eindeutig aus Titel und Komposition des Werks. Es geht nicht um das kranke Kind, dessen ärmliches Umfeld oder hilflose Eltern im Hintergrund. Es

9.6 *Der Arzt*, von Luke Fildes, 1891

geht um den die Leinwand dominierenden Arzt und die sachkundige Pflege, die er den unschuldigen Opfern der Krankheit zuteilwerden lässt. Fildes hatte ein Jahrzehnt zuvor selbst einen Sohn durch Krankheit verloren, und das Bild gibt diese Tragödie mit all ihrem Leid und Pathos wieder. Fildes projiziert seine eigenen Emotionen in die Figur des hilflosen, aber wachsamen Vaters und vermittelt uns die Hoffnung auf ein gutes Ende vermittels des hellen Lichts, welches auf das ruhende Kind fällt, sowie die vertrauenerweckende Kompetenz des Arztes selbst. Mit Blick auf sein medizinisches Wissen, das sich anhand der Fläschchen auf dem Tisch zeigt, sowie seine gute Erziehung und seinen guten Ruf, was durch seine elegante Kleidung und seinen Zylinder angedeutet wird, gibt uns der Arzt das Gefühl, der Junge sei in guten

Händen. Darüber hinaus hat der vornehme Arzt sein eigenes Vergnügen geopfert – etwa eine Dinnerparty –, um die bedürftige Familie zu versorgen. Die Magie dieses Bildes besteht darin, wie nahtlos Fürsorge und Kompetenz im Charakter des Arztes ineinander übergehen.[49] Was Fildes damit sagt: Weder Ausbildung noch Mitgefühl allein machen jemanden zu einem guten Arzt; man muss über beides verfügen. Die Mutter sorgt sich rührend, besitzt jedoch nicht das nötige Wissen und bricht daher verzweifelt zusammen. Der Vater verfügt über größere innere Stärke, doch auch ihm fehlt die Fachkenntnis, und so bittet er sorgenvoll den Arzt um Hilfe. Nur der Arzt kann wirkungsvoll agieren.

Unter den gegebenen Umständen spielt sich die Handlung im Gesicht des Arztes ab, während er sich zu seinem jungen Patienten neigt. Die leicht gerunzelte Stirn und der konzentrierte Blick deuten auf Besorgnis hin. Er befindet sich in einer nachdenklichen Pose, und sein feuriger, voller Bart legt Wissen und Erfahrung nahe. Der angstvolle junge Vater im Hintergrund, dem dieses Merkmal männlicher Weisheit fehlt, schaut sorgenvoll zu. Der Bart ist der Schlüssel zum Charakter des Arztes, er verleiht ihm eine Geistes- und Entschlusskraft, die er sonst nicht hätte. Fildes wusste das intuitiv. Als eine Art Urmodell, während er den Arzt malte, diente ihm ein glatt rasierter Schauspieler, doch Fildes bezog sich nicht auf das Gesicht seines Modells. Genau genommen sieht der Arzt Fildes höchstpersönlich ziemlich ähnlich...[50]

Für dieses Meisterwerk, den Höhepunkt seines künstlerischen Schaffens, hatte Fildes lange und gründlich über sein Sujet nachgedacht und wie er es darstellen könnte. Er entschied sich für den qualifizierten Berufstätigen als Ideal der modernen Männlichkeit. Ein Arzt war weder ein Adeliger noch ein Soldat noch ein führender Industrieller, doch ihm wurde große Ehre zuteil. Er kümmerte sich wie eine Mutter, doch er war nicht weiblich. Dafür sorgte sein Bart, und der unterstrich die Botschaft des Gemäldes: Es braucht einen Mann, um Dinge geregelt zu kriegen, wenn es darauf ankommt, selbst wenn es dabei um die Fürsorge für Kinder geht.

Luke Fildes stand mit seiner Vorstellung von haariger Männlichkeit nicht allein da. Mediziner, Künstler, Schriftsteller und Geistliche waren besonders begeisterte Verfechter des Barts, selbst nachdem die Gesichtsbehaarung Ende des Jahrhunderts allgemeinhin in Ungnade gefallen war. Was die bärtigen Schriftsteller und Künstler beweisen wollten, war Folgendes: Die Arbeit des Geists erfordert die gleiche maskuline Kraft und Energie wie jede körperliche Arbeit.

In manch wichtiger Hinsicht entsprach die Bartbewegung des neunzehnten Jahrhunderts der des sechzehnten Jahrhunderts. In beiden Fällen lässt sich eine neue Aufmerksamkeit für den Körper als Wurzel authentischer Männlichkeit beobachten sowie eine unausweichliche Faszination für das offensichtliche Gegenteil, nämlich die Existenz bärtiger Frauen. Die Männer beider Epochen wussten die Gesichtsbehaarung als natürlichen Beweis männlicher Vitalität, Autonomie und Autorität gegenüber Frauen zu schätzen. Im neunzehnten Jahrhundert, wenngleich nicht im früheren Zeitalter, wurde diese Berufung auf die körperliche Natur animiert von der zunehmenden Fluidität des gesellschaftlichen Lebens, insbesondere in den urbanen Mittelschichten. Die sich wandelnden Arbeits- und Familienwelten erschütterten die Abläufe des Privatlebens, schufen neue Formen weiblicher Autorität und verkomplizierten die Rolle des Mannes als Familienoberhaupt. In diesem Zusammenhang hatte der Bart etwas Konservatives und Beruhigendes. Er war ein Zeichen dafür, dass wenigstens manche Dinge sich niemals ändern würden. Ein Bart zeugte außerdem von maskuliner Heldenhaftigkeit: Louis Napoleon mag nicht so vollendet wie sein Onkel gewesen sein, aber mit seinem dreizackigen Knebelbart *sah er* beeindruckend *aus*. Albert Smith und Walt Whitman gaben sich als mutige Abenteurer. Luke Fildes projizierte einen heldenmütigen Heiler auf sein eigenes Abbild. Selbst ein kleines Mädchen konnte feststellen, dass Abraham Lincoln mit einem beeindruckenderen Gesicht wie ein besserer Führer des Landes wirken würde.

Die Verfechter der Bärtigkeit des späten neunzehnten Jahrhunderts legten die Betonung nicht auf den Alterungseffekt der Gesichtsbehaarung. Stattdessen sprachen sie von Energie und Unabhängigkeit. Die Männer wurden dazu ermutigt, ihr Leben in die eigene Hand zu nehmen: »Was für ein Geplärre über Tugend und Laster! ... Ich benetze die Wurzeln von allem, was gewachsen ist.«

Kapitel 10
MUSKELN UND MOUSTACHES

Der Bart half den Männern des neunzehnten Jahrhunderts dabei, ihre ursprüngliche Männlichkeit wiederzuerlangen. Die Gesichtsbehaarung bekräftigte die »natürliche« Stärke, die einen Mann dazu berechtigte, über seine Familie zu herrschen und Weltreiche zu erobern. Das Haar allein genügte jedoch nicht, um den modernen Mann zu definieren. Als das zwanzigste Jahrhundert näher rückte, wandten sich die europäischen und amerikanischen Männer dem sportlichen Wettkampf und dem Bodybuilding zu, welche – genau wie der Bart – einen physischen Beweis der Manneskraft darstellten. Es erschien also logisch, dass zu dieser Zeit ein bärtiger Sportler zur Ikone des idealen Mannes aufstieg. Es erschien ebenfalls logisch, dass dieser Mann ein Engländer war, da die erste Industrienation auch in Sachen Sportfimmel den ersten Platz einnahm.

G. GRACE GLÄNZT MIT EINEM BART

William Gilbert Grace, der größte Kricketspieler des viktorianischen Zeitalters, dominierte Großbritanniens renommierteste

Sportart zu einer Zeit, als der Zuschauersport sich mit dem europäischen Leben zu verflechten begann. Drei Jahrzehnte lang, von den 1870ern bis zu den 1890ern, waren die Tribünen bei jedem seiner Spiele vollgepackt mit begeisterten Fans. Er war als Allround-Spieler berühmt, insbesondere jedoch für seine Erfolge mit dem Schläger. Die erste Generation Sportfans liebte Grace' Fähigkeit, jede Art von Kugel, und obendrein unabhängig von ihrer Geschwindigkeit, abzuwehren und erstaunliche Punktezahlen zu erzielen. Außerdem wurde er als Kavalier unter den Spielern verehrt, als Laie, der des Ruhms und nicht des Geldes wegen spielte. Viele seiner Jahre als aktiver Sportler arbeitete er als Arzt, in Wahrheit verbrachte er jedoch die meiste Zeit – und verdiente das meiste Geld – mit dem Kricketspielen. Und er sah auch danach aus. Hochgewachsen, kräftig gebaut und üppig behaart im Gesicht, wie er war, stellte er den Inbegriff britischer Männlichkeit im Sport dar.

Eine der Geschichten, die man am liebsten über Grace erzählt, involviert eine Kampfansage an seinen legendären Bart. Es passierte in einem Spiel zwischen den Nationalmannschaften von England und Australien, welche damals wie heute die emotionsgeladenste Rivalität im Kricket darstellt. Die sonnengebräunten Australier brannten schon immer darauf, dem Mutterland zu zeigen, aus welchem Holz sie geschnitzt sind, und die blassen Engländer waren genauso erpicht darauf zu beweisen, dass sie ihre imperiale Kraft und Größe behalten haben. Als die Australier 1896 für eine Reihe von Testspielen nach England kamen, war Grace achtundvierzig Jahre alt, aber immer noch aktiv und immer noch der Kapitän der englischen Seite. In einem der Spiele, welches auf dem heiligen Rasen des Lord's Cricket Grounds in London ausgetragen wurde, sah sich der Großmeister des Kricketschlägers mit einem jugendlich-frischen und dynamischen

Ballwerfer namens Ernest Jones konfrontiert. Zwei passendere Vertreter des Old Country und der jungen Kolonie hätte es kaum geben können. Vor lauter Aufregung, dass er dem größten Spieler der Begegnung gegenüberstand, eröffnete Jones mit einem Wurf, bei dem der Ball vom Rasen emporflog und den Bart des berühmten Mannes direkt unter dem Kinn regelrecht »zerteilte«. Die Menge war in Aufruhr, und Grace bellte dem Werfer zu: »Was soll das, bitte?« »Verzeihung, Doktor, ist mir entglitten«, antwortete der junge Mann aus der Kolonie.[1] Unfall oder nicht, der englische Kapitän fing sich jedenfalls schnell wieder, verdoppelte seine

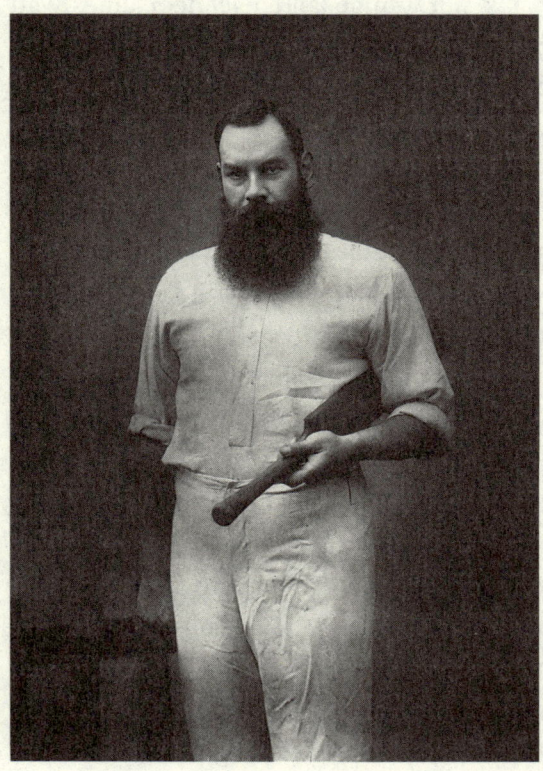

10.1 William Gilbert Grace in den späten 1880ern

Entschlossenheit und schickte krachende Schläge in alle Richtungen, womit er England einen haushohen Sieg bescherte. Die Bewohner der Kolonie hatten sich für eine Kampfansage in Stellung gebracht, doch der englische Meister war ihr mehr als nur gewachsen. So zumindest lautete die Version des Heimpublikums.

Grace und sein stattlicher Bart waren englische Ikonen, auch und gerade mit Blick auf die aufkommende Begeisterung für Wettkampfsport, die zusammen mit der Industrialisierung und der Urbanisierung zunahm. Der Londoner Marylebone Cricket Club, der das moderne Spiel definierte, trug seine ersten Wettkämpfe im Jahr 1787 aus, nur wenige Jahre nachdem James Watt die rotierende Dampfmaschine perfektioniert hatte, und ein paar Jahre vor Ausbruch der Französischen Revolution. Die Popularität von Kricket und anderen Sportarten spiegelte den darauffolgenden Vormarsch der Urbanisierung wider. Der erste Kricket-Wettstreit zwischen Oxford und Cambridge fand vor einigen Hundert Zuschauern im Jahr 1827 statt, als die Industrielle Revolution gerade ihren Siedepunkt erreicht hatte. Dem stand ein Publikum von sechsundvierzigtausend Zuschauern beim Wettbewerb der beiden Universitäten im Jahr 1883 gegenüber.[2] Gleichermaßen zog das jährliche Spiel zwischen den beiden weiterführenden Schulen Eton und Harrow im Jahr 1850 nur ein paar Zuschauer an, im Jahr 1864 dann allerdings schon ein Publikum von beinahe zehntausend. Beim Rudern, Football und Rugby konnte man Ähnliches beobachten. Ein Beobachter erklärte 1870, dass die jungen Männer »von einer vollkommenen Manie für jede Art sportlichen Wettkampf besessen« seien.[3]

Die Sportbegeisterung nahm sogar theologische Züge an. Einflussreiche englische Autoren und Geistliche begrüßten den sportlichen Wettkampf als Ausdruck moderner christlicher Männlichkeit. Obwohl Kritiker diese Haltung als »muskuläres Christentum« verspotteten, setzte sich eben dies in den Köpfen der Briten dauerhaft fest. Der allereinflussreichste Ausdruck muskulären Christentums war Thomas Hughes' Bestsellerroman *Tom Browns Schuljahre* von 1857. Er spielt in Hughes' alter Rugbyschule und beschreibt Spiel und Sport als Schlüsselelement von sowohl schulischem als auch moralischem Leben. Ein Rugby-Wettkampf am Anfang des Romans stellt für Jungs wie Tom eine Gelegenheit dar, ihren Mut und ihre Tapferkeit unter Beweis zu stellen. Ein Rugby-Finale gegen Ende des Romans, als Tom und seine Freunde achtzehn Jahre alt sind und kurz vor dem Abschluss stehen, demonstriert die Reife der vollendeten Rugby-Gentlemen. Die jungen Männer spielen geschickt und ehrenhaft, und selbst die unsportlichsten Jungs legen eine bewundernswerte Courage und Ausdauer an den Tag, die ihrer Schule und ihrem Geschlecht zur Ehre gereichten. Im Spiel selbst, nicht im Gewinnen, liegt der Sinn, und dieses fiktionale Kricketspiel schließt mit einer ehrenhaften Niederlage, während die Dunkelheit hereinbricht.

W. G. Grace war neun Jahre alt, als *Tom Browns Schuljahre* erstmals erschien, und die Popularität des Romans erklärt Grace' Aufstieg zum Ruhm. Hughes' Geschichte von robuster Männlichkeit fesselte die Vorstellungskraft der Engländer und ließ den Sport und die Sportler in schillernden Farben erscheinen. Die Geschichte vom Wurf, der Grace' Bart spaltete, gibt dieses Thema exakt wieder. Im Angesicht von Kampf und Gefahr stellte Grace seine Kraft und sein Geschick unter Beweis, genau wie es der fiktionale Tom Brown tut, wenn er heftige Rugby-Attacken oder harte Faustkämpfe auffängt. Dass Grace' Bart angegriffen wurde, passte gleich doppelt, stand er doch für sowohl körperliche als auch moralische Kraft. Grace' Vermögen, die Ehre seines Barts und die seines Landes zu verteidigen, stellte den Sieg der natürlichen Männlichkeit in der modernen Welt dar.

Zu Grace' Zeiten waren die Briten stolz darauf, den anderen Nationen in puncto Körperkultur voraus zu sein. 1859 tat Thomas C. Grattan, britischer Konsul in den Vereinigten Staaten, die Amerikaner als weniger männlich als die Briten ab, da sie keinen kraftvollen Rasensport betrieben und ihre Freizeit stattdessen mit dem Tabakkauen, dem Rauchen und dem Trinken verbringen würden. »Weder ihre Schultern noch ihre Kenntnis oder ihre Ambitionen haben Größe und Format«, erklärte der Konsul. »Ihre Körperkraft ist bescheiden und ihre geistige Kapazität äußerst beschränkt.«[4] Fortschrittlich denkende Amerikaner waren wegen ihrer eigenen Rückständigkeit ordentlich beunruhigt, und sie schlugen eindringlich Alarm. Einer von ihnen war der unitarische Minister und Reformer Thomas Wentworth Higginson. 1858 schrieb er einen Artikel, in welchem er die allgemeine Annahme anprangerte, dass Körperkraft mit geistiger und moralischer Tugendhaftigkeit im Widerspruch stehe. »Körperliche Gesundheit«, argumentierte er, sei »eine notwendige Voraussetzung für dauerhaften Erfolg«, da körperliche Kraft die Grundlage für moralische Courage darstelle. »Sichern wir uns gegen körperlichen Zerfall ab«, beharrte er, »und wir können alle anderen Gefahren auf uns nehmen – finanzielle Krisen, die Sklaverei, den römischen Katholizismus, das Mormonentum, Krawallbrüder an der Grenze und Meuchelmörder in New York.«[5]

Trotz dieser Appelle lagen die Briten in den 1860ern allerdings noch immer an der Spitze, teils dank der Leibeserziehung von passionierten Verfechtern wie William Penny Brookes, einem Mediziner, der in seiner Heimatstadt Wenlock die ersten olympischen Wettkämpfe veranstaltete. 1866 organisierte er eine landesweite Olympiade, die zu einer jährlichen Tradition hätte werden können, wenn es die einflussreichen und neidischen Londoner Sportklubs zugelassen hätten. Der Gewinner des Hindernislaufs in diesem einmaligen landesweiten Wettbewerb war übrigens ein bartloser Achtzehnjähriger namens W. G. Grace. Brookes war von seiner olympischen Idee so begeistert, weil er um die moderne Männlichkeit besorgt war. In seiner Abschlussrede der Wettkämpfe von 1866 verlieh er seiner Angst Ausdruck, dass die Männlichkeit in den Industrienationen im Niedergang begriffen sei und dringend einer Kräftigung durch den Sport bedürfe. Um die Amerikaner und Franzosen war es dabei seiner Meinung nach noch schlimmer bestellt als um die Briten.[6] Die französische Presse habe berichtet, dass Musterungsoffiziere einen großen Anteil an Männern als wehrdienstuntauglich ausmustern müssten, was wenigstens eine Zeitung auf die Überanstrengung in den Fabriken sowie mangelnde Leibeserziehung zurückführte. Brookes kam zu dem Schluss, dies sei ein Warnzeichen dafür, dass die Nationen nur dann überleben würden, wenn ihre Männer fit und aktiv blieben.[7]

Frankreichs führender Verfechter der Leibeserziehung, Baron Pierre de Coubertin, wurde von den gleichen Ängsten geplagt und von den gleichen Idealen inspiriert. Coubertin las sowohl *Tom Browns Schuljahre* als auch Brookes Vorträge und Artikel.[8] In den 1880ern und 1890ern reiste er häufig nach Großbritannien, besuchte Rugbyspiele und schaute sich die Olympischen Spiele in Wenlock persönlich an. Die Idee eines globalen olympischen Wettkampfs zur friedlichen Regenerierung der Menschheit machte sich in seinem Kopf bis in die 1890er hinein breit, als er dann endlich genügend Unterstützung erreicht hatte, um ihn in die Tat umzusetzen. Bei Coubertins Vision ging es mehr um eine Erneuerung der Männlichkeit als um den sportlichen Wettkampf als solchen, und deshalb durften ausschließlich Amateure zum Wettkampf antreten. Amateure stellten die idealen Sportler dar, weil ihre Athletik genau wie bei W. G. Grace und Tom Brown einen guten Charakter und nicht von Geldgier geprägten Trainingsfleiß und Kalkül offenbarte. Ehre war wichtiger als der Sieg, und es ging um die Art des Sichmessens, nicht um das Ergebnis. Grace war ein Gentlemansportler, zuallererst Mediziner, Ehemann und Vater und danach erst Kricketspieler – so jedenfalls die Theorie. Das Problem mit dieser Vorstellung von Amateurstatus wie mit der vergleichbaren Vorstellung eines muskulären Christentums bestand darin, dass sich ein Wettkampf letzten Endes über Sieg und Niederlage definiert und sich Sportsgeist nur schwer mit Desinteresse am Sieg in Einklang bringen lässt. Schon 1896, als Grace' Bart von Jones' hohem Wurf gekappt und die erste internationale Olympiade in Athen abgehalten wurde, hielt das Berufssportlertum im Kricket und in anderen Publikumssportarten in Europa und Amerika Einzug. Grace schaffte es, eine Brücke zwischen der Ära der Kavaliere und der Ära der Berufssportler zu schlagen, weil er sowohl ein Amateur als auch ein Gewinner war.

Im Nachhinein betrachtet war die Vorherrschaft des Amateurs im Publikumssport relativ kurz, genau wie die Ära der bärtigen Athleten. W. G. Grace stellte die glückliche Vereinigung von Bartbewegung und Kavalierssport in der viktorianischen Epoche dar. Als sich das Jahrhundert dem Ende zuneigte, erhielt eine neue Rezeptur für Männlichkeit Vorrang. Der Sportler wurde zunehmend zu einem Mann des Muskels und der Schnelligkeit und nicht des Haars. Insofern, als Haare von einem jugendlichen und muskulösen Aussehen ablenkten, mussten sie geopfert werden. Sogar schon in den 1870ern, als Grace und die viktorianische Bartbewegung in ihren besten Jahren waren, bevorzugten die meisten jungen Männer im Kricket, Rudern, Laufsport, Fußball und Turnen einen Schnurrbart oder sogar eine glatte Rasur, um ihre Jugendlichkeit und Kraft zu unterstreichen. Der militärische Schnäuzer passte besser als ein Bart zu denjenigen, die sich Teamwork, Elan und Wagemut zu eigen machten. Der Bart mochte Reife, Weisheit und Sturheit symbolisieren, doch dies waren nicht die Ideale eines schnelllebigen Europas um die Jahrhundertwende.

Die neue Begeisterung für Jugendlichkeit, Tempo und Kraft galt allgemein, ob im englischen Fußball, im französischen Radsport oder im deutschen Turnen. Die Franzosen hatten bis zum Ende des Jahrhunderts eine bleibende Leidenschaft für den Radrennsport entwickelt, und diese Sportart gibt ein hervorragendes Beispiel für den Konflikt zwischen Haar und Geschwindigkeit ab. Die ersten französischen Rennen wurden in den 1860ern abgehalten, und in den 1870ern schossen Velodrome schon überall in Frankreich aus dem Boden. Ein Teil der Faszination für Fahrräder rührte daher, dass sich dabei Muskelkraft und moderne Technologie verbinden ließen. Der Schriftsteller und Radsportförderer Baudry de Saunier verkündete 1894 fröhlich »die Geburt eines neuen Menschentyps, des Radfahrers... ein Mann, halb Fleisch, halb Stahl, den nur unser von Wissenschaft und Eisen geprägtes Jahrhundert hat hervorbringen können«.[9] Straßenrennen wie die Tour de France, die 1903 zum ersten Mal stattfand, hatten den zusätzlichen Vorteil, dass sie in den Menschen ein Gefühl der nationalen Einheit weckten. Dieser großartige neue männliche Typus, der Radfahrer, hatte für aufgeblähtes

Haar, das seinen maschinenhaften Muskeln und seiner dem Wind trotzenden Schnelligkeit in die Quere kommen könnte, keine Verwendung.

Wir haben bereits gesehen, wie im Deutschland des frühen neunzehnten Jahrhunderts vom bärtigen Nationalisten Jahn das Turnen kultiviert wurde, um die deutsche Männlichkeit zu »regenerieren« und ein besiegtes Land neu zu beleben. Nach Napoleons Niedergang traten die deutschen Staaten dem Turnen aufgrund seines reformistischen Beigeschmacks entgegen, doch in den 1840ern änderten sie ihren Kurs wieder. Die dänischen und schwedischen Oberhäupter gingen einen neuen Weg, indem sie das Turnen in die Militärausbildung eingliederten, und Preußen sowie andere deutsche Staaten folgten in ihrem Kielwasser.[10] Dieses um Drill sowie Boden- und Geräteturnen herum aufgebaute Training sollte Gleichgewichtssinn, Disziplin und Kraft ausbilden. Wie bei den englischen Mannschaftssportarten sollten hier durch körperliche Disziplin ordnungsgemäße moralische Eigenschaften kultiviert werden. Obwohl den Mannschaftssportarten letzten Endes die Hauptaufmerksamkeit des europäischen Festlands zuteilwurde, nahm das Turnen eine Schlüsselrolle in der Gestaltung der Männlichkeit des zwanzigsten Jahrhunderts ein, insbesondere dadurch, dass es am Aufstieg des Bodybuildings Anteil hatte. Da sie der Muskelkraft und den griechischen Idealen jugendlicher Schönheit größere Bedeutung beimaßen, trugen die Bodybuilder entschieden zum Niedergang des Barts als visuellem Männlichkeitsstandard bei. Der größte aller Bodybuilder, Eugen Sandow, war der Sohn eines preußischen Krämers.

EUGEN SANDOW MUSKELT SICH NACH OBEN

Im Sommer 1893 öffnete die World's Columbian Exhibition, die Weltausstellung von Chicago, ihre Pforten. Es war Chicagos großes gesellschaftliches Debüt entlang des Ufers des Lake Michigan, einer märchenhaften »weißen Stadt« aus reich verzierten neoklassischen Ausstellungshallen, Parkanlagen, Springbrunnen und Teichen, die sich über knapp 243 Hektar zog. Millionen Zuschauer strömten herbei, um die Wunder zu bestaunen und sich im nahe gelegenen Vergnügungsviertel Midway Plaisance mit seinen unzähligen Imbissbuden, Jahrmarkt-Attraktionen, Fahrgeschäften und dem allerersten Riesenrad zu amüsieren. Für Chicagoer Theaterbesitzer war dieser Sommer eine einmalige Gelegenheit. Der jugendliche Varieté-Show-Produzent Florenz Ziegfeld Jr. wurde von seinen Kollegen beneidet, als er die beliebteste Nummer dieses Sommers auf die Bühne brachte: Eugen Sandows Darbietung als »der perfekte Mann«.

In den Wochen vor der ersten Aufführung versprach Ziegfeld den Zuschauern etwas wahrhaft Aufsehenerregendes: den stärksten Mann der Welt. Das Publikum sollte in den Genuss eines »neuen Herkules« kommen, eines »echten Kolosses von Rhodos«.[II] Ziegfeld wusste jedoch, dass selbst das als Attraktion nicht genügen würde. Um die Fantasie des Publikums zu beflügeln, würde Sandow mehr als Kraft brauchen. Mit einer Hintergrundgeschichte von ritterlichem Charakter und Romantik würde Ziegfeld Sandow nicht nur als Spektakel, sondern als Ideal bewerben können. Ziegfeld sorgte dafür, dass die Presse den neuen Herkules als Gentleman im Gehrock und mit romantischen Gefühlen beschrieb. Der skrupellose Direktor verbreitete sogar das haltlose Gerücht, dass Sandow ein Liebesverhältnis mit dem Gesangstar Lillian Russell unterhalte, dem damals größten Sexsymbol Amerikas. Den Mutigen gehört die Welt. Die Strategie funktionierte einwandfrei. Menschen aus allen Gesellschaftsschichten strömten in das Trocadero Theater, um das Wunder mit eigenen Augen zu sehen.

»Der perfekte Mann« war der Schlussakt in Ziegfelds Varieté-Show. Es begann damit, dass Sandow im Rampenlicht Posen einnahm, die seine scharf konturierten, hervortretenden Muskeln zur Schau stellten, welche laut Ziegfelds Programmmitteilungen für die anstehende Tour »beispiellos waren, selbst wenn man die vollendeten griechischen Statuen betrachtet«.[12] Nach diesen Posen brachte er das Publikum zum Staunen, indem er seine Muskeln nicht bloß hervortreten, sondern auch wogen und tanzen ließ. Danach war es an der Zeit, seine Kraft unter Beweis zu stellen. Er hob hundertsechsunddreißig Kilo über seinen Kopf, vollführte Saltos mit gut 25 Kilo schweren Gewichten in jeder Hand und erfreute das Publikum mit einer seiner charakteristischen Darbietungen, in der er eine gewaltige Langhantel mit jeweils einem Mann in einem Korb an jedem Ende anhob. Sandow hielt diese beiden Männer mit nur einem Arm über seinen Kopf und anschließend mit zwei ausgestreckten Armen von der Brust weg. Das Publikum war zeitweise derart gebannt, dass es das Klatschen ganz vergaß.[13] Die Menge lachte und jubelte, wenn er seinen Klavierbegleiter mitsamt dem Klavier in die Luft hob. Und mit einem weiteren ausgeklügelten Kunststück beendete er seine Show. Indem er seinen Körper mit der Brust nach oben wölbte, balancierte er auf seiner Brust eine Platte, die von Assistenten nacheinander mit drei Pferden beladen wurde, eins nach dem anderen. Die Zuschauer bewunderten die Art, wie jeder Muskel seines Körpers sich wie eine Peitschenschnur spannte.[14]

10.2 Eugen Sandow,
von George Steckel,
um 1894

Sandows Darbietung von Kraft und Form entsprach und übertraf
sogar die übermäßigen Erwartungen, die Ziegfeld beim Rühren
seiner Werbetrommel geweckt hatte. Ziegfeld kannte sein Publikum. Er wusste, es würde sich von Sandows unanfechtbarem
Können als Gewichtheber und Entertainer verzücken lassen. Und
er kannte den Hunger des Publikums nach Zeichen männlichen
Triumphs. Ein paar Jahre vor seinem Erfolg in Chicago wurde
Sandow seiner Behauptung, der stärkste Mann der Welt zu sein,

durch seinen Sieg beim ersten offiziellen Wettkampf im Gewichtheben der neueren Geschichte gerecht. Bei diesem vom Londoner Athletic Institute organisierten Ereignis schaffte er es als Erster überhaupt, eine 113 Kilo schwere Langhantel über seinen Kopf zu heben. Doch er war nicht nur stark. Vor und nach seinem Sieg hatte Sandow gelernt, wie er das Publikum mit dem bloßen Anblick seines Körpers beeindrucken konnte, und hatte seinen weltweiten Ruhm noch weiter gesteigert, indem er für Dutzende begeisterter Künstler und Fotografen posierte.

Um seine natürlich glatte und marmorhafte Haut noch besser zur Geltung zu bringen und um die beeindruckenden Wölbungen seines Körpers noch mehr zu konturieren, rasierte Sandow seine gesamte Körperbehaarung bis auf seinen halblangen blonden Schnurrbart sorgfältig ab. Ziegfeld machte sich diese herausragende Eigenschaft zunutze und baute ein neues Element in Sandows Shows ein, das wichtiger Bestandteil seiner späteren Karriere werden würde. Wohlhabende Damen und Herren, die Geld an gemeinnützige Organisationen spendeten, durften nach der Vorstellung den Körper des Muskelmanns berühren. Als die Chicagoer Theaterkritikerin Amy Leslie sich zierte, seinen nackten Oberkörper zu berühren, nahm Sandow vorsichtig ihre Hand und forderte sie auf, ihn anzufassen. Leslie war wie hypnotisiert. »Er ist ein gefährlich gut aussehender Mann«, schrieb sie später. Andere Männer und Frauen waren weniger schüchtern und brachten Staunen und Entzücken über seine Waschbrett-Vorderseite und seine samtige Haut zum Ausdruck. Letztere war »von einem makellosen, durchsichtigen Weiß«.[15] Der Bodybuilder animierte sie: »Ich möchte, dass Sie spüren, wie hart diese Muskeln sind. Ich werde nun vor jedem von Ihnen haltmachen, und Sie lassen Ihre Handfläche über meine Brust gleiten.«[16] – »Diese Muskeln«, klärte er eine Dame auf, »sind so hart wie Stahl, und ich möchte, dass Sie sich davon selbst überzeugen.« Er nahm ihre behandschuhte Hand und führte sie langsam über seine Brust. »Das ist unglaublich!«, keuchte sie, taumelte rückwärts, und eine Aufsichtsperson eilte ihr mit Riechsalz zu Hilfe.[17]

Der »perfekte Mann« war jahrzehntelang in der Mache. Er wurde in Ostpreußen als Sohn eines Krämers mit dem banalen Namen Friedrich Wilhelm Müller geboren. Im Alter von achtzehn Jahren verließ er sein Heimatland, um dem Wehrdienst zu entgehen und sich einem fahrenden Zirkus anzuschließen. Mithilfe eines innovativen Körpertrainings, einem Gespür für Selbstdarstellung und der Unterstützung gerissener Zirkusdirektoren vervollkommnete er seine Kunst als starker Mann auf der Bühne. Er änderte seinen Namen in Sandow, eine Eindeutschung des russischen Mädchennamens seiner Mutter: Sandov. Und er gab eine vornehmere Herkunft an, als er in Wirklichkeit hatte. Mit verschönertem Körper und persönlichem Hintergrund zog es ihn zuerst nach London, Europas größtem Schauplatz der Massenunterhaltung, und anschließend nach New York und Chicago. Nach heutigen Standards war er kein sonderlich bemerkenswertes Exemplar mit seinen 1,75 Metern Körpergröße und seinen 86 Kilo Gewicht. Auch wenn diese Maße zu seiner Zeit beachtlicher waren als heute, ging es seinen Bewunderern nicht um seine Größe, sondern um seinen gut gebauten Körper, seine wohlgeformten Proportionen und seine glatte weiße Haut. Er schien den Körper zur Kunst zu erheben, indem er zur lebenden Verkörperung klassischer Ideale wurde.[18]

Sandow eröffnete den modernen Städtern eine neue Vision urwüchsiger Männlichkeit und stellte den lebenden Beweis dafür dar, dass Männer sich mithilfe der Körperkultur verbessern können. Er betonte diesen Aspekt stark und drängte die Männer darauf, es ihm gleichzutun. Dadurch rief er die Bodybuilding-Bewegung beinahe im Alleingang ins Leben. Sein Beispiel trug zur Festlegung eines neuen Männlichkeitsideals bei, welches die Schönheit von sowohl Muskelform und -balance als auch von Kraft betonte. Dieses Ideal klammerte Haare ausdrücklich aus. Obwohl Sandow seinen gepflegten blonden Oberlippenbart behielt, um seiner angeblich noblen preußischen Herkunft gerecht zu werden, war der Rest seines Körpers glatt wie Marmor. Spätere Bodybuilder favorisierten den metallischen Glanz gebräunter Haut und verbannten auch noch den Schnurrbart. Die Bronzestatue, die heute jedes Jahr dem Sieger des Mr-Olympia-Wettbewerbs überreicht wird, zeigt einen glatt rasierten Sandow und behebt damit ganz bewusst den einzigen Makel des »perfekten Mannes«.

Zu Sandows Zeit jedoch blieb eine behaarte Oberlippe die Visitenkarte eines energischen Offiziers oder Aristokraten, der einen Zug an den Tag legte, der nach Respekt verlangte. Jeder junge Mann, der damals Eindruck schinden wollte, sei es der Sohn eines Krämers oder ein Kaiser, verschönerte die Lippe mit einem ehrwürdigen Strich Haar.

KAISER WILHELM VERSCHAFFT SICH GELTUNG

Im März 1890 verschärfte sich die Lage zwischen den beiden Männern, die das Deutsche Reich regieren würden. Auf der einen Seite stand der gesellschaftlich wenig taugliche einunddreißigjährige Wilhelm II., der erst seit knapp zwei Jahren Kaiser war. Auf der anderen Seite stand der meisterhafte Otto von Bismarck, der Eiserne Kanzler, der Wilhelms Vater gedient und mit einer Politik aus »Blut und Eisen« das Deutsche Reich erschaffen hatte. Dem Kaiser waren der Ruhm und die Vermessenheit des alten Meisters zutiefst verhasst, und er glaubte, er könne Neues und Besseres für sein Land erreichen. Speziell die militärischen Muskeln Deutschlands wollte er im Rahmen des Weltgeschehens spielen lassen. Außerdem glaubte er, es sei an der Zeit, den Arbeiterklassen politische Rechte zuzugestehen, um den Klassenkampf zu bremsen und der Krone Popularität einzubringen. Bismarck stimmte damit nicht überein, er war sich sicher, der Kaiser unterschätzte die Risiken seiner Vorhaben. Deutschland gehe es unter seiner ruhigen Führung besser, beharrte er.

Auf politischer Ebene war das Ganze ein Kampf darum, wessen Strategien sich durchsetzen würden. Auf persönlicher Ebene ein klassischer ödipaler Konflikt zwischen einem jungen Monarchen und dem Vater der Nation, wie man im Nachhinein feststellte. Zum endgültigen Bruch kam es, als Wilhelm herausfand, dass Bismarck ohne sein Wissen dabei war, ein wichtiges Gesetz auszuhandeln. Tatsächlich hatte der Kanzler nämlich sein Kabinett instruiert, mit dem Kaiser nur nach vorheriger Genehmigung zu sprechen. Erbost bestellte Wilhelm früh am Morgen seine Kutsche und raste zu Bismarcks Gemächern, wo er den alten Mann im Bett vorfand. Er wartete nicht einmal, bis der Alte sich angezogen hatte, sondern warf Hut und Handschuhe auf einen Tisch und stellte den Kanzler zur Rede. Bismarck hielt dagegen, knallte laut Wilhelm ein Notizbuch auf den Tisch, wobei er ein Fass Tinte umwarf, und bestand darauf, dass ihm als Reichskanzler die Kabinettsmitglieder unterstünden.[19] Daraufhin spielte Bismarck

10.3 Kaiser Wilhelm II.,
1898

seinen Trumpf aus und drohte mit seiner Abdankung. Zu seiner
Überraschung nahm der Kaiser diese auf der Stelle an: Er fühlte
sich bereit für das Herrschen im Alleingang.

Bismarck hatte diese Niederlage nicht erwartet. Er hatte seinen jungen Souverän schlicht unterschätzt. Er wusste, dass sich
hinter dessen beeindruckend ernstem Äußeren ein nervöser,
empfindsamer und oftmals unentschiedener Mensch verbarg.
Was Bismarck jedoch nicht ganz verstand, war die dramatische

Entschlossenheit, mit welcher der Kaiser diese Mängel beseitigen wollte. Der Sieg über Bismarck stellte seinen ersten großen Test dar, und ihm standen noch viele weitere bevor, während er sich dazu zwang, mehr zu sein, als er eigentlich war. Eine Schlüsselrolle nahm dabei die Ausformung eines beeindruckenden Äußeren ein. Wilhelm hatte eine Leidenschaft für Paraden, Prunk und feurige Reden, doch das charakteristische Merkmal seines neu belebten Looks war sein prächtiger, nach oben gewandter Schnäuzer.[20]

Bevor er sich auf diesen kämpferischen Stil festlegte, experimentierte Wilhelm mit anderen Aufmachungen. Zweimal ließ er sich einen Vollbart wachsen. Der zweite Anlass hierfür war eine Schiffsreise nach Skandinavien im Jahr 1891, kurz nachdem er Bismarck gefeuert hatte. Wilhelm war mit dem Ergebnis sichtlich zufrieden und erklärte jedem, der es hören wollte: »Mit einem Bart wie diesem können Sie so hart auf den Tisch hauen, dass Ihre Minister vor Angst umfallen und flach auf dem Boden landen würden.«[21]

Seine Worte lassen tief blicken, denn es handelt sich dabei um die gleiche kraftvolle Geste, auf die Bismarck, Wilhelm zufolge, ein Jahr zuvor in ihrer schicksalhaften Auseinandersetzung zurückgegriffen hatte. Jetzt war Wilhelm an der Reihe, auf den Tisch zu hauen! Jedoch entschied er bald, dass es ein Bart nicht richtig brachte. Schnäuzer waren es, die sich damals für Militär und Königshaus ziemten, der Bart war aus der Mode gegangen. Was also tun? Er brauchte einen Schnäuzer, wie ihn kein anderer hatte: etwas, das ihn als Mann über allen anderen Männern stehen ließ. Er wandte sich an seinen Hoffrisör François Haby, und der einfallsreiche Coiffeur schuf sein Meisterstück. Er perfektionierte jene Technik, die für den einmalig aufrechten und mannhaften

Schnurrbart des deutschen Herrschers nötig war. Der hocherfreute Kaiser hielt Herrn Haby auf all seinen Reisen stets in seiner Nähe.

Die Kombination aus der Image-Besessenheit des Kaisers und dem Styling-Geschick Habys brachte das modische Leitbild der damaligen Epoche hervor. Man sagt, als dem Frisör der berühmte »aufrechte« Schnurrbart erstmals gelungen sei, habe Wilhelm verzückt ausgerufen: »Es ist erreicht!« Dieser Satz ging in die Geschichte ein, genau wie die Utensilien und Pflegeprodukte, die für das Gelingen des aufstrebenden Schnäuzers notwendig waren. Nur zu gerne verkaufte Haby diese den in die Tausenden gehenden begierigen Kunden, die nach einer eigenen spitzförmigen Gesichtsbehaarung verlangten. Diederich Heßling, die Titelfigur in Heinrich Manns Roman *Der Untertan* von 1919, veranschaulicht diese Art der Heldenverehrung. Als Diederich den Kaiser zu Pferd durch das Brandenburger Tor paradieren sieht, passiert Folgendes: »Ein Rausch, höher und herrlicher als der, den das Bier vermittelt, hob ihn auf die Fußspitzen, trug ihn durch die Luft. ... Auf dem Pferd dort, unter dem Tor der siegreichen Einmärsche und mit Zügen steinern und blitzend ritt die Macht!«[22] In diesem ekstatischen Rausch schwört er, sein Leben der Nation und seinem Herrscher zu widmen, und als äußeres Zeichen seines neuen Bekenntnisses eilt er in Habys eleganten Salon, um sich den aufstrebenden Schnäuzer selbst zuzulegen. »Als es geschehen war, kannte er sich im Spiegel kaum wieder. Der von Haaren entblößte Mund hatte, besonders wenn man die Lippen herabzog, etwas katerhaft Drohendes, und die Spitzen des Bartes starrten bis in die Augen, die Diederich selbst Furcht erregten, als blitzten sie aus dem Gesicht der Macht.«[23]

Die Niederlage des Kaisers im Ersten Weltkrieg bereitete den Pickelhauben (oder »Helmen mit Spitze«, wie es damals amtlich hieß) und zugespitzten Schnäuzern ein Ende, sodass dieses letzte Aufgebot mutigen Haars weggefegt wurde. Der entthronte Kaiser verbrachte den Rest seines Lebens in stillem Exil in den Niederlanden, ohne Uniform, Paraden oder seinen Hoffrisör. Im Nachhinein betrachtet wäre es Deutschland mit Bismarcks ungepflegtem Walrossbart und seiner ruhigen Hand besser ergangen. Mit seiner ungeduldigen Angriffslust hatte Wilhelm sein Heimatland sowie sich selbst Schiffbruch erleiden lassen. Der Niedergang des Kaisers und seiner »Es ist erreicht!«-Herrlichkeit stellte einen weiteren Wendepunkt für Deutschland und das Männerhaar dar. Der »Krieg, der allen Kriegen ein Ende bereitet« hat die Kriege natürlich nicht beendet, für die Gesichtsbehaarung allerdings ließ er den Vorhang fallen. Die Deutschen wandten sich von diesem Zeichen gescheiterter Vergangenheit genauso schnell ab, wie sie ihm sich zugewandt hatten, und damit reihten sie sich ins restliche Europa und Amerika ein, die sich von dem schnurrbärtigen Image militärischer Männlichkeit größtenteils ebenfalls distanziert hatten.

Der Krieg mag das endgültige Ende, nicht aber der Grund für den Niedergang der Bartbewegung im zwanzigsten Jahrhundert gewesen sein. Der Verfall hatte bereits weit im Voraus begonnen, angetrieben von einem kollektiven Überdenken der Frage, inwiefern Männlichkeit und Körper in Bezug zueinander stehen. Als die Männer immer besser darin wurden, den männlichen Körper als Quell maskuliner Kraft zu deuten, war das Haar nicht mehr ganz so wichtig. Es ging plötzlich um Muskeln, Leistung und einen wohlgeformten Körper. W. G. Grace' Gesichtspracht stellte auf dem Kricketfeld die Ausnahme dar und hatte mehr mit seiner Identität als Gentleman denn als Sportler zu tun. Eugen Sandow hingegen war wegweisend für das neue Ideal, dessen Männlichkeit noch imposanter schien, da der Muskelaufbau echte Arbeit verlangte und reelle, nicht nur symbolische Kraft erzeugte. Selbst der Kaiserschnäuzer – obwohl es sich dabei ja nur um Haar handelte – schien sich von selbst emporzuheben, und genau wie das Muskelgewebe bedurfte die Aufrechterhaltung erheblichen Aufwands. Der Schnäuzer hielt sich als begrenzte Zurschaustellung von Haar für gewisse Zeit, da er einer jugendlichen Erscheinung nicht gänzlich widersprach. Doch selbst dieses Merkmal wurde dann bald von den neuen Zwängen einer konformistischen Maskulinität vom Gesicht der Männer verdrängt. Die Blüte patriarchalischer und militärischer Männlichkeit welkte und verging. Sie wich einer von Männern mit festen Muskeln und sauber rasierten Gesichtern gestalteten Zukunft.

Kapitel 11
ANGESTELLTE DES ZWANZIGSTEN JAHRHUNDERTS

Zwanzigstes und achtzehntes Jahrhundert wetteifern miteinander um den Titel des bartlosesten Jahrhunderts der Geschichte. Wobei die Gründe dafür nicht die gleichen waren. Im achtzehnten Jahrhundert gehörte die Rasur zum guten Benehmen eines feinen Herrn. Im zwanzigsten Jahrhundert hingegen war es dann wichtig, jugendliche Energie und disziplinierte Verlässlichkeit an den Tag zu legen, die zu einer qualifizierten Unternehmensanstellung passten. Ein glattes Gesicht ließ einen Mann jünger und gesünder aussehen. Und ehrlicher und freundlicher. Der Ausdruck »sauber rasiert« bringt diese Assoziationen auf den Punkt. Ein rasierter Mann war gepflegt, tatkräftig und verlässlich. Da die Gesellschaft diese Tugenden wertschätzte, wollten die Männer sich unbedingt mit ihrem Rasierer beweisen.

LAWRENCE VON ARABIEN
ÜBERNIMMT DIE FÜHRUNG

Leutnant T. E. Lawrence war der neue Held für eine neue Generation. Es handelte sich bei ihm um einen durch und durch modernen, sauber rasierten, verlässlichen Soldaten, der seinen kleinen Teil zur riesigen britischen Militärmaschine beitrug. Und doch wurde so viel mehr aus ihm: der Führer eines Wüstenstammes, der mit seinen listigen bärtigen Rivalen mithalten konnte, der die rauen Naturgewalten überstand und Mann gegen Mann mit dem Feind kämpfte. Der vom mörderischen Morast des Ersten Weltkriegs gezeichneten europäischen und amerikanischen Öffentlichkeit gab seine Geschichte die Hoffnung, dass ein tapferer und kluger Einzelner im Zeitalter von Massenarmeen und infernalischer Maschinenfeuerkraft noch immer etwas auszurichten vermochte. Wobei es klar von Vorteil war, dass Lawrence nicht auf versammelte deutsche Truppen an der Westfront, sondern auf eher zerstreute, weniger gut ausgerüstete Truppen des Osmanischen (oder Türkischen) Reichs in der weiten Wüste von Arabien traf. Als Angestellter des britischen Nachrichtendienstes in Kairo schuf er sich eigenverantwortlich eine neue Identität, hüllte sich in arabische Gewänder und führte kamelberittene Kommandotruppen zu einer Reihe von unwahrscheinlichen Wüstensiegen. Die kuriose Absonderheit des »bartlosen Beduinen« war wunderlich genug, aber als er auch noch zum Eroberer wurde, war die Legende eines modernen Mannes geboren, der ein zeitloses und unzivilisiertes Land beherrschte.

Lawrence' erster großer Sieg war die Einnahme von Akaba, eines strategisch wichtigen Hafens am Roten Meer (im heutigen

Jordanien gelegen). Dank Schnelligkeit, Durchhaltevermögen und Zähigkeit war es ihm und seinen arabischen Verbündeten möglich, die Stadt von den vermeintlich unzugänglichen Ödflächen aus zu überraschen. Zunächst mussten sie jedoch mit einem türkischen Bataillon fertig werden, das sie bei der abgelegenen Siedlung Abu el Lissal abfangen sollte. Dort konnten die arabischen Aufständischen zeigen, was in ihnen steckte.

Auf dem Kamel und zu Pferd erreichten die Rebellen Abu el Lissal an einem ungewöhnlich heißen Tag im Juli 1917. Freund wie Feind waren geschwächt von Durst und Hitze. In einem engen Tal versteckt, bemerkten die trägen Türken nicht, wie sich die Araber ihnen näherten und sie schließlich Stunde um Stunde von den oberhalb gelegenen Klippen aus befeuerten. Das brachte sie jedoch nicht weiter, und so stachelte Lawrence seine Verbündeten zum Angriff an. Ein Stammesfürst leitete das Gefecht ein, indem er mit fünfzig Reitern in die gestressten Reihen der türkischen Berufssoldaten galoppierte, welche dann direkt in die Fänge einer noch größeren Kamelinfanterie mit wehenden weißen Gewändern und feuernden Gewehren flohen, die von Lawrence persönlich angeführt wurde. »Ich war als Erster unter ihnen«, erinnerte sich Lawrence später, »und schoss, mit meinem Revolver natürlich, denn nur ein sehr Geübter kann auf so einem rasenden Tier ein Gewehr handhaben; da strauchelte plötzlich mein Kamel und brach wie von einer Axt getroffen zusammen. Ich wurde aus dem Sattel geschleudert, segelte in großem Bogen durch die Luft und landete auf dem Boden mit einer Wucht, die mir fast die Sinne raubte.«[1] Benommen sagte er sein Lieblingsgedicht auf, während er unter den krachenden Kamelhufen auf den Tod wartete. Als er wieder zu Sinnen kam, wurde ihm jedoch klar, dass der Körper seines gefallenen Reittieres ihn vor dem Ansturm der Kamelhufe bewahrt hatte und dass er sein eigenes armes Tier aus Versehen mit seiner Pistole erschossen hatte. Die Türken waren währenddessen von dem unaufhaltsamen Tosen der vierhundert Kamele hinweggerissen worden, die mit fünfzig Stundenkilometern den Abhang hinuntergaloppiert kamen.

Die Legende des »Lawrence von Arabien« gründete sich auf dieser Art von Wagemut, Zähigkeit und Glück. Sie fußte außerdem auf Lawrence' verblüffender Fähigkeit, in zwei unterschiedlichen Welten zu leben, der britischen und der arabischen, sowie sich in den widersprüchlichen Kompliziertheiten des Guerillakampfes zu bewegen, welcher Dolche, Kamele, Sprengstoff und Flugzeuge umfasste. Er war ein in Oxford ausgebildeter Nachrichtenoffizier, der König und Reich mit Stolz diente. Doch zugleich war er der blonde Beduine, ein arabischer Stammesangehöriger ehrenhalber, der ein untertäniges Volk von seinen fremdländischen Herren befreien wollte. Geplagt von der Sorge, dass er seine arabischen Freunde letzten Endes werde verraten müssen, klammerte er sich an die Hoffnung, dass er zugleich beide Arten von Mann sein und beiden Herrschaftssystemen gleichzeitig dienen könnte.

Um seine Doppelrolle zu erfüllen, musste Lawrence sowohl ein guter Schauspieler als auch ein cleverer Stratege sein. Die meisten Männer zerbrachen sich den Kopf darüber, wie sie *eine* männliche Identität konstruieren sollten; Lawrence musste sich gleich auf zwei verstehen. In seinen beiden aktiven Jahren in der Wüste trug er stets die weißen Gewänder plus Kopfbedeckung, die ihm von Prinz Faisal I. von Mekka überreicht worden waren, dem Chefanführer der Revolte. Selbst wenn er gelegentlich nach Ägypten zurückkehrte, um sich mit seinen britischen Vorgesetzten zu treffen, trug er diese Aufmachung. Gleichzeitig war er ein properer Brite und Nicht-Araber, was sein Rasieren anbelangte, das er bei Wassermangel sogar mit trockener Klinge durchführte. Diese Gewohnheit rundete sein heroisches Aussehen ab, das unter Briten wie Arabern gleichermaßen einmalig war. »Ich war berühmt-berüchtigt dafür, der einzige sauber Rasierte zu sein, und ich setzte noch einen drauf, indem ich stets die suspekte reine Seide trug, die allerweißeste (wenigstens von außen), mit purpur-goldenem Kopfband und goldenem Dolch. Durch diesen Aufzug meldete ich gewisse Ansprüche an, welche durch Faisals öffentlich bekundeten Respekt mir gegenüber bestätigt wurden.«[2] Während er auf dem Rücken von Kamelen in wallenden weißen Gewändern durch urwüchsige biblische Landschaften ritt, dokumentierte sein haarloses Gesicht, welch durch und durch moderner Mann er doch geblieben war.

Die Rasur war genau deshalb ein ideales Zeichen für Modernität, weil sie das Neueste und Zeitgemäßeste für den Mann war. Knapp ein Jahr vor dem Überfall auf Akaba war das britische Militär wegen Unruhen in den eigenen Reihen eingeknickt und hatte neue Vorschriften erlassen, die den Soldaten ein glattes Gesicht erlaubten. Ein halbes Jahrhundert lang waren die britischen Soldaten, genau wie ein Großteil ihrer europäischen Kollegen, gezwungen gewesen, sich als Zeichen von Korpsgeist einen Schnurrbart wachsen zu lassen. In den Jahren vor dem Ersten Weltkrieg begannen britische Soldaten dann, die Freiheit einzufordern, dem nicht nachkommen zu müssen.[3] 1915 hatte König Georg deshalb mitten im Krieg die strenge Verwarnung erlassen müssen, dass die Haarvorschriften unbedingt durchzusetzen seien. Im darauffolgenden Jahr allerdings, nachdem die Regierung den Entwurf umgesetzt hatte und die Sorge um die Kampfmoral wuchs, kapitulierte der Generalstab. Es war ihm nicht danach, zusätzlich zum Feind auch noch die eigenen Soldaten zu bekämpfen.[4] Entgegen einiger späterer Annahmen hatte der Verzicht auf den Schnurrbart nichts mit Gasmasken oder Hygiene im Schützengraben zu tun. Ebenso wenig mit besseren Rasurmethoden. Die wahre Ursache für den Untergang von Schnäuzern und Bärten im zwanzigsten Jahrhundert lag in einer gesellschaftlichen Entwicklung, der selbst das Militär nicht widerstehen konnten: die Erneuerung der Männlichkeit gemäß den Vorgaben einer urbanen und unternehmerisch geprägten Gesellschaft. Wie der patriarchalische Bart fiel auch der ritterliche Schnurrbart bei den Männern in Ungnade, welche die Tugenden eines neuen Jahrhunderts abbilden wollten: Jugendlichkeit, Tatkraft, Sauberkeit und Verlässlichkeit.

Vor Lawrence gab es noch einen anderen heroischen Burschen, der sich rasierte: Tarzan, der König der Affen. Die Schöpfung des amerikanischen Autors Edgar Rice Burroughs erschien 1912 erstmals im Druck. Es handelt sich dabei bekanntermaßen um einen verwaisten englischen Adeligen, der von haarigen Urwaldbewohnern großgezogen wurde und keine Ahnung von seiner wahren Identität hatte. Im Erwachsenenalter setzten sich dann seine Menschlichkeit und Vornehmheit durch und ließen ihn die ihn umgebenden Tiere sowie seine eigenen urwüchsigen Triebe beherrschen und bändigen. Um sein menschliches Geburtsrecht zu behaupten, brachte er sich das Lesen und Rasieren selbst bei: »Es stimmte, in seinen Büchern hatte er Männer mit einer großen Menge Haar an Lippen und Wangen und Kinn gesehen, und dennoch war Tarzan beklommen zumute. Beinahe täglich wetzte er sein scharfes Messer und kratzte und schnippelte an seinem jungen Bart herum, um dieses entwürdigende Sinnbild des Affendaseins auszumerzen. Und so lernte er, sich zu rasieren – grob und schmerzhaft zwar –, aber dennoch erfolgreich.«[5] Hier haben wir eine subtile und trotzdem unmittelbare Erläuterung der Ideale einer neuen Ära. Tarzan kam zu dem Schluss, dass zivilisierte Männer in der Vergangenheit wohl Haare im Gesicht getragen haben mögen, er dadurch allerdings eine gewisse Wildheit und Unordnung riskierte, gegen die er sich wehren musste.

Burroughs war kein großer Romanschriftsteller, doch er hatte ein Gefühl für die Ängste und Fantasien seiner Zeit. Genau wie Tarzan hatten die Männer des zwanzigsten Jahrhunderts Angst vor ihrem inneren Affen und sorgten sich um die Wahrung der Selbstdisziplin. Gleichzeitig hofften die neuzeitlichen Stadtbewohner darauf, dass sie bei Bedarf genau wie Tarzan eine urwüchsige innere Kraft würden in Anspruch nehmen können. Als Ikonen einer modernisierten Männlichkeit waren Lawrence von Arabien und Tarzan im frühen zwanzigsten Jahrhundert deshalb so wahnsinnig beliebt, weil sie suggerierten, dass sie als rasierte Männer der Wildnis beide Welten haben können. Ihre Geschichten implizierten auch, dass die unerschütterliche Loyalität gegenüber der Männergemeinschaft – die englische Nation im Fall von Lawrence, das zivilisierte Europa im Fall von Tarzan – die Basis echter Männlichkeit darstellte.

Das Aufkommen heldenhafter rasierter Burschen kennzeichnete das Ende der Schnäuzer- und Bartbewegung des neunzehnten Jahrhunderts. Das Jahr 1903 wurde dabei zum Wendepunkt. Ein umtriebiger Reporter der *Chicago Tribune* veranschaulichte diese Tatsache durch eine sorgfältige Zählung. An einer geschäftigen Straßenecke im Zentrum Chicagos zählte er in einer Stunde 3000 Männer, wovon 1236 einen Schnurrbart und 108 einen Bart trugen. Der Rest (1656) war glatt rasiert.[6] Mit anderen Worten gab es also in etwa ein Gleichgewicht, aber der Reporter wusste, dass der Trend stark in Richtung Rasur ging. Dies war auch die Ansicht eines Schreibers des amerikanischen Politmagazins *Harper's Weekly*, dessen Artikel »Das Ende des Barts« teils eine Lobrede auf die Gesichtsbehaarung, teils eine widerwillige Anerkennung der Vorteile eines rasierten Gesichts darstellte. Den Bart, schrieb er, »kann man wirklich nicht sauber halten; doch er war natürlich, und er war gediegen«. Was die Rasur angeht, so »stellt sie einen Gewinn für die Ehrlichkeit dar, nicht aber für die Schönheit«.[7]

Zufälligerweise sicherte sich King C. Gillette im Jahr 1904 das Patent für seinen berühmten Nassrasierer, was auf den ersten Blick der üblichen Geschichte zu entsprechen scheint, dass die Fortschritte der Rasiertechnologie die Geschehnisse erklären könne. Dabei war Gillettes Erfindung Nutznießer und nicht Ursache für den Untergang des Barts. Die Gesichtsbehaarung war schon auf dem Weg nach draußen, als Gillette die Bühne betrat. Die Werbung seiner Firma und anderer Anbieter von Rasierprodukten spiegelt die Tatsache wider, dass sie den Wunsch nach einem glatten Gesicht bedienten und nicht hervorriefen. Die Männer mussten nicht erst überzeugt werden, sich ihrer Haare zu entledigen. Stattdessen hatten sie unablässig im Blick, wie die Produkte das Rasieren einfacher und bequemer machten. Allein in den USA machte die Rasierer- und Rasiercreme-Industrie bis 1937 einen Jahresumsatz von etwa achtzig Millionen Dollar mit ihren Angeboten für eine mobile Mittelschicht, die den Durchschnittsmann befähigte, den Ansprüchen der Bosse in Sachen Körperpflege gerecht zu werden.

Drei wichtige Kräfte trafen damals aufeinander und drängten die Männer zur Rasur: die Medizinwissenschaft, die Arbeitgeber und die Frauen. Das Verständnis von Krankheiten wurde revolu-

tioniert, als man im späten neunzehnten Jahrhundert herausfand, dass ansteckende Erkrankungen durch Mikroorganismen
verursacht wurden. Dies löste eine dramatische Kehrtwende in
puncto Gesundheit und Gesichtsbehaarung aus. Im neunzehnten
Jahrhundert hatten die Mediziner üblicherweise behauptet, dass
Schnäuzer und Bärte Haut und Nerven vor Sonne und Wetter
schützten sowie Staub und schlechte Luft filterten. Die Entde-
ckungen von Louis Pasteur änderten das Ganze, und bis zum
Anfang des zwanzigsten Jahrhunderts prangerten die Ärzte die
Gesichtsbehaarung nun als Paradies für Mikroben an. Im neuen
Jahrhundert waren die Zeitungen, Magazine und medizinischen
Fachzeitschriften voll mit zunehmend alarmierenden Gutachten.
Ein französischer Wissenschaftler beschrieb 1907 beispielsweise
einen Versuch, der zeigte, dass die von einem Mann mit Oberlippenbart geküssten Lippen einer Frau mit Tuberkulose- und
Diphtheriebakterien sowie Essensresten und dem Haar eines
Spinnenbeins verschmutzt waren.[8] 1909 ergab eine Studie im britischen Medizinjournal *Lancet*, dass glatt rasierte Männer weniger
anfällig für Erkältungen waren. Ihre Vermutung lautete, dass
beim Entfernen des Gesichtshaars auch die Brutstätte für gefährliche Organismen entfernt werde und Seife nunmehr effektiver
angewendet werden könne.[9] Die Angst vor Mikroben war groß,
aber nicht unstrittig. Viele Ärzte trugen weiterhin einen Schnurrbart, und manche von ihnen vertraten noch immer die These von
den gesundheitlichen Vorteilen eines Barts.[10] Für die meisten war
jedoch Sauberkeit gleichbedeutend mit Rasiertheit.

Die Arbeitgeber stellten eine noch wirksamere Kraft im Kampf
gegen die Gesichtsbehaarung dar. Im zwanzigsten Jahrhundert
arbeiteten immer weniger Männer der industrialisierten Welt
selbstständig oder freiberuflich. Die Arbeitnehmer waren zuneh-

mend in einem industriellen oder den Dienstleistungsbereich umfassenden Umfeld tätig, in dem die maßgeblichen Werte Teamwork, Tatkraft, Zusammenarbeit und gutes Benehmen waren.[11] Die Männer waren eifrig bemüht, diese Werte zur Schau zu tragen und jung, dienstbeflissen und bestens gerüstet auszusehen. Sie wollten Teil einer Gemeinschaft sein.

Die Unternehmen, die Rasurvorschriften einführten, rechtfertigten dies mit Hygiene, Professionalität und der Notwendigkeit, dem Kunden zu gefallen. Die Eisenbahngesellschaft Burlington Railroad etwa verbannte Haare auf den Gesichtern ihrer Zugführer im Jahr 1907 und führte gleichzeitig weiße Krägen, Krawatten und Westen ein. Die Unternehmensführung ließ verlauten, dass diese Änderungen ihren Angestellten eine einheitliche Erscheinung verleihen würde und sie dadurch weniger Keime und ansteckende Krankheiten verbreiteten.[12] Ein paar Jahre zuvor hatte die Polizeibehörde von Evanston, Illinois, ihre Beamten angeordnet, ihren Schnurrbart zu entfernen, um dadurch Drill und Professionalität zu betonen. Die Behörde gab eine öffentliche Erklärung ab, worin sie versprach: »Der Kommissar wird darauf achten, dass jeder Streifenpolizist saubere Schuhe, saubere Handschuhe und eine ordentliche Uniform trägt und dass er sauber rasiert ist. Das Vorfinden schlampiger oder schmutziger Kleidung gilt als Pflichtversäumnis und wird einen Eintrag für den Streifenpolizisten nach sich ziehen.«[13] 1915 hörte die Polizeibehörde von Los Angeles auf, Streifenpolizisten oder Kriminalbeamte mit Oberlippenbart zu befördern, da dies in den Worten des Leiters den Männern »eine unordentliche und unkorrekte Erscheinung verlieh«.[14] Das sind nur einige Beispiele für eine weitreichende weltweite Entwicklung.

Auch die Frauen gaben ihre Wünsche bekannt, da sie die Gelegenheit witterten, der Botschaft einer reglementierten Männlichkeit Nachdruck zu verleihen. Alma Whitaker beschwerte sich in einer Kolumne der *Los Angeles Times* im Jahr 1920 über Männer, die mit »verschlagenen kleinen Schnurrbärten« vom Krieg heimkehrten, ein Getue, das ihrer Vermutung nach »einem Burschen das Gefühl von Schneidigkeit und Charme gab, ganz egal, wie uns das wohl gefallen möge«. In halbernstem Ton drängte sie ihre Kameradinnen, diesem Trend ein Ende zu bereiten, und warnte sie: »Diese vordergründig mickrigen kleinen Selbstbehauptungen an der männlichen Oberlippe könnten durchaus zu patriarchalischen Backenbärten werden, bevor wir auf drei zählen können.«[15] Ein paar Jahre später wiederholte eine Frau auf einer Straße von Chicago diese antipatriarchalische Einstellung, als sie gefragt wurde, ob sie Schnäuzer möge. Ganz und gar nicht, gab sie zur Antwort, »ich möchte einen modernen Ehemann, nicht einen, den sie auf der Arche Noah großgezogen haben«.[16] Dieser Kommentar legt nahe, dass Veränderungen im Privaten wie im Beruflichen die Männer dazu veranlasst haben, sich ein umgängliches rasiertes Gesicht zuzulegen. Der Familienpatriarch des viktorianischen Zeitalters stellte nicht länger das männliche Ideal dar.

Der Aufstieg des neuen Ideals merzte die Haare auf dem Gesicht nicht völlig aus, doch er schuf eine neue Bedeutungsstruktur. Diejenigen, die sich für einen Schnurrbart entschieden, waren von nun an je nach ihrem Alter entweder wunderlich altmodisch oder gewagt unkonventionell. Auf dem europäischen Festland blieb der Schnäuzer auch nach dem Krieg eine weithin akzeptierte Aufmachung, doch der geschmeidige Look griff mehr und mehr um sich aufgrund einer »Amerikanisierung« des Männergesichts, wie es manche Europäer beschrieben.[17] Die Bartwuchs-Kluft trennte jetzt zwei gegensätzliche Männertypen voneinander: den geselligen und den autonomen. Natürlich war niemand ausschließlich der eine oder der andere Typ, aber Vorhandensein und Größe eines Barts oder Schnäuzers – oder eben ihre Abwesenheit – ließen einen Mann sich entweder in die eine oder in die andere Richtung entlang der Skala bewegen. Gemäß der Geschlechternorm des zwanzigsten Jahrhunderts deuteten die Eigenschaften eines rasierten Mannes wie bei Lawrence von Arabien auf sein Bekenntnis zu seinen männlichen Kollegen sowie zu einer örtlichen, staatlichen oder geschäftlichen Institution hin. Der (schnauz-)bärtige Mann hingegen war viel eher sein eigener Herr: ein Patriarch, eine Autoritätsfigur oder ein freier Mensch, der nach seinen eigenen Regeln leben konnte. Das waren selbstverständlich nur Klischees, doch wie die meisten Klischees bargen sie soziale Kraft. Dieser Interpretationsrahmen galt für Darsteller wie Publikum gleichermaßen und war für Männer mit Gesichtshaar sowohl mit Risiken als auch Belohnungen behaftet, je nachdem, wer zuschaute.

Der Fokus auf Sport und einem muskelbepackten Körper machte das Gesichtshaar im Hinblick auf die Performanz von Männlichkeit weniger wichtig. Dies galt insbesondere für diejenigen, die von Eugen Sandow und der Körperkultur-Bewegung beeinflusst waren, insofern als Haar die Zurschaustellung von sowohl griechischer Jugendlichkeit als auch wohldefinierten Muskeln störte. Die Amerikaner nahmen den neuen glatt rasierten Look im Übrigen schneller an als die Europäer, und viele meinten, dies reflektiere die besonders große Begeisterung der Amerikaner für sowohl Jugendlichkeit als auch Sport.[18] Diese Vorstellung war durchaus begründet. Als ein Reporter der *Chicago Tribune* 1925 eine Umfrage zum Thema Schnurrbart durchführte, vertrat ein Mann auf der Straße die Auffassung, dass der nichts Gutes sei, weil »im Moment jeder ein junges Aussehen haben und auch behalten möchte, und uns allen gefällt es, wenn jeder jung aussieht und sich jung fühlt. Und das ist ein gutes Zeichen«[19]. Joseph Schusser, ein New Yorker, der Amerikas größte Frisörkette leitete, glaubte das auch und mutmaßte, dass in Amerika Jugendlichkeit mit Kraft assoziiert werde. »Jeder Amerikaner«, behauptete er, »möchte ein ›kräftiges‹ Gesicht haben; ein kantiges Gesicht mit einem glatt rasierten, prallen Mund. Das ist unser Ideal, diese Art Gesicht versuchen wir, der Welt zu zeigen.«[20]

Die Amerikaner mögen schneller gewesen sein im Ablegen ihrer Gesichtsbehaarung, doch die Europäer brauchten dazu nicht viel länger. Der Bart überlebte ausschließlich auf den Gesichtern alter oder altbackener Männer, die den Kindern in den 1920ern zum Amüsement dienten, wenn sie auf der Straße jemanden mit einem solchen erblickten. Junge Franzosen spielten »tennis-barbe« (Bart-Tennis), während britische Kinder sich mit »Beaver« (Biber) vergnügten, das ebenfalls wie Tennis gespielt wurde, wobei seltenere Bärte wie etwa rote mehr zählten als andere und der seltenste Anblick von allen am meisten zählte: der königliche Bart. Dann hieß es Spiel, Satz und Sieg.[21] Der Legende nach veranlasste die Ankunft eines bärtigen Mitglieds des Königshauses die jungen Studenten bei einer Versammlung der University of Cambridge dazu, sich zu erheben und einstimmig zu rufen: »Königlicher Biber! Spiel, Satz und Sieg!«[22]

Sogar die großen Verfechter der Tradition, die britische Aristokratie, erlag in den 1920ern schließlich dem überwältigenden Druck der maskulinen Neudefinition. Man erzählt sich von einem scharfen Meinungsaustausch zwischen Lord Quickswood und seinem Cousin Algernon Cecil. Ungeachtet der Tatsache, dass sein Vater Lord Salisbury war, Großbritanniens letzter bärtiger Premierminister, wollte Lord Quickswood den unzeitgemäßen Bart seines Cousins nicht dulden und erkundigte sich: »Algernon, wieso hast du dir diesen Bart wachsen lassen?« Algernon antwortete: »Nun, wieso nicht? Auch unser Herr soll bärtig gewesen sein.« Darauf erwiderte Quickswood: »Das ist keine Antwort. Unser Herr war kein Gentleman.«[23]

CLARK GABLE SCHERT SICH EINEN TEUFEL DRUM

Clark Gable, oder wenigstens die von ihm verkörperten Filmfiguren, waren ebenfalls keine perfekten Gentlemen, und genau das machte seinen speziellen Charme aus. Während die europäische und amerikanische Männlichkeit sich nach dem großen Krieg in Richtung geordneter Umgänglichkeit bewegten, hatte die maskuline Schurkenhaftigkeit in der kulturellen Vorstellungswelt weiter Bestand, oftmals in Form von schnurrbärtigen Filmstars. Im Land der erfüllten Wünsche namens Hollywood produzierten die Filmstudios Bilder eines schroffen und verwegenen Individualismus, der im täglichen Dasein weder praktisch möglich noch salonfähig war. Aus diesem Grund machte es absolut Sinn, dass viele Stars in den frühen Dekaden der Filmgeschichte, darunter Adolphe Menjou, Ronald Colman, Errol Flynn, Douglas Fairbanks (Senior und Junior) sowie Clark Gable, einen schicken Oberlippenbart zur Schau trugen. In den 1930ern wurde ein kühner Haartupfer zum Markenzeichen draufgängerischer, romantischer Helden. Sein visuelles und metaphorisches Gegenteil war der dunkle Fleck unter der Nase von Charlie Chaplins Tramp. Clark Gable war teils deshalb der König von Hollywood, weil er das romantische Potenzial schnauzbärtiger Männlichkeit mit dem größten Erfolg zu entfalten wusste. Anders als Chaplin, der ein glatt rasiertes Gesicht trug, wenn die Kamera aus war, gab er überall dieselbe schneidige Figur ab, auch wenn er an seinem Haar von Zeit zu Zeit geringfügige Änderungen vornahm. Für seine bekannteste Rolle als Rhett Butler in *Vom Winde verweht* gab er sich große Mühe, die passende Lippenzierde auszumachen, und entschied sich letzten Endes für »einen schneidigen dünnen Strich mit spitzen gewachsten Enden«.[24] Dies, so glaubte Gable, war genau der richtige Look für Butler, einen findigen, egozentrischen Spieler und Schmuggler. Obgleich er ein Schurke und Gesetzesbrecher war, hatte er doch etwas Ehrliches und Anspruchsloses. Kurz: Er war ein hervorragendes Beispiel für Hollywoods schroffen Individualisten. Seine Dreistigkeit bei seiner ersten Begegnung mit der temperamentvollen und stolzen Scarlett O'Hara lässt jene ausrufen: »Mein Herr, Sie sind kein Gentleman!«, woraufhin Rhett cool erwidert: »Und Sie keine Lady. Das soll kein Vorwurf sein. Ladys interessieren mich nicht.« Mit diesem Kommentar kriegt er Scarlett natürlich nicht herum. Sie ist finster entschlossen, ihre Damenhaftigkeit zu beweisen, indem sie den glatt rasierten Gentleman Ashley Wilkes heiratet.

Die Zuschauer waren verzückt davon, wie der schroffe Rhett souverän über allem thronte und immun gegen diejenigen war, die seinen Charakter und sein Urteilsvermögen anzweifelten. In seiner zweiten Begegnung mit Scarlett weist er ihre Komplimente für sein Engagement für die Südstaaten zurück:

Rhett: »Ich bin weder nobel noch heroisch.«
Scarlett: »Aber Sie sind doch Blockadebrecher?«
Rhett: »Mich interessiert nur der Profit.«
Scarlett: »Glauben Sie nicht an unsere Sache?«
Rhett: »Ich glaube an Rhett Butler, der Rest bedeutet mir nicht viel.«

Hier hätten wir den schillernden Unangepassten, der einer willensstarken Scarlett O'Hara ebenbürtig war. Nachdem er Scarlett aus dem brennenden Atlanta gerettet hat, eröffnet Rhett ihr: »Eine Sache weiß ich genau, und zwar, dass ich dich liebe, Scarlett. Obwohl die Welt um uns herum untergeht, liebe ich dich. Weil wir uns ähnlich sind. Beide Schurken. Egoistisch und scharfsinnig, aber fähig, den Dingen ins Auge zu sehen.« Leider steht Scarlett weniger zu ihren Gefühlen. Sie ist verknallt in den unerreichbaren Ashley und ihren selbstsüchtigen Traum davon, jemand Besseres zu sein, als sie in Wirklichkeit ist. Selbst nachdem sie Rhett geheiratet, er das Herz seiner schmollenden Frau im Sturm erobert hat und mit ihr umzugehen weiß, erlaubt Scarlett ihrem offensichtlichen Vergnügen nicht, ihre Träumerei vom Dasein als echte Lady kaputt zu machen. Am Ende wird sie von Rhett verlassen und stellt zu spät fest, dass sie einen schweren Fehler begangen hat. Sie fleht ihren abreisenden Geliebten an: »Rhett, wenn du fortgehst, was soll ich dann anfangen?«, worauf er ihr die berühmten Worte sagt: »Offen gesagt, ist mir das gleichgültig.« Eine männliche Antwort auf die Mühen des Lebens und diejenigen, die einen mit Füßen treten.

Lange bevor diese Zeilen für ihn geschrieben worden waren, hatte man in Hollywood bemerkt, dass Gables Reiz als Hauptdarsteller in seiner sorglosen Forschheit liege. Die Hollywood-Reporterin Ruth Biery erklärte 1932, dass er »der Inbegriff des rücksichtslosen, hinreißend gut aussehenden, mannhaften, modernen Höhlenmenschen war«.[25] Durch diese Eigenschaften genoss er bei den Männern Beliebtheit und besaß für die Frauen Anziehungskraft. In dem Jahr, als diese Beschreibung veröffentlicht wurde, legte Gable sich seinen Markenzeichen-Schnurrbart zu, welchen er bis auf wenige Ausnahmen für den Rest seines Lebens tragen sollte. 1936 gab es sogar einigen öffentlichen Wirbel darum, dass die Warner Brothers Studios, die sich Gable von Metro Goldwyn Mayer geliehen hatten, ihm für ihren Film die Rasur auferlegten. MGM beschwerte sich offiziell darüber, dass dies das Image ihres Stars beschädigen und den Wert eines ihrer Aktivposten schmälern würde.[26]

Mitte der 1930er waren Clark-Gable-Schnurrbärte dann der letzte Schrei. Der *Los Angeles Times* zufolge hatte sich die Hälfte der Hauptdarsteller dem Trend angeschlossen.[27] Selbst der sanftmütige Bing Crosby wurde von einer Flut von Fanbriefen dazu gedrängt, seine Oberlippe zu verschönern, was er 1935 für seine Rolle in dem Musical *Mississippi* dann auch tat. Die Filmstudios dachten, sie wüssten nun, wie der Hase läuft, und wiesen ihre Hauptdarsteller oftmals an, dem neuen Standard zu entsprechen. 1939 bemerkte ein Hollywood-Reporter, dass »beinahe jeder ganz große und auch ganz kleine Filmstar die Damenwelt mithilfe eines Pinselstrichleins auf der Oberlippe verführt und für sich einnimmt«.[28] Als ein Regisseur 1940 darauf beharrte, der Jungstar Robert Taylor möge sich für seinen Film *Abschied auf Waterloo Bridge* einen Oberlippenbart wachsen lassen, so kam dieser dem nach, »damit er reifer, rauer und mannhaft aussah« und nicht »wie ein sauber geschrubbter Chorknabe«.[29]

Während Gable für den Rest seines Lebens bei seinem Oberlippenbart blieb, legten andere Filmschauspieler das, was böse Zungen »lip lettuce« (Lippensalat) nannten, in den 1940ern langsam ab. Schon in seinen Glanztagen gab es Zeichen des Widerstands. 1937 wurde berichtet, dass Errol Flynn Fanpost für und gegen seine Lippenzierde bekam und er unsicher war, was er tun sollte.[30] Manche Filmstudios wollten es nicht dem Zufall überlassen; in einem Fall zeigte man einem weiblichen Sample-Publikum Probeaufnahmen von Tyrone Power mit unterschiedlicher Gesichtsbehaarung.[31] Dies führte zu Powers glatt rasierter Erscheinung in seinem darauffolgenden Film *In Old Chicago*. Mehrere weibliche Filmstars konnten Gesichtshaar partout nicht leiden, darunter Marsha Hunt, Marlene Dietrich, Doris Nolan, Martha Raye und Dorothy Lamour.[32] Wobei die Schauspielerinnen nicht weniger einer Meinung waren wie Errol Flynns weibliche Fans auch. 1940 zum Beispiel äußerte sich Rosalind Russell einer haarigen Lippe gegenüber anerkennend, während Barbara Stanwyck die Ansicht vertrat, dass »der Oberlippenbart dem Gesicht eines Mannes Charakter und Würde verleihen kann, wenn man ihn richtig trägt«.[33]

Wenn Clark Gable der König von Hollywood war, so war Charles Chaplin sein Hofnarr. Chaplin improvisierte seine berühmte Figur des Tramps eines Tages während einer Drehpause im Jahr 1914. Um seine Schauspielkollegen zu amüsieren, zog er spaßeshalber Teile ihres Kostüms an: die ausgebeulten Hosen eines viel schwereren Mannes, den eng geschnittenen Mantel eines viel schmaleren Kollegen und die Melone eines anderen. Laut einem der Anwesenden sauste Chaplin in die Maske auf der Suche nach Krepphaar, schnitt sich einen Schnäuzer zurecht und kürzte die Enden zu einem Rechteck, das kurz genug war, um während des Grimassenschneidens zu wackeln.[34] Es war ein Riesenerfolg bei den Schauspielern und Bühnenleuten. Der Tramp war geboren.

Die Figur war ein Narr und trug das zusammengewürfelte Kostüm eines Narren. Zu einer Zeit, als der Schnäuzer die Gunst der Menschen verlor und die übrig gebliebenen Exemplare dünn wie ein Bleistift waren, diente der rechteckige Fleck des Tramps, der so unförmig wirkte und schlecht saß wie sein Jackett, als sein komödiantisches Gegenstück. Dieser schiefe und altmodische Stil trug zu der »schäbigen Eleganz« des Tramps bei, wie Chaplin selbst es formulierte.[35] Das Zahnbürstenbärtchen des Tramps deutete auch auf die manische Maskulinität der Figur hin. In Wahrheit hatten Gables »moderner Höhlenmensch« und Chaplins Tramp mehr gemeinsam, als man auf den ersten Blick vermuten würde. Beide waren Gesetzesbrecher und Einzelgänger, und während der Tramp arm und schwach war, so legte er doch genau wie Gables Figuren eine erstaunliche und erfrischende Unverwüstlichkeit an den Tag. In diesem Licht betrachtet, erschien Chaplins Lippenfleck gar nicht mehr so absurd.

HITLER UND STALIN KOMMEN ÜBEREIN

Als die amerikanischen Zuschauer im Dezember 1939 in die Kinosäle drängten, um Rhett und Scarlett mit einem verheerenden Krieg konfrontiert zu sehen, nahm in Europa eine noch größere Katastrophe ihren Lauf. Vier Monate zuvor hatte ein triumphierender Hitler das Telefon in seinem Berghof im bayrischen Obersalzberg aufgelegt und ausgerufen: »Jetzt habe ich die Welt in meiner Tasche!«[36] Ihn hatte gerade die Neuigkeit erreicht, dass der sowjetische Führer Joseph Stalin einverstanden war, einen

Nichtangriffspakt mit Deutschland zu unterzeichnen, wodurch die beiden Tyrannen Osteuropa nach Belieben untereinander aufteilen konnten. Hitlers Vertrauter Albert Speer gab später bekannt: »Die Namen Hitler und Stalin freundschaftlich verbunden auf einem Blatt Papier stehen zu sehen, war die überwältigendste, aufregendste Schicksalswende, die ich mir hätte vorstellen können.«[37] Winston Churchill zufolge »brachen die finsteren Nachrichten über die Welt herein wie eine Explosion«.[38] Für ihn war dies der Gipfel des Versagens britischer Vorkriegsdiplomatie. Der Nichtangriffspakt gab Hitler grünes Licht, um den Zweiten Weltkrieg anzufangen.

Alle Großmächte wussten, dass die Nazis im Sommer 1939 einen Angriff auf Polen planten, und Stalin war sich unsicher, was er tun und wem er trauen sollte. Am Ende spürte er, er würde Hitler besser verstehen als Großbritannien oder Frankreich, die sich zierten, mit der Sowjetunion ein Abkommen gegen den Nazismus zu schließen. Westeuropa verließ sich zu sehr auf die historische und ideologische Feindschaft zwischen dem faschistischen Deutschland und dem kommunistischen Russland. Großbritannien und Frankreich hätten sich womöglich mehr bemüht, Hitlers diplomatische Schachzüge zu verhindern, wenn sie die Ähnlichkeiten beider Machthaber näher ins Auge gefasst hätten. Genau diese Gemeinsamkeiten ließen die beiden nämlich einen Bund schmieden. Weder Hitler noch Stalin beugten sich irgendwelchen moralischen oder politischen Zwängen in ihrem Streben nach Macht. Beide hatten eine militaristische Weltauffassung und favorisierten militärische Kleidung und Symbolik, den Schnurrbart eingeschlossen, für das Gesicht, mit dem sie die Welt beeindrucken wollten. Ihr beiderseitiges Bekenntnis zum Schnurrbart stellte ebenso wenig einen schlichten Zufall dar. Bei-

11.1 Joseph Stalin, um 1942

de wussten, dass ein außergewöhnliches und kraftvolles Gesicht unerlässlich für solche Männer war, die mittels Verherrlichung und Angst regierten. Stalin und Hitler haben sich nie persönlich getroffen, und doch glaubten sie, einander zu verstehen. Als die Verhandlungen zwischen den beiden 1939 ins Stottern gerieten, umging Hitler die diplomatischen Kanäle und schrieb dem Sowjetführer direkt. Stalin erwiderte sein Schreiben. Wie es nur Diktatoren zu tun vermögen, sparten sie sich die Förmlichkeiten und kamen gleich zur Sache.

Eine Untersuchung ihrer Oberlippenbärte hätte die westlichen Alliierten vielleicht vor der tatsächlichen Möglichkeit eines deutsch-sowjetischen Abkommens gewarnt. Die beiden Diktatoren waren zu ihrem Look ganz bewusst geraten, und ihre Entscheidungen lieferten entscheidende Hinweise auf ihre Denkweise. Jeder der beiden gab sich große Mühe mit seinem Haar, damit es seinen Träger von den umgebenden Männern abhob und über sie stellte. Und zwar dadurch, dass er sich weigerte, weder vergangenen Traditionen noch aktuellen Trends zu folgen.

Als Führer der Sowjetunion seit 1922 war Stalins politisches Schicksal mit dem ideologischen und symbolischen Erbe des Kommunismus verknüpft. Es existierte keine speziell linke Aufmachung als solche, doch ein sonstwie gearteter Bart gehörte bei den führenden Persönlichkeiten der Bewegung immer dazu. Neben Marx und Engels war auch August Bebel, das langjährige Oberhaupt der deutschen Sozialdemokraten, berühmt für seinen üppigen Bart. In den Jahrzehnten vor dem Ersten Weltkrieg ahmten die Arbeiterführer Deutschlands Bebels Look nach und setzten sich damit von den rechts stehenden Nachahmern des Kaisers schnauzbärtiger Geschwollenheit ab.[39] Auch der führende Sozialdemokrat Eduard Bernstein mochte auf die Revolution zugunsten einer konstitutionellen Reform verzichtet haben, er wich von der Bartfront jedoch nicht ab. In Frankreich passt Jean Jaurés ins Bild, der gegen die politische Mitte und Rechte wetterte. In Russland entschieden sich Wladimir Iljitsch Lenin und Leo Trotzki für einen kleineren Spitzbart, der sie einerseits von den stark behaarten Zaren, Priestern und Bauern abhob, andererseits vom glatt rasierten Alexander Kerenski und seinen Berufstätigen- und Industriellenkollegen, die nach der Abdankung des Zaren 1917 eine gemäßigte Regierung bildeten. Trotzki hatte einen besonders einprägsamen Stil für sich selbst gefunden, welcher von einer englischen Gastkünstlerin treffenderweise wie folgt beschrieben wurde: »Von vorne ist er ein Mephisto. Seine Augenbrauen gehen schräg nach oben, und der untere Teil seines Gesichts verjüngt sich zu einem spitzen und aufsässigen Bart.«[40]

Durch das Haar auf seinem Kinn wirkte der kahl werdende Lenin weiser und kräftiger. Ironischerweise war er in den entscheidenden Monaten der bolschewistischen Revolution bartlos, da er sich dadurch besser vor der Polizei verstecken konnte. Während er die Revolution vorantrieb, weigerte er sich monatelang hartnäckig, fotografiert zu werden, bis sein Zeichen für Einzigartigkeit und Weisheit vollkommen wiederhergestellt war.[41] Er begriff, welch kraftvolle Propaganda sein bärtiges Image darstellte. Trotzki bestätigte dies nach Lenins Tod und bemerkte während der Durchsicht einiger Kinderaufsätze über Lenin Folgendes: Für die jungen Leute »ist Lenins Bart von großer Wichtigkeit. Er scheint für Reife, Männlichkeit und Kampfgeist zu stehen«[42].

Stalin sah nicht wie diese Vorbilder der Linken aus. Während Lenin und Trotzki einen bürgerlichen Mantel mit Krawatte favorisierten, entschied Stalin sich von 1918 an für militärische Uniformjacken, Hosen und Lederstiefel.[43] Für diese Wahl war der

Schnäuzer, nicht der Bart die logische Ergänzung. Seine Aufmachung verkündete, dass er eher kämpferisch und weniger intellektuell unterwegs war als seine kommunistischen Vorgänger.

Hitlers Modestil war ebenfalls ausdrücklich kämpferisch. Den ganzen Ersten Weltkrieg über diente er als Ordonnanz und Meldegänger, wo ihn die typischen Zierden einer langen Militärtradition schmückten. Deutschlands Niederlage bedeutete jedoch auch den Untergang des deutschen Schnäuzers. Selbst der Kaiser reduzierte ihn 1918 auf einen kleinen, friedfertigen Bart. Hitler lehnte diese Erniedrigung ab und machte es sich zur Lebensaufgabe, die deutsche Militärmacht und das deutsche Staatsgeschick wiederaufleben zu lassen. Es machte absolut Sinn, dass er das Haar auf seiner Oberlippe nicht erschüttern ließ, aber genauso wusste er, dass Deutschland nur dann wieder groß werden konnte, wenn es nicht an der Vergangenheit festhielt. Er wusste, sein Land würde sich modernisieren und er selbst sich als moderner Führer präsentieren müssen. Er würde eine neue Symbolik und einen neuen Schnäuzer brauchen.

Den von ihm erwählten »Zahnbürstenbart« kannte man vor dem Krieg schon als modernen Look, der Anfang des zwanzigsten Jahrhunderts populär wurde, als größere Haarmassen in Ungnade fielen. In Deutschland adoptierte man den neuen Stil als praktischere und hygienischere Version der alten Tradition, doch gelegentlich prangerte man ihn auch als unerwünschten englischen bzw. amerikanischen Import an.[44] Das militärische Establishment Deutschlands war definitiv dagegen. 1914 verbot der Kommandant des deutschen Gardekorps diese »neuen Sitten«, denn seiner Meinung nach »ziemt sich ein solches Haarbüschel unter der Nase nicht für preußische Soldaten und ist mit dem wahren deutschen Charakter unvereinbar«.[45] Nach dem

Krieg ließ man solche Vorschriften und Traditionen allerdings bei der Suche nach einer neuen deutschen Männlichkeit hinter sich. Während er sein Können und sein Image auf den Rednerbühnen der Nazi-Kundgebungen schärfte, experimentierte Hitler mit verschiedenen Frisuren und Schnurrbärten, um den gewünschten Effekt zu erzielen. Der stattlich nach oben gewandte Kaiserschnäuzer, der herabhängende Walrossbart Bismarcks und sogar der gewöhnliche Offizierssschnitt beschworen alle die gescheiterte Vergangenheit herauf. Eine glatte Rasur hingegen evozierte zwar bewundernswerte Jugendlichkeit und Tüchtigkeit, suggerierte allerdings auch die farblose und unromantische Modernität von Deutschlands Rivalen. Das berühmte dunkelhaarige Viereck unter der Nase wurde schließlich die ideale Alternative. Es lieferte Hitler gerade genug forsche Unverwechselbarkeit, um eine gebieterische Aura auszustrahlen.[46]

Keiner war vor der Kraft von Symbolik und Propaganda mehr auf der Hut als Hitler. Als Verkörperung seiner Bewegung musste er stets unerschütterlich stark wirken. Das Haar unter seiner Nase, auch wenn es noch so wenig war, trug dazu bei, dass an ihm keine Verletzlichkeit auszumachen war. Dies bemerkte der scharfe Verstand von James Abbe, dem 1931 als erstem ausländischen Fotografen Zugang zu Hitler gewährt wurde. Abbe ging nach seinem Shooting frustriert von dannen, da es ihm nicht gelungen war, Hitlers Innerstes einzufangen. Er sagte, seine Kamera habe die Schnurrbart-Maske einfach nicht durchdringen können. Abbe hatte vorher bereits Charlie Chaplin fotografiert und erinnerte sich daran, wie Chaplin plötzlich als Mensch vor der Kamera erschien, als er Tramp-Kostüm und Kunstflaum abgelegt hatte. »Hitler konnte ich wohl kaum fragen, ob er seinen Schnurrbart ablegen würde. Dieser Schnurrbart steht für Hitler, den Hitlerismus und die gesamte Nazi-Bewegung. Genau wie das Hakenkreuz, das braune Hemd... ködert und verwirrt er die Reporter und Fotografen.«[47] Für andere konnte Hitler lächeln, bemerkte Abbe, nicht aber für die Kamera. »Ein- oder zweimal fing er an, in meine Richtung zu lächeln, doch jedes Mal, wenn er die Kamera erblickte, gefror sein Lächeln.« Hitler verbarrikadierte sich hinter seiner eisernen Fassade.

Abgesehen von seinen rätselhaften Defensiv-Qualitäten besaß Hitlers Schnurrbart noch eine weitere für ihn vorteilhafte Wirkung. Seine Ähnlichkeit mit Chaplins ikonischem Tramp nämlich ließ die Westeuropäer und Amerikaner den Führer als eine Art Clown unterschätzen. Hitlerforscher Hugh Trevor-Roper stellte dies fest, und der Essayist Ron Rosenbaum bestätigte dies. Er beschuldigte Chaplin selbst sogar, diese Auffassung durch die Verspottung des Führers in seinem Film *Der große Diktator* noch gefördert zu haben.[48] Es gibt reichlich Beweise dafür, dass Trevor-Roper und Rosenbaum recht hatten. 1931 beispielsweise fanden es die Herausgeber des *Boston Globe* unfassbar, dass »ein Mann mit dem winzigen Büschel eines Schnurrbarts, wie es Adolf Hitler gefiel, tatsächlich der heftige, hartgesottene Faschisten-Anführer sein konnte, der er nun einmal war, besonders wenn man einige andere berühmte deutsche Schnäuzer vor Augen hat«[49]. Selbst nach Kriegsbeginn im Jahr 1939 neigte man im Allgemeinen dazu, den Diktator zu verniedlichen statt ihn zu denunzieren, was einen Korrespondenten zur Feder greifen und einen wortgewandten Brief an die Londoner *Times* schreiben ließ, in dem er sich darüber beschwerte, dass die offizielle Programmgestaltung der BBC auf das Verspotten Hitlers und seines blöden Schnurrbärtchens abziele, statt ihn als »größere Bedrohung, als es Napoleon jemals war« zu entlarven.[50]

Stalin und Hitler zeigten der Welt ein ähnliches Gesicht, um der Welt zu zeigen, was sie sein und was sie nicht sein wollten. Sie wollten weder als Teil der bärtigen Vergangenheit noch als Teil der glatt rasierten Gegenwart gelten. Moderne Krieger wollten sie sein, die kalte Grausamkeit mit einer modernen Effizienz verbanden, um eine noch nie da gewesene Zerstörung anzurichten.

THOMAS DEWEY KÄMPFT UM STIMMEN

Die berühmten Schnurrbärte der 1940er waren im Allgemeinen wenig vertrauenerweckend. Hitler war böse, Chaplins Tramp ein Narr und Clark Gable ein Schurke. Als Thomas Dewey, der schnauzbärtige Gouverneur von New York, 1944 republikanischer Präsidentschaftskandidat wurde und Franklin D. Roosevelt herausforderte, und erneut im Jahr 1949, als sein Gegner Harry Truman war, konnten viele amerikanische Wähler nicht umhin, seinen fragwürdigen Stil anzuzweifeln. 1939, als Clark Gable den skrupellosen Rhett Butler darstellte und Hitler seinen Krieg gegen Europa begann, war Thomas E. Dewey der junge Generalstaatsanwalt von New York und ein aufsteigender politischer Stern. Ein bewundernder Journalist schwärmte: »In diesem glatt rasierten Zeitalter... besitzt [Deweys Schnurrbart] fast schon etwas Episches. Er ist übertrieben, üppig, rabenschwarz, bezwingend und von einer schwungvollen Form, die selbst das Künstlerauge erfreut.«[51] Dem Schreiber zufolge war Dewey »der Clark Gable der Präsidentschaftskandidaten« mit mehr Charme, Persönlichkeit und politischem Sex-Appeal als alle anderen Republikaner. Weder dieser Journalist noch Dewey selbst begriffen den hohen Preis, den jeder Politiker zahlen muss, der wie ein charmanter Schurke aussieht.

Die Gerüchteküche begann sofort zu brodeln, als Dewey 1944 seine Kampagne startete. Am kritischsten waren die Frauen. Die in mehreren Zeitungen veröffentlichende Kolumnistin Dorothy Kilgallen war für Dewey, obwohl sie zugab, dass sie nicht auf Schnäuzer stehe.[52] Andere gaben sich weniger tolerant. Nachdem sie im damaligen Julei dem republikanischen Nominierungsparteitag beigewohnt hatte, zeigte sich die ebenfalls in vielen Zeitun-

11.2 Wahlkampf-Button für Thomas Dewey, 1948

gen veröffentlichende politische Kolumnistin Helen Essary beeindruckt von Deweys Intelligenz und Courage – sowie zuversichtlich, dass sich der Kandidat auf der Stelle zum Frisör bewege. »Ich habe Dutzende Frauen gehört, die genau das Gleiche an dem Gentleman aus New York auszusetzen hatten«, schrieb Essary. »Es raubt seinem Gesicht die Ernsthaftigkeit und die Kraft. Und seinem Erfolg bei den weiblichen Wählern tut er damit keinen Gefallen.… Man sieht nur den Schnurrbart. Ohne ihn würde Gouverneur Dewey eine Million Mal eher nach dem richtigen Mann fürs Weiße Haus aussehen, der er gerne sein möchte.«[53] Edith Efron kam im August 1944 auf den Seiten des *New York Times Sunday Magazine* zum gleichen Ergebnis: Dewey »mag zwar ins Amt gewählt werden, dann allerdings nicht wegen seiner ›männlichen Attribute‹, sondern trotz ihrer«.[54] Für Efron schien außer Frage zu stehen, dass ein Schnurrbart stets eine tief greifende Wirkung hatte, egal aus welchem Grund ein Mann ihn trug. »Heutzutage spielt er viele Rollen«, schrieb sie. »Er ist lächerlich wie bei Chaplin, psychopathisch wie bei Hitler, lässig-elegant wie bei Gable, verrückt wie beim Komiker Lew Lehr. Er verdutzt einen. Er fasziniert einen. Er amüsiert einen. Und er stößt einen ab.« Im darauffolgenden Monat veröffentlichte das Magazin den Brief eines bekannten Models namens Cornelia von Hessert, die Efrons These bestätigte, dass der Schnurrbart unerwünschte maskuline Eigenschaften impliziere. »Ein Mann, der einen Lippenschmuck zur Schau trägt«, schrieb sie, »behauptet damit seine Männlichkeit und seinen Wunsch, in seinem Hause alle zu unterdrücken. Wie hübsch er ihn auch wachsen, kurz schneiden oder herabhängen lassen mag, im Herzen ist er ein echter Kerl, der Herr im Hause.«[55] Die Männer in Großbritannien und Amerika seien im Allgemeinen deshalb rasiert, argumentierte sie, weil die Frauen zu Recht darauf bestünden, zu Wort zu kommen.

Viele männliche Kommentatoren stimmten mit diesen Frauen insofern überein, als der Schnurrbart eine starke, durchsetzungsfähige Sorte Mann kennzeichne, doch für sie waren das positive Eigenschaften. Ein einflussreicher Kolumnist, der zwei Artikel zu diesem Thema beisteuerte, erklärte, er fühle sich »berufen, den guten Namen der Gentlemen zu verteidigen, die einen Schnurrbart tragen, ob diese nun eine eher zottelige Angelegenheit wie meiner sind oder starke, mannhafte wie die von Mr Dewey«.[56] Dieses Gezänk über Haare hatte indes kaum Auswirkungen. In den Kriegswahlen von 1944 hielten die Wähler zu dem rasierten Mann, den sie kannten und vertrauten, und gewährten Franklin D. Roosevelt eine noch nie da gewesene vierte Amtszeit.

Als er 1948 zum zweiten Mal nominiert wurde, hatte Dewey weit bessere Chancen gegen den weniger populären Harry Truman. Doch wieder spielte der kleine Schnurrbart des republikanischen Anwärters in der Wahrnehmung als Präsidentschaftskandidat eine große Rolle. Wie zuvor erschienen Presseartikel, in denen über die Tatsache nachgegrübelt wurde, dass er der erste Präsident mit Haaren im Gesicht seit William Howard Tafts Ausscheiden aus dem Amt im Jahr 1913 wäre. Andere Journalisten spekulierten darüber, ob er wohl einen neuen landesweiten Trend in der Männermode auslösen würde. Und wieder wandten sich Deweys Unterstützer an die Presse, wobei einer den Lesern versicherte, dass Dewey keine »Trick-Deko« zur Schau trage, »wie es einige Filmschauspieler getan haben. Der Dewey-Schnäuzer ist lediglich ein Teil von ihm«.[57] Als ein Geschäftsmann aus Alabama Dewey öffentlich dazu aufrief, der Wählerstimmen aus dem Süden zuliebe seinen Schnurrbart abzurasieren,[58] ermutigte ihn ein anderer Kolumnist dazu, nicht nachzugeben. Er versicherte dem Präsidentschaftskandidaten, er selbst trage auch einen Schnurrbart und habe es vor ein paar Jahren trotzdem geschafft, die Tochter eines Südstaatlers zu heiraten.[59]

Das Pressegeplänkel deutete auf unzählige private Unterhaltungen und noch viel mehr private Emotionen hin. Vier Jahre zuvor hatte Helen Essary erwähnt, sie habe negative Kommentare über Deweys haarige Oberlippe von Dutzenden Frauen gehört. Wer weiß, wie viele andere diese Meinung teilten? Eine, von der wir wissen, ist Emilie Spencer Deer, Ehefrau und Mutter einer zuverlässig republikanisch wählenden Familie aus Ohio. 1948 ließ sie ihre Familie wissen, dass sie Truman und nicht Dewey wählen werde, weil sie keinen Mann mit Schnurrbart wählen könne.[60] Als gebildete und gewissenhafte Frau achte sie darauf, die visuellen maskulinen Chiffren zu entziffern: Ein glatt rasierter Mann sei umgänglich und zuverlässig, wohingegen ein Mann mit Gesichtshaar eine sture Unabhängigkeit an den Tag lege, der sie kein Vertrauen schenke.

Als 1948 die Stimmen ausgezählt wurden, hatte Dewey knapp verloren. In Kalifornien, Indiana und Ohio – Emilie Deers Heimatstaat – war es besonders knapp gewesen. In jenen drei Staaten hatte Dewey bei einer Gesamtzahl von 8,6 Millionen abgegebenen Stimmen gerade mal 38.218 Stimmen weniger als sein Kontrahent – also 0,4 Prozent weniger. Hätte er nur die Hälfte dieser winzigen Differenz für sich einnehmen können, wäre er Präsident geworden.[61] Es gibt keine Umfragedaten darüber, ob sein Schnurrbart ihn die Präsidentschaft gekostet hat, aber Einzelberichte lassen darauf schließen, dass dies durchaus möglich ist. Dewey selbst konnte diese Möglichkeit nicht einfach ignorieren. Als er 1950 erfolgreich die Wiederwahl zum Gouverneur von

New York antrat, musste er sich bei den Wählerinnen noch immer rechtfertigen. In einer im Fernsehen übertragenen Diskussionsrunde kam die erste Frage von einer Frau, die wissen wollte, wieso er noch immer seinen Schnurrbart trage. Der Gouverneur gab ihr zur Antwort, dass er als junger Mann mit dem Rasieren aufgehört habe, weil es seinen Lippen wehtue, und dann habe er ihn behalten, weil er Mrs Dewey gefalle.[62] Im selben Jahr sagte der wehmütige Gouverneur zu einer Gruppe Pfadfinder, die auf Besuch war: »Merkt euch, ihr Burschen, jeder Junge kann einmal Präsident werden – es sei denn, er trägt einen Schnurrbart.«[63] Es war ein Witz – in gewisser Weise. Dewey musste am eigenen Leib erfahren, dass es bei ihm nicht geklappt hatte als »Clark Gable der Kandidaten«. Kein ernst zu nehmender Präsidentschaftskandidat hat sich seither getraut, auch nur den Hauch von Haaren im Gesicht zur Schau zu stellen.

Im frühen zwanzigsten Jahrhundert waren die Männer zur Angepasstheit angehalten. Es war wichtig, ein verlässliches Mitglied der männlichen Gemeinschaft zu sein, sei es in Form des Militärs, eines Unternehmens oder einer Sportmannschaft. Ein (sowohl sauber als auch regelmäßig) rasiertes Gesicht gehörte dabei gewissermaßen zur Dienstkleidung. Unter gewissen Umständen war das Rasieren sogar heldenhaft, wie etwa, als Lawrence im Namen seines Landes alleine tätig wurde. Selbstverständlich hatten die Männer das natürliche Bedürfnis, diese Grenzen auszutesten, wenigstens in ihrer Fantasie. Hollywoodstars wie Clark Gable verliehen einem wagemutigen und schurkenhaften Geist Ausdruck, der sich von gesellschaftlichen Zwängen befreien wollte. Hitler und Stalin waren auf einer zutiefst bösen Ebene Schurken, und obwohl ihre Oberlippenbärte der Militärtradition entsprangen, unterstrichen sie in den westlichen

Köpfen die von unrasierten Männern ausgehende Gefahr. Thomas Dewey wiederum war nicht in der Lage, dem argwöhnischen Gegenwind etwas entgegenzusetzen. Die einzige Hoffnung auf einen freieren Umgang mit männlichem Haar war der aufkommende neue Geist politischen und sozialen Widerspruchs.

Kapitel 12
DAS HAAR DER LINKEN

Dadurch, dass man sauber rasierte Gesichter im frühen zwanzigsten Jahrhundert so stark mit Angepasstheit assoziierte, war es beinahe unvermeidlich, dass die Kritiker des Status quo erneut das Gesichtshaar als Zeichen ihres Protests erwählen würden. Kurz nach dem Zweiten Weltkrieg tauchte bei den Beatniks ein Geist rastloser Unabhängigkeit gepaart mit ein paar pelzigen Kinnen auf. In den späten 1960ern schlossen sich Tausende diesen Revolutionären an, und mit dem Haar wuchs die Radikalisierung der Baby-Boom-Generation. In den 1970ern wurde die Reaktion auf sowohl Radikalisierung als auch Haare heftiger und hinterließ uns ein gemischtes Erbe.

JOHN LENNON BLEIBT IM BETT

Gemessen an Haaren und Bärten war der Sommer des Jahres 1969 der längste des zwanzigsten Jahrhunderts. Neil Armstrong und Buzz Aldrin landeten mit einem Bürstenhaarschnitt auf dem Mond, doch der Spaziergang der Beatles über die Abbey Road, bei dem sie mehr Haare auf dem Kopf und im Gesicht trugen als je zuvor, war ebenso berühmt. Alle vier hatten sich in jenem Sommer einen Bart wachsen lassen, obwohl McCartney seinen vor dem Fotoshooting für das legendäre Cover von *Abbey Road* abrasierte. Nur wenige Tage später begann auf der anderen Seite des Atlantiks die Rock'n'Drug-Utopie namens Woodstock auf einem Bauernhof im Bundesstaat New York; dort traten langhaarige, bärtige und schnauzbärtige Rocker wie Jerry Garcia, Jimi Hendrix, Country Joe McDonald, David Crosby und Graham Nash vor einer gewaltigen Versammlung amerikanischer Jugendlicher auf, die oftmals mit ihren eigenen rebellischen Fusseln herumstolzierten.

Nicht wenige dieser bärtigen, perlenbesetzten, jeanstragenden Kids nahmen sich John Lennon, den Jesus mit Nickelbrille auf der Nase, als Vorbild. In jenem Frühling, noch vor *Abbey Road* und Woodstock, setzte Lennon sein Haar auf bizarre, aber seltsam effektive Art und Weise für die moralische Sache ein, als er mit seiner neuen Frau Yoko Ono zwei »Bed-Ins« inszenierte. Sie konzipierten diese Darbietungen als Performance-Art-Flitterwochen, einmal im März in Amsterdam und einmal im Mai in Montreal. Die Frischvermählten hofften, sie würden die allgemeine Ekstase um ihre Liebesaffäre für das Bekanntmachen ihres Aufrufs zum Weltfrieden nutzen können. Beide Male saß und lag ein langhaariger, vollbärtiger Lennon im Pyjama neben einer verwuschelten und kurz angebundenen Yoko in einem Hotelbett und hielt eine Woche lang für einen rotierenden Zirkus aus Journalisten, Gratulanten und Fernsehkameras Hof. Kameras und Interviews zeichneten stundenlanges Philosophieren über die Übel der Welt und die Notwendigkeit von Frieden und Gewaltlosigkeit auf.

Auf dem Fenster hinter Johns und Yokos Kopf standen die handgeschriebenen Slogans »Bed Peace« und »Hair Peace«. Ein von ihnen produziertes kurzes Video erklärte die Thematik. Im

Pyjama klampft Lennon ein paar Akkorde und singt abwechselnd mit Yoko im Sprechchor: »Stay in bed. Grow your hair. Bed peace, hair peace. Hair peace, bed peace.« Anschließend erklärt Lennon während des Klampfens: »Das ist eine Alternative zur Gewalt: im Bett zu bleiben und sich die Haare wachsen zu lassen. Nehmen wir an, Sie wären Mrs Higgins und lebten in Rotterdam, und Sie würden bei Ihrer Lokalzeitung ankündigen: ›Ich bleibe im Bett für den Frieden und lasse mir die Haare wachsen für den Frieden‹ – dann wären die interessiert.« Das Bed-In in Montreal endete mit der Aufnahme eines neuen Songs mit dem eingängigen mantraartigen Refrain: »All we are saying is give peace a chance.« Im Gegensatz zu Gandhi, einem von Lennons gewaltlosen Helden, mieden er und Yoko Ono das Leiden im Gefängnis und während Hungerstreiks und entschieden sich stattdessen für Kaffee und Behaglichkeit. Dieser kissenweiche Protest irritierte Kritiker der Rechten und der Linken gleichermaßen, doch auf bezeichnende Art und Weise passte er perfekt in die Zeit.

Im vorausgehenden Jahr war es besonders gewalttätig zugegangen. Der Vietnamkrieg hatte seinen Gipfel erreicht, als der kommunistische Norden die massive Tet-Offensive startete. Währenddessen zerschlugen sowjetische Panzer den Volksaufstand in Prag; in den Straßen von Paris, London und Chicago gerieten die Studenten mit der Polizei aneinander, und Martin Luther King Jr. sowie Robert Kennedy wurden von Attentätern erschossen. Die Beatles folgten Lennons Beispiel und antworteten auf diese Schrecken mit dem Song »Revolution«, in dem sie beteuerten: »We all want to change the world, but when you talk about destruction, don't you know that you can count me out.« Die Beatles lehnten Revolten ab und sprachen für die Mehrheit ihrer jungen Hörer, wenn sie eine positive geistige Haltung zum Ausdruck brachten: »Don't you know it's gon-

12.1 John Lennon und Yoko Ono auf ihrem ersten »Bed-In«, Amsterdam, März 1969

na be all right.« Lennons Bed-In war eine logische Fortführung dieser Auffassung. Im Bett zu liegen und sich die Haare wachsen zu lassen, war sicher eine gewisse Art von Protest, aber ein passiver und freundlicher, kein dogmatischer und wütender.

Die Lennons hofften, auch ihre anderen, weniger offensichtlichen Botschaften würden verstanden. Mit ihrer Passivität mokierten sie sich über die Arbeits- und Verzichtsethik der Mittelschicht, während ihr »Bed Peace, Hair Peace«-Credo die auf der Madison Avenue entstandenen, eingängigen Werbemelodien verspottete. Als Nutznießer wie Gefangener der starken Medienfixierung rechnete Lennon mehr als andere Linksalternative mit der psychologischen Macht von Image und Marketing. Ihm und Ono leuchtete es absolut ein, dass die Menschen sich eher von Slogans und Gesten als von Ideen und Glaubenssätzen berühren ließen. Auf den Bed-Ins lehnte Lennon den Intellektualismus offen ab und nahm sich ebenso unmissverständlich der an den Endverbraucher gerichteten Werbung an. Man lebe in einer Ära der »Spielereien und Verkaufstricks«, erklärte er den Reportern, deshalb sei es nötig, den Menschen den Frieden zu verkaufen, wie Firmen ihre Seife an den Kunden brächten. Irgendwann würden alle, auch die Hausfrauen und Kinder, genauso viel über den Frieden wie über Spielzeug und Fernseher nachdenken.

Trotz seines ganzen Geredes von Verkaufstricks betrachtete sich Lennon als spirituellen Botschafter des Volks und verglich sich ohne Weiteres mit einem prophetischen und verfolgten Christus. 1966 führte er das schlimmste PR-Debakel der Beatles herbei, als er vor einem Reporter leichthin verlautbarte: »Das Christentum wird verschwinden. Es wird schrumpfen und sich in Luft auflösen. ... [Die Beatles] sind heute beliebter als Jesus. Ich weiß nicht, was zuerst verschwinden wird – Rock'n'Roll oder das Christentum.«[1] Amerikas Konservative fühlten sich angegriffen, und die Fab Four sahen sich während ihrer darauffolgenden Tour durch die USA mit heftigen Protesten konfrontiert. Im Jahr 1969 verglich Lennon seine Situation nun erneut mit dem Leiden Christi in »The Ballad of John and Yoko«, welche zwischen zwei Bed-Ins aufgenommen worden war. Der spielerische Liedtext beschreibt sein mühsames Bestreben, eine einfache Heirat mit Yoko in Frankreich und anschließend Gibraltar auszurichten, die von ihrer Flitterwochen-Demo in Amsterdam gefolgt sein würde. Lennon, der zu diesem Zeitpunkt mehr wie Jesus aussah als je zuvor, sang Folgendes über sich selbst:

Christ you know it ain't easy
You know how hard it can be
The way things are going
They are going to crucify me.[*]

Ganz so schlecht liefen die Dinge natürlich nicht, auch wenn Lennon und Ono genauso viel Kritik wie Lob für ihre schrullige Nonkonformität einstecken mussten. Sogar seine Beatles-Kollegen wurden langsam stutzig. Mit seiner Nickelbrille, seinem langen Haar, Bart und »Hair Peace«-Mantra hatte Lennon sich als Guru der Gegenbewegung etabliert, als Ikone des jugendlichen Idealismus und der Hippie-Rebellion.

Während sich die John-und-Yoko-Show vor den Fernsehkameras und Radiomikrofonen abspielte, strömten die New Yorker und Londoner Zuschauer in den Musical-Erfolg *Hair* von Gerome Ragni und James Rado, dem lyrischen Fest der Liebe, Befreiung und Sinnesfreude, das vom berühmten »Summer of Love« in San Francisco im Jahr 1967 inspiriert war. Nur wenigen der Tausenden Zuschauer von *Hair* und Lennons Demos konnten die gemeinsamen Motive Haare und Betten entgangen sein. Die letzten Worte des berühmtesten Songs der Broadway-Show hätten auch als Beschreibung von John Lennon dienen können:

My hair like Jesus wore it
Hallelujah I adore it
Hallelujah Mary loved her son

---

[*] »Christus, du weißt, es ist nicht leicht / Du weißt, wie schwer es sein kann / So wie die Dinge laufen / Werden sie mich noch ans Kreuz schlagen.«

Why don't my mother love me?
Hair, hair, hair, hair, hair, hair, hair
Flow it, show it
Long as God can grow it
My hair. [*]

Die Komponisten von *Hair* hatten noch vor Lennon und Ono erfasst, dass das Bett der ideale Ort für eine Revolte gegen die soziale und sexuelle Repression darstellte. »Du kannst im Bett liegen«, hieß es im Refrain, »du kannst im Bett sterben; du kannst im Bett beten; du kannst im Bett leben; du kannst im Bett lachen; du kannst dein Herz im Bett verschenken oder es kann dir dort gebrochen werden … du kannst im Bett gewinnen oder verlieren. Aber niemals, nie, nie, nie, nie, nie, nie, nie wirst du im Bett sündigen!« Nieder mit der Unterdrückung durch die Eltern. Das Bett – und mit ihm Faulheit, sexuelles Vergnügen und haarige Unabhängigkeit – war Inbegriff der wahren Befreiung.

Die von Lennon und den Hippies ausgeschlachtete Sprache des Haars und der Rebellion war im Lauf der Zeit aufgetaucht und hatte ihren Ursprung bei den Beatniks und den rastlosen Studenten der späten 1950er. Als die für soziale Themen zuständige Redakteurin der *Chicago Tribune* 1958 eine Untersuchung zum Anstieg von Bärten in Angriff nahm, stellte sie fest: »Gelehrte, Prediger, Künstler, Penner, Musiker und Grenzbewohner waren unter den wenigen, welche die Barthaare vor dem Aussterben

---

[*] »Mein Haar, so, wie auch Jesus es trug / Hallelujah, ich liebe es / Hallelujah, Maria liebte ihren Sohn / Warum liebt mich meine Mutter nicht? // Haar, Haar, Haar, Haar, Haar, Haar, Haar / Lass es wallen, zeig es, / Lang, wie Gott es wachsen lässt / Mein Haar.«

bewahrten«, wobei sich ihnen »eine wachsende Zahl junger Männer angeschlossen hatte.«[2] Jugendliche Bärte ließen sich auf beiden Seiten des Atlantiks am besten auf dem Universitätscampus bewundern.[3] Ein Reporter, der bärtige Studenten an der Columbia University in New York City interviewte, stieß auf einen Studenten, der zugab, damit eine gewisse »Antipathie gegenüber den Männern der Madison Avenue« mit ihren teuren Geschäften und großen Werbeagenturen auszudrücken. Ein junger Anthropologie-Student brachte die lässige Selbstzufriedenheit der neuerdings Bärtigen auf den Punkt: »Ich sehe besser mit als ohne aus – obwohl er, so weit ich weiß, auch ein Zeichen von Rebellion ist. Fragen Sie mich aber bloß nicht, gegen was, im Moment fühlt es sich viel zu gut an, einfach nur in der warmen Frühlingssonne zu hocken.«[4]

Bärtige Männer mögen nicht gegen etwas Bestimmtes protestiert haben, doch sie verärgerten die Arbeitgeber und Hüter der gesellschaftlichen Ordnung noch immer. Eric W. Hughes, Angestellter einer großen Firma in New York City, beschrieb, wie es ihm 1958 ergangen war, als er nach dem Urlaub mit einem kurzen Bart auftauchte. Der stellvertretende Direktor war empört und beharrte darauf, dass ein Mann mit Bart nicht vorzeigbar sei und die Kunden somit die Dienste der Firma nicht mehr in Anspruch nehmen würden. Nach mehreren Auseinandersetzungen in dieser Richtung reichte Hughes seine Kündigung ein und gab an, dass er dieser »starren und engstirnigen Vorstellung von einem Arbeitnehmer – ein farbloses, bartloses Gesicht, gehorsam wie eine Maschine, makelloser schwarzer oder grauer Anzug mit unmöglicher Krawatte«[5] nicht Folge leisten werde. Genau diese Art von Konflikten gab es nun mit zunehmender Häufigkeit. Als der junge Auszubildende einer Versicherung im walisischen

Swansea sich 1962 für ein außergewöhnliches Äußeres entscheidet, wird er von seinem Vorgesetzten kühl darüber aufgeklärt, dass »Bärte im Versicherungsbusiness nichts zu suchen haben«. Er trug den Fall in die oberste Geschäftsetage und wurde abgewiesen. Genau wie der New Yorker Büroangestellte kündigte der wollige Waliser lieber selbst, bevor er gefeuert wurde.[6]

So engstirnig sie wohl gewesen sein mögen, hatten die Chefs auf beiden Seiten des Atlantiks sicher damit recht, dass ihre Kunden nichts von Gesichtshaar hielten. Im Rahmen einer landesweiten Umfrage in den USA, die vom weitverbreiteten Magazin *This Week* im Jahr 1957 durchgeführt wurde, wollte man von den Befragten wissen, ob sie Bärte oder Schnäuzer attraktiv fänden. Das Ergebnis war eindeutig: 81 Prozent der Männer und 85 Prozent der Frauen sagten Nein beim Thema Bart, und 73 Prozent der Männer und 80 Prozent der Frauen sprachen sich ebenfalls gegen den Schnäuzer aus.[7] Ein rasiertes Gesicht mag farblos und nichtssagend erscheinen, doch das war es, was die Öffentlichkeit wollte. In der Londoner *Times* des Jahres 1960 platzierte die Gillette Company eine ganzseitige Werbeanzeige mit einem Essay von Siriol Hugh-Jones, Redakteurin der Londoner *Vogue*, in dem sie auf rasierte Männer ein Loblied sang. Auf drollige Art und Weise warnte sie vor der Unzuverlässigkeit der Bärtigen: »Männer mit Bart sind häufig gefährlich, übertrieben unabhängig, und sie neigen dazu, sich die Nacht um die Ohren zu schlagen, ohne dass man danach belastendes Material an ihrem Kinnbogen findet.« Hingegen: »Bei rasierten Männern weiß man – so weit dies überhaupt möglich ist – ganz geschmeidig, woran man ist.«[8] Hugh-Jones war ein geistreicher Schelm, aber sie verwob die stereotypen Ängste vor Bärten kunstvoll mit der kontrastierenden Bewunderung für »ehrliche« Haarlosigkeit.

Als die 1960er in Gang kamen, war es noch immer möglich, launenhaftes Gesichtshaar nicht allzu ernst zu nehmen. Als es jedoch den Rahmen der Bohème und der Hochschulen verließ, wurden die Hüter des Anstands in Alarmbereitschaft versetzt. Mitte der Sechziger war das männliche Haar dann bereits zum umstrittenen und emotionalen Thema geworden. Es war, als ob sämtliche Sehnsüchte und Ängste der Epoche sich in Haarmähnen, Schnäuzern, Stirnfransen und Bärten offenbarten.

Die Krise an der John Muir Highschool im kalifornischen Pasadena stellt ein eindrucksvolles Beispiel dieser gesellschaftlichen Ängste dar. Paul Finot war ein staatlicher Lehrer und bekannt dafür, seine Vorgesetzten kritisch zu hinterfragen. In den 1950ern hatte er an einer anderen Highschool einen Bart ausprobiert, als er allerdings an der John Muir eingestellt wurde, versprach er ihnen ein rasiertes Gesicht. Als er seine Meinung änderte und sich einen Van-Dyke-Bart wachsen ließ, schmiss ihn der Direktor aus dem Klassenzimmer und ließ ihn nur noch häuslich gebundene Schüler als Einzellehrer unterrichten. Dass die Schule nach einem berühmten Naturforscher benannt war, dessen Marmorbüste die Eingangshalle in vollbärtiger Pracht zierte, stand nicht zur Debatte. Der Direktor sorgte sich, dass die überwiegend schwarze und hispanische Schülerschaft in Versuchung geraten würde, ihrem aufmüpfigen Lehrer nachzueifern. Finot verklagte den Schuldistrikt wegen Verletzung seiner persönlichen Freiheitsrechte und der Redefreiheit.

Vor Gericht sagte der Direktor aus, dass Finots Bart Zucht und Ordnung erschwere, da er »die Negerschüler zum Tragen eines Schnurrbarts ermutigen könnte«.[9] Das war eine seltene Stunde der Wahrheit. In Wirklichkeit ging es nämlich darum, dass junge schwarze Männer sich unabhängig fühlen und sich der Autorität widersetzen könnten. Als einige Regierungsvertreter den Rassismus dieser Aussage beanstandeten, lancierte das Erziehungsministerium eine Unterstützungserklärung zugunsten des Direktors.[10] Daraufhin entschied sich das Gericht für die Seite der Schule und bestätigte ihr Recht auf eine Rasurvorschrift für Lehrer und Schüler.

Was dann kam, ließ auf die Entwicklungen in Los Angeles und dem westlichen Kulturkreis im Allgemeinen in den darauffolgenden Jahren schließen. Finot legte Berufung ein, und ein höheres kalifornisches Gericht hob das vorherige Urteil im April 1967 auf. Das Recht auf Haare im Gesicht wurde einstimmig bestätigt. Die drei Geschworenen erkannten die Anti-Bart-Vorschriften des Direktors als plausibel an, doch ihrer Meinung nach habe das Schulministerium weder beweisen können, dass der soziale Nutzen dieser Vorschriften die Einschränkung der persönlichen Freiheit übersteige, noch habe der Schulvorstand beweisen können, dass er nicht über ausreichend andere Mittel verfüge, mit Blick auf die Schülerschaft ein Bartverbot zu verhängen. »Ein Mann kann mittels eines Barts seine Persönlichkeit zum Ausdruck bringen«, schrieben die Richter. Einerseits habe man ihn als Symbol von Männlichkeit, von Autorität und von Klugheit interpretiert. Andererseits als Symbol von Unangepasstheit und Rebellion. Unter den gegebenen Umständen unterliegen Symbole allerdings dem Schutz des Gesetzes.«[11] Die Richter haben demnach anerkannt, dass Bärte stillschweigend Rebellion andeuten, haben aber gleichzeitig verfügt, dass jene Rebellion als politische Äußerung gestattet werden muss. An anderen Gerichtshöfen gab es ähnliche Entscheidungen zu jener Zeit. Einem Angestellten des Flugzeugherstellers Douglas Aircraft in Kalifornien wurde das Recht zugesprochen, auf der Arbeit einen Bart tragen zu dürfen, und 1969 gestattete ein Arbeitsrichter den Busfahrern von New York City die »Gesichtsfreiheit«.[12] Dennoch blieb offen, wie viel Haar-Rebellion die Gesellschaft ertragen konnte.

Die Antwort darauf lautete: Die Gesellschaft näherte sich dem Ende ihrer Toleranz. Im Frühjahr 1967 wurde Finots Berufung stattgegeben, doch wenn die Richter gewusst hätten, was ihnen blühte, hätten sie es sich vielleicht anders überlegt. Der Damm brach noch im selben Jahr. Der »Summer of Love« in San Francisco trug eine wilde Mischung aus Drogen, Musik, Haar und Rebellion zur Schau. In England tauchte die berühmteste Rockband der Welt, die Beatles, zum ersten Mal mit langen Koteletten und Schnäuzern auf dem Cover ihres experimentellen, drogengeschwängerten Albums Sgt. Pepper's Lonely Hearts Club Band auf. Ende des Jahres war George Harrisons Gesichtshaar auf dem Cover der amerikanischen Veröffentlichung der Single »Hello, Goodbye« zu einem dunklen Vollbart geworden. Die Beatles waren diesbezüglich keine Vorkämpfer, doch sie besaßen große Kraft als Identifikationsfiguren. Als sich John, Paul, George und Ringo 1965 Pilzköpfe wachsen ließen, taten es ihnen die Jugendlichen auf der ganzen Welt nach. Das Muster wiederholte sich im Jahr 1967, erst mit dem Schnurrbart und dann mit dem Bart.

»Nur die schwarze Bürgerrechtsbewegung besitzt heute in Amerika noch mehr gesellschaftliche Schlagkraft als die Haarbewegung«, verkündete das Magazin Newsweek im Jahr 1968.[13] Mittlerweile waren lange Haare und Bärte neben Schlaghosen und Batikshirts zum Markenzeichen einer neuen linksalternativen Romantik geworden, die der Bewegung in Europa in den 1830ern und 1840ern nicht ganz unähnlich war. Abermals erklärte sich die heranwachsende Generation mit der Gesellschaftsordnung unzufrieden, indem sie der Welt ein der Norm gegenläufiges Gesicht zeige. Bei den Romantikern des neunzehnten Jahrhunderts drückten die Haare einst die Unzufriedenheit mit dem demokratischen Fortschritt im nachrevolutionären Europa aus. In den 1960ern drückten die Haare eine ähnliche Verdrossenheit mit den Einschränkungen der persönlichen Freiheit in der westlichen Welt der Nachkriegszeit aus. Anfang 1968 zum Beispiel gestand der Redakteur einer Untergrund-Zeitung in Detroit, dass er seinen buschigen Schnäuzer als »Ausstaffierung eines Revolutionärs und Romantikers« betrachte.[14] »Die Rebellion beginnt im Gesicht«, gab der Friedensaktivist Jerry Rubin bekannt.[15] Rubin hatte wegen seiner Beteiligung an den Ausschreitungen während des Parteitags der Demokratischen Partei im Jahr 1968 im Gefängnis gesessen, wo man ihn mit einer Zwangsrasur und einem Zwangshaarschnitt demütigte. Er verkündete anschließend (wobei er eine russifizierte Schreibweise für »Amerika« verwendete und sein Land mit »k« statt mit »c« schrieb): »Amerika fragt uns: ›Wozu der Bart und die behaarten Arme und Beine, und wozu die langen Haare?‹, doch wir fragen Amerika: ›Wieso begeht ihr den unnatürlichen Akt des Haareschneidens und des Abrasierens des schönen Haars von Gesicht und Körper?‹ Unser Haar hindert Amerika daran, sich in unseren Gesichtern zu spiegeln – aus diesem Grund sind wir die lebende Absage an seine Übeltaten und Gewalt – unser Haar ist unser Protestschild und unser Molotowcocktail. Unser Haar schmerzt sie mehr, als unsere Worte oder Taten es zu tun vermögen.«[16]

Während Rubin im Gefängnis vor sich hin wetterte, schrieb und performte der Rockstar David Crosby – mit seinem wallenden Haar und ausladenden Schnäuzer – diesen Hit:

Almost cut my hair
It happened just the other day
It was getting kind of long
I could have said it was in my way
But I didn't and I wonder why
I feel like letting my freak fag fly
And I feel like I owe it to someone ...*

Das langhaarige und bärtige Bandmitglied Graham Nash erklärte später, Männer mit langen Haaren dokumentierten öffentlich, »dass sie gute Musik hören, ganz gut leben und wahrscheinlich einen Hass auf die Regierung haben«.[7] Selbst die politisch weniger Aktiven konnten ihrer Sympathie mit dem Zeitgeist Ausdruck verleihen, indem sie auf Schere und Rasierklinge verzichteten. Genau genommen war das Wachsenlassen der Haare sogar ein hervorragender Ersatz für politischen Aktivismus. Es war relativ leicht in die Tat umzusetzen, und die Botschaft des offensichtlichen Ungehorsams kam in den allermeisten Fällen an.

Die Haarschlacht wurde auf Tausende Arten und an Tausenden Orten ausgefochten. Eine 1967 vom Studentenwerk der Hamburger Universität durchgeführte Umfrage ergab, dass die Einwohner der Stadt lange Haare und Bärte stark missbilligten und die Studenten beschuldigten, soziale Werte und das sauer verdiente Geld des Steuerzahlers zu verschwenden.[18] Auch die Arbeitgeber widersetzten sich weiterhin dem Haar. Eine Erhebung des Ver-

---

* Fast hätte ich mein Haar geschnitten / Es war gerade anderntags / Es wurde richtig lang / Ich hätte sagen können, es sei mir im Weg / Aber ich tat's nicht; warum hätte ich das machen sollen / Ich fühle mich danach, meine Freak-Flagge fliegen zu lassen / Und ich glaube, dass ich das jemandem schuldig bin.

bands für Verwaltungsmanagement in New York City im Jahr 1968 kam zu dem Ergebnis, dass es bei 95 Prozent der von ihm vertretenen Firmen Bestimmungen gegen lange Haare gab, dass 74 Prozent keinen Bart erlaubten, 54 Prozent sich lange Koteletten verbaten und 27 Prozent keinen Oberlippenbart duldeten.[19] Werbekampagnen stellten eine weitere Taktik dar. In New England tauchten großflächige Plakate mit dem Slogan »Beautify America, Get a Haircut« (Verschönern Sie Amerika, und lassen Sie sich die Haare schneiden) auf. Davon beflügelt, drängte der *Christian Science Monitor* Amerikas Frisöre dazu, dahingehende Anstrengungen zu verstärken und »die Schönheit eines sauberen und gepflegten Haarschnitts« zu propagieren.[20] Selbst Kuba und sein bärtiger Revolutionsführer Castro mischten mit. 1968 gab Fidel Castros Regierung bekannt, dass die Universität von Havanna militärische Disziplin durchsetzen werde, was unter anderem ein Verbot von Bärten, Schnäuzern und langen Haaren zur Folge habe.[21]

Die von Bärten ausgelösten Emotionen waren oftmals sehr direkter und persönlicher Natur. Der Reiseschriftsteller Richard Atcheson kultivierte einen langen Bart, bevor er sich 1970 quer durch Amerika wagte und sich sehr bald in einer feindseligen Welt wiederfand. »Ich bin den Zambesi ohne Paddel hochgefahren; ich bin in einem fluguntauglichen Hubschrauber über das Great Barrier Reef geflattert; ich bin von den schlitzäugigen Zuhältern von Tijuana bedroht worden … doch nie habe ich mich in der Fremde so gefürchtet wie auf der Reise durch mein eigenes Land im Sommer 1970, als ich langes Haar und einen Bart trug.«[22] In den Restaurants, Bars und Motels des Südens und Westens reagierten viele ängstlich und aggressiv auf einen Fremden, den sie einzig und allein aufgrund seiner unangepassten Erscheinung verurteilten.

Als John Lennon sich 1970 die Haare schnitt und den Bart abrasierte, beherrschte dieses Thema die Schlagzeilen. Während einer Auszeit in Dänemark beschloss er, sich einen weniger spektakulären Look zuzulegen und sich stark zu stutzen. Einem Freund erzählte er, dass ihm nach einer Veränderung gewesen sei und er gehofft habe, sie würde »mir ermöglichen, mich unerkannt in der Öffentlichkeit zu bewegen«.[23] Im darauffolgenden Jahr war der Bart für immer verschwunden. Die Exponiertheit, öffentliche Aufmerksamkeit und symbolische Kraft seines Haars hatte ihn eindeutig zu stark belastet. Lennon trat ins Glied zurück, dafür sprangen aber andere in die Bresche.

PAUL BREITNER MACHT RABATZ

Das Endspiel der Fußball-Weltmeisterschaft von 1974 zwischen den Niederlanden und der Bunderepublik Deutschland war in mehrfacher Hinsicht ungewöhnlich. Es begann mit dem schnellsten Turniertor der Geschichte, als die Niederländer einen Strafschuss verwandelten, bevor ihre Gegner den Ball überhaupt nur berührt hatten. Zudem wirkte der haarigste Sportler der WM-Geschichte mit. Heutzutage tauchen die Spieler eher glatzköpfig als mit langen Haaren auf, doch Anfang der 1970er wagten die Spieler lange Koteletten, Schnäuzer und lange Mähnen. Der deutsche Fußballstar Paul Breitner allerdings ragte selbst aus diesem pelzigen Haufen noch heraus. Sein Vollbart und seine Löwenmähne waren seine Visitenkarte und verliehen ihm die Spitznamen »Krauskopf« und »Mister Vollbart«. Die Fans auf den oberen Rängen konnten den ikonoklastischen Kicker an seinem ausladenden Haar, das zu seinem übergroßen Ego passte, sofort erkennen.

12.2 Paul Breitner (r.) zusammen mit Gerd Müller beim WM-Finale 1974 gegen die Niederlande

Auch wenn das weltweit riesige Publikum überrascht war, wie schnell die niederländische Mannschaft in Führung gegangen war, stellte es keine Überraschung dar, dass die Spieler im oran-gefarbenen Trikot gewinnen würden. Die kunstvoll agierenden und starken Niederländer waren in Richtung Finale marschiert, indem sie ihre Gegner klar dominiert hatten, wohingegen die gemütlicheren Deutschen gerade so durchgekommen waren. Das frühe Tor war jedoch nicht der Anfang einer Niederlage, und Deutschland erzielte schon bald darauf den Ausgleich. Ein deut-scher Spieler wurde im Strafraum attackiert, und Breitner trat nach vorne, um den Elfmeter auszuführen. Ohne zu zögern haute er den Ball ganz geschmeidig in die linke Torecke. Später behaup-tete er: »Ich war für den Elfmeter nicht vorgesehen, stand aber am nächsten zum Ball.«[24] Als Deutschland erneut traf und mit der

Kehrtwende den Sieg einfuhr, war Breitner ein Platz in der Fuß-ballgeschichte sicher.[25]

Bevor Breitner seinem Land zum WM-Titel verhalf, war er Starverteidiger bei Bayern München und gleichermaßen berühmt für sein herausragendes Spiel, seine offenen politischen Äuße-rungen und sein eigenwilliges Aussehen. Porträts der Kommu-nistenführer Mao Tse-tung und Che Guevara zierten die Wände seines Heims, und die ihn interviewenden Besucher nahmen immer wieder einen glühenden Redeschwall gegen die kapitalis-tische Ausbeutung von Arbeitern und Sportlern mit ihren Gerä-ten auf. Breitner stellte sich als Unterschichten-Opfer dar, obwohl er im zarten Alter von zwanzig bereits 300 000 DM verdiente und über eine halbe Million, als er fünfundzwanzig war.[26] In seinem Herzen war er Revoluzzer, schimpfte über den neuzeitlichen »Zir-kus« des Profifußballs, in dem die Spieler gekauft und wieder verkauft würden und von Stadt zu Stadt reisten, um von der Zuschauermenge in die Zange genommen zu werden. Im Namen der Freiheit legte er sich mit dem Vorstand an, und innerhalb eines Jahres nach seinem WM-Erfolg hatte er seinen Transfer von München nach Real Madrid eingefordert. Anschließend verkün-dete der Jungstar bockig, dass er sich nicht mehr länger als Deut-scher fühle.[27] Weitere Auseinandersetzungen führten zu seinem Abschied aus der Nationalmannschaft, welche die Weltmeister-schaft von 1978 ohne ihn bestritt. Als Spieler und als Privatmensch erzeugte Breitner also jede Menge Drama.

Bewunderer wie Gegner fanden, dass sein rebellisches Haar zu seiner Revoluzzer-Persönlichkeit passe. Seine Missachtung von Konvention und Obrigkeit nahm mit seiner Afro-Mähne und seinem Bart sichtbar Form an, was wiederum die kulturelle Asso-ziation von Haar mit Unangepasstheit verstärkte. Als sich der rehabilitierte Breitner 1981 auf seinen erneuten Einsatz in der Nationalmannschaft für die WM im darauffolgenden Jahr vorbereitete, schwärmte Joachim Wachtel in *Das Buch vom Bart*: »Zum Image des Stunkmachers ... und des Spielmachers, der so traumhafte Pässe schlägt, gehört seit Jahren der Vollbart ... Ist er nicht erst jetzt, wo er manchmal aussieht wie ein hochtrainierter, zorniger Wikinger, so richtig er selbst, Paul Breitner, geworden? Was wäre Breitner heute ohne Bart? Der Vollbart gehört zu dieser Persönlichkeit, er unterstreicht den Widerspruchsgeist, den Sinn für alles Nichtangepasste.«[28]

Breitner mag den Wikingergeist heraufbeschworen haben, aber die Inspiration durch bärtige Revolutionäre von Marx bis Che Guevara war noch offensichtlicher, denn ihre furchterregenden Gestalten schmückten schließlich seine Wände. Che Guevaras Ruf als Kämpfer und Märtyrer gilt schon lange als Kampfansage an das Establishment; seit 1967 (das Jahr, in dem er starb) stellt das berühmteste Foto des Revolutionärs eine weltweite Ikone der Linken dar, welche in einer erstaunlichen Vielfalt von Formen und zu ganz unterschiedlichen Anlässen eingesetzt wird. Das oftmals stark stilisierte Bild – mit Ches durchdringendem Blick, wallendem Haar, dunklem und flaumigem Bart und der Baskenmütze mit Stern – ist angeblich sogar das meistreproduzierte Foto der Geschichte.[29] 1968 hatten sich die Studenten in Paris, Berlin, Prag, Berkeley und anderswo bereits darum herum geschart, und Che-Guevara-Bärte sprossen an Tausenden jungen Kinnen, mitunter ergänzt durch Che-Guevara-Baskenmützen.[30] Der Che und seine kommunistischen kubanischen Mitstreiter hatten sich den Bart ursprünglich in ihren Dschungelcamps wachsen lassen und waren während des Guerillakriegs bekannt geworden als »los barbudas«, die Bärtigen. Nach ihrem Sieg im Jahr 1959 behielten Fidel, Che und andere ihr

Haar als Symbol des andauernden weltweiten Kampfs gegen den Kapitalismus bei. Castro erinnerte seine siegreichen Anhänger: »Euer Bart gehört nicht euch. Er gehört der Revolution.«[31] Dies galt allerdings nicht für die jüngere Generation. Als lange Haare zusammen mit Ches Porträt im Westen zu Symbolen der Kampfansage an die Obrigkeit wurden, hatte die alte Revolutionsgarde in Kuba Angst, die kubanische Jugend könnte ihrem Widerstand gegen das politische und soziale Establishment nacheifern. Castros Regierung ordnete deshalb 1968 an, dass die kubanischen Studenten militärischer Ausbildung und Disziplin unterzogen werden müssten, was auch ein Verbot von langen Haaren und Bärten beinhalte.[32] Die Revolution war zum Status quo geworden, und die Jugend hatte zu gehorchen.

Indes war Paul Breitners Nachahmung von Che Guevara eine Verkörperung all dessen, was die Gesellschaft des zwanzigsten Jahrhunderts am Gesichtshaar bewunderte und fürchtete: den Zauber der Freiheit und das Schreckgespenst der Anarchie. Mit dem Fortschreiten der 1970er verschwanden die utopischen Träume des »Age of Aquarius«. Wobei der Niedergang des Radikalismus keine Rückkehr zu glatten Gesichtern und Bürstenhaarschnitten bedeutete. Ganz im Gegenteil, lange Haare wurden mitsamt Koteletten und Gesichtsfusseln Teil des Mainstreams als eine Art physisches Überbleibsel einer Dekade des Umbruchs. Was die breite Bevölkerung anbelangte, so lag der Höhepunkt der Gesichtsbehaarung des zwanzigsten Jahrhunderts nicht in den 1960ern, sondern in den 1970ern, als sie die Grenzen der Rockfestivals und Kriegsdemos verließ. Paul Breitner war Teil dieser Entwicklung, als Sportler, Künstler, Lehrer, Wissenschaftler, Beamte und selbst der ein oder andere Geschäftsmann die Grenzen der gesellschaftlichen Toleranz austesten wollten.

12.3 Che-Guevara-Poster, Kuba, 2004

Ein Anhaltspunkt für diese Entwicklung war die Wandlung des Oakland-Athletics-Basketballteams. 1971 berichtete die *New York Times*, dass ein paar Basketball- und Footballspieler Schnäuzer und kleine Bärte trügen, die Hockey- und Baseballspieler hingegen alle glatt rasiert seien. Ein Sprecher des Baseball-Verbands erklärte, dass sich dies wohl kaum ändern werde, bevor »es nicht irgendjemand wirklich darauf anlegen wird«.[33] Dieser Offizielle hatte keine Ahnung, dass sich dieser Mann bereits in den Startlöchern befand. Bei Reggie Jackson handelte es sich genau wie bei Paul Breitner um einen aufsteigenden Star mit großem Ego. Als Jackson im Übungslager der Oakland A's im Frühjahr 1972 mit Schnurrbart aufkreuzte, wies der dogmenbehaftete und rechthaberische Besitzer Charlie Finley seinen jungen Schläger an, ihn zu entfernen. Als Jackson sich weigerte, wandte Finley umgekehrte Psychologie an. Er dachte, wenn er einige seiner anderen Spieler beschwatzte, sich ebenfalls einen Schnäuzer wachsen zu lassen, würde Jackson seiner Einzigartigkeit beraubt.[34] Finley mag ein erfolgreicher Vereinsinhaber gewesen sein, psychologische Tricksereien jedoch lagen ihm nicht. Statt eines rasierten Jackson bekam er nämlich eine Mannschaft, die aussah wie nach einer Zeitreise in die 1890er.

An dieser Stelle gewann der Geschäftsmann in ihm die Oberhand, und Finley schaffte es, das Beste aus dieser unangenehmen Situation zu machen. Er verkündete, sein Verein werde zu Ehren des Vatertags den »Mustache Day« feiern und jedem Zuschauer mit Schnäuzer umsonst Eintritt zum Spiel gewähren. Einige Spieler fügten sich nur widerwillig, andere waren begeistert. Jackson avancierte zum Ziegenbart, doch die meiste Aufmerksamkeit erntete der Ersatzwerfer Rollie Fingers mit seinem schicken Knebelbart, wodurch er als Baseballer den größten Wiedererkennungswert hatte. Was als psychologische Taktik begann, wurde zum Marketing-Trick und zu noch viel mehr. Die unbekümmerten, mutigen A's hatten eine neue Identität und einen neuen Mannschaftsgeist für sich entdeckt, der sie von den anderen Mannschaften abhob.

Es war der Anfang einer Ära. Die A's gewannen in diesem Jahr und in den darauffolgenden beiden Saisons die Baseball-Meisterschaft. Die Baseball-Journalisten konnten nicht widerstehen, ihren Aufstieg als Omen einer Zeit zu interpretieren, in der ein Geist von liberalem Individualismus die kommerzielle Gleichförmigkeit verdränge. Dies galt insbesondere für die World Series von 1972, in deren Zusammenhang, so ein Reporter, »die (schnauz-) bärtigen Bösen« gegen »die sauber rasierten Guten aus Cincinnati«[35] kämpften, oder wie es ein anderer Kommentator ausdrückte: »... die Biker gegen die Pfadfinder.« Cincinnatis spröde, vorschriftsmäßige Erscheinung passte zur Spielweise, und das Team wurde als absoluter Favorit gehandelt. Entgegen aller Erwartungen gewannen die A's im Heimstadion des Gegners indes die ersten beiden von den für den Sieg benötigten vier Spielen. »Die Haarigen rasierten die Spießigen«, schwärmte ein Reporter, »und diese Belle-Époque-Typen haben dem sauber rasierten amerikanischen Jungs-Image einen gewaltigen Schlag versetzt.«[36]

Der schlussendliche Sieg der A's in diesem Jahr und in den beiden darauffolgenden Jahren verhalf dem Gesichtshaar zu neuem Ansehen, indem es mit sportlichem Erfolg in Verbindung gebracht wurde. Auf diese Weise spielten Sporthelden eine große Rolle beim Voranbringen mutiger Haarkreationen in ganz Europa und den USA. Neben Breitner und den Oakland A's zierten die Namen solcher Persönlichkeiten wie Fußballstar Gerd Müller, US-Schwimmer Mark Spitz, Football-Quarterback Joe Namath und Basketballstar Wilt Chamberlain die Seiten der Zeitungen und Magazine mit ihren aufmerksamkeitsheischenden Schnäuzern oder Bärten. Man kann wohl behaupten, dass diese ihre Berühmtheit nicht nur ihrem sportlichen Erfolg, sondern auch ihrem Ruf als unangepasste Individualisten zu verdanken haben, mit sämtlichen positiven und negativen Begleiterscheinungen, die dieser Ruf mit sich brachte.

Doch es sollte nicht lange dauern, da waren die langen Haare, Bärte und Koteletten wieder auf dem Rückzug, und das rasierte Ideal wurde mit voller Kraft wieder geltend gemacht. Erneut kann Breitner als Beispiel für diese Entwicklung herangezogen werden. 1982 widersprach er seinem eigenen Geist des Widerspruchs und nahm die 150 000 DM an, um in einer Werbekampagne für Rasierwasser ohne Vollbart zu erscheinen. Übrig blieb lediglich ein bescheidener Schnurrbart. Wer hätte gedacht, dass sich hinter dem krausköpfigen »Kommunisten«, wie es damals oft hieß, ein glatt rasierter Kapitalist verbarg? Pitralon, das Unternehmen, das ihn dazu überredete, wusste, dass diese Kehrtwende eine Sensation darstellen, dass die Bändigung von Deutschlands berühmtestem Bart ein Triumph mit Signalwirkung für sowohl das Rasieren als auch den Geschäftsgewinn bedeuten würde. »Es gab schon viele große Titel in seinem Leben«, konnte man in der Anzeige lesen. »Aber nur ein Rasierwasser. Pitralon.« Und weiter: »Seit ich Pitralon verwende, fühle ich mich morgens richtig gepflegt. Ist ja auch ein bemerkenswertes Rasierwasser. Es macht die Haut nach dem Rasieren richtig glatt und geschmeidig. Und der Duft gefällt mir auch. Irgendwie sympathisch, herb und würzig.«[37]

Breitner ließen diejenigen, die von diesem offensichtlichen Verrat enttäuscht waren, ungerührt. Er beharrte darauf, dass ein Bart schließlich lediglich ein Bart sei. Werbung sei Teil seines Jobs als Unterhalter.[38] Im Nachhinein betrachtet, war Breitner eher Pragmatiker als Idealist, und genau das wollte er uns wahrscheinlich sagen, als er meinte, ein Bart sei schließlich nur ein Bart. Handlungsfreiheit war ihm wichtiger als politischer Purismus. Den aufsässigen Bart konnte man opfern, wenn das Geld stimmte. Diese Art des Denkens war typisch für die 1980er. In gewisser Hinsicht war der Niedergang des Gesichtshaars eine Frage des Geldes, insbesondere des Erfordernisses, dass die Leute ihrer Arbeit nachgingen. Arbeitgeber und staatliche Behörden hatten die Doktrin des »Shavism«[39] (dt. in etwa »Rasierismus«) übernommen und wendeten unterschiedliche Maßnahmen (darunter die Gesetzgebung) an, um die haarige Unangepasstheit zu unterdrücken. Der Anspruch auf Verlässlichkeit, Vorschriftsmäßigkeit und Zusammenarbeit setzte sich erneut durch.

Der Kampf ums Haar war dabei meist informell und erfolgte

unausgesprochen, bei Gelegenheit jedoch auch sehr öffentlich und explizit, besonders in der prozessfreudigsten Gesellschaft von allen, den USA. In den Gerichtssälen stieß der Wunsch nach Individualität auf eine zunehmend strenge Reaktion, die auf ein Bestärken der rasierten Ordnung abzielte. Der Rückgang der Gesichtsbehaarung in den 1980ern war nicht einfach eine Verlagerung der Mode, sondern Ergebnis eines ganz bewussten Unterdrückungskampfes.

Die offensichtlichsten Beispiele für unternehmerischen Druck auf die Behaarung lieferten die beiden archetypischen Firmen McDonald's und Walt Disney, die ihr Geschäft auf Bekömmlichkeit und effiziente Leistungserbringung gründeten. Im Schatten der Aufsässigkeit der 1960er und 1970er verschanzten sich beide Unternehmen weiter in den 1950ern. McDonald's bestand darauf, dass seine Angestellten »die Kunden als vorbildliche amerikanische Jungs beeindrucken«.[40] Diese (bis 1964 ausschließlich männlichen) Teenager mussten sich jeden Tag baden und rasieren sowie schwarze Hosen, glänzende Schuhe, eine ordentliche Frisur und ein freundliches Lächeln im Gesicht tragen. Die (»Gastgeber« genannten) Angestellten der Walt-Disney-Freizeitparks erhielten detaillierte Anweisungen, wie sie den »Disney Look« zu verkörpern hätten, was für Männer ein rasiertes Gesicht sowie »einen ordentlichen natürlichen Haarschnitt« bedeutete, der nicht über die Ohren ging. In einer seltsamen Formulierung hieß es in den Richtlinien, dass Bärte und Schnäuzer nicht gestattet seien, »Deodorant jedoch erforderlich« sei – als ob Deodorant ein Ersatz für Haare im Gesicht darstelle.[41] Keine Richtlinien könnten das unternehmerisch geprägte Ideal gesäuberter Männlichkeit des Amerikas des zwanzigsten Jahrhunderts besser auf den Punkt bringen. Die Behaartheit stellte demnach eine inakzeptable

Ergänzung zu Unordentlichkeit, Regelwidrigkeit und Unzuverlässigkeit dar.

Die strengen Verbote seitens McDonald's und Disneys waren schlicht die augenscheinlichsten Beispiele für eine immer heftigere Gegenreaktion auf den Vormarsch des Haars in Amerika. Das Recht von Privatunternehmern, über die Körperpflege ihrer Arbeitnehmer zu bestimmen, wurde kaum infrage gestellt, und wenn, dann wurde für gewöhnlich die Autorität des Arbeitgebers verteidigt. Die beträchtliche Minderheit der von Tarifverträgen geschützten Angestellten der Privatwirtschaft konnte ein Schiedsgericht bemühen, um die Gesichtshaar-Vorschriften anzugreifen, doch selbst in diesen Fällen stellte der Schiedsmann die Unternehmensinteressen meist über die Interessen von Einzelnen. Eine wissenschaftliche Untersuchung von arbeitsrechtlichen Schiedsverfahren in den USA zwischen 1967 und 1979 ergab, dass beinahe sämtliche betroffenen Satzungen darauf abzielten, das öffentliche Ansehen des Unternehmens zu schützen, und dass die Schiedsmänner in Sachen Gesichtsbehaarung geteilter Meinung waren.[42] Die besten Erfolgsaussichten hatten diejenigen Angestellten, die beweisen konnten, dass ihre Erscheinung nicht den Geschäftsinteressen des Arbeitgebers zuwiderlaufe. Die Angestellten von nicht auf Wettbewerb abzielenden Betrieben, wie solche in der Versorgungswirtschaft oder im öffentlichen Nahverkehr, konnten die Richter eher für sich gewinnen. Eine nicht einstimmige Entscheidung im San Francisco des Jahres 1976 involvierte Beschäftigte eines öffentlichen Versorgungsbetriebs und veranschaulicht die wackeligen Füße, auf denen das Tragen von Bärten am Arbeitsplatz stand, am besten. In jenem Fall verfügte der Schiedsmann, dass ein Unternehmensverbot von Koteletten, Schnäuzern und Ziegenbärten unangemessen sei, da man diese relativ einfach sauber und ordentlich halten könne, wohingegen das Verbot von Vollbärten angemessen sei, da dieser Barttyp »durch seinen natürlichen Glanz viel schwieriger sauber und ordentlich zu halten ist als die örtlich begrenzteren Wachstumstypen«. Folglich seien es die vollbärtigen Männer, die »am ehesten die vom Unternehmen befürchtete verärgerte Reaktion der Öffentlichkeit zur Folge hätten«, befand das Schiedsgericht.[43] Das mag man für Haarspalterei halten, doch es macht deutlich, dass die Sorge um das Image eines Unternehmens schwerer wog als die Notwendigkeit, die persönliche Freiheit des Einzelnen zu verteidigen.

Angestellte im öffentlichen Dienst gingen in den USA häufig vor Gericht, um ihre persönliche Freiheit zu verteidigen, obwohl die Erfolgsaussichten wenig Hoffnung machten. Anfang der 1980er war das Recht auf Gesichtshaar-Vorschriften seitens öffentlicher wie privater Arbeitgeber in Praxis und Gesetz verankert worden. Im »Land der unbegrenzten Möglichkeiten« hatten und haben die Männer also kein Recht darauf, sich die Haare wachsen zu lassen.

Ende der 1960er und Anfang der 1970er unternahmen einige Gruppierungen öffentlich Angestellter rechtliche Schritte zur Verteidigung ihres Barts oder Schnäuzers oder drohten sie zumindest an, darunter Busfahrer und Feuerwehrmänner in New York City, Postangestellte im kalifornischen Van Nuys, Feuerwehrmänner und ein Schulbusfahrer in Chicago, Bahnarbeiter auf Long Island sowie Polizisten in Suffolk County im Staat New York. Am Anfang einiger dieser Klagen stärkten die Entscheidungen die Rechte der Angestellten. Die Postangestellten in Kalifornien zum Beispiel erreichten, dass das Verbot von Gesichtshaar gekippt wurde, noch bevor man die Klage überhaupt erhoben hatte, und die New Yorker Busfahrer gewannen ihren Prozess im

Schiedsgerichtsverfahren. Je mehr Zeit allerdings verging und je höher die Klagen in der Hierarchie wanderten, desto schmerzhaftere Niederlagen mussten die Angestellten einstecken. Ganz entscheidend war der Fall der Polizisten in Suffolk County außerhalb New Yorks. Der dortige Police Commissioner hatte ein strenges Verbot für Haare, die über den Kragen fielen, und jegliche Gesichtsbehaarung, die kurze Koteletten und kleine Schnäuzer überstieg, erlassen. Die Polizeigewerkschaft hatte mithilfe der amerikanischen Bürgerrechtsvereinigung Klage dagegen eingereicht, wobei sie den Ersten Verfassungszusatz der Meinungsfreiheit sowie den Vierzehnten Verfassungszusatz des Schutzes der persönlichen Freiheit anführten. Suffolk County wiederum führte als Argument an, dass die Haarvorschriften einer besseren Erkennbarkeit der Polizisten als solche bei den einzelnen Bürgern dienten sowie einem stärkeren Kameradschaftsgeist.

Das Bundesbezirksgericht in New York entschied, dass die Klage der Polizisten haltlos sei, doch das zweitinstanzliche Gericht kippte diese Entscheidung und verfügte, dass die Polizisten sehr wohl ein Recht darauf hätten, ihre äußere Erscheinung zu bestimmen. Der Gerichtsausschuss entschied, dass das County kein zwingendes öffentliches Interesse an der Einschränkung der persönlichen Freiheiten der Polizisten nachweisen könne. Suffolk County legte daraufhin Berufung ein, und der Oberste Gerichtshof der USA fällte im April des Jahres 1976 sein Urteil im Fall Kelley gegen Johnson.

Richter William Rehnquist sprach für eine sechsköpfige Mehrheit und wies die Argumente der Polizeigewerkschaft zurück. Er verneinte ein absolutes Recht auf jede beliebige Haarmode und bestand darauf, dass es dem Kläger obliege zu beweisen, dass »es keine rationale Verbindung zwischen der Vorschrift... und dem

Schutz von Personen und Eigentum gebe«.[44] Dies war eine weit schwierigere Vorgabe als die vom Berufungsgericht vorgeschlagene, das auf dem Schutz der persönlichen Freiheit bestanden hatte, außer das County hätte ein »echte Notwendigkeit seitens der Öffentlichkeit« beweisen können.[45] Mit Blick auf diesen härteren Test befanden Rehnquist und die Mehrheit, dass Suffolk Countys Wunsch, »bei den Bürgern für eine bessere Erkennbarkeit der Polizeibeamten als solche« zu sorgen, sowie der Wunsch, den Kameradschaftsgeist zu fördern, beides plausible Beweggründe für das Einführen von Körperpflege-Vorschriften seien.[46] Zwei Richter, Thurgood Marshall und William Brennan, stimmten dem allerdings ganz und gar nicht zu. Sie folgten der Logik der Vorinstanz und widersprachen dem Argument, dass lange Haare oder Bärte entweder die Moral schwächen oder einen Polizisten weniger als Gesetzeshüter erkennbar machten.

Wie zu erwarten war, nahmen die Polizisten überall im Land Anstoß an diesem gegen sie gerichteten Entschluss. Der Vorsitzende des New Yorker Wohltätigkeitsverbands der Streifenpolizisten beschwerte sich, dass »dies einen Polizisten zum Bürger zweiter Klasse macht, da man ihn seines elementaren Optionsrechts beraubt«[47]. Vielen stach die Ironie ins Auge, dass Richter Rehnquist selbst nicht den Körperpflege-Vorschriften des Suffolk County entsprach mit seinen buschigen Koteletten und seiner modischen Frisur. Als man ihn darauf hinwies, gab er herablassend zur Antwort, dass er »glücklicherweise sowieso nie für die Polizeibehörde von Suffolk County arbeiten wollte«. Obwohl diese Gerichtsentscheidung genau genommen nur mit Blick auf die Vorschriften eines einzigen Commissioners galt, lag es doch auf der Hand, dass sie viel weitreichendere Konsequenzen haben würde. Ein Reporter der *Los Angeles Times* erkannte sofort, dass der gerichtliche Beschluss derart weit gefasst war, dass er nahezu alle Körperpflege- und Kleideranordnungen für die elf Millionen öffentlichen Staatsangestellten bestätige.[48]

Ein wenig überraschendes Ergebnis dieser Entscheidung war, dass sie Polizeikommissare, Feuerwehrhauptmänner, Schuldirektoren und andere Regierungsbeamte zu einem härteren Vorgehen gegen die Angestellten ermutigte, die mit ihrem Rasierer nur unzureichend gehorchten. 1977 zum Beispiel legte der oberkorrekte Polizeichef von Englewood in New Jersey fest, dass die fünfundzwanzig bärtigen Männer seiner achtundzwanzig Mann starken Truppe sich rasieren müssten. »Mir war ganz schön kalt im Gesicht da draußen«, beschwerte sich ein Polizist ohne seine übliche Bedeckung nach einer Streife im Januar.[49] In den Jahrzehnten nach dem Fall *Kelley* wandten die Bundesgerichte den Gerichtsbeschluss an und dehnten ihn zusätzlich aus. Ein Fall in Texas im Jahr 1978 sowie ein Fall in Louisiana im Jahr 1982 bestätigten die Befugnis von Schulbezirken, ein Bartverbot für Angestellte wie Schüler zu verhängen. Die Causa *Domenico gegen Rapides Parish School Board* war zurückzuführen auf eine Klage von bärtigen Lehrern und Busfahrern, die ihre Bürgerrechte beschnitten sahen. Ein Bundesberufungsgericht wandte den Maßstab *Kelley* an und entschied zugunsten der Schulbehörde. Es kam zu folgendem Schluss: »Im Umfeld einer Highschool stellt die Regelung der Haarmode eine plausible Maßnahme dar, um das unbestreitbare Interesse der Schulbehörde am Vermitteln körperlicher Hygiene, Beibringen von Diszipliniertheit, der Geltendmachung von Autorität sowie dem Verpflichten auf Einheitlichkeit voranzubringen.«[50] Andere Gerichtsbeschlüsse schränkten die Rechte öffentlicher Angestellter in anderweitiger Hinsicht ein, vor allem zwei Fälle in Arkansas, bei denen es 1983 um einen Naturforscher in einem Nationalpark und 1992 um medizinische Assistenten im Notfalldienst ging.[51]

Die Entscheidung im Fall *Kelley* bestand einen weiteren wichtigen Test im Jahr 1992, als Massachusetts seine Polizeitruppen zu einer einzigen Dienststelle zusammenfasste. Als erste allgemeine Verordnung untersagte der neue Polizeichef jede Art von Gesichtsbehaarung. Sechs der über zweihundertfünfzig Männer, die ihren Schnurrbart abrasieren mussten, reichten deshalb eine Klage ein. Wie die Polizisten aus Suffolk County beriefen sie sich auf die Verletzung ihrer Grundrechte durch den Staat, »indem man sie zwang, einen integralen Bestandteil ihrer Persönlichkeit aufzugeben.«[52] Leider sprachen die Präzedenzfälle stark gegen sie. Der Amtsrichter nahm zur Kenntnis, dass die Messlatte seitens des Obersten Gerichtshofs für Staatsbehörden sehr niedrig lag, und entschied, dass das Gesichtshaarverbot ganz klar den Kriterien der Angemessenheit entspreche. Der Urteilsspruch des Obersten Gerichtshofs in Sachen Gesichtsbehaarung hielt Klage über Klage stand, und so häuften sich die Urteile gegen die Entscheidungsfreiheit des Einzelnen. Die einzige Ausnahme in all diesen Gerichtsverfahren war ein Sieg für Universitätsprofessoren. Es scheint also, als ob man in den USA deshalb so viele Professoren einen Bart tragen sieht, weil sie einige der wenigen öffentlichen Angestellten sind, denen dieses Recht zugesprochen wird.

Das Verschwinden des Haars gegen Ende des zwanzigsten Jahrhunderts traf mit der abermaligen Krise männlichen Selbstbewusstseins in puncto Maskulinität zusammen. Ein interessantes Beispiel für diese Entwicklung in den USA war die sogenannte mythopoetische Bewegung, welche vom Lyriker Robert Bly inspiriert war und unterstützt wurde von Theoretikern und Psychotherapeuten wie James Hillman, Robert L. Moore und Michael Meade, die sich von C. G. Jung beeinflusst zeigten. Blys 1990 veröffentlichtes Buch *Eisenhans* diente dieser Bewegung als Manifest und war in den USA viele Jahre lang ein Bestseller. *Eisenhans* war eine Art erweiterte Betrachtung eines Märchens der Brüder Grimm, welches Bly als Metapher für die männliche Psyche auffasste. Während des Heranwachsens müssten sich die Männer mit ihrem inneren »Wilden Mann« vertraut machen, schrieb Bly. Nur so könnten sie die positive »Zeus-Energie« freisetzen – die Kraft, Freude und Widerstandsfähigkeit ihrer männlichen Seele. Der haarige Mann würde den Leuten Angst einflößen, »besonders jetzt, da die Unternehmen sich so sehr bemühen, den gesäuberten, haarlosen, seichten Mann aus uns zu machen«.[53] Diese Verknüpfung von Maskulinität mit Haar zieht sich durch das gesamte Buch. In einem Abschnitt beschreibt Bly den »Wilden Mann« als die positive Seite männlicher Geschlechtlichkeit: »Das Haar, das seinen gesamten Körper bedeckt, ist so natürlich wie das eines Hirschs oder Mammuts. Er hat sich nicht aus Scham rasiert, und seine Instinkte sind nicht so unterdrückt worden, als dass sie den frauenerniedrigenden Zorn hervorbringen würden.«[54]

Dieser Lobgesang auf das Haar blieb größtenteils metaphorisch. Man hielt »Wilder Mann«-Wochenenden ab, bei denen die Männer Trommeln schlagen, Kanincheneintopf essen, Geschichten erzählen und weinen sollten, doch das Haare wachsen zu lassen, wurde weder großartig diskutiert noch sonderlich gefördert. Robert Moore trug einen beeindruckenden Bart, doch andere führende Köpfe der Bewegung wie Reade, Hillman und Bly selbst blieben rasiert. Sie hielten es wie die mittelalterlichen Mönche, die den »inneren Bart« als spirituellen und weniger als tatsächlichen Ausdruck von Männlichkeit ansahen. Oder wie Bly es formulierte: Ziel sei es nicht, »der Wilde Mann zu *sein*, sondern mit dem Wilden Mann *in Verbindung* zu stehen«.[55]

Obwohl Blys Bewegung sich am linken politischen Spektrum bewegte, war sie größtenteils apolitisch und neigte trotz ihrer Rhetorik nicht dazu, Haare als persönliche Äußerung zu instrumentalisieren. Dennoch steckte Ende des zwanzigsten Jahrhunderts durchaus noch Leben im linksgerichteten Haar, vor allem in Europa.

FRANK DOBSON SAGT EINFACH NEIN

Als Frank Dobson als Labour-Party-Kandidat für die Londoner Bürgermeisterwahl des Jahres 2000 von Parteiführern dazu gedrängt wurde, sich den Bart abzurasieren, weigerte er sich. Es sah aus, als würde er haushoch verlieren, und so schlug man ihm als Strategie einen neuen Look vor, damit er in der Gunst der Wähler stieg. »Ich habe ihnen gesagt, sie können mich mal gernhaben«, erklärte Dobson der Presse, »denn offen gestanden befinde ich mich nicht im Image-Geschäft. Das, was man sieht, bekommt man bei mir auch. Wenn Sie nicht mögen, was Sie sehen, dann müssen Sie mich nicht wählen, aber hören Sie mir bitte zu.«[56]

Dobsons trotziger Widerstand spiegelte diverse politische Realitäten gegen Ende des zwanzigsten Jahrhunderts wider: Die Europäer unterlagen weniger dem »Shavism« als ihre amerikanischen Kollegen, aber sogar in Europa wuchs der Druck, den Bart abrasieren zu müssen. Viele Personen des öffentlichen Lebens, insbesondere die linksorientierten, beharrten allerdings auf ihrem Sinnbild des Widerstands gegen die unternehmerisch geprägte Gleichförmigkeit. Dies galt besonders für Frankreich, wo der Sieg von François Mitterrand und der französischen Sozialisten im Jahr 1981 den Weg für eine kleine Bartbewegung in den Hallen der Macht ebnete. Mehrere Führungspersönlichkeiten, darunter Verteidigungsminister Charles Hernu, Arbeitsminister Jean Auroux und mehr als dreißig Abgeordnete der neuen Regierungspartei – etwa zwölf Prozent der Sozialisten – trugen einen Bart.[57] Zum Zeitpunkt der Wahl nahm ein Journalist von *Le Monde* den Hollywood-Bart einiger Führungspersönlichkeiten zur Kenntnis, welcher sich während den 1960ern bei den Professoren und Intellektuellen des Rive-Gauche-Viertels zunehmender Beliebtheit erfreute und sich »trotz der Fortschritte metallener und elektrischer Gerätschaften« hartnäckig hielt.[58] Den Berichterstatter irritierte das Entstehen einer »Republik der Professoren«.

Wie diese Scherze erkennen lassen, wurden die politischen

12.4 Der britische Labour-Abgeordnete Frank Dobson, 1991

Bärte kaum großartig bewundert, selbst in Frankreich nicht. Der gegen sie gerichtete Druck war groß und wurde in den letzten Jahrzehnten des Jahrhunderts sogar noch größer. Der Sieg der Konservativen in Großbritannien im Jahr 1979 bereitete der Gesichtsbehaarung in den Reihen der britischen Regierung für die nächsten achtzehn Jahre ein Ende, denn Margaret Thatcher war entschieden dagegen. 1997 war die Regierungszeit der Konservativen mit dem Sieg der gemäßigten »New Labour«-Partei unter der Führung von Tony Blair endgültig vorbei. New Labour versprach, einige der unternehmensfreundlichen Reformen der Thatcher-Regierung beizubehalten und sich dabei, was Sozialausgaben und Ähnliches anbelange, leicht nach links zu bewegen. Eine der Maßnahmen, welche die Politiker der britischen Linken Ende der 1990er ergriffen, um der Öffentlichkeit ihre Regierungsfähigkeit zu zeigen, war das Abrasieren ihrer Bärte, um wie die farblosen, verlässlichen Politiker der Konservativen zu wirken. Als die bevorstehende Wahl näher rückte, beobachtete der *Guardian*, dass »›New Labour, New Shave‹ bei den Emporkömmlingen Konjunktur zu haben scheint«.[59] Peter Mandelson, ehemals schnurrbärtiger Wahlkampfleiter und zukünftiges Kabinettsmitglied der Labour-Partei, nahm sich Umfragen zu Herzen, welche die Unbeliebtheit von Haaren im Gesicht bei den Wählern offenbarten, und überredete auch andere, seinem geschmeidigen Beispiel zu folgen, darunter Stephen Byers (den angehenden Verkehrsminister) und Geoffry Hoon (den designierten Verteidigungsminister). Alistair Darling, ein weiteres Labour-Oberhaupt, schüttelte seinen schwarzen Vollbart nach dem Wahlsieg und seiner Ernennung zum Schatzkanzler ab, obwohl er zu Recht stolz darauf war. Nur ein Dreiergrüppchen (nämlich David Blunkett, Robin Cook und eben Frank Dobson) blieb seinen Prinzipien treu und ließ seine Gesichter, wie sie waren.

Im Jahr 2000 war Dobson nicht Blairs erste Wahl als Labour-Kandidat für den neu geschaffenen Posten des Mayor of Greater London gewesen, sah er doch durch und durch nach »Old Labour« aus. Und die erste Wahl der Londoner Wählerschaft war er auch nicht. Ihr Favorit war Ken Livingstone, »Red Ken«, ein Linker mit übergroßer Persönlichkeit (und keinen Haaren im Gesicht). Die Londoner mögen grelle Persönlichkeiten (denken wir an den noch exzentrischeren Boris Johnson, der Livingstone 2008 beerben sollte), und Dobson hat eben keinerlei Aufsehen erregt. In Dobson sahen sie außerdem trotz seines Gesichtshaars einen Funktionär des Strippenziehers Tony Blair. Das Durchsickern von Dobsons Rasurverweigerung könnte tatsächlich auch eine allerletzte verzweifelte List gewesen sein, den Wählern zu beweisen, dass er eben *nicht* eine von Blairs Marionetten war.[60] Falls dies der Fall gewesen sein sollte, so hat es alles andere als geklappt. Dobson musste eine vernichtende Niederlage einstecken.

Der europäische Kampf ums Haar bekam im Jahr 1991 neue Dringlichkeit, als die Eröffnung des Disneyland Paris näher rückte. Dieser Freizeitpark bedeutete eine gewaltige Verpflanzung amerikanischer Popkultur in das Herz Europas, reichlich versehen mit allem, was die europäische Intellektuellenelite daran am meisten hasst: die Kommerzialisierung der Kultur, krasser Materialismus sowie die unternehmerisch geprägte Gleichschaltung. Die Bewerber für einen der zwölftausend Jobs in dem neuen Park wurden von Bestimmungen überrascht, welche die »Mitwirkenden«, inklusive des Fahrgeschäftpersonals und der Ticketabnehmer, zu einem permanenten Anlächeln der Besucher verpflichteten. Allgemeine Ungläubigkeit herrschte auch gegenüber Disneys strengem Alkoholverbot vor. Und dann war da noch Disneys blitzsauberer Dresscode, welcher in einem Merkblatt mit dem Titel »Le Euro Disneyland Look« ganz klar dargelegt wurde. Unter anderem waren Männer dort zu einem Kurzhaarschnitt und einem Ausmerzen jeglicher Haare im Gesicht verpflichtet.

Nach Meinung vieler Franzosen, denen die amerikanischen Geschäftsmethoden sowieso schon zutiefst suspekt waren, stellte die Reglementierung des Frauen-Make-ups und der Männerhaare einen Angriff auf die persönliche Freiheit und die Arbeitswürde dar. Wie konnten die Amerikaner nur so rücksichtslos mit den kulturellen Werten der Franzosen umgehen? Die Disney-Funktionäre versicherten der französischen Öffentlichkeit, dass ihnen die Unterschiede zwischen Frankreich und den USA sehr wohl bewusst seien, beharrten allerdings darauf, dass die Marke Disney darauf basiere, ihren Kunden ein echt amerikanisches Erlebnis zu bieten. Ohne die adrette Kleiderordnung, erklärte der amerikanische Einstellungsbeauftragte, »würden wir nicht das Disney-Produkt präsentieren, das die Leute erwarten«.[61] Die Gewerkschaften waren nicht überzeugt und reichten eine offizielle Klage ein. Das Amtsgericht zwang Disney in die Knie, und der endgültige Gerichtsbeschluss in Paris im Jahr 1995 watschte den ehemaligen Geschäftsführer, der unmittelbar für die Kleiderordnung verantwortlich war, mit einer indes geringen Geldbuße ab. In der Zwischenzeit hatte man die Kleiderordnung bereits zurückgenommen, obwohl eine Gewerkschaft sich noch immer darüber beschwerte, dass die amerikanischen Standards nun einfach indirekt erzwungen würden.[62]

Die Walt Disney Company war also zu dem Ergebnis gekommen, dass eine subtilere Herangehensweise für weniger Ärger sorgen und dennoch genauso erfolgreich sein würde. Andererseits lernte sie auch, dass nicht alles verloren war, wenn sie ein paar Zugeständnisse machte. Mehr Abwechslung in Sachen Haar war ein durchaus angemessener Preis für den Arbeitsfrieden, genau wie eine Aufhebung des Alkoholverbots ein angemessener Preis für größere Besucherzahlen war. Dennoch dauerte es ganze achtzehn Jahre, bis Disney die Zügel daheim in seinen US-Themenparks etwas lockerer ließ und zurückhaltende Bärte erlaubte, solange sie »den gepflegten, ordentlichen und professionellen Look« wahrten.[63] Auch wenn dies kaum eine uneingeschränkte Vertrauensbekundung für den Bart darstellte, signalisierte diese Neuerung dennoch deutlicher als jede andere einen echten Sinneswandel zum Ende des Jahrhunderts hin. Wenn sich der größte Anti-Haar-Betrieb der Welt im größten Anti-Haar-Land der Welt beugen konnte, und sei es nur ein kleines bisschen, dann war der »Shavism« endgültig am Verblassen und ließ sowohl das linke Haar als auch die Gegenreaktion darauf mit weniger »Dringlichkeit« zurück, als das neue Jahrhundert seinen Lauf nahm.

Kapitel 13
DIE MÄNNER DER POSTMODERNE

Im einundzwanzigsten Jahrhundert hat das Gesichtshaar eine größere gesellschaftliche Präsenz als im vorausgegangenen Jahrhundert erlangt, doch von einer neuen Bartbewegung kann man trotzdem nicht sprechen. Das glatt rasierte Gesicht stellt noch immer die Norm für eine gesellschaftstaugliche Männlichkeit dar. Ein Mann mit Bart sieht sich noch immer mit gewissen Haken und Ösen in Form von Missfallen und Misstrauen konfrontiert. Die Männer in den USA besitzen noch immer kein Grundrecht auf das Tragen von Gesichtshaar, da sowohl staatliche als auch privatwirtschaftliche Institutionen weiterhin Vorschriften in puncto Frisur geltend machen. Das primäre Statement, das ein Mann mit Bart demzufolge abgibt, lautet: Er sei autonom und mache, was ihm gefalle. Künstler, Musiker und Professoren tragen aus diesem Grund so gerne einen Bart.

Dabei gibt es natürlich auch Ausnahmen. Für die Mitglieder traditionalistischer Religionsgruppen bedeutete die Gesichtsbehaarung immer schon ein Statement für kollektive Unabhängigkeit von der breiten Masse der Gesellschaft, nicht für persönliche Freiheit innerhalb der Gruppe. Und manche Männer haben spezifischere Ziele im Sinn als das Ausleben persönlicher Freiheit. Kulturell betrachtet gibt es heute vier unterschiedliche Beweggründe für einen Bart neben dem der persönlichen Unabhängigkeit: das Überschreiten von Geschlechtergrenzen (oder: Gender Bending), gesellschaftliche Unangepasstheit, religiöse Identifikation sowie irgendein besonderes Bestreben. Diese Zielsetzungen überschneiden sich oftmals auf verschiedene Weise. Diejenigen Männer, die Gender neu definieren möchten oder sich mit einer bestimmten religiösen Minderheit identifizieren zum Beispiel, sind in vielerlei Hinsicht auch Nonkonformisten.

Wie der Bart aussieht und welchem Zweck er dient im neuen Jahrtausend, das erzählt uns eine ganze Menge darüber, wie Männer denken und wie sie ihr Haar dazu verwenden, neue Begrifflichkeiten von Maskulinität in einer fluiden und pluralistischen Welt auszuprägen. Ein neuer Ansatz für die maskuline Identität ist beispielsweise der »Metrosexuelle«, einer, der Geschlechtergrenzen überschreitet und sich mittels einer sorgfältig gestylten Erscheinung ausdrückt.

BECKHAM BEUGT DIE REGELN

An einem sonnigen Junitag des Jahres 2008 enthüllte Fußballstar und Promi-Ikone David Beckham vor dem Warenhaus Macy's in San Francisco ein gewaltiges, knapp dreiundzwanzig Meter hohes Foto seiner selbst in Designerunterwäsche. Tausende von Fans und Shoppern jubelten und schrien, als sein heißblütiger, stoppelbärtiger Blick offenbart wurde, gefolgt von einem muskulösen, haarlosen Körper, der die engen Armani-Unterhosen ausbeulte. Sogar Beckham selbst war beeindruckt und gestand in seinem Blog: »Ich staunte total über das riesige Werbeplakat vor Macy's und staunte noch mehr über die ganzen Leute, die extra deswegen gekommen waren!«[1] Die Enthüllung war ein erneuter Beweis für Beckhams Wirkung als Marketingmaschine sowie ein erneutes mutiges Statement seiner ganz besonderen Sorte maskuliner Eigenwerbung.

Männliche Sportler wie Beckham haben schon immer ihren Körper zur Unterhaltung der anderen zur Schau gestellt, doch gemeinhin wurden sie für ihre Erfolge auf dem Platz gefeiert und nicht dafür, wie sie außerhalb des Platzes aussahen. Bei Beckham war das anders. Er wollte, dass die Leute seinen Körper und sein Aussehen bewundern, und er lud zu Gesprächen über die Stärken und Schwächen einer männlichen Erscheinung ein, wie es vorher weiblichen Erscheinungen vorbehalten war. Die Streitigkeiten in der Klatschpresse über Beckhams verdächtig pralle Hose (war die Beule echt?) ließen die vergangenen Debatten über Teint und Brüste von Frauen nachklingen. Die Hose wurde ja wohl ausgestopft oder am Computer nachbearbeitet? Und was ist mit diesen geschmeidig glatten Beinen? Welcher Mann würde sich freiwillige dem langsamen und qualvollen Waxing unterziehen, um den Intimbereich um diese kurzen Hosen herum aufzuputzen? Die Antwort lautet, Beckham selbst zufolge: ein Mann, der einen gewissen Anteil Weiblichkeit in sich selbst akzeptiert. Beim Start der Armani-Kampagne erklärte er: »Ich trage immer die Unterwäsche von Armani. Ich habe sie in jedem Spiel für [Los Angeles] Galaxy getragen... weil sie bequem ist. Sie ist männlich, hat aber auch so eine weibliche Seite.«[2] Prall, aber geschmeidig: Das ist das Modell für die männliche Balance im einundzwanzigsten Jahrhundert.

Beckhams eifriges Entblößen als Sexsymbol und seine ungenierte Begeisterung für Mode, Shopping und Körperpflege liefen

13.1 David Beckham posiert in einer Werbung für Armani-Unterwäsche, San Francisco, 2008

den maskulinen Klischees zuwider. Seit über zwei Jahrhunderten – seit dem Niedergang von Perücken, Seidenstrümpfen und Spitzenkrägelchen – verbietet der Männerkodex die materialistische Genusssucht als eine Form weiblicher Schwäche und Undiszipliniertheit. Luxusgüter verweichlichten die Männer und unterhöhlten die Tugenden Zähigkeit, Autarkie und harte Arbeit, die dem Mann dabei behilflich seien, seine Rolle als Macher und Versorger zu erfüllen.[3] Beckham schien sich für all das kaum zu interessieren. Wenn das gekonnte Kleiden – und Entkleiden – bedeutete, dass er in irgendeiner Hinsicht »weiblich« war, dann nahm er das hin. Mit anderen Worten: Ihm gefiel nicht nur das Spiel mit dem Ball, sondern auch das Spiel mit den Gender-Klischees. Außerdem lenkte er das Gespräch über Männlichkeit und den männlichen Körper in neue, oftmals umstrittene Richtungen.

Trendwächter und Gesellschaftsanalytiker machten sich an neuen Worten zu schaffen, um Männer wie Beckham zu beschreiben. Peter Hartlaub, der Popkultur-Kritiker des *San Francisco Chronicle*, der Beckham während seines Besuchs interviewte, beschrieb ihn als »man-tastic« (»mann-tastisch«), besonders in Bezug auf seine schnittige Kleidung und stylische Gesichtsbehaarung. Einige Jahre zuvor hatte der britische Kulturkritiker Mark Simpson einen anderen Ausdruck geprägt, der sich als langlebiger herausstellen sollte. In seinem viel gelesenen Artikel des Online-Magazins *Salon* »outete« Simpson Beckham im Jahr 2002 als weder hetero noch schwul, sondern als »metrosexuell«.[4] Simpson reagierte damit auf Beckhams Werbe-Hattrick, als er während seiner Zeit als Mannschaftskapitän der englischen Nationalmannschaft auf den Covern von drei großen Zeitschriften gleichzeitig erschien, von denen keine etwas mit Sport am Hut hatte: der monatlich erscheinenden Frauenzeitschrift *Marie Claire*, der britischen Ausgabe von *GQ* sowie des Schwulenmagazins *Alliance*.[5] Die hervorstechende Eigenschaft des Metrosexuellen sei laut Simpson die, dass er sich so gerne betrachten lasse. Dies kehre die gewöhnliche Gender-Dynamik um, in welcher die Männer die Frauen betrachten – und verdinglichten. In Simpsons Augen war diese Umkehrung keineswegs etwas Gutes; sie bedeutete eine Rückkehr zur Eitelkeit, zum Konsumismus, zur Objektivierung und brachte damit in Wirklichkeit die schlimmsten Seiten althergebrachter Weiblichkeit und Homosexualität in die normative Männlichkeit ein.

Simpson und andere stimmten darin überein, dass die metrosexuelle Gefallsucht zum Teil von der zunehmenden Macht der Frauen angetrieben sei. Männer, welche die Aufmerksamkeit unabhängiger Frauen auf sich ziehen wollten, müssten in Bezug auf Körperpflege, Aussehen und Wahrnehmung ihrer eigenen Gefühle »ein paar neue Tricks aus dem Hut zaubern«, wie es eine Gruppe Soziologen formulierte.[6] Sowohl Ursache als auch Wirkung dieser Verschiebungen des geschlechterspezifischen Verhaltens haben bei vielen Männer und Frauen Unbehagen ausgelöst. Simpson betrachtet die Metrosexualität als eine Art männlicher Kapitulation, und auch andere haben ihre Bestürzung zum Ausdruck gebracht.[7] Morgan Spurlocks Dokumentarfilm *Mansome* von 2012 liefert beispielsweise eine kritische und gleichzeitig hämische Begutachtung männlicher Eitelkeit. Eine anonyme Frau vertritt auf dem Bildschirm die Auffassung: »Wenn man sich zu viel Mühe gibt, sieht man einfach nicht gut aus.« An anderer Stelle erklärt ein Mann: »Sich selbst zuliebe gut auszusehen... Das finde ich total daneben.«

Verständnisvollere Beobachter dieser Entwicklung stimmen zwar darin überein, dass die männlichen Normen sich in eine weiblichere oder homosexuelle Richtung verschoben hätten, betrachteten dies und Beckhams Rolle darin aber als etwas Positives. Statt Beckham die Rolle des Vorzeigekinds für narzisstische Genusssucht zuzuschreiben, haben sich diese Kritiker auf andere Aspekte seiner Persönlichkeit konzentriert, die von der hypermaskulinen Kultur der Elitesportler abweichen. Statt beispielsweise mit den »Jungs« einen draufzumachen, ging Beckham lieber shoppen und mit Frau und Kindern in den Urlaub. Allem Anschein nach hat er die impulsive Frauenfeindlichkeit und Homophobie der Umkleiden und Kneipen hinter sich gelassen und legte stattdessen eine totale Relaxtheit bezüglich seiner Rolle als Sexsymbol für sowohl Frauen als auch Schwule an den Tag. Seine »feminine Seite«, die geschmeidige Nacktheit, der eindringliche Blick und tatsächlich auch das gelegentliche Tragen von Make-up und Nagellack – all das ist ein bewusster Affront gegen die normative Männlichkeit. Der Beckham-Biograf Ellis Cashmore schwärmt, dass der Fußballstar ein Leben entworfen habe, in dem »die althergebrachten Unsicherheiten bezüglich des Geschlechts dahingeschmolzen sind« und »die traditionsgemäß starre Grenze zwischen männlich und weiblich aufgehoben wird«.[8] Der Akademiker David Coad geht sogar noch weiter und behauptet, dass die Metrosexualität im Wesentlichen eine mögliche Gewaltenteilung der Geschlechter impliziere, statt Macht ausschließlich als Zeichen für Männlichkeit oder naturgegebenes Recht des männlichen Geschlechts zu begreifen.[9] So gesehen wäre der neue urbane Mann die fortschrittliche Reaktion auf den zeitgenössischen Feminismus. Wieder andere haben in die Zukunft geschaut und von einer neuen, besseren Version der Metrosexualität geträumt. Die Soziologinnen Marian Salzman, Ira Matathia und Ann O'Reilly haben gar die Ankunft des »Übersexuellen« (»übersexual«) prophezeit, eines heterosexuellen Mannes wie George Clooney, der die Feinfühligkeit des Metrosexuellen besitze und ohne die Selbstzweifel und den Narzissmus auskomme.[10]

Bedeutet die Metrosexualität nun aber einen Rückschritt oder einen Fortschritt? Wie bei anderen Beispielen für die Umgestaltung der Männlichkeit, kann uns das Haar viel über Bedeutung und Beweggründe erzählen. Simpson selbst kommentierte das Rasieren von Körper und Gesicht abschätzig als Zeichen der Selbstverleugnung und Passivität. Betrachtet man jedoch Beckham als Inbegriff von Metrosexualität, so spielt der Bart durchaus eine wichtige Rolle hinsichtlich des Image des neuen Mannes. Als das erotische Beckham-Banner damals in San Francisco enthüllt wurde, berichtete der Journalist Peter Hartlaub, dass Beckhams Haar »kurz und einfach geschnitten war und die Aufmerksamkeit auf seine langen Stoppeln lenkte, welche sein Gesicht bis auf zwei glatt rasierte, heftpflastergroße Streifen auf beiden Seiten seines Kinnbarts in Gänze bedeckten.«[11] Als männliches Sexsymbol hat Beckham jeden Aspekt seines Äußeren mit großer Sorgfalt bedacht und beinahe immer irgendeine Form von Gesichtshaar zur Schau gestellt. Betrachtete man seinen Stil im Lauf der Jahre, so bekommt man bestätigt: Obwohl Länge und Form seines Barts sich ständig verändert haben, ist ihm das Beibehalten seiner Haare im Gesicht genauso wichtig wie das Entfernen seiner Haare überall sonst auf seinem Körper.

Der Metrosexuelle ist dem Bart nicht abgeneigt. Ganz und gar nicht. Michael Flocker und andere metrosexuelle Style-Gurus haben die Leute sogar dazu ermutigt, sich einen wachsen zu lassen, während sie im selben Atemzug auf das Entfernen jeglichen Körperhaars drängten. »Bärte, Kinnbärte, Unterlippenbärte und Schnurrbärte bieten einem eine grenzenlose Auswahl«, wies Flocker die Leute an, »sollten aber unbedingt ordentlich gestutzt und konturiert sein. Selbst wenn man sich für einen lässigen Stoppel-Look entscheidet, bekommt er durch das Rasieren unterhalb der Kinnlinie ganz unauffällig eine saubere und kräftige Erscheinung.«[12] Wie Beckham und andere Celebrities an der

Grenze zur Metrosexualität wie Brad Pitt und George Clooney zeigen, hat der Bart auf den Gesichtern modebewusster Männer in den Anfängen des neuen Jahrtausends eine kleine Renaissance erlebt.

Es gibt mehrere Gründe dafür, dass der Bart ein Comeback auf den schicken Straßen großer europäischer und amerikanischer Städte hat feiern können. Bis zu einem gewissen Grad haben sich Heterosexuelle wie Beckham die urbanen Schwulen zum Vorbild genommen, von denen viele sich in den vergangenen Dekaden dem Bart zugewandt haben, um der kulturellen Verschmelzung von Homosexualität und Verweichlichung entgegenzuwirken.[13] Männer, die mit ihrer »femininen Seite« in Verbindung sind, können ihre maskuline Seite mit ihrem Haar betonen. Ein weiterer Grund für die moderate Gesichtsbehaarung bei metrosexuellen Männern ist das Gefühl, dass sie dadurch mehr Anziehungskraft besitzen. Die Untersuchungen des weiblichen Standpunkts dazu in Kapitel 1 dieses Buchs bestätigen diese Vermutung. Viele junge Frauen haben angegeben, dass sie Männer mit kurzem Bart oder Stoppelbart bevorzugten. Wohlgemerkt nicht zu viel Bart, aber auch nicht zu wenig. Genau die Beckham'sche Position eben. Ob nun die Mode-Prominenz wie David Beckham die weiblichen Probanden in den psychologischen Versuchen beeinflusst hat oder umgekehrt – bei den Geschlechtern scheint eine gewisse Übereinstimmung diesbezüglich zu herrschen.

Das ist aber noch nicht alles. Der metrosexuelle Bart wird ausgiebig gepflegt und ganz ähnlich wie Kleidung behandelt. Genau wie im Fall der Kleidung kann der Träger ihn umgestalten und mit ihm experimentieren und Monat für Monat, Jahr für Jahr unterschiedliche Wirkungen ausprobieren. Aus diesem Grund gibt es keinen alleinigen metrosexuellen Stil für die Gesichtsbehaarung. »Ändern und abwechseln« heißt die Devise. Im späten neunzehnten Jahrhundert hingegen favorisierten die Männer den Bart als Zeichen unabänderlicher maskuliner Eigenschaften, und die natürliche Fülle eines Barts stellte seine hilfreichste und beliebteste Eigenschaft dar. Die modebewussten Männer der heutigen Zeit verfolgen andere Ziele. Gefallen und beeindrucken möchten sie, und die Aufmerksamkeit auf sich lenken, statt sie von sich abzulenken. Mit seinem Haar möchte der moderne Mann viel eher Einzigartigkeit als maskuline Privilegien darstellen. In dieser Hinsicht ist der metrosexuelle Bart ein Paradoxon: Ein wohlgepflegter Bart ist zwar ohne Zweifel männlich, verkörpert jedoch auch das Anliegen, für sich selbst und andere gut auszusehen, was nach Meinung von Beckham und anderen die »feminine« Seite eines Mannes zum Ausdruck bringe. Bis zu einem gewissen Grad entspringt dieses Paradoxon den Widersprüchen, die das unreflektierte Abstempeln von Verhaltensweisen als »weiblich« bzw. »männlich« mit sich bringt. Die Zurschaustellung von Sexualität muss nicht zwangsweise weiblich sein, das ist es, was Beckham und seinesgleichen sagen wollen. Der sorgfältig gehegte Bart überbrückt die theoretische Geschlechterkluft.

Obwohl die männlichen Städter mit ihrer Gesichtsbehaarung experimentierten, haben sie die übrigen Haare ihres Körpers vehement bekämpft. Man mag versucht sein, wie Mark Simpson zu glauben, diese Antipathie repräsentiere eine weibliche Eigenschaft, doch die Leser dieses Buchs werden es besser wissen. Bei der Körperrasur geht es seit Eugen Sandow um nichts als den Muskel. In *Metrosexual – Das Handbuch für den neuen Mann* spricht Michael Flocker dieses Prinzip deutlich aus und hält seine Leser an, die Haare an Brust, Bauch und Unterarmen zu stutzen, »um den schön definierten Körper noch besser zur Geltung zu bringen«. Die Werbung für Hometrainer zeige in den »Vorher«-Bildern immer wieder dicke und behaarte Menschen, die in den »Nachher«-Bildern muskulös und »wundersamerweise haarlos« seien.[14] In Morgan Spurlocks Dokumentarfilm *Mansome* sieht man, wie ein amerikanischer Profi-Wrestler mit nahöstlichen Wurzeln (Shawn Daivari) mühsam seine großflächige Körperbehaarung abrasiert, um die Erwartungen der Fernsehzuschauer zu erfüllen. Während er seinen frisch rasierten Oberkörper bewundert, erklärt Daivari: »Irgendwie gibt mir das die Illusion, dass ich besser in Form bin, als es tatsächlich der Fall ist.«[15] Beim Rasieren geht es um die Gestalt des Körpers und auch, im klassisch griechischen Sinn, um die Lebenskraft der Jugendlichkeit. Dass sich der Metrosexuelle für die Körperrasur interessiert, ist demnach nicht besonders feminin und auch nicht besonders neu. Vielmehr werden hier dem Organismus der Popkultur alte Ideale eingepflanzt.

Das Kultivieren von Gesichtshaar und das gleichzeitige Ausmerzen des Körperhaars ist also eine schlüssige Vorgehensweise, um die maskuline Körpererscheinung aufzubessern. Der Bart kann dabei behilflich sein, aber Muskeln sind genauso wichtig. Und noch eine dritte Form der männlichen Zurschaustellung wird von den Metrosexuellen hinzugefügt, wie Beckhams berühmte Beule bewiesen hat. Da dieser Aspekt der männlichen Anatomie mehr Aufmerksamkeit auf sich gezogen hat, wurde auch er der Haarentfernung unterzogen. Die sogenannten »Boyzilians« (benannt nach dem Brazilian Waxing für Frauen), das heißt die komplette Entfernung der Haare im Intimbereich des Manns, erfreuen sich im neuen Jahrtausend zunehmender Beliebtheit. 2012 berichtete die *New York Times*, wie dieses Phänomen in New York am Wachsen sei: »›Es ist die Schwulen-Community, die Hetero-Community, es sind die sehr konservativen Jungs, es sind die sehr linksalternativen Jungs‹, sagte der Geschäftsführer eines bekannten Enthaarungs-Dienstleisters. ›Es kommen Leute aus allen Altersklassen zu uns. Die Sache ist viel, viel größer, als wir je gedacht hätten.‹«[16] Die Verkäufe von speziell designten elektrischen Rasierern für den Körper sind ebenfalls gestiegen. Umfragen in Deutschland haben ergeben, dass etwa ein Fünftel der jungen Männer sich regelmäßig die Schamhaare entfernt, da sie ihrer Ansicht nach schmutzig und unhygienisch sind.[17] Ein Redakteur der britischen GQ stellte folgende Theorie auf: »Die Mode hat heutzutage tatsächlich ein cleaneres Aussehen, und die Leute nehmen das in ihr Unterbewusstsein auf.«[18] Ein weiterer Saloninhaber erklärt das Ganze etwas bildlicher: Die Haarentfernung im Genitalbereich »hebt ihn noch mehr hervor, weil nun nichts mehr da ist, was die, äh, Gerätschaften dort unten verschleiert«[19]. Der Wettkampf zwischen Haar und Genitalien hat sich dem zwischen Haar und Muskeln angeschlossen. Entfernt man das Haar, so entfernt man das, was die Ausformungen verschleiern könnte, selbst wenn diese »Ausformung« (wie im Fall von Beckhams Riesenposter) von Designer-Unterwäsche bedeckt wird.

Dieser dreiteilige Fokus auf die Körpererscheinung – Gesicht, Muskeln, Genitalien – spiegelt das dringende Bedürfnis vieler Männer wider, ihr Selbstvertrauen zu stärken und anerkannt zu werden. Die »große Ablehnung« des neunzehnten Jahrhunderts hat vielleicht endgültig ausgedient. Vor zweihundert Jahren hatten die europäischen und amerikanischen Männer farbige Kleidung abgeschafft und die körperliche Zurschaustellung – bis auf den Bart – auf ein Minimum reduziert, um den Wettbewerb untereinander zu minimieren und die Unterschiede zwischen den Geschlechtern zu verfestigen. Eintönig gekleidete Männer beobachteten und verurteilten aufwendig geschmückte Damen, die miteinander um männliche Aufmerksamkeit konkurrierten. In gewissem Maß sind diese Unterschiede weniger geworden, und die Frauen haben eine neue Rolle als Beobachterin ergriffen. So ist es beispielsweise äußerst aufschlussreich, dass die berühmteste Szene der beliebten BBC-Produktion von Jane Austens *Stolz und Vorurteil* eine durch und durch moderne Zurschaustellung des männlichen Körpers beinhaltete. Moderne Frauen waren verzückt von Darcys Sprung in einen kleinen See und seine darauffolgende »nass-hemdene« Begegnung mit Elizabeth. Selbst solch eine sittsame Zurschaustellung wäre zu Austens Zeiten undenkbar gewesen, doch sie machte den Schauspieler Colin Firth zum internationalen Sexsymbol.

Zeitgenössische urbane Männer – ob sie in die metrosexuelle Schublade passen oder nicht – haben sich nach und nach mit einer sexuell befreiten und konsumorientierten Modernität kurzgeschlossen. Durch die Entdeckung, dass ein maßvoller Bart genauso attraktiv wie definierte Muskeln sein kann, haben sie der Gesichtsbehaarung neue Gültigkeit verschafft. Ebenso haben sie den Bart neu definiert als Merkmal eines feinfühligen Kultivierten und nicht eines stumpfsinnigen Patriarchen, womit sie die normative Männlichkeit in ein ehemals als weiblich verschrienes Territorium umgelenkt haben.

Dieser Schritt war weder einfach noch allgemein akzeptiert. Ganz im Gegenteil, in den letzten Jahren scheint es sogar einen Rückzug von dieser Art urbaner Veredelung gegeben zu haben. Die sogenannten Hipster und »Lumbersexuals« haben einen anderen Zugang zur bärtigen Männlichkeit. Der Begriff »Lumbersexuals« wurde 2014 eingeführt (abgeleitet vom Englischen »lumberjack« = Holzfäller) und beschreibt urbane Männer, die Holzfällerhemden, schwere Stiefel und Vollbärte bevorzugen.[20] Der Ausdruck spielt an auf »metrosexual« und suggeriert etwas ganz Ähnliches: die verlegene Suche des heterosexuellen Städters nach einer überzeugenden Zurschaustellung von Männlichkeit. Der Metrosexual ist sportlich und gepflegt, wohingegen der Lumbersexual naturverbunden und bullig ist. Beide machen sich sehr viele Gedanken um ihr Aussehen, doch der Lumbersexual und der ähnlich bärtige Hipster möchten gerne unbefangen wirken, als ob sie frei von konsumorientiertem Narzissmus wären. Der gestiefelte und vollbärtige Mann übernimmt die Logik des neunzehnten Jahrhunderts, also einer historischen und natürlichen Männlichkeit, und ist eher bedacht darauf, vom Weiblichen Abstand zu nehmen, als Frauen zu gefallen. Wenigstens ein bekennender Lumbersexual hat schriftlich anerkannt, dass es sich bei dem Lumbersexual-Look (wie auch dem Hipster-Style und dem Bären-Style mancher Schwuler) um ein sorgfältig durchdachtes Bemühen handle, die Grenzen zwischen dem Maskulinen und dem Femininen sichtbarer zu machen in einer so veränderlichen Geschlechter-Landschaft.[21]

Viele Schwule haben einen ähnlichen Druck verspürt, ihr männliches Bona Fide zu bestärken, indem sie die kulturelle Assoziation von Homosexualität mit Weiblichkeit bekämpfen.[22] Insbesondere für zwei Gruppen – die Bären und die Ledermänner – wurde der Bart (neben bestimmter Kleidung, bestimmten Freizeitbeschäftigungen und Sexpraktiken) zum unerlässlichen Accessoire im Kultivieren einer Art schwulen Hypermaskulinität. Beide Communitys sind infolge der Stonewall-Unruhen in New York City im Jahr 1969 entstanden, als Homosexuelle aus dem politischen Schatten traten und ihr Anrecht auf Anerkennung und Akzeptanz anmeldeten. Bei den Bären handelt es sich um Männer, die sich mit unmissverständlich männlichen Merkmalen der Arbeiterklasse assoziieren, darunter Flanellhemden, Gewehre, Trucks oder Motorräder. Ihre Zeitschriften und Treffen sprechen vor allem schwere, haarige Männer an, und sie kosten diese von der breiten Gesellschaft oftmals abgewerteten Eigenschaften so richtig aus. Ebenso verschmelzen sie das Hingezogensein zum gleichen Geschlecht mit diesen normativen Eigenschaften und fechten dadurch beide Klischees erfolgreich an.

Eine der wichtigsten Versammlungen von Ledermännern ist die International Mr. Leather Convention, die seit 1979 in Chicago abgehalten wird. In den letzten Jahren hat sie etwa zwanzigtausend Besucher angezogen. Einem Journalisten zufolge seien dies für gewöhnlich »Büroangestellte mit weißem Krägelchen, die ihren Sex aber mit Lederhalsband mögen«.[23] Die überwiegende Mehrheit bevorzugt einen Bart, und der jährliche Umzug im Chicagoer Grant Park ist seit Langem schon eine bemerkenswerte Zurschaustellung männlichen Haars. Mit ihren Haaren und ihrer Lederkluft beschwört diese Schwulen-Subkultur das Ethos von Biker-Gangs herauf, inklusive der Assoziation mit Gewalt (hartem Sex) und Risikofreudigkeit. Bären und Ledermänner stellen genau wie die Metrosexuals demonstrativ einen sexualisierten Männerkörper zur Schau und positionieren damit den Mann als Objekt sexueller Begierde und nicht nur als denjenigen, der begehrt. In jedem Fall wird die Festung männlicher Schicklichkeit und Selbstbeschränkung durchbrochen, wenngleich die Frage, inwieweit dies eine Befreiung für Mann und Frau darstellt, noch immer diskutiert wird.

Der österreichische Transvestit Thomas Neuwirth wiederum setzt seine Gesichtsbehaarung noch radikaler ein, um Geschlechtergrenzen niederzureißen. 2014 ging er in seiner faszinierenden Drag-Rolle Conchita Wurst als Sieger aus dem Eurovision Song Contest hervor. Conchitas auffallendstes Merkmal war neben ihrem paillettenbesetzten Kleid, ihren Ohrringen, langen Haaren und ihrer Wimpernverlängerung ein dicker dunkler Bart. Die Verschmelzung von maskulin und feminin bildete einen markanten visuellen Kontrapunkt zum Thema ihres von persönlicher Verwandlung erzählenden Songs »Rise Like a Phoenix«. Conchita rauschte damit zum Sieg und gewann sogar Stimmen aus den konservativen osteuropäischen Ländern. Wenigstens an diesem

13.2 Conchita Wurst im Mai 2014

Austragungsort schien es, als ob Europa bereit sei für ihr Statement persönlicher Freiheit, allen voran der Freiheit von Geschlechternormen. »Nicht nur für mich war das ein Sieg«, sagte sie auf ihrem Weg zurück nach Österreich, »sondern auch für diejenigen, die an eine Zukunft glauben, die ohne Diskriminierung auskommt und auf Toleranz und Respekt basiert«.[24]

Das Infragestellen der gesellschaftlichen und sexuellen Ordnung durch Metrosexuelle, Schwule sowie Transvestiten ist genau das, wovor gesellschaftlich konservative Menschen sich fürchten. Ironischerweise hat die Wut konservativer Männer sie in eine derartige Querdenker-Laune versetzt, dass sie nun ebenfalls mit nonkonformistischen Bärten herumexperimentieren. Selbst auf allerfeindlichstem Boden, dem evangelikalen Amerika, hat die Männlichkeit ein neues Gesicht angenommen, welches das Recht der urbanen Metrosexuellen und Schwulen anficht, das Männliche zu definieren. Pastor Rick Warren und TV-Star Phil Robertson sind beides Südliche Baptisten und die prominenten Vertreter zweier überlappender, wenngleich teilweise widersprüchlicher Arten von Nonkonformität im Herzen des christlichen Konservatismus.

RICK WARREN VERANSTALTET EINEN CONTEST

Im Frühjahr des Jahres 2013 lud der kinnbärtige Baptistenprediger Rick Warren die Männer seiner 23 000 Mitglieder starken Saddleback-Church-Gemeinde in Kalifornien dazu ein, sich die Haare im Gesicht wachsen zu lassen und Fotos davon einzureichen, um einen der ersten Plätze in seinem Bart-Wettbewerb zu machen. Im Juli werde er, Warren, persönlich (der von vielen Amerikanern für den einflussreichsten Pastor Amerikas gehalten wird) dann Geschenkgutscheine im Wert von jeweils hundert Dollar an diejenigen mit »den prachtvollsten« und »den erbärmlichsten« Bärten austeilen.[25] Anlass für dieses große »Beardup Saddleback«-Trara war ein Besuch von »Duck Commander« Phil Robertson, des Riesenbart-Patriarchen der in den USA wahnsinnig erfolgreichen Reality-TV-Serie *Duck Dynasty*, der zudem ein berühmter Anhänger konservativ evangelikaler Frömmigkeit ist. Nach den Gottesdiensten an jenem Tag wurden die Kirchenmitglieder zu einer Party mit Cajun-Essen, Zydeco-Musik, Langusten-Live-Cooking, *Duck-Dynasty*-Werbegeschenken sowie der Bartprämierung eingeladen.

Die Südlichen Baptisten können auf eine lange Tradition des Widerstands gegen Männerhaar zurückblicken. Paradoxerweise experimentierten nun aber auch die Konservativen eifrig mit dieser gegenkulturellen Aufmachung. Die einfachste Erklärung für diese Kehrtwende wäre: Langes Haar und Bärte werden nicht länger als liberal oder rebellisch angesehen, und der Saddleback-Bart-Wettbewerb ist genau wie die übertriebenen Bärte der *Duck-Dynasty*-Männer eher Gag als Statement. Diese Erklärung ist allerdings nur teilweise richtig. Bärte, vor allem lange Bärte, haben das Gewagte und Unangepasste nicht verloren, und genau darin liegt der Reiz für Konservative wie Linksorientierte. Vor einer Generation machten sich die konservativen Evangelikalen Rockmusik für ihre Gottesdienste zu eigen. Nun sind endlich die Haare dran. Kann man ein konservativer Rebell sein? Warum nicht? Genau danach streben viele jungen Amerikaner heutzutage.

Warren und Robertson haben ihren Einfluss größtenteils

dadurch erlangt, dass sie einen dynamischen und querdenkerischen Geist (mitsamt Bart) an den Tag gelegt haben. In den frühen 1970ern war der jugendliche Rick Warren der brave Sohn eines Baptistenpredigers, der ebenfalls Prediger werden wollte – allerdings zu seinen eigenen, entschieden modernen Bedingungen. Als er 1970 an seiner Highschool einen christlichen Klub ins Leben rief, ließ er sich vom Beispiel der »Jesus People« leiten, die Stil und Ausdrucksweise der Rock'n'Roll-Kultur der 1960er nahmen und konservativ-religiösen Gefühle anpassten.[26] Warren sah wie die christliche Version eines John Lennon aus, langhaarig und mit Nickelbrille schrammelte er inbrünstig moderne Folk-Rock-Melodien auf seiner Gitarre. Sein Semi-Hippie-Style passte manchen Leuten jedoch ganz und gar nicht in den Kram.

Noch während der Highschool trat er vor einen Prüfungsausschuss seiner Heimatkirche, um seine Laienprediger-Zulassung zu erhalten, der erste Schritt in seiner Laufbahn als Pastor der Südlichen Baptisten. Seine Antworten auf die Fragen nach seinen Heilserfahrungen und Glaubenslehren waren zufriedenstellend, doch dem Hauptpastor missfiel Warrens Erscheinung. Ihm schien es, als ob der schlaksige junge Mann eher wie ein Friedensdemonstrant als ein Baptistenpfarrer aussah. Warren hob zu seiner Verteidigung an; sein Haar sei kein politisches Statement, sagte er, sondern ein jugendlicher Modestil, der ihn leichter mit den Leuten seines Alters in Kontakt kommen lasse.[27] Das verstand der Pastor und gab ihm seine Predigerlizenz. Auch später blieb Warren einem modischen kalifornischen Erscheinungsbild treu. Während er seine neue Kirche in der Vorstadt von Los Angeles in den 1980ern und 1990ern zu einer von Amerikas erfolgreichsten Megakirchen umbaute, reduzierte er die Länge seines Haars, fügte aber einen Schnurrbart und später einen Kinnbart hinzu. In den 2000ern wertete ein Kleiderschrank voller Hawaii-hemden seine Aufmachung als lässiger Mann Gottes weiter auf.

Mit all dem überwand er auf subtile Art und Weise altherge-brachte Grenzen und suggerierte damit, dass er und seine Kirche keinen veralteten Brauchtümern verpflichtet seien. Warrens He-rangehensweise eignete sich bestens für die Bewohner von Südka-liforniens unzusammenhängendem Labyrinth farbloser Traban-tenstädte, die von ihren historischen und kommunalen Wurzeln abgeschnitten waren. Warren zeigte einen konservativen Glau-ben auf, der auf die heutigen Bedingungen abgestimmt zu sein schien. Seine Entscheidung war nicht einfach nur eine Frage des Modestils, und sie war auch nicht nur auf ihn allein beschränkt. Der Soziologe John D. Boy hat in prägnanter Weise beobachtet, wie eine neue Sorte bärtiger Evangelikaler um die Jahrhundert-wende auftauchte und die starren Glaubenslehren und Kodizes der Vergangenheit begierig gegen Erbauung und Zwiesprache eintauschen wollte.[28] »Der kinnbärtige Missionar«, meint Boy, »wird eher für einen echten Mann Gottes gehalten als seine sorg-fältig frisierten, übertrieben politisierten, die Republikaner lie-benden Vorfahren.« Erwartungsgemäß hat Warren weniger Ge-duld mit der rechtsorientierten Fixierung auf Familie und sexuel-le Moral bewiesen und mehr Aufmerksamkeit auf größere Gesell-schaftsprobleme wie Armut und die globale Erwärmung gelenkt. Genau diese unkonventionelle Art brachte den frischgebackenen Präsidenten Barack Obama dazu, Warren die Eröffnungsandacht bei seinem Amtsantritt im Jahr 2008 halten zu lassen.

Warren und Entenjäger Phil Robertson sind nicht gerade vom selben Schlag, aber sie gleichen sich auch nicht nur in puncto Affinität zur Gesichtsbehaarung. Beide leisten auf ihre ganz eige-ne Weise Widerstand gegen die moderne, säkulare Kultur. Ro-

bertson, der getarnte Guru der Prolligkeit, verließ den Pfad her-
kömmlicher Respektabilität bereits in jungen Jahren, obwohl seine Abkehr vom rechten Weg genau wie sein Bart dramatischerer
Natur war als bei Warren. Robertson war in den späten 1960ern
zwei Jahre lang der Star-Quarterback des Footballteams der Louisiana Tech University, geschickt genug, um die zukünftige Spie-
lerlegende Terry Bradshaw auf der Reservebank sitzen zu lassen.
Mit seinem kantigen Kiefer und Bürstenhaarschnitt war er das
Ebenbild des amerikanischen Mittelschicht-Ideals, doch er gab
das Footballspielen auf, weil es mit seiner Herzensbeschäftigung
in Konflikt geriet: der Entenjagd. Er lehnte also das gesellschaftlich anerkannte, reich belohnte Leitbild sportlicher Männlichkeit
ab und entschied sich stattdessen für die Lass-mich-in-Frie-
den-Männlichkeit der Natur. Das Problem war nur, dass Robertson sich sozusagen in der Wildnis verlor. Verheiratet und als Vater
kleiner Kinder verfiel er in ein selbstzerstörendes Muster aus
Zechereien und Alkoholismus. Eine Zeit lang war es derart schlimm,
dass er sogar seine Familie verließ.[29] An diesem absoluten Tief-
punkt fand er zu Gott und zurück zur Nüchternheit sowie zu seiner
Familie. Selbst da ließ er sich allerdings nicht gänzlich domestizie-
ren und hielt hartnäckig an seinem Leben als Jäger und seinem
Outdoor-Bart fest – dem Emblem männlicher Unabhängigkeit
und Renitenz, das er später in Marketing-Magie verwandeln sollte.

Die Grundlage für Robertsons Geschäftserfolg war seine Samm-
lung einmalig erfolgreicher Entenlockruf-Pfeifen, doch seine wahre
Begabung lag darin, seinen Jäger-Lifestyle zu verkaufen, in Form
von Kleidung, Ausrüstung, Videos und seines eigenen bärtigen
Jäger-Images. Als Robertsons mittlerweile erwachsene Söhne das
Geschäft übernahmen, eiferten sie anfangs nicht dem Beispiel

ihres Vaters nach, weil sie glaubten, ein Geschäftsmann müsse adrett und gepflegt aussehen.[30] Um 2005 wurden ihnen jedoch klar, dass die Bärte sie zu etwas Besonderem machten und ihrem Unternehmen Aufmerksamkeit bescherten. Sohn Willie zufolge war ein langer Bart »der beste Marketing-Gag, der je erfunden wurde, und er ist sogar umsonst«.[31] Dennoch ließen sie sich meist nur für Verkauf-Shows und die Entenjagdsaison einen wachsen.[32] Als sie dann irgendwann jedoch zu den ganz Großen gehörten, mussten sie ihr Image wahren und verpflichteten sich ihren patriarchalischen Bärten fortan *fulltime*, sehr zum Bedauern einiger ihrer Ehefrauen.[33] Die Frauen ertrugen diese Veränderung, weil in der *Duck-Dynasty*-Serie die Männer die Stars sind und die Frauen lediglich das Ensemble drum herum.

Der Aufruf dieser Serie zu einem rauen Leben lässt die Hauptthemen der großen Bartbewegung in den 1850ern nachhallen, als Bergsteigen und Großwildjagd auch urbanisierte Männer anzog, die um die Authentizität ihrer Männlichkeit besorgt waren. Phil Robertson und seine Söhne haben in der zeitgenössischen Gesellschaft einen ähnlichen Drang erkannt, und das Bedürfnis, das männliche Selbstbewusstsein zu stärken und die althergebrachten Geschlechterrollen zu bekräftigen, auf direkte wie indirekte Weise bedient.[34] Willie Robertson hat kürzlich das Vorwort zu Darrin Patricks konservativem (wenngleich nicht konservativ betiteltem) *A Dude's Guide to Manhood* (2014) geschrieben, in dem er Folgendes verkündet: »Ich stamme aus einer Familie, die nicht nur reifes Gesichtshaar besitzt, sondern vor allem reife Männer hervorbrachte, die wissen, wie sie ihr Leben zu leben und ihre Frauen und Kinder zu lieben haben. ... Wir brauchen nicht mehr Jungs, wir brauchen echte Männer. Starke, gottesgläubige, reife Männer.«[35] Was genau er mit dieser Unterscheidung zwischen

Jungen und Männern meint, ist nicht ganz klar, besonders weil sich dieser Missbilligung von »Jungs« folgender Aufruf anschließt: »Oh, yeah, und übrigens, lasst euch diese Bärte wachsen, Jungs!!!« Die Terminologie mag nicht einheitlich sein, aber die klare Botschaft der Entenjäger an die Männer der Vorstadt lautet, dass sie an ihrer bedrängten Männlichkeit festhalten und sie mit kühnem Stolz tragen sollten.

Die neu gesprossenen Bärte der amerikanischen Evangelikalen sind eher ein gesellschaftliches als ein religiöses Statement. Weder Warren noch die Robertsons haben die Gesichtsbehaarung aus biblischen oder theologischen Gründen vorangetrieben. Das hätten sie auch kaum tun können, denn für die überwiegende Mehrheit konservativer Christen bleiben kurze Haare und ein rasiertes Gesicht die üblichen Zeichen für moralische und religiöse Rechtschaffenheit. Die drastischsten Verfechter dieser Gesinnung sind die Mormonen, welche Gesichtshaar im Allgemeinen als eine Form von Ungehorsam auslegen. Die Brigham Young University, die Vorzeige-Universität des Mormonentums, verbietet ihren Studenten die Gesichtsbehaarung zur Gänze. Eine neuere Umfrage hat ergeben, dass eine kleine Minderheit gläubiger mormonischer Männer trotz des starken Drucks Schnäuzer und Bart trägt. Diese Männer sind weder Reformer noch Rebellen, doch das Tragen von Gesichtsbehaarung, egal aus welchen Gründen sie sich dazu entschieden haben, zwingt sie in die Rolle des Querdenkers.[36] Der Fall der mormonischen Bärte demonstriert folglich, dass das Tragen eines Barts auch dann zu einer aufsässigen Handlung werden kann, wenn dies ursprünglich gar nicht beabsichtigt war.

Die meisten konservativen Christen betrachten Gesichtsbehaarung noch immer als unvereinbar mit der Tradition, wobei es für bestimmte Religionsgruppen in Europa und Amerika auch genau das Gegenteil bedeutet, nämlich religiöser Gehorsam und Gemeinschaftszugehörigkeit. Die Amischen, die orthodoxen Juden und die fundamentalen Muslime bauen auf ihren Bart, wenn es um die Bekräftigung und das Anpreisen ihrer religiösen Frömmigkeit und ethnischen Identität geht. In diesen Kontexten gehören Frömmigkeit und maskuline Ehre untrennbar zusammen, was den Bart zu einem besonders machtvollen Symbol und gleichzeitig zu einer Zielscheibe für diejenigen macht, die jemandem etwas antun wollen.

MULLETS MÄNNER NEHMEN RACHE

Sie waren in ihrem ländlich gelegenen Bauernhaus gerade in Tiefschlaf gefallen, als der fünfundvierzigjährige Myron Miller und seine Frau Arlene vom Pochen an ihre Tür geweckt wurden. Draußen warteten sechs Männer. Als Myron die Tür gerade mal einen Spalt weit öffnete, um nachzusehen, wer dort war, packte ein Mann seinen Bart und zog ihn durch die Tür ins Freie. Myron packte ebenfalls den Bart des anderen Mannes und riss einen Teil davon aus, als plötzlich noch mehr Männer aus dem Schatten hervorsprangen und ihn zu Boden warfen. Arlene schrie ihren Kindern zu, dass sie Hilfe holen sollten, als einer der Angreifer die Schere schwang und Millers brustlangen Bart auf eine Länge von fünf Zentimeter stutzte. So schnell, wie sie gekommen waren, verschwanden sie auch wieder ins Dunkle und ließen ihr Opfer fassungslos und gedemütigt zurück.[37]

Dieses seltsame Verbrechen scheint, als wäre es aus einem uralten Geschichtsbuch, doch in Wahrheit wurde es am 4. Oktober 2011 in Ohio begangen. Miller war ein Bischof der Amischen und in einen Streit mit der Splittergruppe einer anderen Amish-Siedlung namens Bergholz involviert, die von ihrem eigenen zornigen und exzentrischen Bischof namens Sam Mullet angeführt wurde. Der Angriff auf Millers Bart war Mullets Version von Rache und etwas, das in den Gemeinden der Amischen normalerweise nicht geduldet wird. Und doch war es weder das erste noch das letzte Mal, dass Mullets Männer über jemanden hergefallen waren. In einem Zeitraum von ungefähr zwei Monaten griffen die »Bergholz Barbers« (nicht Mullet persönlich) fünf Mal an und schnitten dabei den Bart von acht Männern sowie das Haar einer Frau ab. Sie alle hätten angeblich die Mitglieder ihrer Gemeinde und im weiteren Sinne auch den christlichen Glauben beleidigt und betrogen. Die anfänglichen Opfer der Angreifer weigerten sich, Anzeige zu erstatten, doch Miller und ein späteres Opfer entschieden sich dafür, als es so aussah, als könne man Mullets Männern nicht anders Einhalt gebieten. Nichtamisches Verhalten erforderte eine nichtamische Reaktion.

Was dann folgte, war ein sensationeller und bahnbrechender Prozess, der international Aufmerksamkeit erregte und zum allerersten Schuldspruch unter dem Shepard-Byrd Hate Crimes Prevention Act des Jahres 2009 führte, welcher Gewaltverbrechen aufgrund von Rasse, Hautfarbe, Religion, sexueller Orientierung oder Staatsangehörigkeit zu einer Straftat nach Bundesgesetz machte. Für den Rest der Welt stellte dieses Gerichtsverfahren ein kurioses Gewaltspektakel innerhalb einer idyllischen Gemeinde dar bzw. diente der Veranschaulichung des religiösen Anklangs von Bärten in traditionalistischen Glaubensgemeinschaften. Die Einstufung als Hassverbrechen fußte auf der Auffassung, dass ein Bart nicht einfach nur ein Bart war. Den Bart eines Amish-Mannes abzuschneiden, sei eine Form religiös motivierten Hasses, argumentierten die Staatsanwälte, und sei deshalb weit gravierender als eine vorübergehende Verunstaltung.

In vielerlei Hinsicht war Sam Mullets Gruppe eine Sekte, und er war der Sektenführer. Der wortkarge Sechzigjährige hielt seine Anhänger durch ein Regiment der Angst in Schach und machte ihnen weis, er sei ein mit Gott kommunizierender Prophet und jeder, der sich ihm widersetze, ein Sündiger. Seine Anhänger wies er an, auf den traditionellen Gottesdienst zu verzichten, da er unnütz sei, und legte seine eigenen Verkündungen als hinreichende Erleuchtung dar. Er befürwortete außerdem Bußverfahren für Einzelne sowie die gesamte Gemeinde, denunzierte einzelne oder kollektive geistliche Verfehlungen seiner Anhänger und ordnete ungewöhnliche Arten von Buße an, darunter Prügel mit Paddeln und lange Aufenthalte in Ziegenpferchen und Hühnerställen. Oftmals wurde die Frau eines auf diese Weise internierten Mannes angewiesen, sich in Mullets Haus und in sein Bett zu begeben, für eine »sexuelle Beratung«, in der Mullet der Ehefrau demonstrierte, wie sie ihren Mann noch mehr beglücken könne.

Das Abschneiden von Haar und Bart wurde im Bergholz als eine weitere Form der Demütigung und Buße für Sünden eingeführt. Seit ihren Ursprüngen im Europa des siebzehnten Jahrhunderts haben sich die Amischen von der sie umgebenden korrupten Welt abgehoben und es zu einem Glaubensgrundsatz gemacht, die künstliche, genusssüchtige, sorgfältig frisierte Moderne zugunsten von einfachen Bärten und Hauben aufzugeben. Die Bedeutung des Entfernens eines treu und brav gewachsenen Barts oder von femininem langen Haar wird unter dem Aspekt der alttestamentlichen Bezüge auf die uralte Sitte des Herausreißens oder Abrasierens der Haare als Zeichen von Trauer oder Missachtung interpretiert. Die Sünder in Bergholz wurden dazu angehalten, sich freiwillig zu rasieren, als Zeichen ihres Bestrebens, sich von den bösen Gedanken reinzuwaschen und ihren Geist zu erneuern. Dann kam Mullet und seinen Anhängern der Gedanke, dass jene »Heuchler«, welche die Gemeinde verlassen oder schlecht von ihr geredet haben, von solch einer demütigenden Bußübung heimgesucht werden könnten.[38]

Vor Gericht argumentierten Mullets Anwälte, das Abscheren von Haaren stelle keine körperliche Versehrtheit dar, wie es die Bundessatzung vorsehe. Das Gericht müsse demnach das Wesen des verursachten körperlichen Schadens bestimmen. Die Zeugenaussagen machten deutlich, dass die Attacken ihre gewünschte Wirkung nicht verfehlt und die Opfer zutiefst erschüttert haben. Einer der Männer bekannte, todunglücklich zu sein: »Ich war deprimiert. Es entspricht nicht der amischen Lebensweise, ohne Haar und Bart herumzulaufen.«[39] Er berichtete, dass er eine Mixtur von Vitaminen zu sich genommen habe, in der Hoffnung, sein Haar werde dadurch schneller nachwachsen. Ein weiteres Opfer erklärte dem Gericht: »Es wäre mir lieber gewesen, sie hätten mich grün und blau geschlagen, als mir das Haar zu nehmen.«[40] Der Schaden war manifest, auch wenn er eher spiritueller und psychologischer als physischer Natur war. Nachdem sich die Bundesrichter in Cleveland vier Tage lang beraten hatten, wurden Mullet und fünfzehn seiner Anhänger für schuldig befunden. Wenige Moante später wurde der Sektenführer zu fünfzehn Jahren Gefängnis verurteilt, die anderen zu ein bis sieben Jahren Haft.[41] Im Herbst 2014 wurde die Verurteilung als Folge eines Hassverbrechens allerdings aufgehoben, nachdem ein Berufungsgericht entschieden hatte, dass die Überfälle auf persönliche Streitigkeiten und nicht religiösen Hass zurückzuführen seien.[42] Der Fall könnte folglich neu verhandelt und die religiöse Bedeutung von Bärten neu überdacht werden.

Die Geschichte um die Bergholz-Barbiere veranschaulicht, welch herausragende Rolle der Bart beim Stiften von religiösen und ethnischen Identitäten spielt. Die Amischen isolieren sich, halten an alten Sitten fest und dokumentieren ihre religiöse Hingabe mit ihrem Haar. Bei den fundamentalistischen Juden und Muslimen verhält es sich ähnlich, auch sie bevorzugen einfache, altmodische Kleidung und ungestutzte Bärte. Während die Amischen sich in Eigenheime ohne Strom zurückgezogen haben, haben die konservativen Juden und Muslime urbane Enklaven errichtet. So auch die chassidischen Juden, die in den anschaulichen Worten des Romanautors Chaim Potok »die Straßen von Brooklyn entlangspazieren, als wären sie Geister, mit ihren schwarzen Hüten, langen schwarzen Mänteln, schwarzen Bärten und Ohrlocken«.[43] Religiöse Separatisten jeder Couleur graben tief in die Vergangenheit, um ihre antimodernen Identitäten zu formen, und was die Gesichtsbehaarung anbelangt, so können die Juden Anspruch auf die älteste aller schriftlich niedergelegten Weisungen erheben.

Wie bereits in Kapitel 2 erwähnt, hinterließen uns die Hebräer des Altertums das erste Bart-Schutzgesetz der Geschichte. Ironischerweise erwies sich diese uralte Lehre für die jüngsten Jahrhunderte als bedeutsamer als je zuvor. Für die meisten altertümlichen und mittelalterlichen jüdischen Gemeinden war das Gebot aus Levitikus, den »Bart nicht zu stutzen«, nicht weiter bemerkenswert und völlig unumstritten, da es sich bei der Gesichtsbehaarung um etwas vollkommen Alltägliches gehandelt hatte und kaum jemand versucht war, dem Gebot zuwiderzuhandeln.

Der Talmud, eine Sammlung postbiblischer rabbinischer Schriften, vertrat die Meinung, dass der Bart als gottgegebene Zierde die Männer von den Frauen unterscheiden solle und deshalb nicht entfernt werden dürfe.[44] Andererseits handelte es sich dabei nicht um eine Angelegenheit, die große rechtliche oder religiöse Wichtigkeit besaß, und die rabbinischen Schriften schwächten die Wucht des biblischen Verbots auch dadurch, dass sie es nur auf die Verwendung von Rasiermessern, nicht Scheren, Schermaschinen oder andere Schneidewerkzeuge bezogen.

Die mystische Tradition des Judentums namens Kabbala stellte bei dieser lockeren Einstellung allerdings eine wichtige Ausnahme dar. Sie hat ihre Wurzeln in einem spanischen Buch des dreizehnten Jahrhunderts namens *Zohar*. In seinem komplexen Universalsystem der Verflechtungen zwischen dem Göttlichen, dem Menschlichen und der irdischen Materie verlieh der *Zohar* dem Bart einen erhabenen Status als körperliche Manifestation der höchsten Dimension von Gottes schöpferischer Kraft und Barmherzigkeit. Noch heute instruieren die von der Kabbala beeinflussten Rabbis ihre männlichen Anhänger, ihr gesamtes Haar zu bewahren, um nicht eine der Verbindungen zu Gottes Gnaden zu kappen.[45]

Obwohl ihre Tradition die Gesichtsbehaarung definitiv begünstigt, haben sich die meisten in Westeuropa und dem amerikanischen Doppelkontinent lebenden Juden im Lauf der letzten dreihundert Jahre den Gebräuchen und Geschmäckern einer rasierten Gesellschaft angepasst. Sogar die äußerst frommen und orthodoxen Juden des achtzehnten und frühen neunzehnten Jahrhunderts rasierten sich oftmals so sauber wie ihre christlichen Nachbarn.[46] Samson Raphael Hirsch, ein einflussreicher deutscher Rabbi des frühen neunzehnten Jahrhunderts und Mitbegründer der modernen Orthodoxie, rasierte sich bis Mitte des Jahrhunderts, als die Bartbewegung jener Epoche Juden und Nicht-Juden gleichermaßen dazu bewegte, ein patriarchalischeres Aussehen anzunehmen.[47]

Für sowohl strenggläubige als auch säkulare Juden markierte das späte neunzehnte Jahrhundert dann einen bedeutenden Wendepunkt. So wie der bärtige Stil sich in der nichtjüdischen Welt erneut auf dem Rückzug befand, drängten sowohl die ultraorthodoxen als auch die zionistischen Juden stark in die entgegengesetzte Richtung, wodurch sich eine zunehmend sichtbare Kluft zwischen Angepassten und Separatisten auftat. Ein einflussreicher früher jüdischer Fundamentalist, der ungarische Rabbi Moses Sofer, und seine sogar noch schärferen ultraorthodoxen Nachfolger errichteten ein Bollwerk gegen die Aushöhlung der Tradition, indem sie betonten, wie ausnahmslos wichtig jede in Gesetzgebung und Schriften der Juden auffindbare religiöse Einschränkung sei.[48] Zwei wichtige Konsequenzen dieses Standpunkts waren erstens: die Weigerung, die biblischen Weisungen bezüglich des Haars entweder zu relativieren oder herabzumindern. Und zweitens: die Tendenz, den Gehorsam gegenüber dieser und anderer Vorschriften als Zeichen der Hingabe an die jüdische Lebensweise zu interpretieren.[49]

Die säkularen Juden waren außerdem zunehmend enttäuscht von der europäischen Gesellschaft des späten neunzehnten Jahrhunderts. Die gebildeten und berufstätigen Juden der europäischen Städte des neunzehnten Jahrhunderts wollten sich im Normalfall in die Mainstream-Kultur integrieren, sahen sich aber im weiteren Verlauf des Jahrhunderts mit zunehmend verhärteten sozialen Grenzverläufen konfrontiert. Genau diese Erfahrung machte Theodor Herzl, ein wienerischer Bankierssohn und Jour-

nalist. Als junger Mann war Herzl kultiviert und stylish. Er besaß
eine Affinität zu deutscher Literatur und Musik sowie eine Abneigung gegen die alten und scheinbar bäurischen Traditionen,
inklusive der farblosen, ungestutzten Bärte. Als junger Mann
übernahm er die stattlichen Koteletten und das rasierte Kinn des
österreichischen Kaisers.[50] Mit dem Aufstieg einer eindeutig anti-
semitischen Politik im Europa der 1890er, änderte Herzl allerdings seine Meinung bezüglich einer möglichen Integration der
Juden und kam stattdessen zu dem Ergebnis, dass die Juden ihre
eigene nationalistische Bewegung und ihren eigenen Staat
bräuchten. 1896 legte er seine Gedanken in dem Buch *Der Juden-
staat* dar, welches die heutige zionistische Bewegung anstieß und
letzten Endes auch zur Gründung des Staates Israels beitrug.

Jede nationalistische Bewegung, ob jüdischer oder anderer
Couleur, braucht identitätsstiftende Symbole, Ikonen und Bilder.
Herzl begriff, dass er selbst Symbol wie Anführer für seine Bewegung würde sein müssen, und so überdachte er seine Erscheinung sorgfältig. Er legte seine stylishen Koteletten zugunsten
eines üppigen vierkantigen Barts ab, wie er ihn in den europäischen Museen auf den antiken assyrischen und babylonischen
Baudenkmälern sah. In den Händen der zionistischen Künstler
und Publizisten wurde Herzls grandiose Gestalt eingesetzt, um
die zionistischen Gedanken bekannt zu machen.[51] Indem sie ihre
Identität als Erben einer altertümlichen Zivilisation zurücker-
oberten, wollten die europäischen Juden sowohl eine nichteuro-
päische Identität als auch einen Anspruch auf ein Heimatland im
Nahen Osten bekräftigen.

Auf diesem Wege haben säkulare wie fromme Juden im zwanzigsten und einundzwanzigsten Jahrhundert Gründe dafür gefunden, den Bart als Zeichen jüdischer Identität festzusetzen. Diese

Praxis hat wiederum zu Streitigkeiten zwischen den orthodoxen Gemeinden und den säkularen, nichtjüdischen Staaten geführt. 2012 wurde beispielsweise ein chassidischer Student von der Polizeiakademie von New York City relegiert, als er sich aus religiösen Gründen weigerte, seinen Bart auf die erforderliche Länge von einem Millimeter zu stutzen. »Ich weiß nicht, wo das Problem liegen soll«, äußerte der Rekrut.[52] Das eigentliche Thema war natürlich nicht sein Bart, sondern die Frage, ob staatliche oder eben religiöse Vorschriften schwerer wiegen sollten.

Symbole für eine Absonderung, wie etwa lange Bärte, bekräftigen bestimmte Werte, die im Widerspruch zu den liberaleren Werten der westlichen Gesellschaften stehen. Es könnte also durchaus so sein, wie es der zugegebenermaßen bartlose Rabbi Meir Soloveichik von New York City behauptet: Der jüdische Bart erweist sich als ehrlicher Vorwurf angesichts der heutigen Tendenz, das Älterwerden und die Sterblichkeit leugnen zu wollen. Andererseits verkünden die orthodoxen Langbärte unüberhörbar, dass die religiöse Identität Priorität habe, und dokumentieren, dass sich die Traditionalisten weigern, sich von den – progressiven oder nichtprogressiven – Werten einer liberalen und säkularen Gesellschaft definieren zu lassen.[53]

Ein ähnliches Muster hat sich in etwas größerem Maßstab in der muslimischen Welt gezeigt. Auch hier hat der Großteil der Muslime weltweit dem Haar gegenüber einen ziemlich pragmatischen Ansatz gewählt, während ein immer unerbittlicherer konservativer Teil darauf besteht, dass die überlieferten Anweisungen streng befolgt werden.[54] Für diese Fundamentalisten stellt der Bart eins der Bollwerke gegen die Macht und Kultur des Westens dar, darunter der unwillkommene Trend, die männliche Autorität zu schwächen. Wie im Fall der Amischen und der orthodoxen Juden setzen die konservativen Muslime auf sowohl altertümliche als auch zeitgenössische Sanktionen, um aus der Gesichtsbehaarung ein unübersehbares Zeichen für Identität, Hingabe und eine angemessene Gesellschaftsordnung zu machen.

»Jeden Tag, an dem ich mich rasierte, bat ich Gott um Vergebung.« Dies waren die Worte des ägyptischen Polizisten Ahmed Hamdy im Jahr 2012, der zwischen seinen Arbeitsvorschriften und dem, was er für seine Pflicht als gläubiger Muslim hielt, hin und her gerissen war.[55] Im Kulturkampf zwischen den Modernisten und den Traditionalisten der muslimischen Welt ist das Haar an vorderste Front gerückt. Nachdem das ägyptische Staatsoberhaupt Hosni Mubarak im Zuge des Arabischen Frühlings von 2011 von der Macht verdrängt wurde, traute Hamdy sich unrasiert zur Arbeit und schloss sich damit den übrigen Tausenden an, die ihrem Glauben auf diese sehr öffentliche Art und Weise gerecht werden wollten. Er wurde daraufhin sofort mit geringerer Lohnfortzahlung beurlaubt. Im Sommer 2012 wurde dann Mohammed Mursi, der Anführer der Muslimbruderschaft, zum ersten frei gewählten und ersten bärtigen Staatspräsidenten des modernen Ägypten. Doch der Sieg der Traditionalisten war für die säkularen Eliten zu viel des Guten. Mursi und seine bärtigen Anhänger wurden 2013 mit Gewalt vom Militär entmachtet, sodass Männer wie Hamdy zu ihren Rasiermessern und Bitten um Vergebung zurückkehren mussten.

Dieses Hin und Her wiederholte sich in den letzten Jahren überall im Nahen Osten, in China und in Zentralasien, da säkulare Regierungen Disziplin und Staatsloyalität mithilfe von Rasur-Erlässen zu etablieren versuchen, während radikale Gruppen die Männer aller Altersklassen dazu drängen, sich von den gottlosen Rasiermessern fernzuhalten.[56] Die irakische Regierung hat in den vergangenen Jahren sämtlichen Männern ihres Militär- und Polizeiapparats die Rasur vorgeschrieben, was für großen Unmut unter den Soldaten sorgte.[57] Am anderen Ende des Spektrums steht der militante sogenannte Islamische Staat, der seine Anhänger im Irak und in Syrien angewiesen hat, einen Bart von mindestens zwei Faustlängen zu tragen – länger noch als bei anderen islamischen Gruppen –, um ihr Engagement für die Sache unter Beweis zu stellen.[58]

Oftmals werden die Zivilisten in diesen ideologischen Kampf hineingezogen. Als Afghanistan unter der übertrieben sittenstrengen Herrschaft der Taliban stand, waren Zigaretten, Fernsehen, Alkohol und Musik verboten. Frauen mussten sich in der Öffentlichkeit von Kopf bis Fuß verschleiern, und die Männer kurze Haare, dafür aber einen Bart von mindestens zehn Zentimeter Länge tragen. Die Religionspolizei überwachte die Frisörläden, um sicherzugehen, dass dieser Anordnung Folge geleistet wird, und die Anwohner warnte man davor, ihre Haare nicht wie die der Amerikaner aussehen zu lassen. Nach der Niederlage der Taliban im Jahr 2001 verzeichneten die Frisöre ein reges Geschäft, da die Männer Schlange standen, um sich von diesem Talisman der Unterdrückung zu befreien. »Ich habe nichts gegen einen Bart«, erklärte einer der Kunden. »Das Problem ist nur, wenn einer dir sagt, dass du einen tragen musst. Darum habe ich ihn gehasst.«[59]

Die Verpflichtung zum Tragen eines Barts ist für die sunnitischen und schiitischen Konservativen aus den gleichen Gründen immer wichtiger geworden wie für die orthodoxen Juden seit dem späten neunzehnten Jahrhundert: um ihre Identität und ihre Traditionen in einer modernen Welt zu bewahren. Im Iran war die Rückkehr des Barts ein sichtbares Merkmal des Sturzes des säkularen Schah-Regimes im Jahr 1978 und der darauffolgenden Rückkehr zum islamischen Recht. Wobei die lautstarke Forderung nach dem religiösen Bart schon vorher zu hören war. Der marokkanische Gelehrte Muhammad al-Zamzami hatte 1967 beispielsweise ein Pamphlet veröffentlicht, welches folgenden Titel trug: *Der eindeutige Beweis dafür, dass derjenige, der seinen Bart rasiert, verdammt ist und seine Gebete keinen Wert besitzen.*[60] Der indische Gelehrte Muhammad Zakariya Kandhlawi wiederum war ähnlich verärgert darüber, junge muslimische Männer im Indien der 1970er-Jahre rasiert zu sehen, und verfasste ein Traktat mit dem Titel *Der Bart eines Moslems und seine Bedeutsamkeit*, das später zum Wohle der im Westen lebenden Gläubigen auch ins Englische und Französische übersetzt wurde. Laut dem südafrikanischen Institut, das die englische Übersetzung herausbrachte, helfe Kandhlawis Traktat »vielen, welche die islamischen Symbole in einem anti-islamischen Umfeld bewahren möchten.«[61] In jüngster Zeit haben konservative Autoren unterschiedlicher Denkrichtungen ähnliche Abhandlungen veröffentlicht, welche in englischer Übersetzung im Internet bereitstehen.[62]

Kandhlawi, al-Zamzami und andere muslimische Fundamentalisten schöpfen ihr Beweismaterial aus einem reichen Fundus von Hinweisen auf den Bart in den Hadithen, einer Sammlung traditioneller Sprüche und Handlungen des Propheten Mohammed.[63] Manche Hadithen berichten einfach nur, dass Mohammed die Männer anwies, ihren Schnurrbart zu stutzen, den Bart aber wachsen zu lassen. Andere beschreiben den Bart des Propheten und seine Angewohnheit, ihn auf eine Faustlänge zu kürzen. Wieder andere bezeugen, dass Mohammed die gläubigen Männer anwies, ihren Schnurrbart zu stutzen und sich einen Bart wachsen zu lassen, damit man Männer von Frauen und Gläubige von

Heiden, Juden oder Christen unterscheiden kann. Wiederum andere schildern, dass der Prophet diejenigen, die diese Regeln nicht befolgen, davor warnt, dass sie sich gegen Gott und den Glauben versündigen. Kandhlawi zum Beispiel besteht darauf, dass sogar die Barbiere, die anderen den Bart abscherten, eine Sünde begingen.

Einige konservative Autoren liefern praktischere Argumente, um den Obrigkeiten des Altertums den Rücken zu stärken. Vor allem Kandhlawi zufolge war es klar, dass Mohammed mit seinen Frisiervorschriften eine Art Uniform etablieren wollte, welche die islamische Glaubenstreue bewahren sollte. Jede Nation und jede Religion kreiere Uniformen, Flaggen und andere Symbole, und jede Gruppe, die diese verliere, werde schnell von den anderen Nationen geschluckt werden. Die Bewahrung des Islam hänge deshalb vom Erhalt unverkennbarer Traditionen ab wie etwa der Gesichtsbehaarung.[64]

Wie im Fall des orthodoxen Judentums kann die Bewahrung von Symbolen der Hingabe und Absonderung in säkularen Staaten zu Konflikten führen. Ein wichtiges Beispiel hierfür sind die im Jahr 2004 in Frankreich erlassenen Gesetze, welche religiöse Zurschaustellungen wie möglicherweise auch den Bart an öffentlichen Schulen verbieten. Der Oberste Gerichtshof der Vereinigten Staaten wiederum entschied im Januar 2015 einstimmig, dass ein muslimischer Gefangener in Arkansas das Recht auf einen etwas mehr als einen Zentimeter langen Bart habe als Ausdruck seiner religiösen Zugehörigkeit.[65] In den USA haben auf religiöse Freiheit basierende Argumente also eindeutig bessere Aussichten darauf, bartkritische juristische Präzedenzurteile aufzuheben, als auf Individualrechte oder Arbeitsrechte basierende Klagen. So hat das US-Militär bereits Zugeständnisse an einige Sikh-Soldaten gemacht und ihnen ihren Bart und Turban erlaubt, während es anderen Gruppen ähnliche Zugeständnisse verwehrt.[66] In den kommenden Jahren werden sicher mehr Aufgaben dieser Art anstehen.

BOSTON HAT ZUM GLAUBEN ZURÜCKGEFUNDEN

In der heutigen Gesellschaft wird die Gesichtsbehaarung immer wieder gerne zur Etablierung einer zeitweiligen Bruderschaft eingesetzt, wobei er dann so lange Bestand hat, wie das Erreichen eines Ziels oder einer Mission dauert. Dies ist der »Bart des Bestrebens«, wie ihn die Boston Red Sox auf dramatische Art und Weise während der Meisterschaft der Baseball-Profiliga 2013 anschaulich gemacht haben.

Keiner weiß so genau, warum sie es taten, aber die Baseball-Fans in Boston sind froh, *dass* sie es getan haben. Am Anfang der Saison beschloss die Mehrheit der Spieler, sich einen Bart wachsen zu lassen, und zwar keinen sauber zurechtgestutzten, sondern eine ungezähmte Mähne, wie Gott sie schuf. Wie viele meinen, war es kein Zufall, dass damit auch ihre Spielweise wie verwandelt schien und die Mannschaft vom schlechtesten Saisonergebnis ihrer Geschichte im Jahr 2012 zur besten Mannschaft transformierte, die auf ihrem Weg zur Meisterschaft die Gegner relativ leicht beiseitefegte. Irgendwann sind die Fans auf den fahrenden Zug aufgesprungen und trugen fortan T-Shirts mit Bartmotiven sowie echte und unechte Schnurrbarthaare in allen Formen und Farben. Ein Journalist erzählte von einer kurzen Episode dieses Wahnsinns: Als er an einer roten Ampel angehalten habe, hätten sich im Auto neben ihm ein Mann, eine Frau und ein Kind befunden, die »alle Baseballkappen trugen und mit irgendetwas Seltsamem, Grauem und Hässlichem im Gesicht ausgestattet waren«.[67]

Nach dem, was man hört, begann die Bruderschaft des Barts im Trainingslager im März, als ein paar Spieler aus Jux mit dem Rasieren aufhörten. Andere schlossen sich ihnen an, weil sie spürten, dass dies eine Art Verbindung mit den Mannschaftskameraden darstellte.[68] Nachdem die Saison nur wenige Wochen alt war, gingen beim berühmten Boston Marathon von Terroristen selbst gebaute Bomben hoch, was drei Todesfälle und Hunderte von Verletzten zur Folge hatte. Die ganze Stadt, inklusive ihrer Baseballspieler, versammelte sich unter dem Slogan »Boston Strong«, und obwohl sie daraus ja nicht die Inspiration für ihre Bärte gezogen hatten, verlieh die Tragödie dem Ganzen eine emotionale Intensität, welche die ganze Saison hindurch Bestand hatte und durch den Aufnäher »B Strong« auf der Spielkleidung symbolisiert wurde. Der Erfolg der Red Sox schien wichtiger denn je.

Der bemerkenswerte Look und Erfolg des Bostoner Baseballklubs löste unweigerlich Fragen wegen der »Demo-Bärte« aus. Wozu dienten sie, und wie konnte das funktionieren? Die übliche Antwort lautete, dass sie eine enge Verbindung zwischen den Spielern herstellten, weil sie ein besonderes Aussehen geteilt hätten. Die Mannschaftskameraden kreierten auch eine neue Jubelzeremonie nach großartigen Spielzügen, während der sie sich gegenseitig am Bart zogen. Eine weitere Erklärung für die Kraft der »Basebeards« war, dass sie für Opferbereitschaft und Zähigkeit gestanden hätten, was Starspieler David Ortiz mit »alles geben« und »rebellisch schlagen« ausdrückte.[69] Ein Psychologe legte nahe, dass der Bart einen »Samson«-Effekt ausgelöst habe, indem er die

Stärke eines haarigen Kriegers vermittelte. Was beiden Dynamiken zugrunde lag, war eine zielgerichtete Ernsthaftigkeit, die ein Kommentator mit »einer gewissen Feierlichkeit« umschrieb.[70] Es war eine Kombination aus sozialer Verbindung, Stärke und Zielgerichtetheit, die den Bostoner »Bärten des Bestrebens« ihre Macht verlieh. Ein ortsansässiger Kolumnist schlussfolgerte: »Der Bart repräsentierte all das Gute an dieser Mannschaft – Einheit und Ernst.«[71] Und eine letzte Facette gab es noch. Den Fans war ein neues Mittel geschenkt worden, um sich mit ihrer Mannschaft und ihrer Stadt zu identifizieren. Und mit Wolle, Faden oder Filzstift waren sie dabei.

An einem Strang der Opferbereitschaft und besonderen Anstrengung zu ziehen – das ist das Kennzeichen des »Barts des Bestrebens«. Die Frauen der Spieler hatten ebenfalls ihr Opfer zu erbringen. Sie warteten geduldig auf das Ende der Saison, um ihre sauber frisierten Ehemänner zurückzubekommen. In der Saison nach ihrem Meistertitel kehrten die Spieler der Red Sox weitgehend zu ihrem alten Ich zurück. Den Großteil, wenn nicht die Gesamtheit ihres unverkennbaren Haars hatten sie abrasiert.[72]

Die Ernsthaftigkeit, die dem »Bart des Bestrebens« zugrunde liegt, lässt sich leicht auch an einem anderen Beispiel erkennen: dem »Movember«, einem internationalen Charity-Event, das Männer animiert, sich im Monat November einen Schnurrbart wachsen zu lassen, um auf die gesundheitlichen Probleme von Männern aufmerksam zu machen. Genau genommen handelt es sich dabei ebenfalls um einen »Schnurrbart des Bestrebens«; Bärte sind nach den Regeln der Movember Foundation verboten. Dahinter verbirgt sich jedoch derselbe Gedanke. Die Regeln besagen, dass man den Monat glatt rasiert beginnen muss. Mit anderen Worten: Es handelt sich dabei um eine ausdrücklich vorübergehende Geste, die eine Gruppe für eine gemeinsame Mission vereint, genau wie beim Playoff-Bart. Die offizielle Geschichte des Verbandes dazu lautet, dass ein paar australische Männer 2003 die Idee mit dem Schnurrbart gehabt und sie erst später an eine besondere Sache geknüpft hätten – dem Kampf gegen Prostatakrebs.[73] Es hat hervorragend funktioniert. Movember kann damit prahlen, dass sich im ersten Jahrzehnt seines Bestehens über vier Millionen Leute aus zweiundzwanzig verschiedenen Ländern angemeldet und 559 Millionen US-Dollar beigesteuert haben.

KARL-HEINZ HILLE STELLT EINEN REKORD AUF

Der »Bart der Eroberung«, wie man auch sagen könnte, ist definitionsgemäß provisorisch und kurzlebig. Doch es gibt jede Menge bärtige und schnauzbärtige Männer, die auf Dauer am Start sind, und zwar nicht aus religiösen Gründen oder weil sie die Geschlechternormen ändern wollen. Als Abweichler von der Norm betrachten sie ihr Haar schlicht als befreiend. Ihr primärer Antrieb ist es, Autonomie auszudrücken. Und trotzdem schließen sich die Männer des Barts als sichtbare Minderheit gerne in Bartklubs und zu Bartwettkämpfen zusammen, um sich gegenseitig zu unterstützen, zu bewundern und zu messen. Wenn man Deutschlands lange Tradition als Bastion des Gesichtshaars bedenkt (wir erinnern uns an Pastor Schönland, Georg Kirchmaier, Prinz Albert, Turnvater Jahn, Kaiser Wilhelm und Paul Breitner), so ist es wenig verwunderlich, dass die Bartweltmeister-schaft ihre Ursprünge in einem deutschen Verein von 1986 hat. Genauso wenig überrascht es, dass der meistprämierte Wett-kampfteilnehmer der letzten drei Jahrzehnte ein Deutscher ist, nämlich der Berliner Karl-Heinz Hille (Abbildung 13.3). Nachdem er 2003 sowohl in der Kategorie »Kaiserlicher Backenbart« als auch zum zweiten Mal überhaupt einen Gesamttitel gewonnen hat (Letzteren bei der Bart-WM im amerikanischen Carson City), verkündete er in seinem gediegenen, grau glänzenden Smoking etwas unpassend, er sei »glücklich wie ein Schwein im Dreck«.[74] Ein weiterer Sieg in seiner Paradedisziplin bei den Weltmeister-schaften in Leinfelden-Echterdingen im Jahr 2013 bescherte ihm nach sechs Siegen hintereinander einen Platz im *Guinness-Buch der Rekorde*.[75]

Bartklubs und -wettkämpfe sind ein relativ junges Phänomen, vom Stil her eher nostalgisch, aber im Wesentlichen ziemlich modern. Auf den ersten Blick sind sie eine Reaktion auf den Nie-dergang bruderschaftlicher Vereinigungen und anderer Männer-bastionen wie zum Beispiel Gewerkschaften. Auf den zweiten Blick zelebrieren sie die männliche Würde in einem Zeitalter der zunehmenden Geschlechtergleichheit. Mit den Haaren der Klub-mitglieder verhält es sich insofern ein wenig wie mit dem »Bart des Bestrebens« der Red Sox, insofern beide Ausgangspunkt für persönlichen wie kollektiven Stolz sind. Am stolzesten sind diese bärtigen Männer dabei auf ihre Individualität und ihre Unabhän-gigkeit. Gary James Chilton zum Beispiel, Mitbewerber bei der Bart-WM des Jahres 2003, beschreibt einen Bartträger als »aufge-schlossen, vorurteilsfrei und freigeistig«, einen glatt rasierten Mann dagegen als »jemanden, dem gesagt wurde, was er zu tun hat«.[76] Oftmals ist vom Ausdrücken des wahren Selbst die Rede.

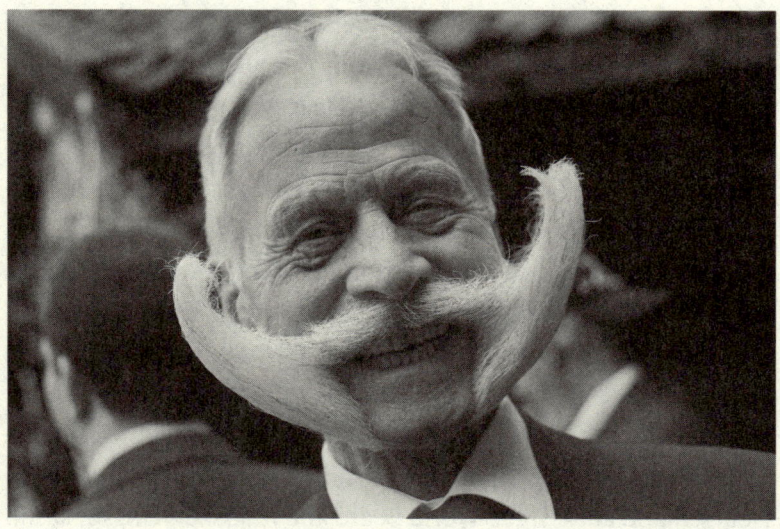

13.3 Karl-Heinz Hille bei der Weltmeisterschaft 2011 im norwegischen Trondheim

Ein Mitbewerber schrieb: »Ich glaube, dass dein Gesicht nicht dein wahres Gesicht ist, wenn du es jeden Tag rasierst.«[77]

Paul Roof, Soziologe und langjähriger Präsident der Holy City Beard and Mustache Society im US-amerikanischen Charleston, South Carolina, nimmt dieses Motiv einer befreiten Authentizität auf, wenn er beteuert, dass seiner Meinung nach »die Männer mit Bart und Schnäuzer auf jeder Party die interessantesten Leute sind«.[78]

Insbesondere für die Berufstätigen der Mittelschicht – und sie machen den Großteil der Mitglieder der Bart- und Schnurrbartklubs aus – stellen soziale Gruppen keine gegebene Tatsache dar, sondern müssen um gemeinsame Neigungen und Interessen herum aufgebaut werden. Klubs und Wettbewerbe stellen eine Möglichkeit für Männer dar, unter die Leute zu kommen und sich gemeinsam mit ihrer Gattin oder Partnerin in der Gemeindearbeit zu engagieren. In gewisser Weise hoffen die Bartklubs auf lange Sicht hin das zu erreichen, was der »Bart des Bestrebens« innerhalb kurzer Zeit erreicht. Das Haar wird zu einem gemeinsamen Symbol und zur Voraussetzung für eine Reihe von Aktivitäten, welche die Leute zum Erreichen gemeinsamer Ziele zusammenbringt. Nicht, dass das stets reibungslos funktionieren würde. Von Beginn der internationalen Wettbewerbe an hat es heftige Streitereien, Abspaltungen und Eifersüchteleien bezüglich der Austragungsorte, Kategorien und Beurteilungen gegeben. Eine große Kluft tat sich auf, als Phil Olsen, die treibende Kraft des Beard Teams USA, im Jahr 2014 seine eigene Weltmeisterschaft in Portland organisierte, ohne die Zustimmung der in Deutschland ansässigen World Beard and Moustache Association vorher einzuholen.

Bartklubs sind das deutlichste Beispiel für die gesellschaftliche Verwendung von Gesichtsbehaarung in einer postmodernen Welt, auch wenn andere Männerverbände, die nicht speziell auf der Gesichtsbehaarung aufbauen, sie ebenfalls zu einem Schlüsselmerkmal von maskuliner Autonomie und maskulinem Sozialverhalten gemacht haben. Darunter fallen die bereits erwähnten Subkulturen der Schwulen wie die Bären und die Ledermänner wie auch die von den Ledermännern imitierten Motorradklubs. In diesen Kontexten funktioniert das Haar zusammen mit anderen Symbolen und Praktiken. Die Motorradklubs haben eine schlagkräftige Verbindung zwischen Gesichtshaar und Leder etabliert, da beide Härte und Selbstbewusstsein bis hin zum Bedrohlichen ausstrahlen. Oftmals handelt es sich bei den metallübersäten und haarigen Männern auf Treffen wie der jährlichen Sturgis Motorcycle Rally in South Dakota um berufstätige Männer, die eine Männerfantasie von Befreiung ausleben, wenn auch nur für eine Woche.

Jede Menge Männer mögen diese Fantasie. Die Sturgis Rally, deren Ursprung in einem Motorradrennen im Jahr 1938 liegt, wurde zum kulturellen Phänomen, nachdem Hollywood 1954 das Bild des freien und rebellischen Bikers in *Der Wilde* mit Marlon Brando und 1969 in *Easy Rider* mit Dennis Hopper und Peter Fonda propagiert hat. Seit den 1970ern sind die Sturgis Rally und andere Biker-Treffen in Europa und den USA sehr stark am Wachsen. Das Sturgis-Event rühmt sich in den letzten Jahren knapp einer Million Teilnehmer, viele davon aus Europa und anderen Regionen. Es ist ein beeindruckendes Zeugnis für die Sehnsucht des Mannes, den Zwängen des Alltags die Stirn zu bieten und tapfer und bärtig ins Blaue zu fahren.

In der heutigen Zeit verlaufen die Risse in der glatten Fassade der rasierten Norm in viele Richtungen. Ob schwul, hetero, links, konservativ, religiös, säkular, städtisch oder ländlich – die Männer finden Gründe genug, um Bärte und Schnäuzer sprießen zu lassen. Auf die eine oder andere Weise haben Männer im Gesichtshaar eine Form von Befreiung für sich entdeckt. In einer rasierten Welt handelt es sich dabei um ein Statement persönlicher Autonomie, doch nicht nur das. Für konsumorientierte urbane Männer wie David Beckham schlägt der sorgfältig geformte Bart eine Brücke zwischen angeblich maskulinen und femininen Eigenschaften, während ein haariges Gesicht nach der Meinung anderer schwuler und heterosexueller Männer die Grenzen umso mehr verdeutlicht. Konservative Männer, die wegen der Auflösung traditioneller Gender- und Familiennormen besorgt sind, üben sich in haariger Aufsässigkeit. Zutiefst konservative Religionsgemeinschaften wie die Amischen, die orthodoxen Juden und die fundamentalistischen Muslime setzen uralte gesetzliche Verpflichtungen zum langen Bart durch, um ein gesellschaftliches Kollektiv zu versinnbildlichen, das der säkularen Moderne und ihrer Bedrohung der männlichen Privilegien gegenübersteht. Auch für nicht religiöse Gruppen stellt das Gesichtshaar einen Weg dar, um sich mit anderen Männern in Sportmannschaften, Klubs oder der guten Sache wegen zu verbinden. Der »Bart des Bestrebens« hat sich in jüngster Zeit als äußerst beliebt erwiesen, denn er bietet Männern die Möglichkeit, alles zu haben: Er kennzeichnet eine besondere Zeit, in der die Männer den gesellschaftlichen Regeln entfliehen, sich einer eng verbundenen Brüderschaft anschließen und etwas Gewagtes und Besonderes tun können. Und anschließend können sie immer noch zum geschmeidigeren Verlauf ihres alltäglichen Lebens zurückkehren.

FAZIT

Eine Absicht dieses Werks ist es gewesen, einfach nur das außergewöhnliche Leben einiger Männer und Frauen der Geschichte zu bestaunen. Die hier betrachteten Persönlichkeiten sind ein ganz schön bunt gemischter Haufen, so viel ist sicher. Ein weiteres Bestreben war es gewesen, Licht in die dunklen Ecken unserer Erkenntnis zu bringen und dabei die üblichen Fehlannahmen bezüglich der Gesichtsbehaarung und ihrer Geschichte zu beseitigen. Die bedeutendste Legende, die es zu widerlegen galt, ist die, dass die Wandlungen der Gesichtsbehaarung das bedeutungslose Ergebnis von Modezyklen seien. Bartkunde steckt voller erfundener Erklärungen für die wechselnden Modestile, die uns von einer weit interessanteren Realität ablenken. Alexander hat seinen Männern nicht einfach deshalb die Rasur verordnet, um dem Ziehen am Bart Einhalt zu gebieten; er forderte sie dazu auf, sich als etwas Außergewöhnliches und Heroisches zu betrachten. Hadrian hat sich nicht deshalb einen Bart wachsen lassen, weil er ein Hautproblem kaschieren wollte; vielmehr war er bemüht, die maskuline und kaiserliche Autorität im Sinne philosophischen Denkens neu zu definieren. König Franz I. von Frankreich ließ sich nicht deshalb Haare auf den Wangen wachsen, weil sein Gesicht von einer Schneekugel verletzt worden war; viel eher wollte er den Renaissance-Stolz auf die Menschheit zum Ausdruck bringen. Nicht wegen des Krimkriegs oder des US-amerikanischen Bürgerkriegs wurde der Bart im neunzehnten Jahrhundert so populär, und ebenso wenig verschwand er im zwanzigsten Jahrhundert wieder wegen des Sicherheitsrasierers von Gillette. Vielmehr kennzeichneten diese großen Verschiebungen wechselnde Strategien zur Durchsetzung angemessener und überzeugender Arten von Männlichkeit angesichts der veränderten politischen, wirtschaftlichen und familiären Strukturen einer Industriegesellschaft. Um die Vorherrschaft des westlichen Rasurkonzepts zu erklären, müssen wir uns zunächst Alexander den Großen, danach die Kirche des Mittelalters und schließlich die Königshöfe des siebzehnten Jahrhunderts anschauen, welche alle die Bartlosigkeit als Merkmal einer überlegenen Sorte Mann vorangetrieben haben.

Die Veränderlichkeit des männlichen Gesichts im Laufe der Geschichte zeugt von der Wandlungsfähigkeit und Vielfalt des Begriffs von Maskulinität, sowohl innerhalb eines bestimmten Zeitraums als auch zeitübergreifend. Diese Beobachtung bestätigt einen zentralen Grundsatz der Gendertheorie, nämlich dass maskuline und feminine Identitäten konstruiert werden bzw. nichts Natürliches sind und fortdauernden historischen Wandlungen unterliegen. Das Schwierige dabei ist das Ausfindigmachen und Erklären dieser wechselnden Konzepte. Die Betrachtung der Gesichtsbehaarung wäre eine Möglichkeit, dies zu tun.

Im weitesten Sinne bietet die Geschichte des Barts eine Chronologie dessen, wie die männliche Geschichte von den wichtigsten Gesinnungsänderungen in puncto Gesichtsbehaarung gekennzeichnet wurde. In der Geschichte des Westens ist die Rasur seit der Klassik der Standardmodus gewesen, welcher von vier großen Bartbewegungen unterbrochen wurde. Der Ausdruck »Bewegung« ist hierbei treffend, da eine geschichtliche Verlagerung in Richtung Bart in jedem Fall eine gewisse Überlegung und bewusste Anstrengung erforderte, während die nachfolgende Rückkehr zur Rasur jeweils relativ kommentarlos vonstattenging. In manchen Zeiträumen, insbesondere im Mittelalter, haben gegensätzliche Haarstile, die für jeweils unterschiedliche Männlichkeitsideale standen, in ein und derselben Gesellschaft koexistiert. Solche Situationen stellen allerdings die Ausnahme dar.

Ein Grundgedanke hat sich im Lauf der Zeit als besonders hartnäckig erwiesen, und zwar die Assoziation von Haar mit der Natur und umgekehrt auch das Entfernen des Haars im Sinne einer Beherrschung der Natur oder einer Überlegenheit ihr gegenüber. Die Verfechter der Bartbewegungen des zweiten, sechzehnten und neunzehnten Jahrhunderts (sowie kleinerer Blütezeiten nebenbei) haben sich alle ausdrücklich auf eine dem physischen Körper innewohnende männliche Persona bezogen. Der männliche Körper sei es, behaupteten sie, sowie die ihm innewohnenden mentalen und moralischen Stärken, die letztlich die männlichen Ansprüche auf Kompetenz, Stolz und Herrschaft rechtfertigten.

Das Abrasieren des Barts ist im Gegensatz dazu durchweg mit einer Art Transzendenz des Körpers assoziiert worden. Diese alternative Auffassung setzt voraus, dass die wahre Männlichkeit in Mächten und Idealen jenseits des Körpers begründet ist, seien es Gott, eine Gemeinschaft, eine Nation oder eben ein Unternehmen. Seit den Ursprüngen der Zivilisation waren die Priester der Inbegriff des rasierten Mannes. Die Logik priesterlicher Rasur – das Wegschneiden von Sünde und Verderbtheit, um einen höheren Bewusstseinsgrad zu erreichen – manifestierte sich in den frühesten Bräuchen der westlichen Zivilisation und wurde von der christlichen Kirche des Mittelalters wie auch von vielen nichtwestlichen Religionstraditionen neu definiert. Dieser Gedanke männlicher Transzendenz beschränkte sich jedoch nicht nur auf den priesterlichen Kontext. Mittels der Rasur tat Alexander der Große kund, dass er nicht den Beschränkungen seines menschlichen Körpers oder überhaupt denen der Menschheit unterliege, sondern dass seine Mächte dem Reich des Göttlichen entsprängen. Weniger heroischen Männern hat die Rasur als Bestätigung des eigenen Vertrauens auf die Mitgliedschaft in einem männlichen Kollektiv gedient. Ein Ehrenmann des achtzehnten Jahrhunderts passte sich sorgfältig dem eleganten Geschmack an, um seine gesellschaftliche Respektabilität unter Beweis zu stellen, während ein Mann des zwanzigsten Jahrhunderts nach dem Rasierer griff, um sich Vertrauen und eine feste Anstellung zu sichern.

Die Vorherrschaft des Rasurstandards seit Alexander dem Großen spricht stark für die kulturelle Präferenz einer Männlichkeit, die auf sozialer Anerkennung statt dem Körperlichen basiert. Das bedeutet nicht, dass Männer mit Bart nicht sozialisiert seien oder dass rasierte Männer keine Individualität besäßen. Es bedeutet schlicht, dass sich die Rasur im Lauf der Zeit als nützliche kulturelle Praxis für die Konstruktion einer männlichen Identität herausgestellt hat, die sich genau an ihrem sozialen Fundament orientiert. T. E. Lawrence war ein gutes Beispiel für diesen Effekt. Er war voll und ganz in das arabische Leben eingetaucht, blieb jedoch symbolisch in Kontakt mit dem Ursprung seiner Identität und Kraft – dem Britischen –, indem er sein Gesichtshaar mit einem trockenen Rasiermesser abschabte.

Der Fall des militärischen Schnäuzers ist eine interessante

Variation dieser grundsätzlichen Themen. Sein Stehvermögen zwischen dem achtzehnten und zwanzigsten Jahrhundert war wirklich beachtlich. Hinsichtlich des Rasurspektrums strebte er nach der optimalen Balance, welche die Position des Soldaten auf elegante Art und Weise zum Ausdruck bringt – dem Gehorsam gegenüber seinen Vorgesetzten verpflichtet (rasierte Wangen- und Kinnpartie) und gleichzeitig auf seine eigene körperliche und moralische Stärke angewiesen (behaarte Oberlippe). Genau dieser Kompromiss hat dem Schnurrbart im heutigen Zivilleben zu einer größeren gesellschaftlichen Akzeptanz als dem Bart verholfen.

Die Bartgeschichte hilft uns dabei, unsere heutige Zeit mit etwas Abstand zu betrachten, zunächst, indem sie unsere Aufmerksamkeit auf die gesellschaftliche Macht bzw. Wirkung der Gesichtsbehaarung lenkt. Damals wie heute lassen sich die Gegebenheiten der Zeit an den Gesichtern der Männer ablesen. Was dabei heute sofort ins Auge fällt, ist die zunehmende Vielfalt und Experimentierfreudigkeit. Sie lässt darauf schließen, dass eine Neuverhandlung dessen, was von Männern erwartet wird, sowie dessen, was sich Männer für sich selbst wünschen, im Gange ist. Viele dieser Botschaften laufen nonverbal oder sogar unbewusst ab, doch eine Menge Themen spielen hierbei eine Rolle, darunter die persönliche Unabhängigkeit, soziale Regulierung, religiöse Identität, Geschlechterrollen sowie sexuelle Anziehung. Wir leben in einer interessanten Zeit.

Dieses Buch kann unmöglich hoffen, eine vollständige Analyse der subtilen und komplexen Sprache des Haars zu liefern. Es gibt noch so viel mehr zu sagen und zu tun, besonders in puncto Kopf- und Körperbehaarung. Beim Entziffern des Haarcodes stehen uns also noch viele neue Entdeckungen bevor.

DANKSAGUNG

Ich bedanke mich bei den vielen Menschen, die mich und mein Projekt so viele Jahre lang unterstützt haben. Dieses Buch existiert dank der Begeisterung und professionellen Anleitung meiner Agentin Malaga Baldi und meines Lektors Doug Mitchell, der das Buch einkaufte. Ein besonderes Dankeschön auch an Lektor Joel Score sowie Ashley Pierce, Kyle Wagner, Isaac Tobin, Joan Davies und den Rest der talentierten Mitarbeiter der University of Chicago Press. Es entspricht voll und ganz der Wahrheit, wenn ich sage, dass dieses Buch nicht möglich gewesen wäre ohne die unschätzbare Weisheit und Ermutigung meiner Akademiker-Buddys von den »Vickies«: Carol Herringer, Rick Incorvati, Barry Milligan, Tammy Proctor und Laura Vorachek. Auch den anderen, die mein Manuskript gelesen und kommentiert haben, bin ich zutiefst dankbar: Alun Withey, Christopher Forth, Michael Leaman, Amy Livingstone, Claudia E. Suter, Sean Trainor sowie meiner Frau, Jennifer Oldstone-Moore. Zu unendlichem Dank bin ich den begabten Sprachkundlern verpflichtet, die für mich aus vielen Sprachen übersetzt haben: J. Holland, Allison Kirk, Katie Derrig, Daniel Koehler, Maria Hickey, Shaydon Ramey, David T. Barry, Anjelika Gasilina und Daniele Macuglia. Ein großes Dankeschön geht auch an meine studentischen Recherche-Assistenten Evan Weiler und Maria Hickey. Für die Hilfe und Ermutigung bei diesem Unterfangen danke ich meinen Kollegen vom Fachbereich Geschichte an der Wright State University, insbesondere Paul Lockhart, der mir beibrachte, wie man in der Verlagswelt vorzugehen hat. Auch denjenigen, die mich mit den Fotografien für dieses Werk versorgt haben, danke ich vielmals: Claudia E. Suter, Noël Tassain, Gene Dillman und Keith Parish. Leanne Wierenga führte mich durch wichtige Verhandlungen mit dem Ausland. Freunde und Familie haben mir Erkenntnisse und überliefertes Bart-Wissen geliefert, wo sie es nur fanden. Dank an Lynn Rigsbee, Donald Deer, Jim Secord, Reynold Nesiba, Glenn Short und viele mehr. Alles Liebe und meine unendliche Wertschätzung geht an meine Eltern Stanley und Elizabeth Moore sowie meine Schwiegereltern Michael und Elizabeth Oldstone für ihre intellektuelle, moralische und finanzielle Unterstützung bei diesem Unterfangen. Zu guter Letzt ein liebevolles Dankeschön an meine großartige Frau Jennifer und meine leidgeprüften Töchter Caroline, Aileen und Marilee. Ich kenne eine Menge Wörter, aber nicht genügend, um meine Liebe zu euch allen auszudrücken.

ANMERKUNGEN

Einleitung

1 Sean Trainor, »The Racially Fraught History of the American Beard«, *Atlantic*, 20.01.2014, http://www.theatlantic.com/national/archive/2014/01/the-racially-fraught-history-of-the-american-beard/283180/.

2 Judith Butler, *Gender Trouble* (New York: Routledge, 1990), S. 16–25.

Kapitel 1

1 »Effects of Sexual Activity on Beard Growth in Man«, *Nature* 226 (30 May 1970), S. 869–870.

2 Sterling Chaykin, »Beard Growth: A Window for Observing Circadian and Infradian Rhythms of Men«, *Chronobiologia* 13 (1986), S. 163–165.

3 Charles Darwin, *Descent of Man*, 2. Auflage (London: John Murray, 1890), S. 597–604, babel.hathitrust.org.

4 Ebd., S. 603. Darwin betont dieses Argument in der zweiten Ausgabe stärker als in der ersten.

5 Nancy Etcoff, *Survival of the Prettiest: The Science of Beauty* (New York: Doubleday, 1999), S. 24.

6 Amotz Zahavi, »Mate Selection: A Selection for a Handicap«, *Journal of Theoretical Biology* 53 (1975), S. 205–214. Siehe auch Amotz Zahavi und Avishag Zahavi, *The Handicap Principle: A Missing Piece of Darwin's Puzzle* (Oxford: Oxford University Press, 1997), S. 25–40.

7 Ivar Folstad und Andrew John Karter, »Parasites, Bright Males, and the Immunocompetence Handicap«, *American Naturalist* 139 (1992), S. 616. Siehe auch Randy Thornhill und Steven W. Gangestad, »Human Facial Beauty: Averageness, Symmetry, and Parasite Resistance«. *Human Nature* 4 (1993), S. 249–250.

8 Daniel G. Freedman, »The Survival Value of the Beard«, *Psychology Today*, Oktober 1969, S. 36–38.

9 Samuel Roll und J. S. Verinis, »Stereotypes of Scalp and Facial Hair as Measured by the Semantic Differential«, *Psychological Reports* 28 (1971), S. 975–980.

10 Charles T. Kenny und Dixie Fletcher, »Effects of Beardedness on Person Perception«, *Perceptual and Motor Skills* 37 (1973), S. 413–414. Siehe auch Robert J. Pellegrini, »Impressions of the Male Personality as a Function of Beardedness«, *Psychology* 10 (1973), S. 29–33.

11 Saul Feinman und George W. Gill, »Females' Response to Males' Beardedness«, *Perceptual and Motor Skills* 44 (1977), S. 533–534.

12 S. Mark Pancer und James R. Meindl, »Length of Hair and Beardedness as Determinants of Personality Impressions«, *Perceptual and Motor Skills* 46 (1978), S. 1328–1330.

13 Elaine Hatfield und Susan Sprecher, *Mirror, Mirror: The Importance of Looks in Everyday Life* (Albany: State University of New York Press, 1986), S. 227–228.

14 J. Ann Reed und Elizabeth M. Blunk, »The Influence of Facial Hair on Impression Formation«, *Social Behavior and Personality* 18 (1990), S. 169–176.

15 Micheal L. Shannon und C. Patrick Stark, »The Influence of Physical Appearance on Personnel Selection«, *Social Behavior and Personality* 31 (2003), S. 613–624.

16 Frank Muscarella und Michael R. Cunningham, »The Evolutionary Significance and Social Perception of Male Pattern Baldness and Facial Hair«, *Ethology and Sociobiology* 17 (1996), S. 109–113.

17 R. Dale Guthrie, *Body Hot Spots: The Anatomy of Human Social Organs and Behavior* (New York: Van Nostrand Reinhold, 1976), S. 5.

18 Freedman, »Survival Value«.

19 Siehe insbesondere Pellegrini, »Impressions of the Male Personality« und Douglas R. Wood, »Self-Perceived Masculinity between Bearded and Nonbearded Males«, *Perceptual and Motor Skills* 62 (1986), S. 769–770. Die Kulturwissenschaftlerin Christina Wietig war überrascht davon, dass in ihrer Umfrage sogar gebildete Männer glaubten, ein voller Bart stehe für größere Männlichkeit. Wietig, »Der Bart: Zur Kulturgeschichte des Bartes von der Antike bis zur Gegenwart« (Dissertation, Universität Hamburg, 2005), S. 112–113, http://www.chemie.uni-hamburg.de/bibliothek/2005/DissertationWietig.pdf.

20 Muscarella und Cunningham, »Evolutionary Significance«, S. 109–113.

21 Barnaby J. Dixson und Paul L. Vasey, »Beards Augment Perceptions of

Men's Age, Social Status, and Aggressiveness, but Not Attractiveness«, *Behavioral Ecology* 23 (Mai 2012), S. 481–490.

22 Michael R. Cunningham, Anita P. Barbee und Carolyn L. Pike, »What Do Women Want? Facialmetric Assessment of Multiple Motives in the Perception of Male Facial Physical Attractiveness«, *Journal of Personality and Social Psychology* 59 (1990), S. 61–72.

23 Etcoff, *Survival of the Prettiest*, S. 158–160.

24 Christina Wietig, *Der Bart*, S. 112–113. Die englische Forschung ist dokumentiert in Nick Neave und Kerry Shields, »The Effects of Facial Hair Manipulation on Female Perceptions of Attractiveness, Masculinity, and Dominance in Male Faces«, *Personality and Individual Differences* 45 (2008), S. 373–377.

25 Barnaby J. Dixson und Paul C. Brooks, »The Role of Facial Hair in Women's Perceptions of Men's Attractiveness, Health, Masculinity and Parenting Abilities«, *Evolution and Human Behavior* 34 (May 2013), S. 236–241.

26 Christian Bromberger, »Hair: From the West to the Middle East through the Mediterranean«, *Journal of American Folklore* 121 (2008). S. 380.

Kapitel 2

1 Die Bedeutung von Bärten ist weder schlicht noch gewiss. Siehe Claudia E. Suter, »The Royal Body and Masculinity in Early Mesopotamia«, in *Menschenbilder und Körperkonzepte im Alten Israel, in Ägypten und im Alten Orient*, Angelika Berlejung, hrsg. von Ian Dietrich und Joachim Friedrich Quack (Tübingen: Mohr Siebeck, 2012), S. 442–445.

2 Viele Gelehrte erkennen in dieser Steinritzung mittlerweile König Schulgi. Siehe Claudia E. Suter, »Ur III Kings in Images: A Reappraisal«, in *Your Praise Is Sweet: A Memorial Volume for Jeremy Black by Students, Colleagues and Friends*, hrsg. von Heather D. Baker et al. (London: British Institute for the Study of Iraq, 2010), S. 335–336.

3 Samuel Noah Kramer, *History Begins at Sumer*, 3. Auflage (Philadelphia: University of Pennsylvania Press, 1981), S. 277–288. Siehe auch Marc Van De Mieroop, *A History of the Ancient Near East*, 2. Auflage (Malden, MA: Blackwell, 2007), S. 76. Siehe auch H. W. F. Saggs, *Babylonians* (Norman: University of Oklahoma Press/British Museum Press, 1995), S. 85–89.

4 Kramer, *History Begins*, 287. Für eine andere Übersetzung siehe Mario Liverani, *The Ancient Near East: History, Society and Economy*, ins Englische von Soraia Tabatabai (London: Routledge, 2014), S. 167–168. Die Geschichte spielt in Schulgis siebtem Jahr auf dem Thron, gemäß dem offiziellen Namen, der diesem Jahr in einem anderen Text verliehen wurde: Das Jahr,

»in dem der König von der Stadt Ur zur Stadt Nippur (und zurück) reiste«. Siehe Nicole Brisch, »Changing Images of Kingship in Sumerian Literature«, in *The Oxford Handbook of Cuneiform Culture*, hrsg. von Karen Radnor und Eleanor Robson (Oxford: Oxford University Press, 2011), S. 709.

5   Eine Beschreibung der Reinigungspriester enthält Gwendolyn Leick, *The Babylonians: An Introduction* (London: Routledge, 2003), S. 137. Mediziner rasierten sich bekanntermaßen. Siehe Jean Bottéro, *Everyday Life in Ancient Mesopotamia*, ins Englische von Antonia Nevill (Baltimore: Johns Hopkins University Press, 2001 [1992]), S. 163. Siehe auch Dominique Collon, *Ancient Near Eastern Art* (Berkeley: University of California Press, 1995), S. 508.

6   Georges Contenau, *Everyday Life in Babylon and Assyria* (New York: Norton, 1966 [1877]), S. 281.

7   Collon, *Ancient Near Eastern Art*, S. 514.

8   Num 8,6–7. Siehe auch Saul M. Olyan, »What Do Shaving Rites Accomplish and What Do They Signal in Biblical Ritual Contexts?« *Journal of Biblical Literature* 117 (1998), S. 614. Olyan betont, wie wichtig es ist, sich von dem einen Zustand oder der einen Rolle zur anderen zu wandeln.

9   Ann Macy Roth, »The Social Aspects of Death«, in Sue D'Auria, Peter Lacovara und Catharine H. Roehrig, *Mummies and Magi: The Funerary Arts of Ancient Egypt* (Boston: Museum of Fine Arts, 1988), S. 56.

10   Edna R. Russmann, »Fragment of Funerary Relief«, in D'Auria, Lacovara und Roehrig, *Mummies and Magic*, S. 192.

11   Jer 41,5.

12   Liverani, *Ancient Near East*, S. 79–80. Siehe auch De Mieroop, *History of the Ancient Near East*, S. 43–45.

13   Wolfram von Soden, *The Ancient Orient*, ins Englische von Donald G. Schley (Grand Rapids, MI: William B. Eerdmans, 1994), S. 63–64.

14   Liverani, *Ancient Near East*, S. 137. Siehe auch Thorkild Jacobsen, *Toward the Image of Tammuz* (Cambridge, MA: Harvard University Press, 1970), S. 155. Siehe auch Saggs, *Babylonians*, S. 70.

15   Henri Frankfort, *The Art and Architecture of the Ancient Orient*, 4. Auflage (New Haven, CT: Yale University Press, 1970), S. 84.

16   Liverani, *Ancient Near East*, S. 137.

17   Caroline Waerzeggers, »The Pious King: Royal Patronage of the Temples«, in Radnor und Robson, *Oxford Handbook of Cuneiform Culture*, S. 739.

18   Samuel Noah Kramer, »Kingship in Sumer and Akkad: The Ideal King«, in *Le palais et la royauté (Archéologie et Civilisation)*, hrsg. von Paul Garelli (Paris: Librairie Orientaliste Paul Geuthner, 1974), S. 171.

19 O. R. Gurney, *The Hittites* (London: Penguin 1952), S. 152.

20 Zitiert in Joyce Tyldesley, *Hatchepsut* (London: Viking, 1996), S. 143.

21 James Henry Breasted, *Ancient Records of Egypt*, Band 2, *The Eighteenth Dynasty* (Champaign: University of Illinois Press, 2001 [1906]), S. 112.

22 W. C. Hayes zitiert in Tyldesley, *Hatchepsut*, 3. Siehe auch Peter F. Dorman, »Hatshepsut: Wicked Stepmother or Joan of Arc?« *Oriental Institute News and Notes*, No. 168 (Winter 2001), S. 1.

23 Zitiert in Tyldesley, *Hatchepsut*, S. 157.

24 Saphinaz-Amal Naguib, »Hair in Ancient Egypt«, Acta Orientalia 51 (1990), S. 11.

25 Bob Brier und Hoyt Hobbs, *Daily Life of the Ancient Egyptians* (Westport, CT: Greenwood Press, 1999), S. 135.

26 Hatschepsuts Transformation wird untersucht in Dorman, »Hatshepsut«, S. 5–6.

27 1.Chr 19. Siehe auch 2.Sam 10.

28 Jes 50,6, Lutherbibel von 1912.

29 Contenau, *Everyday Life*, 65. Siehe auch A. T. Olmstead, *History of Assyria* (Chicago: University of Chicago Press, 1960 [1923]), S. 120.

30 Marie-Thérése-Barrelet folgt Ruth Opificius, wenn sie diesen Stil »roi héroïse« nennt in ihrem Artikel »La ›figure du roi‹ dans l'iconographie et dans les textes depuis Ur-Nanse jusqu'à la fin de la primiere dynastie de Babylone«, in Garelli, *Le palais et la royauté*, S. 104.

31 Theodor H. Gaster, *Myth, Legend, and Custom in the Old Testament* (New York: Harper, 1969), S. 437.

32 Robert D. Biggs, »The Babylonian Sexual Potency Texts«, in *Sex and Gender in the Ancient Near East*, hrsg. von S. Parpola und R. M. Whiting (Helsinki: Neo-Assyrian Text Corpus Project, 2002), S. 71–78. Siehe auch Bottéro, *Everday Life in Ancient Mesopotamia*, S. 99.

33 Ri 13,3–5.

34 Ri 16,16–18.

35 Ri 16,28–30.

36 J. E. Curtis und J. E. Reade, Hrsg., *Art in Empire: Treasures from Assyria in the British Museum* (New York: Metropolitan Museum of Art, 1995), S. 43.

37 Ebd., S. 44. Siehe auch Irene J. Winter, »Art in Empire: The Royal Image and the Visual Dimensions of Assyrian Ideology«, *Assyria* 1995, S. 371.

38 Winter, »Art in Empire«, S. 372–373.

39 Steven W. Cole und Peter Machinist, Hrsg., *Letters from Priests to the Kings Esarhaddon and Assurbanipal* (Helsinki: Helsinki University Press, 1998), S. 36.

40 Susan Niditch, *My Brother Esau Is a Hairy Man: Hair and Identity in Ancient Israel* (Oxford: Oxford University Press, 2008), S. 49–50, 59.

41 Eine umfassende Erörterung dieser Haargesetze liefert Niditch, *My Brother Esau*, S. 106–111.

42 Lev 21,5–6.

43 Lev 19,27.

44 Dtn 14,1–2.

Kapitel 3

1 John Maxwell O'Brien, *Alexander the Great: The Invisible Enemy* (London: Routledge, 1992), S. 94.

2 Arrian, *Anabasis Alexandri*, ins Englische von E. Iliff Robson (Cambridge, MA: Harvard University Press, 1967), S. 251.

3 Plutarch, *Moralia*, ins Englische von Frank Cole Babbitt (Cambridge, MA: Harvard University Press, 1931), S. 57.

4 Plutarch, *Plutarch's Lives*, Band 7, ins Englische von Bernadotte Perrin (Cambridge, MA: Harvard University Press, 1967), S. 231.

5 Aristophanes, *Women at the Thesmophoria*, ins Englische von Eugene O'Neill Jr., in *The Complete Greek Drama*, Band 2 (New York: Random House, 1938), Verse 231–232.

6 Theopompus, Fragment 225a, in *Homosexuality in Greece and Rome: A Sourcebook of Basic Documents*, hrsg. von Thomas K. Hubbard (Berkeley: University of California Press, 2003), S. 74.

7 Homer, *Ilias*, 1,500.

8 Helen King, *Hippocrates' Woman: Reading the Female Body in Ancient Greece* (London: Routledge, 1998), S. 9–10.

9 Hippokrates, *Nature of the Child*, ins Englische von I. M Lonie, in *Hippocratic Writings*, hrsg. von G. E. R. Lloyd (London: Penguin 1983 [1950]), S. 332.

10 Aristoteles, *Generation of Animals* (V.iii), ins Englische von S. A. L. Peck (Cambridge, MA: Harvard University Press, 1963), S. 523–525.

11 Andrew F. Stewart, *Faces of Power: Alexander's Image and Hellenistic Politics* (Berkeley: University of California Press, 1993), S. 75. Paul Cartledge setzt sich mit dem vielfältigen Nutzen von Lysippos Arbeiten auseinander in *Alexander the Great: The Hunt for a New Past* (London: Macmillan, 2004), S. 235.

12 Katherine Callen King, *Achilles: Paradigms of the War Hero from Homer to the Middle Ages* (Berkeley: University of California Press, 1987), S. 3.

13 Homer, *Ilias*, 24,347–348, in der Übersetzung von Johann Heinrich Voß.

14 K. J. Dover, *Greek Homosexuality* (London: Duckworth, 1978), S. 86–87.

15 Platon, *Charmides*, in *Plato in Twelve Volumes*, Band 8, ins Englische von W. R. M. Lamb (Cambridge, MA: Harvard University Press, 1955), 154b.

16 Viele Gelehrte haben festgestellt, dass das Interesse an Herakles als unermüdlicher Schlachter von Monstern und Bestien in der späteren antiken Literatur abnimmt, während das Interesse an ihm als Mann der Tugend, welcher der Nachahmung und des ewigen Lebens mit den Göttern würdig ist, zunimmt. Diese Entwicklung zu einem »vergeistigteren« Herakles spiegelt sich in der Kunst wider. Siehe Rainer Vollkommer, *Herakles in the Art of Classical Greece* (Oxford: Oxford University Committee for Archeology, 1988), S. 79–81. Siehe auch T. B. L. Webster, *Potter and Patron in Classical Athens* (London: Methuen & Co., 1972), S. 261–263.

17 Jede Kouros-Statue folgte derselben stilisierten Gestaltung, die dem gedachten Verstorbenen gestatten sollte, »sich als menschliches Vorbild vor die Götter zu stellen«, so Robin Osborne. Siehe Osborne, »Men without Clothes: Heroic Nakedness and Greek Art«, in *Gender and the Body in the Ancient Mediterranean*, hrsg. von Maria Wyke (Oxford: Blackwell, 1998), S. 86. Manche haben behauptet, die Nacktheit in der Kunst habe die Nacktheit der Athleten imitieren sollen, doch wahrscheinlich ist genau das Gegenteil der Fall. Siehe Andrew Stewart, *Greek Sculpture: An Exploration* (New Haven, CT: Yale University Press, 1990), S. 106. Initiationsriten stellen einen weiteren Kontext für jene Nacktheit dar. Viele kretische und griechische Übergangsrituale waren für junge Männer verbunden mit dem Ablegen der Kleider der Kindheit und dem Bloßlegen ihrer wahren Natur als Männer, die wie Vollbürger kämpfen und handeln konnten. Siehe Gloria Ferrari, *Figures of Speech: Men and Maidens in Ancient Greece* (Chicago: University of Chicago Press, 2002), S. 117–125.

18 Zitiert in Stewart, *Faces of Power*, S. 341.

19 Varro, *De Re Rustica*, ins Englische von W. D. Hooper (Cambridge, MA: Harvard University Press, 1937), S. 419.

20 Der römische Historiker Aulus Gellius bestätigt, dass die Rasur zu Zeiten Scipios zur Gewohnheit wurde.

21 A. E. Astin, *Scipio Aemilianus* (Oxford: Clarendon Press, 1967), S. 15.

22 Zitiert in Astin, *Scipio Aemilianus*, S. 30.

23 Suetonius, *The Lives of the Caesars*, ins Englische von Alexander Thomson (London: George Bell and Sons, 1890), S. 30–31.

24 Siehe Thorsten Opper, *Hadrian: Empire and Conflict* (London: British Museum Press, 2008), S. 69.

25 Anthony Birley schlussfolgert, dass Hadrian sich nach seinem Aufenthalt bei Epiktet den Bart hat wachsen lassen. Birley, *Hadrian: The Restless Emperor* (London: Routledge, 1997), S. 61.

26 Paul Zanker, *The Mask of Socrates: The Image of the Intellectual in Antiquity*, ins Englische von Alan Shapiro (Berkeley: University of California Press, 1995), S. 108–113. Siehe auch Harry Sidebottom, »Philostratus and the Symbolic Roles of the Sophist and Philosopher«, in *Philostratus*, hrsg. von Ewen Bowie und Jas Elsner (Cambridge: Cambridge University Press, 2009), S. 81–83, 95.

27 Zitiert in *Musonius Rufus*, ins Englische von Cynthia King (CreateSpace. com, 2011), S. 79–81.

28 Dio Chrysostom, *Dio Chrysostom*, ins Englische von H. Lamar Crosby (Cambridge, MA: Harvard University Press, 1951), S. 331.

29 Epiktet, *Discourses as Reported by Arrian*, Band 2, ins Englische von W. A. Oldfather (Cambridge, MA: Harvard University Press, 1959), S. 15.

30 Galen, *On the Usefulness of the Parts of the Body*, ins Englische von Margaret Tallmadge May (Ithaca, NY: Cornell University Press, 1968), S. 530–531.

31 Aurel wird zitiert in G. W. Bowersock, *Julian the Apostate* (London: Duckworth, 1978), S. 102. Bowersock bezeichnet Julian als »einen Mann von großtuerischer Einfachheit« (S. 14).

32 Julians Zitate entstammen *The Works of the Emperor Julian*, Band 2, ins Englische von Wilmer Cave Wright (London: William Heinemann, 1913), S. 423–425.

Kapitel 4

1 Robin Margaret Jensen, *Face to Face: Portraits of the Divine in Early Christianity* (Minneapolis: Fortress Press, 2005), S. 23–26. Siehe auch John Lowden, *Early Christian and Byzantine Art* (London: Phaidon, 1997), S. 57.

2 Jaroslav Pelikan, *Jesus through the Centuries* (New Haven, CT: Yale University Press, 1985), S. 86.

3 Robin Margaret Jensen, *Understanding Early Christian Art* (London: Routledge, 2000), S. 38–40.

4 Thomas F. Mathews, *The Clash of Gods: A Reinterpretation of Early Christian Art*, revidierte Ausgabe (Princeton, NJ: Princeton University Press, 1993), S. 126–128.

5 Ebd., S. 127.

6 Jensen, *Face to Face*, S. 161.

7 Deborah Mauskopf Deliyannis, *Ravenna in Late Antiquity* (Cambridge: Cambridge University Press, 2010), S. 156–158. Siehe auch Robin Margaret Jensen, »The Two Faces of Jesus«, *Bible Review* 18 (October 2002): S. 50, 59. Siehe auch Jensen, *Face to Face*, S. 159–163.

8 Kurt Weitzmann (Hrsg.), *Age of Spirituality: Late Antique and Early Christian Art, Third to Seventh Century* (New York: Metropolitan Museum of Art, 1979), S. 606–608.

9 Ebd., S. 515.

10 Jensen, *Understanding Early Christian Art*, S. 106–107.

11 Clement of Alexandria, *Christ the Educator (Paedagogos)*, ins Englische von Simon P. Wood (New York: Fathers of the Church, 1954), S. 214–215.

12 Tertullian, *The Apparel of Women*, ins Englische von Edwin A. Quain, in *Tertullian: Disciplinary, Moral and Ascetical Works*, hrsg. von Rudolph Arbesmann, Emily Joseph Daly und Edwin A. Quain (New York: Fathers of the Church, 1959), S. 139.

13 Peter Brown, *The Body and Society: Men, Women, and Sexual Renunciation in Early Christianity* (New York: Columbia University Press, 1988), S. 169, 174.

14 Ebd., S. 382.

15 Augustinus, *City of God against the Pagans* (Cambridge, MA: Harvard University Press, 1972), S. 289–301. Augustinus bespricht den Körper und die körperliche Auferstehung in Buch 22, Kapitel 19 f.

16 Augustinus, *St. Augustine on the Psalms*, ins Englische von Scholastica Hebgin und Felicitas Corrigan (London: Longmans, Green and Co. 1961), S. 156, 161.

17 Augustinus, *Expositions on the Book of Psalms*, in *Nicene and Post-Nicene Fathers of the Christian Church*, hrsg. von Philip Schaff (Grand Rapids, MI: Eerdmans, 1974), S. 623. Siehe auch Cassiodorus, *Cassiodorus: Explanation of the Psalms*, ins Englische übersetzt und hrsg. von P. G. Walsh (New York: Paulist Press, 1990–1991), S. 334. Was Psalm 133 anbelangt (132 in der alten lateinischen Zählweise), so beobachtet Cassiodor (ca. 485–580) ganz ähnlich: »Wir tun gut daran, den *Bart* als die Apostel zu interpretieren, denn ein Bart ist das Merkmal der stärksten Männlichkeit, welches unbeweglich unterhalb des Kopfes sich befindet. Als Bezwinger vielerlei Leiden mithilfe der Güte Gottes, haben sie sich als die standhaftesten Männer dank Gottes Gnaden herausgestellt.«

18 Augustinus, *City of God*, S. 335 (Buch 22, Kapitel 24).

Kapitel 5

1 D. D. R. Owens, »Beards in the Chanson de Roland«, *Forum for Modern Language Studies* 24 (1988), S. 175–179. Siehe auch Susan L. Rosenstreich, »Reappearing Objects in La Chanson de Roland«, *French Review* 79 (2005), S. 358–369.

2 *Song of Roland* [61], ins Englische von C. H. Sisson (Manchester: Carcanet Press, 1983), S. 37.

3 Ebd., S. 135.

4 Dies hat Paul Edward Dutton in seiner Untersuchung des Haars im karolingischen Zeitalter herausgefunden. Siehe Dutton, *Charlemagne's Mustache and Other Cultural Clusters of a Dark Age* (London: Palgrave, 2004), S. 21–26.

5 Zitiert in Rudolf Leeb, *Konstantin und Christus. Die Verchristlichung der imperialen Repräsentation unter Konstantin dem Großen als Spiegel seiner Kirchenpolitik und seines Selbstverständnisses als christlicher Kaiser* (Berlin: de Gruyter, 1992), S. 81.

6 Matthias Becher, *Karl der Große* (München: C. H. Beck, 2014), S. 13.

7 1.Kor 11,14–15: »Lehrt euch nicht schon die Natur, dass es für den Mann eine Schande [...] ist, lange Haare zu tragen?«

8 Louis Trichet, *La tonsure: Vie et mort d'une pratique ecclésiastique* (Paris: Les Éditions du Cerf, 1990), S. 45.

9 Gregory the Great, *Morals on the Book of Job* (Oxford: John Henry Parker, 1844), Band 1, S. 123–124. Eine Generation zuvor hat ein anderer christlicher Schreiber, Cassiodor, einen ähnlichen Gedanken in Bezug auf das Rasiermesser der bösen Männer in Psalm 52 entwickelt. Er kam zu dem Schluss, dass ein Rasiermesser »jegliches Äußeres wie etwa das Haar abscheren kann, dadurch jedoch dem Inneren der Seele zu größerer Schönheit verhilft, da es danach bestrebt ist, sie von den weltlichen Dingen zu befreien.« Cassiodorus, *Cassiodorus: Explanation of the Psalms*, ins Englische übersetzt und hrsg. von P. G. Walsh (New York: Paulist Press, 1990), Band 2, S. 3.

10 Zitiert in Bernard Lewis, *The Muslim Discovery of Europe* (New York: W. W. Norton, 1982), S. 280.

11 Siehe Tia M. Kolbaba, *The Byzantine Lists: Errors of the Latins* (Urbana: University of Illinois Press, 2000), S. 56–57, 195.

12 Ratramnus Corbeiensis, »Contra Graecorum Opposita Romanum Ecclesiam Infamantium Libri Quatuor«, Buch 4, Apud Acherium, in *Library of Latin Texts Online* (Turnhout: Brepols, 2005, ins Englische von Katie Derrig, 2008).

13 Gregory VII, *The Correspondence of Pope Gregory VII*, ins Englische von Ephraim Emerton (New York: Columbia University Press, 1932), S. 164–165.

14 Zitiert in Giles Constable, »Introduction to Apologia de Barbis«, in *Apologiae Duae: Gozechini Epistola ad Walcherum; Burchardi, Ut Videtur, Abbatis Bellevallis: Apologia de Barbis*, Band 57, in *Corpus Christianorum: Continuatio Mediaevalis* (Turnhout: Brepols, 1985), S. 103–104.

15 *Collectio Canonum in V Libris*, in *Corpus Christinorum, Coninuatio Mediaevalis*, Band 6, hrsg. von M. Fornasari (Turnholt: Brepols, 1970), S. 412. Siehe Erörterung in Trichet, *La tonsure*, S. 100. Siehe außerdem Constable, »Introduction«, S. 106–107.

16 Eine Untersuchung spanischer Schriftstücke verrät, wie populär Bärte bei den Weltlichen des elften und zwölften Jahrhunderts weiterhin waren, insbesondere bei den Mitgliedern des Königshauses und der Adelsfamilien. Siehe Philippe Wolff, »Carolus Glaber«, *Annales du Midi: Revue archéologique, historique et philologique de la France mérodionale* 102 (1990), S. 375–382. Der (später heilig gesprochene) römische Theologe Peter Damien (gest. 1072) sorgte sich, die Abwesenheit von Haaren im Gesicht sei viel zu oft das Einzige, was einen Priester von einem weltlichen Herrn unterscheide, da derart viele Priester irdischen Dingen nachgingen. Siehe Peter Damien, *Peter Damien: Letters 91–120*, ins Englische von Owen J. Blum (Washington, DC: Catholic University Press, 1989), S. 55.

17 H. Platelle, »Le probleme du scandale: Les nouvelles modes masculines aux XIe et XIIe siecles«, *Revue Belge de Philologie et d'Histoire* 53 (1975), S. 1073–1076.

18 Othlonus S. Emmerammi Ratisponensis, *Narratio Olthoni de Miraculo, quod Nuper Accidit Cuidam Laico* in *Library of Latin Texts Online* (Turnhout: Brepols, 2005, ins Englische von Katie Derrig, 2008).

19 Alan of Lille, *The Plaint of Nature*, ins Englische von James J. Sheridan (Toronto: Pontifical Institute of Medieval Studies, 1980), S. 187.

20 Giles Constable hat Hintergrund und Themen der *Apologia* von Burckhard gründlich analysiert in Constable, »Introduction«, S. 47–150.

21 Burchardi, *Apologia de Barbis*, in *Apologiae Duae*, S. 179 (ins Englische von Katie Derrig, 2008).

22 Hildegard von Bingen, *Ursachen und Behandlungen von Krankheiten* (Königswinter: Mathias Lempertz, 2013).

23 Ebd.

24 Burchardi, *Apologia de Barbis*, S. 187.

25 Bruno Astensis, *Expositio in Pentateuchum: Incipit Expoistio in Leviticum*, Kapitel 19 in *Library of Latin Texts Online* (Turnhout: Brepols, 2005, ins Englische von Katie Derrig, 2008). Siehe auch Constable, »Introduction«, S. 70.

26 Burchardi, *Apologia de Barbis*, S. 162.

27 Ebd., S. 166.

28 Orderic Vitalis, *Ecclesiastical History of England and Normandy*, Band 3, aus dem Englischen von Thomas Forester (London: Henry G. Bohn, 1854), S. 72.

29 Zitiert in Lewis, *Muslim Discovery*, S. 280–281.

30 Serlos Predigt wurde vom mittelalterlichen Mönchsgelehrten Ordericus Vitalis beschrieben. Siehe Orderic Vitalis, *The Ecclesiastical History of Orderic Vitalis*, Band 6, hrsg. und ins Englische übersetzt von Marjorie Chibnall (Oxford: Clarendon Press, 1978), S. 63–67.

31 Pauline Stafford, »The Meanings of Hair in the Anglo-Norman World«, in *Saints, Scholars and Politicians: Gender as a Tool in Medieval Studies*, hrsg. von Mathilde van Dijk und Renée Nip (Turnhout: Brepols, 2005), S. 153–171. Stafford betont die Verteidigung maskuliner Standards vonseiten des Klerus und analysiert die Rolle der Gesichtsbehaarung bei der Unterscheidung zwischen Normannen und Sachsen. Siehe auch Platelle, »Le problème du scandale«, S. 1071–1096.

32 William of Malmesbury, *Gesta Regum Anglorum*, ins Englische und hrsg. von R. A. B. Mynors, R. M. Thomson und M. Winterbottom (Oxford: Clarendon Press, 1998), Band 1, S. 451.

33 William of Malmesbury, *Gesta*, Band 1, S. 451, 455–459. Pauline Stafford hat sicherlich recht, wenn sie von Malmesburys Versuch erwähnt, die Kraft der Normannen mit der Tugendhaftigkeit der Priester in Verbindung zu bringen. Obwohl sie glaubt, dies sei ein Versuch gewesen, das rasierte Priestertum aufzuwerten, könnte genauso gut das Gegenteil der Fall gewesen sein; dass er nämlich dem rasierten normannischen Heer moralische Tugendhaftigkeit beimaß. Siehe Stafford, »Meanings of Hair«, S. 167.

34 Alison Weir, *Eleanor of Aquitaine* (London: Jonathan Cape, 1999), S. 43. Siehe auch Augustin Fangé, *Mémoires pour servir a l'histoire de la barbe de l'homme* (Liege: Jean-Francois Broncart, 1774), S. 98–99. Die glatt rasierte Erscheinung französischer Könige nach Ludwig VII. ist in den Abbildungen handschriftlicher Bücher ersichtlich. Siehe Colette Beaune, *Les manuscrits des rois de France au moyen age* (Bibliotheque de l'Image, 1989).

35 Fred S. Kleiner, *Gardner's Art through the Ages: The Western Perspective* (Boston: Cengage Learning, 2010), Band 1, S. 341.

36 Ludwigs Gewissensbisse und Bernhards Einfluss werden beschrieben in Yves Sassier, *Louis VII* (Paris: Fayard, 1991), S. 109–131. Siehe auch Francois Gervaise, *Histoire de Suger, Abbé de S. Denis* (Paris: Francois Berois, 1721), S. 95.

37 Die Abbildungen in mittelalterlichen Manuskripten zeigten die Westländer typischerweise ohne Bart, die Byzantiner und Muslime des Mittleren Ostens hingegen mit Bart. Siehe Jaroslav Folda, *Crusader Manuscript Illumination at Saint-Jean d'Acre, 1275–1291* (Princeton, NJ: Princeton University Press, 1976).

38 Robert Bartlett, »Symbolic Meanings of Hair in the Middle Ages«, *Transactions of the Royal Historical Society*, 6. Jahrgang, Band 4 (1994), S. 46–47.

39 Giles Constable, *Crusaders and Crusading the Twelfth Century* (Farnham: Ashgate, 2008), S. 333.

40 Thomas Asbridge, *The Crusades* (New York: Echo Press, 2010), S. 414.

41 Malcolm Barber und Keith Bate (Hrsg.), *The Templars: Selected Sources* (Manchester: Manchester University Press, 2002), S. 42. Siehe auch J. M. Upton-Ward (Hrsg.), *The Rule of the Templars: The French Text of the Rule of the Order of the Knights Templar* (Woodbridge: Boydell Press, 1992), S. 25.

42 Helen Nicholson, *The Knights Templar: A New History* (Stroud: Sutton, 2001), S. 124–127.

43 Caire Richter Sherman, *Imaging Aristotle: Verbal and Visual Representation in Fourteenth-Century France* (Berkeley: University of California Press, 1995), S. 184–198.

44 *Pero Tafur: Travels and Adventures (1435–1439)*, ins Englische und hrsg. von Malcolm Letts (New York: Harper & Brothers, 1926), S. 175.

Kapitel 6

1 R. J. Knecht, *Renaissance Warrior and Patron: The Reign of Francis I* (Cambridge: Cambridge University Press, 1994).

2 Elliot Horowitz, »The New World and the Changing Face of Europe«, *Sixteenth Century Journal* 28 (Winter 1997), S. 1196.

3 Francis Hackett, *Henry the Eighth* (New York: Liveright Publishing, 1945), S. 112; Horowitz, »New World«, S. 1197.

4 Knecht, *Renaissance Warrior*, S. 105.

5 Horowitz, »New World«, S. 1198.

6 Knecht, *Renaissance Warrior*, S. 105.

7 Glenn Richardson, *Renaissance Monarchy: The Reigns of Henry VIII, Francis I and Charles V* (London: Arnold, 2002), S. 173. Siehe auch Knecht, *Renaissance Warrior*, S. 125.

8 Jean-Marie Le Gall lokalisiert die Ursprünge der Bart-Renaissance im päpstlichen Hof um 1510, wie es insbesondere in Raffaels Kunstwerken ersichtlich ist, in *Un idéal masculin: Barbes et moustaches, XVe–XVIIIe siècles* (Paris: Payot, 2011), S. 33–34.

9 Mark J. Zucker, »Raphael and the Beard of Pope Julius«, Art Bulletin 59 (1977), S. 526.

10 Ebd., S. 530.

11 John Julius Norwich, *The Popes: A History* (London: Chatto & Windus, 2011), S. 294.

12 Pierio Valeriano, *The Ill Fortune of Learned Men*, ins Englische von Julia Haig Gaisser, in *Pierio Valeriano on the Ill Fortune of Learned Men: A Renaissance Humanist and His World*, hrsg. von Julia Haig Gaisser (Ann Arbor: University of Michigan Press, 1999), S. 93–95.

13 Gaisser, *Pierio Valeriano on the Ill Fortune of Learned Men*, 38. Siehe auch Zucker, »Raphael«, S. 532.

14 Zucker, »Raphael«, S. 532.

15 Pierio Valeriano, *A Treatise Written by Iohan Valerian a Great Clerke of Italie, Which Is Intitled in Latin »Pro Sacerdotum barbis«* (London: Tho. Bertheleti, 1533), S. 8–9.

16 Pierio Valeriano (Pierii Valerianii), *Pro Sacerdotum Barbis* (Rome: Calvi, 1531), S. 18–19 (ins Englische von J. Holland, 2012).

17 Ebd., S. 19.

18 Mark Albert Johnston, *Beard Fetish in Early Modern England: Sex Gender, and Registers of Value* (Farnham: Ashgate, 2011), S. 34.

19 Le Gall, *Idéal masculine*, S. 57.

20 *Mémoire pour Mer André Imberdis et Charles Pacros* (Paris: Pillet, 1844), S. 18–19. Siehe auch Léon Henry, *La barbe et la liberté* (Niort: Ve H. Echillet, 1879), S. 74–76.

21 Gentian Hervet, *Orationes* (Veneunt Aureliae apud Franciscum Gueiardum Bibliopolam, 1536), S. 55 (ins Englische von J. Holland, 2012).

22 Ebd., S. 61.

23 Le Gall, *Idéal masculine*, S. 132–140.

24 Ebd., S. 47–48.

25 Diarmaid MacCulloch, *The Reformation* (New York: Viking, 2003), S. 627–628.

26 Zitat aus Steven E. Ozment, *Reformation in the Cities: The Appeal of Protestantism to Sixteenth-Century Germany and Switzerland* (New Haven, CT: Yale University Press, 1975).

27 Zitat aus Horowitz, »New World«, S. 1186.

28 Sergio Rivera-Ayala, »Barbas, fierros y masculinidad dentro de la mirada columbiana«, *Bulletin of Hispanic Studies* 87 (2010), S. 609.

29 Horowitz, »New World«, S. 1186.

30 Merry Wiesner-Hanks, *The Marvelous Hairy Girls* (New Haven, CT: Yale University Press, 2009), S. 35.

31 Frederick William Fairholt (Hrsg.), *Satirical Songs and Poems on Costume: From the Thirteenth to the Nineteenth Century* (London: Percy Society, 1849), S. 121–124. Auch zitiert in Johnston, *Beard Fetish*, S. 257–258. Forscher haben dieses Gedicht auf das Jahr 1597 datiert; siehe Johnston, *Beard Fetish*, S. 167.

32 William Shakespeare, *As You Like It*, II.7.149–156.

33 Robert Greene, *A Quip for an Upstart Courtier: Or a Quaint Dispute between Velvet-Breeches and Cloth-Breeches*, hrsg. von Charles Hindley (London: Reeves and Turner, 1871 [1592]), S. 38. Siehe auch Gall, *Idéal masculine*, S. 45–46.

34 Johannes Barbatium, *Barbae Maiestas hoc est De Barbis* (Frankfurt: Michaelis Fabri, 1614), S. 7. Ovid, 13. Buch der *Metamorphoses*, ins Englische von Frank Justus Miller (London: William Heinemann, 1958), Band 2, S. 289.

35 William Shakespeare, *Much Ado about Nothing*, I.1.245–246. Shakespeare-Zitate stammen von *The Riverside Shakespeare*, hrsg. von G. Blakemore Evans (Boston: Houghton Mifflin, 1974).

36 Ebd., II.1.29–39.

37 Ebd., III.2.48–49.

38 Ebd., V.1.192.

39 William Shakespeare, *King Lear*, II.4.193.

40 Ebd., III.7.34–41.

41 Ebd., IV.6.96–99.

42 Shakespeare, *As You Like It*, II.7.139–140.

43 Ebd., II.7.149–156.

44 Will Fisher meint, dass die Verwendung falscher Bärte im Theater dieser Ära die generelle Annahme widerspiegelte, dass selbst echte Bärte nur Prothesen waren: Kostüme einer maskulinen Darbietung. Fisher, *Materializing Gender in Early Modern English Literature and Culture* (Cambridge: Cambridge University Press, 2006), S. 85–93.

45 William Shakespeare, *A Midsummer Night's Dream*, I.2.90–96.

46 Paul F. Grendler, *The Universities of the Italian Renaissance* (Baltimore: Johns Hopkins University Press, 2002), S. 154–156.

47 Marcus Antonius Ulmus, *Physiologia Barbae Humanae: De Fine Barbae Humanae* (Bononiae: Apud Ioannem Baptistam Bellagambam, 1603), S. 82 (ins Englische von J. Holland, 2012).

48 Ebd., S. 257.

49 Ebd., S. 199.

50 Ebd., S. 256.

51 Ebd., S. 197.

52 Ebd., S. 198.

53 John Baptista Van Helmont, *Oriatrike, or Physick Refined*, ins Englische von J. C. (London: Lodowick Loyd, 1662), S. 666.

54 Ebd., S. 667. Siehe auch J. Crofts, »Beards and Angels«, *London Mercury* 14 (1926), S. 134–136.

55 Faegheh Shirazi, »Men's Facial Hair in Islam: A Matter of Interpretation«, in *Hair: Styling, Culture and Fashion*, hrsg. von Geraldine Biddle-Perry und Sarah Cheang (Oxford: Berg, 2008), S. 116.

56 Einen bartlosen Adam sieht man auf Michelangelos Deckenzeichnung der Sixtinischen Kapelle (1512) und in Raffaels *Adam und Eva* Deckenfresko der päpstlichen Privatbibliothek (1519). Das Gleiche gilt für *Die Vertreibung aus dem Paradies* von Lucas van Leyden (1510), *Die Versuchung von Adam* von Tintoretto (ca. 1550), *Adam und Eva nach der Vertreibung aus dem Paradies* von Veronese (ca. 1580) sowie einige andere Gemälde und Stiche des fünfzehnten und sechzehnten Jahrhunderts.

57 Zitiert in Fisher, *Materializing Gender*, 115. Siehe auch Will Fisher, »The Renaissance Beard: Masculinity in Early Modern England«, *Renaissance Quarterly* 54 (2001), S. 171

58 Mark Albert Johnston erörtert dieses Gemälde ebenfalls, behauptet aber, dass es ganz klar Magdalenas Untergebenheit gegenüber ihrem Ehemann demonstriert, weil sein Bart über ihrem »emporragt«. Siehe Johnston, *Beard Fetish*, S. 201–204.

59 Der Fall der Gonzales-Schwestern wird sorgfältig untersucht in Wiesner-Hanks, *Marvelous Hairy Girls*. Eine Besprechung von Vanbeck liefern Johnston, *Beard Fetish*, S. 204–212. Siehe auch Christopher Hals Gylseth und Lars O. Toverud, *Julia Pastrana: The Tragic Story of the Victorian Ape Woman*, ins Englische von Donald Tumasonis (Stroud: History Press, 2005), S. 51–53.

60 Die Geschichte der heiligen Galla wird dargestellt in St. Gregory the Great, *Dialogues*, ins Englische von Odo John Zimmerman (New York: Fathers of the Church, 1959), S. 205–207. Eine Untersuchung weiterer Legenden liefert Jane Tibbetts Schulenburg, *Forgetful of Their Sex: Female Sanctity and Society, ca. 500–1100* (Chicago: University of Chicago Press, 1998), S. 152–153. Siehe auch Vern L. Bullough, »Transvestism in the Middle Ages«, in *Sexual Practices and the Medieval Church*, hrsg. von Vern L. Bullough und James Brundage (Buffalo: Prometheus Books, 1982), S. 50. Siehe auch Wiesner-Hanks, *Marvelous Hairy Girls*, S. 38–41.

61 Wiesner-Hanks, *Marvelous Hairy Girls*, S. 3–11.

62 Valeriano, *Treatise*, S. 10.

63 John Bulwer, *Anthropometamorphosis: Man Transform'd: Or the Artificiall Changling Historically Presented* (London: W. Hunt, 1653), S. 215.

64 Barbatium, *Barbae Maiestas*, S. 6.

Kapitel 7

1 Ich schlage mich auf die Seite der vierten von Alun Witheys vorgebrachten Erklärungen für den Siegeszug der Rasur: Bärte seien deshalb zurückgewiesen worden, da sie »irgendwann ein gegensätzliches Leitbild derber und schroffer Männlichkeit bedeuteten«. Siehe Withey, »Shaving and Masculinity in Eighteenth-Century Britain«, *Journal for Eighteenth-Century Studies* 36 (2013), S. 231.

2 Louis de Rouvroy, duc de Saint-Simon, *Memoirs of the Duke of Saint-Simon*, Band 3, ins Englische von Bayle St. John (London: Swan Sonnenschein & Co., 1891), S. 21.

3 John Woodforde, *The Strange History of False Hair* (London: Routledge & Kegan Paul, 1971), S. 15.

4 Samuel Pepys, *The Diary of Samuel Pepys*, hrsg. von Henry B. Wheatley, Band 3, Teil 2 (New York: Croscup and Sterling, 1893), S. 302 (Eintrag vom 30. Oktober 1663), Hatitrust Digital Library.

5 Ebd., S. 306 (Eintrag vom 4. November 1663).

6 Ebd., Band 6 (1895), Teil 2, S. 233 (Eintrag vom 31. März 1667).

7 Eine Untersuchung der gesellschaftlichen Bedeutung von Perücken liefert Michael Kwass, »Big Hair: A Wig History of Consumption in Eighteenth-Century France«, *American Historical Review* 111 (June 2006), S. 643.

8 Zitiert in Maria Jedding-Gesterling, »Baroque (ca. 1620–1715)«, in *Hairstyles: A Cultural History of Fashions in Hair from Antiquity to the Present Day*, hrsg. von Maria Jedding-Gesterling, ins Englische von Peter

Alexander und Sarah Williams (Hamburg: Hans Schwarzkopf, 1988), S. 105.

9   Bulwer widmet dem Bart ein Kapitel in seinem Buch über menschliche Brauchtümer auf der ganzen Welt. Siehe John Bulwer, *Anthropometamorphosis: Man Transform'd: Or the Artificiall Changling Historically Presented* (London: W. Hunt, 1653), S. 193–216.

10   Der Dichter John Hall, ein Anhänger des Parlaments, beschrieb die royalistischen Geistlichen als »erkennbar an ihren Bärten und Priestergewändern«. Zitiert in Nicholas McDowell, *Poetry and Allegiance in the English Civil Wars: Marvell and the Cause of Wit* (Oxford: Oxford University Press, 2008), S. 162.

11   Georg Caspar Kirchmaier, *De Majestate Juribusque Barbae* (Wittenberg: Christiani Schrödteri, 1698), S. 2.

12   Boni Sperati [Samuel Theodor Schönland], *Barba Defensa, sive Dissertatiuncula de Barba* (Leipzig und Dresden: Christophor Hekelium, 1690), S. 30 (ins Englische von J. Holland).

13   Ebd., S. 31.

14   Ebd., S. 47.

15   Johann Freidrich Wilhelm Pagenstecher, *De Barba Prognosticum Historico-politico-juridicum* (Burgo-Steinfurt: Arnoldinis, 1708), S. 6–7.

16   Zitiert in Donald B. Kraybill, Karen M. Johnson-Weiner und Steven M. Nolt, *The Amish* (Baltimore: Johns Hopkins University Press, 2013), S. 34.

17   Richard S. Wortman, *Scenarios of Power: Myth and Ceremony in Russian Monarchy* (Princeton, NJ: Princeton University Press, 1995), Band 1, S. 44.

18   Lindsey Hughes, »»A Beard Is an Unnecessary Burden‹: Peter I's Laws on Shaving and Their Roots in Early Russia«, in *Russian Society and Culture and the Long Eighteenth Century*, hrsg. von Roger Bartlett und Lindsey Hughes (Münster: Lit Verlag, 2004), 22. Siehe auch Paul Bushkovitch, *Peter the Great: The Struggle for Power, 1671–1725* (Cambridge: Cambridge University Press, 2001), S. 204.

19   Zitiert in Hughes, »Beard«, S. 22.

20   Bushkovitch, *Peter the Great*, S. 207.

21   Hughes, »Beard«, S. 24.

22   John Perry, *The State of Russia under the Present Czar* (London: Benjamin Tooke, 1716), S. 196.

23   R. Atorin, *Problema bradobritiia v pravoslavnoi traditsii* [Das Problem des Bartrasierens in der orthodoxen Tradition] (Moskau: Arkheodoksiia, 2009), Kapitel 4 (ins Englische von Anjelika Gasilina, 2012).

24 Hughes, »Beard«, S. 28.

25 Ebd., S. 26.

26 Atorin, *Problema*, Kapitel 4.

27 Jean-Jacques Rousseau, *The Confessions of Jean-Jacques Rousseau*, hrsg. von A. S. B. Glover (New York: Heritage Press, 1955). Rousseaus ursprünglicher Satz lautet: »J'étois ce jour-là dans le même équipage négligé qui m'étoit ordinaire; grande barbe et perruque assez mal peignée.« Siehe *Les Confessions*, Band 2 in *Œuvres de J. J. Rousseau* (Paris: E. A. Lequien, 1872), S. 155–156.

28 Withey, »Shaving and Masculinity«, S. 225–243.

29 Ein weiterer relevanter Beitrag zur Bartliteratur neben den genannten ist die posthume Veröffentlichung des deutschen Mediziners Christian Paul Paullini, »Tractatus de Barba«, in Wilhelm Friedrich von Pistorius, *Amoenitates historico-ivridicæ* (Frankfurt und Leipzig: A. J. Felssecker, 1731). Ein zusätzliches Werk ist Francis Oudin, »Recherches Sur La Barbe«, *Mercure De France*, März–April 1765.

30 Giuseppe Valeriano Vannetti, *Barbalogia: Ovvero ragionamento intorno alla Barba* (Roveredo: Francescantonio Marchesani, 1759), S. 6–7 (ins Englische von Daniele Macuglia, 2010).

31 Ebd., S. 111–112.

32 Augustin Fangé, *Mémoires pour servir a l'histoire de la barbe de l'homme* (Liege: Jean-François Broncart, 1774), S. 52.

33 Ebd., S. 52–62.

34 Jacques A. Dulaure, *Pogonogogia, or a Philosophical and Historical Essay* (Exeter: R. Thorn, 1786), S. iv.

35 Marcellin Boudet, *Les Conventionnels d'Auvergne: Dulaure* (Paris: Auguste Aubry, 1874), S. 40–41.

36 Dulaure, *Pogonogogia*, S. 9.

37 Ebd., S. v–vi.

38 Ebd., S. 11.

39 Ebd., S. 141.

40 Jean-Joseph Pithou, *The Triumph of the Parisians* (1789), zitiert in Antoine de Baecque, *The Body Politic: Corporeal Metaphor in Revolutionary France, 1770–1800*, ins Englische von Charlotte Mandell (Stanford, CA: Stanford University Press, 1997), S. 139.

Kapitel 8

1 Daniel A. McMillan, »Energy, Willpower, and Harmony: On the Problematic Relationship between State and Civil Society in Nineteenth-Century Germany«, in *Paradoxes of Civil Society: New Perspectives on Modern German and British History*, hrsg. von Frank Trentman (New York: Berghahn Books, 2003), S. 181. Siehe auch Heikki Lempa, *Beyond the Gymnasium: Educating the Middle- Class Bodies in Classical Germany* (Lanham: Lexington Books, 2007), S. 78–85.

2 Hans Ballin, »Biographical Sketch of Friedrich Ludwig Jahn«, *Mind and Body* 1 (Oktober 1894), S. 3. Siehe auch Lempa, *Beyond the Gymnasium*, S. 87.

3 Frederick Hertz, *The German Public Mind in the Nineteenth Century*, ins Englische von Eric Northcott (Totowa, NJ: Rowman and Littlefield, 1975), 37; Asa Briggs, *The Nineteenth Century* (New York: Bonanza Books, 1985), S. 157.

4 Friedrich Ludwig Jahn, *Deutsches Volksthum*, in *Friedrich Ludwig Jahn Werke*, Band 1, hrsg. von Carl Euler (Hof: G. A. Grau, 1884), S. 293.

5 Horst Ueberhorst, *Friedrich Ludwig Jahn and His Time*, ins Englische von Timothy Nevill (München: Moos, 1982 [1978]), S. 51–58.

6 Ebd., S. 63.

7 J. C. Flügel, *The Psychology of Clothes* (London: Hogarth Press, 1930), S. 74–76. Siehe auch Philippe Perrot, *Fashioning the Bourgeoisie: A History of Clothing in the Nineteenth Century*, ins Englische von Richard Beinvenu (Princeton, NJ: Princeton University Press, 1994), S. 30–32. Siehe auch Christopher E. Forth, *Masculinity in the Modern West: Gender, Civilization and the Body* (Houndmills: Palgrave Macmillan, 2008), S. 48–55.

8 Victor Hugo, *Les misérables*, ins Englische von Julie Rose (New York: Modern Library, 2009), S. 574.

9 Victor Hugo an Theophile Gautier, 1845, in *The Letters of Victor Hugo*, Band 3, hrsg. von Paul Meurice (Boston: Houghton, Mifflin, 1898), S. 36. Hugo sagt nicht, dass er den Artikel als Lob auf den Bart geschrieben hat, aber seine Formulierungen lassen sehr darauf schließen.

10 Ebd., S. 37.

11 Theophile Gautier, *Histoire du romanticisme*, 2. Auflage (Paris: Carpentier, 1874), S. 101.

12 Hugo, *Les misérables*, S. 905.

13 A. J. S., *Histoire des moustaches et de la barbe* (Paris: Hernan, 1836), S. 12. Siehe auch Maxime du Camp, *Recollections of a Literary Life* (London: Remington and Co., 1893), Band 1, S. 35–36.

14 Clara Endicott Sears, *Bronson Alcott's Fruitlands* (Boston: Houghton Mifflin, 1915), 54. Siehe auch Stewart Holbrook, »The Beard of Joseph Palmer«, *American Scholar* 13 (Autumn 1944), S. 453–454.

15 Sears, *Bronson Alcott's Fruitlands*, S. 67.

16 [William Lloyd Garrison], »Reform Extraordinary«, *Genius of Universal Emancipation* 4 (2. Oktober 1829), S. 30.

17 Beard, Whiskers and Moustaches, Etc.«, *Southern Literary Journal and Magazine of Arts* 4 (December 1838), 411.

18 Zitiert in Joachim Wachtel, *Das Buch vom Bart* (Munich: Wilhelm Heyne Verlag, 1981), S. 63.

19 Mark Girouard, *The Return to Camelot: Chivalry and the English Gentleman* (New Haven, CT: Yale University Press, 1981), S. 90–93.

20 Ebd., S. 112.

21 Zitiert in Stanley Weintraub, *Uncrowned King: The Life of Prince Albert* (New York: Free Press, 1997), S. 78.

22 Zitiert in Weintraub, *Uncrowned King*, S. 88.

23 Robert Spencer Liddell, *The Memoirs of the Tenth Royal Hussars* (London: Longmans and Green, 1891), S. 75.

24 Aubril, *Essai sur la barbe et sur l'art de se raser* (Paris: E. Dentu, 1860), S. 44–45.

25 Liddell, *Memoirs*, S. 75.

26 Nevil Macready, *Annals of an Active Life* (London: Hutchinson & Co., 1924), S. 258.

27 Jean-Baptiste-Antoine-Marcelin Marbot, *The Memoirs of General Baron de Marbot*, ins Englische von Arthur John Butler (London: Longmans, Green & Co., 1892), Band 1, S. 42–43.

28 »Military Moustaches« (letter to the editor), *Times*, 23 May 1828, 3. Siehe auch Henry Sutherland Edwards, *Personal Recollections* (London: Cassell and Co., 1900), S. 3.

29 Girouard, *Return to Camelot*, S. 112.

30 Zitiert in Girouard, *Return to Camelot*, S. 115.

31 A. J. S., *Histoire*, 9. Siehe auch »Histoire de la Barbe en France«, *Magasin Pittoresque* 1 (1833): S. 158.

32 Zitiert in Scott Hughes Myerly, *British Military Spectacle from the Napoleonic Wars through the Crimea* (Cambridge, MA: Harvard University Press, 1996), S. 149.

33 Fernando Diaz-Plaja, *La vida española en el siglo XIX* (Madrid: Prensa Española, 1969), S. 155.

34 Charles Mackay, *Memoirs of Extraordinary Popular Delusions* (London: Richard Bentley, 1841), S. 353.

35 Terrell Carver, *Friedrich Engels: His Life and Thought* (New York: St. Martin's Press, 1990), S. 14–15.

36 Zitiert in Iorwerth Prothero, *Radical Artisans in England and France, 1830–1870* (Cambridge: Cambridge University Press, 1997), S. 197.

37 »Ireland«, *Times*, 5 October 1843, S. 5.

38 Paul A. Pickering, »Class without Words: Symbolic Communication in the Chartists Movement«, *Past and Present* 112 (1986), S. 160.

39 Richard Mullen und James Munson, *The Penguin Companion to Trollope* (London: Penguin, 1996), S. 36.

40 Elizabeth Davis Bancroft, *Letters from England, 1846–49* (New York: Scribners, 1904), S. 177.

41 Richard S. Wortman, *Scenarios of Power: Myth and Ceremony in Russian Monarchy* (Princeton, NJ: Princeton University Press, 1995), Band 1, S. 401–402.

Kapitel 9

1 Arthur Schopenhauer, *Parerga und Paralipomena*, in *Sämmtliche Werke in fünf Bänden* (Leipzig: Inselverlag, 1860), Band 5, S. 491.

2 Paul F. Boller Jr., *Presidential Anecdotes* (New York: Oxford University Press, 1981), S. 125.

3 Zitiert in Doris Kearns Goodwin, *Team of Rivals* (New York: Simon & Schuster, 2005), S. 258.

4 Zitiert in Abraham Lincoln, *Collected Works of Abraham Lincoln*, hrsg. von Roy P. Basler (New Brunswick, NJ: Rutgers University Press, 1953), Band 4, S. 130.

5 Ebd., S. 129.

6 »Editorial Correspondence«, *Zion's Herald and Wesleyan Journal*, 1. Juni 1864, S. 86.

7 Donald B. Kraybill, *The Riddle of Amish Culture* (Baltimore: Johns Hopkins University Press, 2001), S. 63–65.

8 William H. Herndon und Jesse W. Weik, *Abraham Lincoln, the True Story of a Great Life* (New York: D. Appleton and Co., 1909), Band 2, S. 197–198. Siehe auch »Abraham Lincoln's Beard«, *New York Times*, 5. November 1876, S. 8.

9 Napoleon beschrieb diese Ereignisse in einem Brief, der zitiert wird in Henry Walter De Puy, *History of Napoleon Bonaparte* (New York: Hurst &

Co., 1882), S. 242–244. Siehe auch Pierre Hachet-Souplet, *Louis-Napoleon, prisonnier au Fort de Ham*(Paris: E. Dentu, 1893).

10   Hachet-Souplet, *Louis-Napoleon*, S. 215.

11   Guy de Maupassant, *Les dimanches d'un bourgeois*, in *The Life Work of Henri René Guy de Maupassant* (London: M. Walter Dunne, 1903), Band 15, S. 2.

12   Henry James, *A Small Boy and Others* (New York: Charles Scribner's Sons, 1913), S. 317.

13   Edmund Yates, »Bygone Shows«, *Fortnightly Review*, n.S. 39 (1886), S. 641.

14   Albert Smith, *The Story of Mont Blanc* (New York: G. P. Putnam & Co., 1853), S. 189.

15   Ebd., S. 190.

16   *The Musical World* 38 (14 January 1860), S. 28.

17   Walter Goodman, *The Keeleys on the Stage and at Home* (London: Richard Bentley & Son, 1895), S. 229; Peter H. Hansen, »Albert Smith, the Alpine Club, and the Invention of Mountaineering in Mid-Victorian Britain«, *Journal of British Studies* 34 (July 1995), S. 300–301.

18   Walt Whitman, *Leaves of Grass* (Brooklyn, 1855), 26. Alle Whitman-Zitate finden sich auf den Seiten 26–30.

19   »Walt Whitman and His Poems«, *United States Review*, September 1855, S. 205.

20   »A Few Words upon Beards«, *Tait's Edinburgh Magazine* 19 (October 1852), S. 611–614.

21   [Henry Morley and William Henry Wills], »Why Shave?« *Household Words* 13 (August 1853), S. 560–563.

22   »The Beard and Moustache Movement«, *Illustrated London News* 24 (4. Februar 1854), S. 95. Siehe auch »Beard and Moustache Movement«, Zeichnung in *Punch* 25 (1853), S. 188.

23   FUM, »Letter to the Editor«, *Home Journal*, 14 January 1854, S. 414.

24   Boucher de Perthes, *Hommes et choses: Alphabet des passions et des sensations* (Paris: Treuttel et Wurtz, 1851), Band 3, S. 335. Der Schreiber einer Tageszeitung aus Cincinnati verwendete eine typische Formulierung: Hals, Nacken, Lippen, Wangen und Nasenlöcher eines Mannes »sind alle voller kleinerer oder größerer Drüsen, die Sekret enthalten, und in diesen setzen sich einige der wichtigsten Körperprozesse fort«. Um sich vor einer Erkältung oder Entzündung dieser Drüsen zu schützen, müsse man sie vor extremer Hitze oder Kälte, Nässe oder Trockenheit schützen. Siehe »Wearing Nature's Neckcloth«, *Christian Inquirer* [aus dem Cincinnati *Columbian*] 8 (31. Dezember 1853), S. 1. Die Mediziner lieferten klinische Beweise für diese Theorie. Siehe Mercer Adam, »Is Shaving

Injurious to the Health? A Plea for the Beard«, *Edinburgh Medical Journal* 7 (1861), S. 568.

25 »The Uses of Hair«, *Lancet* 76 (3. November 1860), S. 440. Siehe auch »Plea for Beard«, *Medical and Surgical Reporter* 5 (1. Dezember 1860), S. 234.

26 »The Effects of Arts, Trades and Professions, and Civic States and Habits of Living on Health and Longevity«, *Edinburgh Review* 111 (Januar 1860), S. 5.

27 »Wearing the Beard«, *American Phrenological Journal* 20 (August 1854), S. 37.

28 Auguste Debay, *Hygiène Médicale des Cheveaux et de la Barbe*, 3. Auflage. (Paris: Chez l'Auteur, 1854), S. 200.

29 »Topics Astir«, *Home Journal* 11 (11 March 1854), S. 422.

30 Alexander Rowland, *The Human Hair, Popularly and Physiologically Considered* (London: Piper, Brothers & Co., 1853), S. 106.

31 Léon Henry, *La barbe et la liberté* (Niort: H. Echillet, 1879), S. 9.

32 Thomas S. Gowing, *The Philosophy of Beards* (Ipswich: J. Haddock, 1854), S. 17.

33 »The Beard«, *Westminster Review*, n.S. 6 (1854), S. 67.

34 John Tosh untersucht, welche Probleme die Häuslichkeit den Männern bereitete: *A Man's Place: Masculinity and the Middle-Class Home in Victorian England* (New Haven, CT: Yale University Press, 1999), S. 145–169. Siehe auch Tosh, *Manliness and Masculinities in Nineteenth-Century Britain* (Harlow: Pearson, 2005), S. 61–82.

35 »Concerning Beards«, *Every Saturday*, 15. Juli 1871, S. 66.

36 Morley und Wills, »Why Shave?«, S. 562. Andere Beispiele sind »Wearing Nature's Neckcloth«, *Christian Inquirer* [from the Cincinnati *Columbian*] 8 (31. Dezember 1853), S. 1.

37 Artium Magister, *An Apology for the Beard, Addressed to Men in General, to the Clergy in Particular* (London: Rivingtons, 1862), S. 70.

38 *Gleason's Pictorial Drawing-Room Companion*, 23. April 1853, S. 268.

39 »Human Hair«, *Quarterly Review* (April 1853).

40 Sean Trainor, »Fair Bosom/Black Beard: Facial Hair, Gender Discrimination, and the Strange Career of Madame Clofullia, ›Bearded Lady‹«, *Early American Studies* 12 (Herbst 2014), S. 550.

41 Morris Robert Werner, *Barnum* (New York: Harcourt, Brace and Co., 1923), S. 205–207. Siehe auch Neil Harris, *Humbug: the Art of P. T. Barnum* (Chicago: University of Chicago Press, 1973), S. 67.

42 *Times*, 12. November 1889, S. 7.

43 Diese Aussage trifft auch Leslie Fiedler in *Freaks: Myths and Images of the Secret Self* (New York: Simon & Schuster, 1978), S. 31.

44 Die Theoretikerin Judith Halberstam argumentiert, dass die ungewissen Grenzen zwischen männlich und weiblich dazu beitragen, dass solche kulturellen Anstrengungen vorangetrieben werden, welche die Geschlechter-Zweiheit untermauern und verhärten. Siehe Halberstam, *Female Masculinity* (Durham, NC: Duke University Press, 1998), S. 27.

45 Plym S. Hayes, *Electricity and the Methods of Its Employment in Removing Superfluous Hair and Other Facial Blemishes* (Chicago: McIntosh Battery and Optical Co., 1894), S. 33–34.

46 *Times* (London), 7. Januar 1899, S. 6. Siehe auch Fiedler, *Freaks*, S. 15.

47 Karin Lesnik-Oberstein (Hrsg.) *The Last Taboo: Women and Body Hair* (Manchester: Manchester University Press, 2006), S. 1–17. Die moderne Bartfrau Jennifer Miller hat gegen dieses Tabu in feministischen Nebenvorstellungen und Zirkusnummern angekämpft, in denen sie mit ihren Worten und ihrem Körper zur Geltung brachte, dass Gesichtsbehaarung normal für Frauen sei und weder irgendein männliches Unterscheidungsmerkmal noch Privileg darstelle. Siehe Rachel Adams, *Sideshow U.S.A.* (Chicago: University of Chicago Press, 2001), S. 219–228.

48 Zitiert in Y. Michael Barilan, »The Doctor by Luke Fildes: An Icon in Context«, *Journal of Medical Humanities* 28 (2007), S. 63.

49 Barry Milligan, »Luke Fildes's *The Doctor*, Narrative Painting, and the Selfless Professional Ideal«, *Victorian Literature and Culture* 44 (2016).

50 L. V. Fildes, *Luke Fildes, R. A.: A Victorian Painter* (London: Michael Joseph, 1968), S. 121. Siehe auch David Croal Thomson, *The Life and Work of Luke Fildes, R. A.* (London: J. S. Virtue, 1895), S. 30.

Kapitel 10

1 Zitiert in Robert Low, *W. G. Grace: An Intimate Biography* (London: Metro, 2004), S. 254–255.

2 Bruce Haley, *The Healthy Body and Victorian Culture* (Cambridge, MA: Harvard University Press, 1978), S. 126.

3 F. Napier Broome, zitiert in Haley, *Healthy Body*, S. 136.

4 Zitiert in Elliott J. Gorn and Warren Goldstein, *A Brief History of American Sports* (Urbana: University of Illinois Press, 1993), S. 81.

5 Thomas Wentworth Higginson, »Saints, and Their Bodies«, *Atlantic Monthly* 1 (March 1858), S. 585–586.

6 William Penny Brookes, zitiert in David C. Young, *The Modern Olympics: A Struggle for Revival* (Baltimore: Johns Hopkins University Press, 1996), S. 71.

7 Ebd.

8 Ebd., S. 31.

9 Christopher S. Thompson, *The Tour de France: A Cultural History* (Berkeley: University of California Press, 2006), S. 27.

10 Roland Naul, »History of Sport and Physical Education in Germany, 1800–1945«, in *Sport and Physical Education in Germany*, hrsg. von Roland Naul und Ken Hardman (London: Routledge, 2002), S. 17–20.

11 David L. Chapman, *Sandow the Magnificent* (Urbana: University of Illinois Press, 2006), S. 60.

12 Ebd., S. 73.

13 John F. Kasson, *Houdini, Tarzan and the Perfect Man* (New York: Hill and Wang, 2001), S. 53.

14 Ebd., S. 28.

15 Chapman, *Sandow*, S. 64.

16 Kasson, *Houdini*, S. 57.

17 Chapman, *Sandow*, S. 75.

18 George L. Mosse, in *The Image of Man* (New York: Oxford University Press, 1996), untersucht, welche Rolle das wiederbelebte Interesse an klassischer griechischer Ästhetik beim Formen der modernen europäischen Ideale körperlicher und moralischer Männlichkeit spielte.

19 Lamar Cecil, *Wilhelm II: Prince and Emperor, 1859–1900* (Chapel Hill: University of North Carolina Press, 1989), S. 163–164. Siehe auch Giles MacDonogh, *The Last Kaiser: The Life of Wilhelm II* (New York: St. Martin's Press, 2000), S. 162.

20 Isabel V. Hull, *The Entourage of Kaiser Wilhelm II, 1888–1918* (Cambridge: Cambridge University Press, 1982), S. 17–21. Siehe auch Thomas A. Kohut, *Wilhelm II and the Germans: A Study in Leadership* (New York: Oxford University Press, 1991), S. 162–167.

21 Zitiert in John C. G. Röhl, *Wilhelm II: The Kaiser's Personal Monarchy, 1888–1900* (Cambridge: Cambridge University Press, 2004), S. 386.

22 Heinrich Mann, *Der Untertan*, Kurt Wollf Verlag, Leipzig, 1918, S. 65.

23 Ebd., S. 106.

Kapitel 11

1 T. E. Lawrence, *Seven Pillars of Wisdom* (Garden City, NY: Doubleday, Doran & Co., 1935), S. 304.

2 Ebd., S. 547. Graham Dawson bemerkte, dass Lawrences Rasur ein sorgfältig geplantes Symbol seiner Englishness darstelle, das seine arabi-

sche Kleidung konterkarierte und ihm dabei half, »die Kombination aus Rätselhaftigkeit, Reinheit und Autorität aufzubauen, die ihn von den Arabern unterschied«. Siehe Dawson, »The Blond Beduin«, in *Manful Assertions: Masculinities in Britain since 1800*, hrsg. von Michael Roper und John Tosh (London: Routledge, 1991), S. 135. Lawrence selbst schrieb: »Wir Engländer, die wir jahrelang im Ausland unter Fremden lebten, liefen stets im Stolz unseres erinnerten Heimatlandes gekleidet umher.« Siehe Lawrence, *Seven Pillars*, S. 544.

3 *New York Times*, 20. Juli 1913, S. 4. »An Old Shaver: Thoughts on Razors and Beards«, *Times* (London), 18. April 1959, S. 8. Kaiser Wilhelm hatte einen ähnlichen Kampf mit seinen eigenen Offizieren auszufechten. Siehe »Kaiser Decrees Mustaches: Displeased with Army Officers Who ›Americanize‹ Themselves«, *New York Times*, 3. Dezember 1913, S. 1. Und auch das kanadische Militär erzwang vor dem Ersten Weltkrieg das Tragen von Schnurrbärten. Siehe »Must Wear Mustaches«, *New York Times*, 21. November 1905, S. 1.

4 Nevil Macready, *Annals of an Active Life* (London: Hutchinson & Co., 1924), Band 1, S. 257–259.

5 Edgar Rice Burroughs, *Tarzan of the Apes* (New York, Modern Library, 2003 [1912]), S. 104–105.

6 »Types of Chicago Beards«, *Chicago Tribune*, 3. April 1904, S. 42.

7 »The Passing of Beards«, *Harper's Weekly* 47 (1903), S. 102.

8 George Harvey, »Reflections Concerning Women«, *Harper's Bazaar* 41 (December 1907), S. 1252–1253.

9 »Shaving Guards Heath«, *New York Times*, 5. Dezember 1909, S. C3.

10 »Most British Physicians Stick to the Mustache«, *New York Times*, 2. August 1926, S. 19. Eine Verteidigung des Barts findet sich in »Shall We Stop Shaving?« *Literary Digest* 66 (11. September 1920), S. 125–128.

11 Wie die kommerzielle Wirtschaft das Mannsein beeinflusste, wird untersucht in Peter Stearns, *Be a Man! Males in Modern Society* (New York: Holmes & Meier, 1979), S. 112–115. Siehe auch Michael Kimmel, *Manhood in America: A Cultural History*, 3. Auflage (New York: Oxford University Press, 2012), 61–86; auch Christopher Forth, *Masculinity in the Modern West: Gender, Civilization and the Body* (Houndmills: Palgrave Macmillan, 2008), S. 154–155.

12 *New York Times*, 26. April 1907, S. 1.

13 »Orders Police to Shave«, *Chicago Daily Tribune*, 10. Juli 1905, S. 5.

14 »Mustaches Irregular«, *Los Angeles Times*, 12. Dezember 1915, II, S. 1.

15 Alma Whitaker, »Hairy Wiles«, *Los Angeles Times*, 10. April 1920, II, S. 4.

16 »Inquiring Reporter«, *Chicago Tribune*, 9. Mai 1925, S. 25.

17 Bereits im ersten Jahrzehnt des zwanzigsten Jahrhunderts hatten europäische Traditionalisten sich angewöhnt, unerwünschte kulturelle Entwicklungen wie etwa das Rasieren als »Amerikanisierung« auszumachen. Siehe »Parisians Fear Their City Is Americanized«, *New York Times*, 12. Februar 1911, S. SM14. Siehe auch »›Toothbrush‹ Mustache: German Women Resent Its Usurpation of the ›Kaiserbart‹«, *New York Times*, 20. Oktober 1907, S. C7. Siehe auch »Kaiser Decrees Mustaches«.

18 Associated Press, »Sport Face of American the Rage in Berlin«, *Davenport Democrat and Leader*, 8. März 1923, S. 15.

19 »Inquiring Reporter«, *Chicago Tribune*, 9. Mai 1925, S. 25.

20 Allan Harding, »Do You Know a Man under Forty Who Wears Whiskers?« *American Magazine* 96 (September 1923), S. 60.

21 Andre Fermigier, »Les mystères de la barbe«, *Le Monde*, 13. Juli 1978. Siehe auch »Beaver«, *Living Age* 314 (9. September 1922), S. 674–675. Siehe auch Harding, »Do You Know?« 178.

22 *New Statesman* 19 (12. August 1922), S. 509–511.

23 Lord Altrincham [John Grigg], »Beards«, *Guardian*, 2. August 1962, S. 16.

24 »Gable Grows Spiked Mustache as Rhett«, *Oakland Tribune*, 29. Januar 1939, S. 4B.

25 Biery wird zitiert in Timothy Connelly, »›He is as he is—and always will be‹: Clark Gable and the Reassertion of Hegemonic Masculinity«, in *The Trouble with Men: Masculinities in European and Hollywood Cinema*, hrsg. von Phil Powrie, Ann Davies und Bruce Babington (London: Wallflower Press, 2004), S. 39. Gables maskuline Anziehungskraft wird analysiert in Joe Fisher, »Clark Gable's Balls: Real Men Never Lose Their Teeth«, in *You Tarzan: Masculinity, Movies and Men*, hrsg. von Pat Kirkham und Janet Thumim (New York: St. Martin's Press, 1993), S. 36–37.

26 »Items of Hollywood Moment«, *New York Times*, 17. Mai 1936, S. X3.

27 »Mustache Can Either Make or Break the He-Man's Face«, *Los Angeles Times*, 2. September 1934, S. A3.

28 »Romantic! Mustache Said to Add to Male ›Oomph‹«, *Pittsburgh Post-Gazette*, 3. Dezember 1939, S. 9.

29 Paul Harrison, »Bob Loses That Choir-Boy Look with Whiskers«, Newspaper Enterprise Association, *Ogden Standard-Examiner*, 3. März 1940, S. 8B.

30 »Mustache... or Clean Shave for Errol?« *Ames Daily Tribune*, 31. Juli 1937, S. 8.

31 Henry Sutherland, »Film Romeo May Put On a Mustache«, *Pittsburgh Press*, 2. Juli 1937, S. 20.

32 Associated Press, »Top Lip Fringe in Style, but Girl Stars Don't Appro-
ve«, *Spokane Daily Chronicle*, 31. März 1937, S. 1.

33 Alexander Kahn, »Hollywood Film Shop«, United Press, Dunkirk (NY)
Evening Observer, 4. März 1940, S. 14.

34 Joyce Milton, *The Tramp: The Life of Charles Chaplin* (New York, 1996), S. 60.

35 Ebd., S. 61.

36 Anthony Read und David Fisher, *The Deadly Embrace: Hitler, Stalin, and the
Nazi-Soviet Pact, 1939–1941* (New York: W. W. Norton, 1988), S. 225.

37 Zitiert in Read and Fisher, *Deadly Embrace*, S. 228.

38 Winston Churchill, *The Gathering Storm* (Boston: Houghton Mifflin,
1948), S. 394.

39 Hendrick de Man, *The Psychology of Marxian Socialism*, ins Englische von Eden
und Cedar Paul (New Brunswick, NJ: Transaction, 1985 [1928]), S. 152.

40 Clare Sheridan, zitiert in Robert Service, *Trotsky: A Biography* (London:
Macmillan, 2009), S. 265.

41 Robert Service, *Lenin: A Biography* (London: Macmillan, 2000), S. 313,
393. Lenins frühe Glatze und der Einsatz eines Barts trugen zu einem
weiseren und älteren Aussehen bei, was seinen beständigen Spitznamen
»Alter« zur Folge hatte. Service, *Lenin*, S. 105. Siehe auch Christopher
Read, *Lenin: A Revolutionary Life* (Milton Park: Routledge, 2005), S. 27.

42 Leo Trotzki, *On Lenin: Notes towards a Biography*, ins Englische von Tamara
Deutscher (London: George G. Harrap & Co., 1971), S. 187.

43 Robert Service, *Stalin: A Biography* (London: Macmillan, 2004), S. 167.
Auf Propagandaplakaten fällt der Gegensatz zwischen Lenins bürgerli-
chem Look und Stalins militärischem Getue am drastischsten ins Auge.
Victoria E. Bonnell, *Iconography of Power: Soviet Political Posters under Lenin
and Stalin* (Berkeley: University of California Press, 1997).

44 »›Toothbrush‹ Mustache: German Women Resent Its Usurpation of the
›Kaiserbart‹«, *New York Times*, 20. Oktober 1907, S. C7. Die Zeitung berichtete
von Briefen, die Leserinnen an das *Berliner Tagblatt* geschrieben hatten.

45 »Small Mustache Barred«, *New York Times*, 13. Februar 1914, S. 4.

46 Rich Cohen brachte die faszinierende Möglichkeit ins Spiel, dass Hitler
sich vom heldenhaften Erfolg des deutschen Kompaniechefs Hans
Koeppens im ersten weltumrundenden Autorennen von New York nach
Paris inspirieren ließ. Koeppens Zierde ist allerdings breiter und tradi-
tioneller als der Look, für den Hitler sich letztes Endes entschied. Siehe
Cohen, »Becoming Adolf«, *Best American Essays 2008*, hrsg. von Adam
Gopnik (Boston: Houghton Mifflin, 2008), S. 16. Eine weitere Erklä-

rung, die von Robert Waite vertreten und von George Victor übernommen wurde, lautet, Hitler habe das Aussehen des Kriegsgotts Wotan in Franz von Stucks Gemälde *Wilde Jagd* imitieren wollen. Siehe Waite, *The Psychopathic God* (New York: Basic Books, 1977), S. 77–78; Victor, *Hitler: The Pathology of Evil* (Washington, DC: Brassey's, 1998), S. 88–89.

47 James Abbe, »Trying to Make Hitler Smile«, *Daily Boston Globe*, 31. Juli 1932, S. B3/6.

48 Ron Rosenbaum, *The Secret Parts of Fortune* (New York: Random House, 2000), S. 494–498.

49 »Editorial Points«, *Daily Boston Globe*, 16. Juli 1931, S. 18.

50 R. S. Forman, »The Dangers of Humour«, *Times*, 25. Oktober 1939, S. 6.

51 J. P. H., »This and That«, *Hutchinson News*, 27. April 1939, S. 4.

52 Dorothy Kilgallen, »Dorothy Kilgallen«, *Lowell Sun*, 25. Oktober 1944, S. 17.

53 Helen Essary, »Inside Washington«, *Vedette-Messenger* (Valparaiso, IN), 17. Juli 1944, S. 4.

54 Edith Efron, »Saga of the Mustache«, *New York Times Sunday Magazine*, 20. August 1944, S. 21–22.

55 Cornelia B. von Hessert, »Shorn Samsons«, *New York Times Sunday Magazine*, 24. September 1944, S. 23.

56 ELM, »After All«, *Hutchinson News-Herald*, 7. Oktober 1944, S. 4.

57 ELM, »After All«, *Hutchinson News-Herald*, 29. Juli 1948, S. 4.

58 Associated Press, »Dewey Weighs Mustache against Southern Votes«, *New York Times*, 29. Juli 1948, S. 13.

59 Frederick C. Othman, »Some Advice to a Candidate on Retaining His Mustache«, *Chester Times*, 2. August 1948.

60 Donald Deer in einem Brief an Christopher Oldstone-Moor vom 22.4.2010.

61 Errechnet mithilfe von Zahlen aus Dave Leips *Atlas of U.S. Presidential Elections*, uselectionatlas.org/RESULTS/state.php?year=1948&fips=6&f=0&off=0&elect=0.

62 »Dewey on Television«, *New York Times*, 1. Oktober 1950, S. 1.

63 Richard Norton Smith, *Thomas E. Dewey and His Times* (New York: Simon & Schuster, 1982), S. 559.

Kapitel 12

1 Zitiert in Philip Norman, *John Lennon: The Life* (New York: HarperCollins, 2008), S. 446.

2 Eleanor Page, »Does a Beard Add to Manly Charm?« *Chicago Daily Tribune*, 20. Juli 1958, S. E1.

3 An den westdeutschen Universitäten der frühen 1960er nahm die jugendliche Unabhängigkeit eine ähnliche Gestalt an, inklusive dem Pfeife-Rauchen, den Bärten und langen Schals, siehe Eckard Holler, »The Burg Waldeck Festivals, 1964–1969«, in *Protest Song in East and West Germany since the 1960s*, hrsg. von David Robb (Rochester, NY: Camden House, 2007), S. 97.

4 Joseph Deitch, »Chins Sprout on Campus«, *Christian Science Monitor*, 10. Mai 1958, S. 3.

5 Eric W. Hughes Jr., »Bearding the Corporation« (letter to the editor), *Nation* 186 (3. Mai 1958), S. 380, 393.

6 »Chose to Keep His Beard and Lose His Job«, *Guardian*, 28 August 1962, S. 3.

7 »Beards—What Do You Think«, *Los Angeles Times*, 28. Juli 1957, S. L1, 20.

8 Siriol Hugh-Jones, »Shining Morning Faces«, *Times*, 28. September 1960, S. iv.

9 »Beard Handsomer Now, Fellow Teachers Say«, *Los Angeles Times*, 20. Dezember 1963, S. 32.

10 »School Board Backs Educators«, *Los Angeles Times*, 30. Januar 1964, S. H1.

11 *Finot v. Pasadena City Bd. of Education* (California Court of Appeals, Second Dist., Div. Three, 250 Cal.App.2d 189 [1967]).

12 »Modern Beards Gain Esteem«, *Los Angeles Times*, 30. April 1967, S. L5. Siehe auch Damon Stetson, »Bearded Bus Drivers Travel in Good Company«, *New York Times*, 17. November 1969, S. 49.

13 William Zinsser, »Some Bristly Thoughts on Victory through Hair Power«, *Life*, 19. Januar 1968, S. 10.

14 »The Mustache Is Back«, *Newsweek*, 22. Januar 1968, S. 81.

15 Jerry Rubin, *We Are Everywhere* (New York: Harper and Row, 1971), S. 42.

16 Ebd., S. 41.

17 Zitiert in Terry H. Anderson, *The Movement and the Sixties* (New York: Oxford University Press, 1995), S. 261.

18 Nick Thomas, *Protest Movements in 1960s West Germany* (Oxford: Berg, 2003), S. 116.

19 »Management Views Office Fashion«, *New York Times*, 14. Juli 1968, S. F17.

20 »The Hirsute Pursuit«, *Christian Science Monitor*, 3. Mai 1968, S. 20.

21 »Castro Regime Insists Students Shave Beards«, *New York Times*, 4. April 1968, S. 17.

22 Richard Atcheson, *The Bearded Lady: Going on the Commune Trip and Beyond* (New York: John Day Company, 1971), S. 12–13.

23 Associated Press, »Lennon's Haircut«, *Washington Post*, 22 January 1970, S. C16.

24 »Paul Breitner on Golden Goal«, https://www.youtube.com/watch?v=m-lw7jMbdWes.

25 Scott Murray, »On Second Thoughts: The 1974 World Cup Final«, *Guardian*, 19. September 2008, www.theguardian.com/sport/blog/2008/sep/19/germanyfootballteam.holland.

26 »Es ist idiotisch«, *Der Spiegel* 43 (18. Oktober 1976), S. 208, http://www.spiegel.de/spiegel/print/d-41125199.html. Ein Bericht über Breitners Affinität zu linkem Gedankengut liefert Henry Kamm, »Soccer Star a Hero to the German New Left«, *New York Times*, 20. Juli 1972, S. 15.

27 Peter Brügge, »Ich wäre auch nach Griechenland gegangen«, *Der Spiegel* 35 (26. August 1974), S. 92–93, http://www.spiegel.de/spiegel/print/d-41651442.html.

28 Joachim Wachtel, *Das Buch vom Bart* (München: Wilhelm Heyne Verlag, 1981), S. 208.

29 Hannah Charlton, »Introduction«, in *Che Guevara: Revolutionary and Icon*, hrsg. von Trisha Ziff (New York: Abrams Image, 2006), S. 7; Michael Casey, *Che's Afterlife* (New York: Vintage, 2009), S. 28–29.

30 Casey, *Che's Afterlife*, S. 125–133.

31 Fidel Castro wird zitiert in David Kunzle, *Che Guevera: Icon, Myth and Message* (UCLA Fowler Museum of Cultural History, 1997), S. 49.

32 *New York Times*, 4. April 1968, S. 17. Siehe auch Kunzle, *Che Guevera*, S. 49–50.

33 Richard W. Wertheim, »More Hair Now More Acceptable, but There Is a Cutoff Point«, *New York Times*, 23. Februar 1971, S. 32.

34 Bruce Markusen, *Baseball's Last Dynasty* (Indianapolis: Masters Press, 1998), S. 84–85.

35 Ebd., S. 171.

36 Arthur Daley, »Long and Short It«, *New York Times*, 17. Oktober 1972, S. 49.

37 Andreas Ballenberger, *Alles, was man nicht wissen muss: Das Lexikon der erstaunlichen Tatsachen* (Norderstedt: Books on Demand, 2009), S. 139. Ein Bild der Anzeige findet sich unter www.flickr.com/photos/retro-ads/2242113892/lightbox/.

38 »Den Bart hochzujubeln passt nicht zu mir«, *Focus Online* 2. September 2011, http://www.focus.de/sport/fussball/fussball-breitner-den-bart-hoch-zujubeln-passt-nicht-zu-mir_aid_661523.html.

39 Mickey Kaus, »Washington Diarist: Facially Correct«, *New Republic*, 4. März 1991, S. 42.

40 J. Anthony Lukas, »As American as a McDonald's Hamburger on the Fourth of July«, *New York Times Magazine*, 4. Juli 1971, S. 25.

41 Zitiert in Janet Wasko, *Understanding Disney: The Manufacture of Fantasy* (Cambridge: Polity Press, 2001), S. 94.

42 Michael Marmo, »Employee's Pursuit of the Hirsute: The Arbitration of Hair and Beard Cases«, *Labor Law Journal*, Juli 1979, S. 416–426.

43 Pacific Gas and Electric/International Brotherhood of Electrical Workers Review Committee Arbitration Case #34, 17. September 1976, http://www.ibew1245.com/PGE-docs/RC-01405.pdf.

44 James M. Maloney, »Suits for the Hirsute: Defending against America's Undeclared War on Beards in the Workplace«, *Fordham Law Review* 63 (Mai 1995), S. 1209.

45 Linda Matthews, »Justices Uphold Police Ban on Long Hair, Beards«, *Los Angeles Times* 6. April 1976, S. B13.

46 Pranay Gupte, »Hair Codes for Police Upheld by Supreme Court«, *New York Times*, 6. April 1976, 1, S. 25.

47 Ebd.

48 Matthews, »Justices Uphold Police Ban«, S. B1.

49 Robert Hanley, »Freshly Shorn Officers Fight Crew-Cut Chief's Beard Ban«, *New York Times*, 11. Januar 1977, S. 31.

50 Zitiert in Maloney, »Suits for the Hirsute«, S. 1214.

51 *Lowman v. Davies* (US Court of Appeals, Eigth Circuit, 704 F.2d 1044 [1983]); *Hottinger v. Pope County, Ark.* (US Court of Appeals, Eigth Circuit, 971 F.2d 127 [1992]).

52 *Weaver v. Henderson* (US Court of Appeals, First Circuit, 984 F. 2d 11 [1993]).

53 Robert Bly, *Iron John* (Reading, MA: Addison Wesley, 1990), S. 6.

54 Ebd., S. 223–224.

55 Ebd., S. 227.

56 Barry McIntyre, »Dobson Beards Image Makers«, *Guardian*, 13. März 2000, S. 8.

57 Jeanneney Jean Noel, »Barbes de 1853 et barbes de 1981«, *Le Monde*, 17. Juli 1987.

58 Yves Agnes, »La Barbe!« *Le Monde*, 31 August 1981.

59 David Hencke, »Hair Today—and Gone Tomorrow?« *Guardian*, 5. Februar 1997, S. 5. Siehe auch Ed Lowther, »A History of Beards in the Workplace«, *BBC News Magazine* 14. August 2013, www.bbc.co.uk/news/magazine-23693316.

60 Andrew Rawnsley, *Servants of the People: The Inside Story of New Labour* (London: Hamish Hamilton, 2000), S. 366.

61 »A Disney Dress Code Chafes in the Land of Haute Couture«, *New York Times*, 25. Dezember 1991, S. 1.

62 *Irish Times*, 20. Januar 1995, Anhang 1.

63 Jason Garcia, »After Nearly 60 years, Disney to Let Theme-Park Workers Grow Beards«, *Orlando Sentinel*, 23. Januar 2012, http://articles.orlando-sentinel.com/2012-01-23/travel/os-disney-beards-201201231theme-park-disney-spokeswoman-andrea-finger-walt-disney-world.

Kapitel 13

1 »›Amazed‹: David Beckham Emporio Armani Underwear Billboard«, *Popcrunch*, 26. Juni 2008, http://www.popcrunch.com/amazed-david-beck-ham-emporio-armani-underwear-billboard/.

2 »David Beckham Brings His Hotness to Town«, *Popsugar*, 19. Juni 2008, http://www.popsugar.com/David-Beckham-Unveils-His-New-Armani-Ad-Macy-San-Francisco-1722146.

3 Christopher Forth liefert eine gekonnte Erörterung dieser immens wichtigen historischen Entwicklung der modernen Gesellschaft in *Masculinity in the Modern West: Gender, Civilization and the Body* (Houndmills: Palgrave Macmillan, 2008), S. 1–18, 201–202.

4 Mark Simpson, »Meet the Metrosexual«, *Salon*, 22. Juli 2002, http://www.salon.com/2002/07/22/metrosexual/.

5 David Coad, *The Metrosexual: Gender, Sexuality, and Sport* (Albany: SUNY Press, 2008), S. 184.

6 Marian Salzman, Ira Matathia und Ann O'Reilly, *The Future of Men* (New York: Palgrave Macmillan, 2005), S. 60, 79.

7 Michael S. Rose beschwert sich darüber, dass der Metrosexuelle »kaum mehr als ein verweiblichter Mann ist – verweichlicht, unsicher und gesellschaftlich entmannt –, welcher sich in einer Welt behaupten möchte, in der die Geschlechter sich künstlicherweise annähern.« Zitiert in Coad, *Metrosexual*, S. 32.

8 Ellis Cashmore, *Beckham*, 2. Auflage (Cambridge: Polity Press, 2004), S. 155.

9 Coad, *Metrosexual*, S. 197.

10 Salzman, Matathia und O'Reilly, *Future of Men*, S. 76–77.

11 Peter Hartlaub, »A Brief Encounter with David Beckham«, *SFGate*, 22. Juni 2008, http://www.sfgate.com/living/article/A-brief-encounter-with-David-Beckham-3279965.php.

12 Michael Flocker, *The Metrosexual Guide to Style* (Boston: Da Capo, 2003), S. 108.

13 Peter Hennen, *Faeries, Bears, and Leathermen: Men in Community Queering the*

Masculine (Chicago: University of Chicago Press, 2008), 9–13. Siehe auch Allan Peterkin, *One Thousand Beards: A Cultural History of Facial Hair* (Vancouver: Arsenal Pulp, 2001), S. 128–139.

14 Flocker, *Metrosexual Guide to Style*, S. 111–112.

15 Morgan Spurlock, *Mansome* (Zitat ab 00:44:45).

16 Rachel Felder, »A He-Wax for Him«, *New York Times*, 10. April 2012, http://www.nytimes.com/2012/04/12/fashion/men-turn-to-bikini-waxing.html?_r=4&ref=style&.

17 Manfred Dworschak, »›Back, Crack and Sack‹: Pubic Shaving Trend Baffles Experts«, *Spiegel Online International*, 13. Juli 2009, http://www.spiegel.de/international/zeitgeist/back-crack-and-sack-pubic-shaving-trend-baffles-experts-a-636711.html.

18 Zitiert in Helen Pidd, »Men Seeking Beckham Effect Go Wild for Boyzilians«, *Guardian*, 25. Januar 2008, http://www.theguardian.com/uk/2008/jan/26/fashion.lifeandhealth.

19 Ebd.

20 Tom Puzak, »The Rise of the Lumbersexual«, *GearJunkie*, 30. Oktober 2014, http://gearjunkie.com/the-rise-of-the-lumbersexual. Siehe auch Puzak »Lumbersexuality: An Explanation«, *GearJunkie*, 28. November 2014, http://gearjunkie.com/lumbersexuality-article.

21 Denver Nicks, ein selbst ernannter Lumbersexual, erklärte: »Wenn mein Bart einen trendbasierten Versuch darstellt, in einer verrückt gewordenen Welt ein männliches Erscheinungsbild zurückzuerobern, dann sage ich: So sei es. Besser als Hodenwitze zu reißen.« Siehe Nicks, »Confessions of a Lumbersexual«, *Time*, 25. November 2014, http://time.com/3603216/confessions-of-a-lumbersexual. Logan Rhoades behauptet Folgendes: »Der Look der Lumbersexuals ist wohlKALKULIERT, er beinhaltet den Wunsch, robust zu sein (und auszusehen), sowie eine heteronormative Version des ›Männlichen‹.« Siehe Rhoades, »Introducing the Hot New Trend among Men: ›Lumbersexual‹«, *BuzzFeed*, 13. November 2014, http://www.buzzfeed.com/mrloganrhoades/introducing-the-hot-new-trend-among-men-lumbersexual#.vlVG8Rw3z. Luke O'Neill meint, diese »performative Art von Männlichkeit« sei genau genommen eine Fortführung des bestens etablierten Hipster-Styles. Siehe O'Neill, »Lumbersexual Is Not a Thing«, *Bullett*, 14. November 2014, http://bullettmedia.com/article/lumbersexual-thing.

22 Hennen, *Faeries*, S. 9–13. Hennen untersucht Methoden und Beweggründe für die Hypermaskulinität der Bären und Ledermänner und findet

Beweise für und gegen die Auffassung, dass diese Gruppen die normative Männlichkeit anfechten. Auch Sean Cole erörtert den Wert des Barts und des Körperhaars für die Maskulinisierungsstrategien homosexueller Männer seit den 1970ern. Siehe Cole, »Hair and Male (Homo) Sexuality«, in Hair: Styling, Culture and Fashion, hrsg. von Geraldine Biddle-Perry und Sarah Cheang (Oxford: Berg, 2008), S. 81–95.

23 Tyler Gillespie, »My Weekend at Mr. Leather«, Chicago Reader, 28. Mai 2013, http://www.chicagoreader.com/Bleader/archives/2013/05/28/my-weekend-at-international-mr-leather.

24 Zitiert in Caroline Davies, »Conchita Wurst Pledges to Promote Tolerance after Jubilant Welcome Home«, Guardian, 11. Mai 2014, http://www.theguardian.com/tv-and-radio/2014/may/11/conchita-wurst-pledges-to-promote-tolerance.

25 Rick Warren Blog, 2013. http://saddleback.com/visit/about/pastors/blog/rick-warren/2013/05/25/news-views-5-25-13. Siehe auch Lauren Leigh Noske, »Duck Dynasty' Stars to Speak at Saddleback Church«, Gospel Herald, 16. Juli 2013, http://www.gospelherald.com/article/church/48423/duck-dynasty-stars-to-speak-at-saddleback-church-rick-warren-to-return-next-week.htm.

26 Paul Boyer, »The Evangelical Resurgence in 1970s American Protestantism«, in Rightward Bound: Making America Conservative in the 1970s, hrsg. von Bruce J. Schulman and Julian E. Zelizer (Cambridge, MA: Harvard University Press, 2008), S. 41–43. Siehe auch Jeffery L. Sheler, Prophet of Purpose: The Life of Rick Warren (New York: Doubleday, 2009), S. 57–59.

27 Sheler, Prophet of Purpose, S. 64.

28 John D. Boy, »Icons of the New Evangelism: Why All the Little Beards?« Killing the Buddha, 6. September 2009. http://killingthebuddha.com/mag/dogma/icons-of-the-new-evangelicalism/.

29 Drew Magary, »What the Duck«, GQ, Januar 2014, http://www.gq.com/entertainment/television/201401/duck-dynasty-phil-robertson?currentPage=1.

30 Vi-an Nguyen, »Duck Dynasty's Willie Robertson on Beard Maintenance, Life on Reality TV, and Fame«, Parade, 20. März 2013, http://parade.condenast.com/31704/viannguyen/20-duck-dynasty-willie-robertson-beard-maintenance-reality-tv-dealing-with-fame/.

31 »The Secret behind the Beards«, Outdoor Life Online, 24 October 2007, http://www.outdoorlife.com/blogs/strut-zone/2007/10/secret-behind-beards.

32 Ebd.

33 »Why Do the Duck Dynasty Guys Have Beards?« Fear the Beards (2013),

http://www.fear-the-beards.com/why-do-duck-dynasty-guys-have-beards/. Siehe auch »Secret behind the Beards«.

34 Phil Robertson hat bei mehrfacher Gelegenheit Kontroversen ausgelöst mit seiner offenen Schwulenfeindlichkeit und mit seinem Hinweis auf einem christlichen Treffen in Georgia, dass Männer gut damit beraten seien, sich bei der Wahl ihrer Gattin eine jüngere Frau zu suchen, die eine Bibel im Arm hält, Essen kocht und gerne die Enten ihres Mannes rupft. Letzterer Kommentar findet sich auf https://www.youtube.com/watch?v=FDhCxER2fqM.

35 Willie Robertson, Vorwort zu *The Dude's Guide to Manhood* (Nashville: Nelson Books, 2014), S. xi–xii.

36 Michael E. Nielsen und Daryl White, »Men's Grooming in the Latter-day Saints Church: A Qualitative Study of Norm Violation«, *Mental Health, Religion and Culture* 11 (December 2008), S. 821–824.

37 Donald B. Kraybill, *Renegade Amish: Beard Cutting, Hate Crimes, and the Trial of the Bergholz Barbers* (Baltimore: Johns Hopkins University Press, 2014), S. 11–12. Siehe auch Thomas J. Sheeran, »Ohio Beard Victim Testifies against Fellow Amish«, Associated Press, *Seattle Times*, 6. September 2012, http://seattletimes.com/html/nationworld/2019082140apusamish-attacks.html. Siehe auch Erik Eckholm and Daniel Lovering, »Amish Renegades Are Accused of Bizarre Attacks on Their Peers«, *New York Times*, 17. Oktober 2011, http://www.nytimes.com/2011/10/18/us/hair-cutting-attacks-stir-fear-in-amish-ohio.html?r=0.

38 Kraybill, *Renegade Amish*, S. 67–78.

39 Zitiert in James F. McCarthy, »Rival Amish Bishop Testifies He Feared ›Cult like‹ Activities of Sam Mullet's Clan«, *Cleveland Plain Dealer*, 6. September 2012, http://www.cleveland.com/metro/index.ssf/2012/09/rivalamish_bishoptestifiesh1.html.

40 Kraybill, *Renegade Amish*, S. 84.

41 Erik Eckholm, »Amish Sect Leader and Followers Guilty of Hate Crimes«, *New York Times*, 21. September 2012, A14, 17. Siehe auch Trip Gabriel, »Amish Sect Leader Sentenced to 15 Years in Hair-Cutting Attacks«, *New York Times*, 9. Februar 2013, S. A11.

42 John Caniglia, »Federal Court Overturns Amish Beard-Cutting Convictions, Citing Erroneous Jury Instructions«, *Cleveland Plain Dealer*, 27. August 2014, http://www.cleveland.com/court-justice/index.ssf/2014/08/federal_appealscourtoverturn.html.

43 Chaim Potok, *The Chosen* (New York: Ballantine, 1967), S. 3.

44 »Beard and Shaving«, q.v. *Encyclopedia Judaica*, 2. Auflage, Band 3, hrsg. von Fred Skolnik (Detroit: Thompson Gale, 2007).

45 Elliott Horowitz, »The Early Eighteenth Century Confronts the Beard: Kabbalah and Jewish Self-Fashioning«, *Jewish History* 8 (1994), S. 97. Eine zeitgenössische Äußerung dieses Gedanken findet sich in »Mystical Significance of Hair«, *Kabbalah Online*, http://www.kabbalaonline.org/kabbalah/articlecdo/aid/750313/jewish/Mystical-Significance-of-Hair-Part-1.htm.

46 Horowitz, »Early Eighteenth Century«, S. 95–115.

47 Shnayer Z. Leiman, »Rabbinic Openness to General Culture in the Early Modern Period in Western and Central Europe«, in *Judaism's Encounter with Other Cultures: Rejection or Integration?*, hrsg. von Jacob J. Schacter (Lanham: Rowman and Littlefield, 1997), S. 197. Siehe auch »Hirsch, Samson Raphael«, in *Encyclopedia of Judaism*, hrsg. von Sara E. Karesh and Mitchell M. Hurvitz (New York: Facts on File, 2006), S. 213–214.

48 Michael K. Silber, »The Emergence of Ultra-Orthodoxy: The Invention of Tradition«, in *The Uses of Tradition: Jewish Continuity in the Modern Era*, hrsg. von Jack Wertheimer (New York: Jewish Theological Seminary of America, 1992), S. 48–49.

49 Ebd., S. 52–61.

50 Artur Kamczycki, »Orientalism: Herzl and His Beard«, *Journal of Modern Jewish Studies* 12 (March 2013), S. 90–92.

51 Ebd., S. 98.

52 Associated Press, »Hasidic Jew Fired from NYPD over Beard Length«, 10. Juni 2012 (Points of View Reference Center).

53 Meir Soloveichik, »Why Beards?« *Commentary*, February 2008, S. 43–44.

54 Sjoerd van Konigsveld, »Between Communalism and Secularism«, in *Pluralism and Identity: Studies in Ritual Behavior*, hrsg. von Jan Platvoet and Karel van der Toorn (Leiden: E. J. Brill, 1995), S. 327–345. Siehe auch »Sha'r«, *Encyclopedia of Islam*, 2. Auflage, hrsg. von P. Bearman, T. Bianquis, C. E. Bosworth, E. van Donzel und W. P. Heinrichs (Brill Online, 2014).

55 Steve Hendrix, »In the New Egypt, Beards Appear Where They Were Once Banned«, *Washington Post*, 17. Juli 2012, http://www.washingtonpost.com/world/middleeast/in-the-new-egypt-beards-appear-where-they-were-once-banned/2012/07/17/gJQAWaEurWstory.html.

56 Faegheh Shirazi, »Men's Facial Hair in Islam: A Matter of Interpretation«, in *Hair: Styling, Culture and Fashion*, hrsg. von Geraldine Biddle-Perry und Sarah Cheang (Oxford: Berg, 2008), S. 118–120.

57 Raheem Salman, »Beard Ban Fuels Iraq Religious Debate«, *Ottawa Citizen* (Reuters), 24. Juni 2012, S. 48.

58 Dominique Soguel, »To Trim or Not to Trim? For Syrian Men, Beards Matter under Militant Rule«, *Christian Science Monitor*, 17. Juli 2014 (Academic Search Complete).

59 Dexter Filkins, »In a Fallen City, a Busy, Busy Barber«, *New York Times*, 13. November 2001, B3.

60 Siehe Konigsveld, »Between Communalism and Secularism«, S. 340.

61 Muhammad Zakariya Kandhlawi, *The Beard of a Muslim and Its Importance* (Waterval Islamic Institute [1976]), http://www.sajedeen.org/resources/youth-section/173-the-beard-of-a-muslim-and-its-importance. Eine französische Übersetzung liefert Mohammad Zakariyyah, *L'importance de la barbe* (Saint-Pierre: Centre Islamique de la Réunion, 1984).

62 Gute Beispiele hierfür sind Syed Badi-ud-Din al-Rashidi, *The Status of Beard in Islam*, ins Englische und hrsg. von M. Saleem Ahsan (Lahore: Dar-ul-Andlus, 2007); ebenfalls Allamah Murtada al-Baghdadi, *The Islamic Perspective of the Beard*, die Übersetzung von *Tahrim Halq Al-Lihyah* (Unlawfulness of the Shaving of the Beard) von Shaykh Mubashir Ali (Birmingham: Al-Mahdi Institute of Islamic Studies, 1999); zu finden auf http://www.al-islam.org/articles/islamic-perspective-of-the-beard. Tallal Ali Turfe, ein amerikanisch-muslimischer Geschäftsmann, bietet theologische Unterstützung für den Bart an in *Children of Abraham: United We Prevail, Divided We Fall* (Indianapolis: Universe, 2013), S. 125–129.

63 Eine Liste relevanter Hadithen findet sich in Faegheh Shirazi, »Men's Facial Hair in Islam«, S. 117.

64 Kandhlawi, *Beard of a Muslim*, Kapitel 2.

65 *Holt v. Hobbs* (574 US [2015]). Siehe Adam Liptak, »Ban on Prison Beards Violates Muslim Rights, Supreme Court Says«, *New York Times*, 20. Januar 2015, http://www.nytimes.com/2015/01/21/us/prison-beard-ban-gregory-holt-ruling.html?r=0.

66 James Dao, »Taking On Rules So Other Sikhs Join the Army«, *New York Times*, 8. Juli 2013, S. A9.

67 Wesley Morris, »Sportstorialist: Basebeards: Understanding Baseball's Facial Hair Explosion«, *Grantland*, 8. Oktober 2013, http://grantland.com/features/the-red-sox-baseball-beards.

68 Scott Cacciola, »Chin Music«, *New York Times*, 9. September 2013, D1, D3. Siehe auch Peter Abraham, »Red Sox ›Beard Bonding‹ Symbolic of Atti-

tude Adjustment«, *Boston Globe*, 2. Oktober 2013, http://www.bostonglobe.com/sports/2013/10/02/beards/BAQGj2IcEckzCq5ZoPiy3N/story.html.

69 Cacciola, »Chin Music«, S. D3.

70 Morris, »Sportstorialist: Basebeards«.

71 Bill Burt, »For Tightknit Team, It's All about ›The Beard‹«, *North of Boston Media Group: One for the Beards* [Beilage], 5. November 2013, S. S2. Der »Samson«-Effekt wird erörtert in Stuart Vyse, »Five Reasons Why the Red Sox Grew Their Beards«, *Psychology Today*, 26. Oktober 2013, http://www.psychologytoday.com/blog/believing-in-magic/201310/five-resons-why-the-red-sox-grew-their-beards.

72 Peter Kerasotis, »After World Series Win, Red Sox' Beards and Memories Are Short«, *New York Times*, 20. März 2014, http://www.nytimes.com/2014/03/21/sports/baseball/fresh-start-and-faces-for-red-sox-after-a-championship-season.html.

73 http://us.movember.com/about/history.

74 »German Crowned World Beard Champion«, *BBC News online*, 2. November 2003, http://news.bbc.co.uk/2/hi/americas/3233833.stm.

75 »Happy Movember! Moustache Champion Karl-Heinz Hille Makes It into Guinness World Records 2014 Book«, *Guinness World Records*, 8. November 2013, http://www.guinnessworldrecords.com/news/2013/11/happy-movember!-moustache-champion-karl-heinz-hille-makes-it-into-guinness-world-records™-2014-book-52755/.

76 Zitiert in Vincent M. Mallozzi, »Sideburns to Fu Manchu, the Best and Brightest«, *New York Times*, 28. Dezember 2003, Sports, S. 9.

77 Bryan Nelson, »My Real Face«, in *Beard*, hrsg. von Matthew Rainwaters (San Francisco: Chronicle Books, 2011), S. 45.

78 Paul Roof, Beardcon (Ohio) panel: »The Social Significance of Facial Hair«, 6. Oktober 2012 (Zitat ab 00:10:25), https://www.youtube.com/watch?v=dxhLpODj6jo.

BILDNACHWEIS

REGISTER

{ 488 }